厦门侨批

洪卜仁 主编
厦门市思明区归国华侨联合会 编

图书在版编目(CIP)数据

厦门侨批/洪卜仁主编;厦门市思明区归国华侨联合会编. —厦门:厦门大学出版社,2018.4
ISBN 978-7-5615-6911-5

Ⅰ.①厦… Ⅱ.①洪…②厦… Ⅲ.①侨务-外汇-史料-厦门 Ⅳ.①F832.6

中国版本图书馆 CIP 数据核字(2018)第 054779 号

出 版 人	郑文礼
责任编辑	薛鹏志
封面设计	蒋卓群
技术编辑	朱 楷

出版发行　厦门大学出版社
社　　址　厦门市软件园二期望海路 39 号
邮政编码　361008
总 编 办　0592-2182177　0592-2181406(传真)
营销中心　0592-2184458　0592-2181365
网　　址　http://www.xmupress.com
邮　　箱　xmupress@126.com
印　　刷　厦门集大印刷厂

开本　787mm×1092mm　1/16
印张　25.25
字数　450 千字
印数　1～2 000 册
版次　2018 年 4 月第 1 版
印次　2018 年 4 月第 1 次印刷
定价　128.00 元

本书如有印装质量问题请直接寄承印厂调换

厦门大学出版社
微信二维码

厦门大学出版社
微博二维码

《厦门侨批》编委会

顾问：王德贤　潘少銮　胡延洵　何冠中
主任：苏枫红
委员：洪卜仁　释传建　沈少坚　周　毅

《厦门侨批》编写组

顾　问：陈　石　黄清海　林南中
主　编：洪卜仁
副主编：麦青龠　叶胜伟
编　辑：吴仰荣　许高维　张元基　李跃忠
编　务：吴辉煌　黄　挺　魏　婧　梁恺峰

序

"批一封,银二元。"

清末民初流传民间的歌谣,唱的就是"信款合一"的家书——侨批。

"侨"指华侨,"批"指信,闽粤方言称书信为"批"。

清朝末叶至20世纪80年代,漂洋过海、过番谋生的华侨,在海外打拼,稍有积蓄即连同问候平安的家信汇寄家乡,以补家用。这种海外华侨通过民间渠道寄回国内的"银信合封"传递物,在上述150多年间,是海外华侨与故土乡亲的"跨国家书",是在当时邮政、银行机构尚未建立或不发达的情况下,维系海外侨民与国内侨眷之间的经济与情感纽带。侨批内容包罗万象,涉及家情、亲情、乡情、国情、世情等等,所叙述的事情大到辛亥革命、日寇侵华、海外局势、地方军阀混战,小到宗祠祭拜、育儿养老,包含丰富的时代信息,是反映侨乡社会的一部百科全书。

"孤舟一系故园心",在中华传统文化中,家书不只是摄人心魄的文字书写,更近乎内心的精神归属。从鸿雁传书到鱼传尺素,书信迢递,把游子的心与故土、家人紧密相连。同样的,侨批跨国寄予的眷眷深情,百年来绵绵不尽。其中所表达的对家庭、家族强烈的责任感和对乡土的忠诚感;所体现的克勤克俭、赡老养小、修桥造路、造福乡梓的价值取向;所蕴含的纲常伦理、家国情怀,无不跃然纸上。侨批是忠义孝悌的中华传统文化、信义经商的传统商业文化的承载品,是中华传统文化海外辐射、延绵不绝的历史文化物证。

同时,闽南沿海民众"下南洋"的移民潮,是近现代全球化进程中的一个重要组成部分。在这种跨国移民的大背景下,催生的侨批与侨批业,具有海洋文化的开放、发展、变化的特质。从这个角度看,侨批又是近代中国对外交往与国际移民的历史证物。

2008年,我国政府档案部门启动"侨批档案"的申遗工作。2010年2月,包括福建侨批与广东侨批在内的"侨批档案"入选第三批《中国档案文献遗产名录》,2012年5月又进一步入选"世界记忆亚太地区名录",2013年6月18日成功入选"世界记忆名录"。侨批已成为人类的共同记忆财富。它为研究人类学、华侨史、国际移民史、经济史、金融汇兑史、国际贸易史、海外交通史、邮政史等提供了鲜活的珍贵文献,并将越来越显现出其多元化的价值。

厦门自明清以来就是中国对外交通和海上贸易的重要口岸,得天独厚的港口优势,使其成为福建华侨出入境的主要门户和侨汇集散中心。为华侨携带信件钱物的"水客"从厦门出发或在厦门上岸,由"水客"发展而成的侨批业,曾一度是厦门重要的金融服务业,在厦门的社会经济发展中发挥了一定的作用。

但是,相对于广东的潮汕地区、我省的漳泉两地,相对于厦门口岸侨批在侨批史上的重要地位,我们对厦门侨批史的研究不尽如人意,存在侨批以及与侨批有关的历史文献,由于流失、收藏分散,搜集、整理、辑合难度加大;侨批史研究队伍力量不足;有分量的侨批史研究专著阙如等问题。

受厦门市思明区侨联的委托,年届九旬的洪卜仁先生聚拢中国银行福建省分行原行长陈石等一批侨批史研究爱好者,对厦门侨批及侨批业展开初步的研究,并将近年来的研究成果荟聚成书——《厦门侨批》。

该书探寻了侨批及侨批业在厦门发轫的时空背景、演变发展历程及其对社会经济的作用,探讨了侨批业社会管理的形态,与邮政、银行业的相互关系,记录了侨批史上的逸闻轶事,整理出厦门有关扶持、管理侨批业的政策法规,各时期侨批馆店铺名号以及原始档案和旧报刊资料。

洪卜仁先生耄耋之年亲自主持编撰的这本《厦门侨批》,将为进一步提高全社会对侨批档案保护的认识,推动侨批档案文献的保护、研究、开发和利用,助益华人华侨、闽南文化、海洋文化、海上丝绸之路等领域的研究,将起到积极的促进作用,真可谓"善莫大焉"。

为洪老先生老骥伏枥的精神点赞,并谨为序。

中共厦门市委统战部部长 黄菱

2017年5月

目 录

厦门侨批概述 …………………………………………………… 洪卜仁/1
厦门及其周边地区侨批业的历史作用 …………………………… 申显扬/7

厦门侨批辨读 …………………………………………………… 吴仰荣/12
侨批中的家国情怀 ……………………………………………… 黄清海/69
《二庵手札》中的侨批 …………………………………………… 吴辉煌/82
厦门侨批书法风格 ……………………………………………… 麦青龠/103

厦门侨批业的形成与初期发展
　（明末—1937）………………………………………………… 池秀梅/123
全面抗战时期的厦门侨批业(1938—1945)……………………… 许高维/135
解放战争时期的厦门侨批业(1946—1949)……………………… 孙秋霞/161
新中国时期的厦门侨批业(1949—1976)………………………… 林　靖/171
附录：厦门市对资改造办公室
　　　　关于厦门市私营侨批业改造意见 ……………………………… 180

厦门侨批业与当地中外银行 …………………………………… 陈　石/183
金门侨批与金门学研究 ………………………………………… 黄清海/207
厦门侨批业与政府的关系 ……………………………………… 宋俏梅/221
附录一：厦埠邮差截检信件肆扰送批
　　　　——洪宪元年驻新加坡总领事胡惟贤致电交通部邮政总局 ……… 238

附录二：关于同安县邮局刁难侨信致交通部邮政管理局代电 …………… 244
附录三：关于撤销厦市批局自带侨信限制及制止内地邮局
　　　　搜检侨信致交通部呈 ………………………………………… 251
附录四：邮电部函中国人民银行、华侨事务委员会对于菲律宾
　　　　发致厦门民信局侨汇电报使用密码的意见 ………………… 253

厦门侨批业公会 ……………………………………………… 宋俏梅/255
厦门侨批工会 ………………………………………………… 叶胜伟/266

天一信局的前半世与后半生 ………………………………… 洪卜仁/276
附录：旧报纸还原"天一信局"倒闭真相 ……………………………… 286
老厦门侨批业轶闻 …………………………………………… 何无痕/290

新中国厦门侨批业的起落
　　——扒梳新中国厦门侨批业的新闻报道（一） ………… 叶胜伟/295
不断提升的侨批服务
　　——扒梳新中国厦门侨批业的新闻报道（二） ………… 叶胜伟/313
侨批业与政治运动
　　——扒梳新中国厦门侨批业的新闻报道（三） ………… 叶胜伟/321
附录：厦门新闻媒体有关侨批的最新报道 …………………………… 330

侨批业者话侨批 ……………………………………………………… 368
厦门侨批藏家剪影 …………………………………………… 何无痕/378

厦门侨批业大事记 …………………………………………… 叶建伟/383

后　　记 ……………………………………………………………… 392

厦门侨批概述

洪卜仁

厦门地处福建省东南部,明清以来就是中国对外交通和海上贸易的重要口岸。得天独厚的优越地理位置,使其成为福建华侨出入境的主要门户和侨汇集散中心。

厦门华侨为数众多,盖因地少土瘠,为生计所迫,不得不远涉重洋。早期尚无邮政、银行,华侨欲与家人通信、寄款赡家要等到同在侨居地的亲朋好友准备启程归国时,才托其带交侨眷。一些人看到了这种迫切需求背后蕴藏的巨大商机,开始出现定期往返国内外的水客(也称客头),从厦门出发前往东南亚华侨聚居地,为华侨携带信件钱物。

19世纪中叶,东南亚与国内之间航运不便,华侨批款主要依靠水客递送。随着侨批业务量增大,西方国家的邮政、银行相继在厦门设立,以及定期轮船的开通和国际贸易的发展,服务对象带有地域性色彩、收汇数额有限、往返时间长、收费较高、个人信用并不完全可靠的水客,已明显不适应形势的需要,无法满足华侨经常汇款的要求。于是,一些富裕的水客和在海外经营国际贸易的侨商,出面兼营批馆业务,以后又派人在国内组织联号。

厦门移民出洋搭乘的帆船
(洪卜仁 供图)

| 厦 | 门 | 侨 | 批 |

经过长期的演变，兼具金融和邮政双重职能的侨批业应运而生，业者以侨商、归侨和侨眷为主。

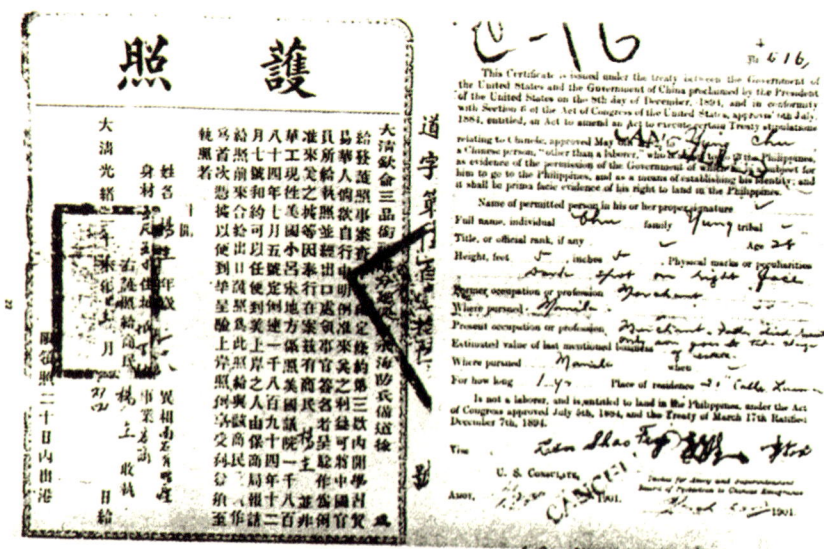

厦门移民出洋的大清护照 （洪卜仁 供图）

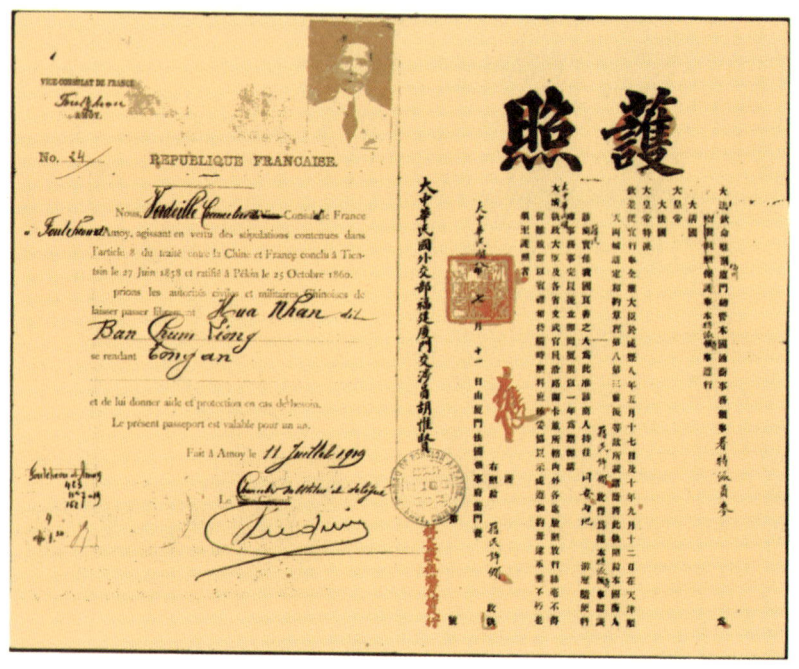

1919 年的中国护照 （洪卜仁 供图）

厦门侨批概述

1940年国民政府发给吕宋华侨的归侨证 （洪卜仁 供图）

侨批馆又称侨批局、批信局、银信局、汇兑庄、汇兑信局。厦门最早的侨批馆是光绪三年（1877年）永春华侨开办的黄日兴信局，名噪一时的天一信局则是其中的重要代表。民国二十七年（1938年），厦门沦陷，闽南侨批业中心转移至鼓浪屿。1941年太平洋战争爆发后，侨汇中断，但仍有个别侨批馆透过特殊渠道收汇，因积压等问题，于抗战胜利后催生清理侨批事件。1945年9月光复后，厦门的侨批馆经历短暂恢复和发展。到了1948年，国民政府"八一九"币制改革，造成金融市场混乱，由于政府对侨汇实行

新加坡汇兑信局与厦门联号机构的广告
（洪卜仁 供图）

全面管制,银行公开挂牌的外汇牌价与黑市相距甚远,有些侨批馆被迫停业,有的则转入地下经营,侨汇大幅下降,侨属蒙受了惨重的损失。

解放前位于鹭江道的民生信局 （洪卜仁 供图）

1949年10月厦门解放后,人民政府采取召开侨批业座谈会、归侨侨眷座谈会、原币存款等举措,使侨批业得以恢复,并加以维持和利用。中国人民银行和中国银行联合制定相关政策引导侨批业健康发展,由中国银行进行专门管理。侨批业整合资源,提高工作效率,在解决归侨侨眷生产生活、争取国家外汇资金等方面做出了巨大贡献。20世纪50年代初期,有些侨居国政府对侨汇实施限制政策,加之闽南地区东南亚移民潮基本断流,侨批馆业务因此受到影响。1958年开始的侨批业社会主义改造,使其失去作为一个独立行业而必须具备的基本条件。1976年,侨批业退出历史舞台。侨汇通过银行转入,侨信则通过邮政投递,原来的信汇合一变为有信无汇,与普通信件无异。

纵观侨批发展史,华侨出国人次,国内、侨居地乃至世界时局变动,直接影响侨批馆的营业生态。侨批业服务于侨批,没有侨批就没有侨批业,两者是休戚相关的命运共同体。同水客一样,侨批馆在核心理念上具有两大要素:人脉和信誉。基于个体和社会关系的传统社会信用,是水客与侨批馆产生、发展的基础。经营侨批业的业者多与客户是同乡、亲友、熟人,血缘和地缘关系,使闽南侨乡和东南亚侨居地之间的信息流通较为顺畅,不论是良好抑或不良信用,都在个人编织而成的关系网中快速传播,这种以传统道德和集体奖惩为调节机制而建立起来的信任关系,形成了一种无形的约束力。

厦门侨批概述

作为特殊年代服务收发双方的服务业，侨批馆在海内外必须深入华侨社区和侨乡，了解华侨、侨眷分布以合理布局营业网点，必要时还须延请当地社会人士担任经理，以应付地方势力的敲诈勒索；在服务态度上必须认真负责，服务质量上力求考虑周到，以质取胜，如此方能立于不败之地。在船帮开船前，华侨都可到侨批馆寄出批款，并且很快就可以接到家中回批；侨批馆之间展开竞争，不但登门揽收批件，而且可以先垫付款项。民国时期闽南军阀混战、土匪猖獗，抢劫侨批的恶性案件时有发生，侨批馆改用山单（即支票、汇票、信用票）支付，领取时须有保家，如若被劫可以挂失止付。此后，侨批业以地方治安不靖为由，竞相发行山票解付、套取侨汇，从事投机生意。民国九年（1920年）至民国二十五年（1936年），因滥发山票而倒闭或改组的侨批馆，至少在24家以上，给华侨、侨眷带来巨大损失，一部分人因此倾家荡产。

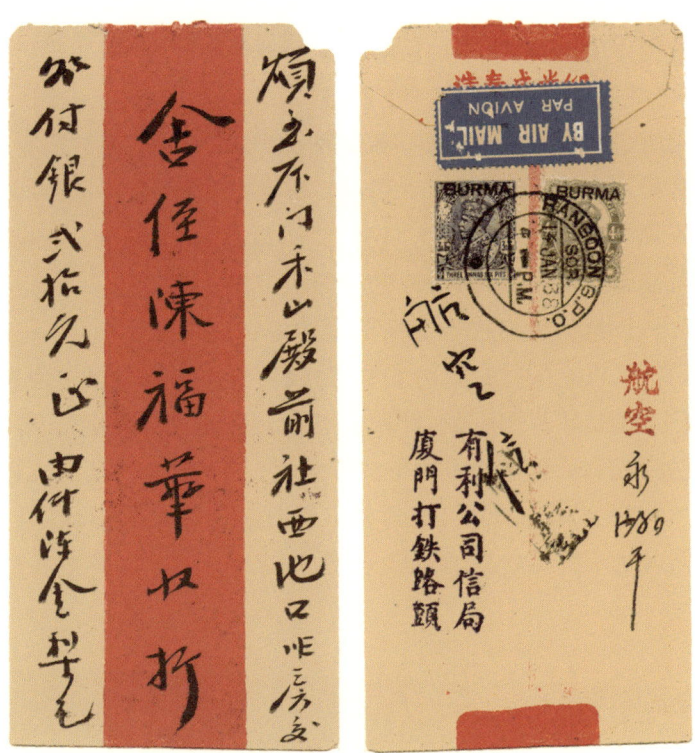

缅甸寄往厦门的侨批　（洪卜仁　供图）

侨批业务的两大部分——批信与批银决定了侨批馆必然与邮政、银行之间发生业务联系，两者并非简单的竞争与压制，而是互补与竞争共存。从侨批业

| 厦 | 门 | 侨 | 批 |

与邮政、银行的关系来看,邮政曾试图扼杀侨批业,但因在基层根植的深入程度不如后者发达而流于失败;银行一开始则采取合作姿态,借鉴其成熟的经营模式融入侨批经营网络并取得成功。从侨批的流转过程来看,侨批馆的地位并没有因邮政、银行的普遍设立而降低,而是努力维护讲求信用、快速安全的运营机制,最终使三方保持密切的合作。在此期间,厦门银信业同业公会扮演沟通官方与民间的桥梁角色,积极传递侨批业的声音和诉求,维护行业的利益,同时也提高了华侨寄批的积极性,促进了侨批的增长。

  侨批作为一种特殊的历史产物,具有三大功用:一是生存层面,华侨汇寄款项赡养家人,有时甚至是侨眷赖以生活的资金来源,系摆在首位的决定性因素;二是文化层面,促进语言、风俗等地方传统在母国和侨居地之间的跨区域交流,维持华侨与侨眷在精神上的紧密联系,以时间维度而言,文化意义大于经济意义;三是经济层面,华侨群体与家乡的内在关联随着时间推移逐渐延展到商贸领域,批款的变体侨汇,成为华侨反哺家乡经济社会建设、海外华侨资本投资家乡乃至国内公共事业、慈善、教育的一种形式。两者之间的区别在于侨批由侨批馆代发,批脚(送批工)上门取件,书信和款项缺一不可;侨汇需要华侨本人亲自到银行、邮局汇款,无须回批。侨汇包括侨批中的批款,侨批中部分款项也属于侨汇,如侨批中提到的用于修缮宗祠、修桥造路、宗教祭祀、年终发放慈善施舍的汇款,可能因数额较大,即以侨汇的形式寄发。

  总而言之,侨批是在邮政通信极不发达的特定历史条件下,海外华侨与国内亲人联络音讯、汇款贴补家用的主要方式,是出国华侨与国内侨眷、亲友往来的桥梁和纽带,也是华侨用心血、汗水和智慧浇灌的信汇邮路。亲情是侨批文化产生的重要源泉,侨批体现了华侨情系桑梓、热爱中华的家国情怀,展示了华侨在国外艰辛创业的奋斗足迹,蕴含着丰富而独特的文化内涵,是社会发展变化的缩影,同时也是弥足珍贵的历史见证。

厦门及其周边地区侨批业的历史作用

申显扬

厦门是闽南侨批业的集散中心,闽南各属乃至龙岩、莆田的侨批都交由厦门的侨批馆转发,周边地区的侨批馆也大多在厦门设有分号。

侨批业作为中国近代经济活动中兼具金融和邮政双重职能的重要行业之一,无论是促进海外华侨社会的发展,还是推动国内侨乡的政治经济社会事业进步,乃至民族民主革命的胜利,都起到了重要的作用。

一、加强华侨群体内部的团结,促进华侨社会发展

华侨出国的基本动机是到海外谋生,以改善个人、家庭、家族的经济状况,因而汇款回家赡养妻儿老小或帮助亲朋好友,就成了他们的一种传统习惯。不管是初露端倪的水客时代,抑或日臻成熟的侨批馆时期,厦门侨批业的收批对象一般都是以至亲、族人、乡亲为主。海外华侨普遍都有在传统节日汇款回家的习惯,如元宵、清明、端午、中秋、重阳、冬至祭祖,比平常多有开销之时,特别是七月普渡和除夕春节尤多,属侨批的旺季。他们在水客批汇办理点或侨批馆汇款时经常见面,密切了彼此之间的联系,增进了友谊,增强了海外华人的凝聚力,这对于他们在侨居地的生存与发

金铺里设信局,这是海外信局肇始的形式之一。

(陈亚元 提供)

展大有裨益。

凡有华侨居住之地即有批信局之经营存在,只是规模大小有所异而已。20世纪30年代初,菲律宾仅马尼拉一地就有汇兑侨批馆60多家;印尼在1930年即有侨批馆160家;1945—1948年,新加坡的侨批馆更是达到200多家,其中多数为闽南籍华侨开办。根据1946年的调查,东南亚各地隶属厦门及其周边地区的侨批馆共计451家[1]。数量如此之多的侨批馆成为华侨联系的纽带,在很大程度上促进了华侨进一步团结起来。抗战胜利后,菲律宾成立了菲律宾华侨汇兑信局同业公会;1946年3月,新加坡成立了南洋中华汇业总会,"希望藉此联络各汇业界,以团结精神巩固汇业机能,共谋发展"[2],从而在一定程度上促进了华侨经济的恢复和繁荣,推动了华侨社会的进一步发展。

二、厦门侨批业为维持侨眷生计、促进侨乡经济发展做出了重要贡献

侨批业经营的款项占侨汇的绝大部分。由于华侨出国的目的之一是改善家庭生活,因而侨批汇款就成了侨眷的主要经济收入来源和生活依靠。有了汇款,建房子、讨老婆、做生日成了华侨家里的"三部曲"[3]。华侨从东南亚寄来的批款,平均10~20元,逢年过节则多至一到两倍。区区之数,维持着一家生活[4]。这是大部分人的情况。批款除了用来维持侨眷日常生活以外,建筑房屋也是其中的重要用途。这些住宅建成后,主人或许还在南洋,而由亲属看管。这在厦门及其周边地区属于常见现象[5]。侨批业对提升侨乡生活品质的作用可见一斑。

侨批款的输入,对繁荣市场,提升消费水平起到了促进作用。20世纪20年代末至30年代初,商业嗅觉敏锐的厦门及其周边地区的东南亚华侨,正是看中厦门侨乡的购买力水平,纷纷汇款回厦参与市政建设投资。当时厦门的房地

---

[1] 朱育友、朱梦星:《潮汕侨批史话》,《广东华侨历史学会通讯》1982年第1期,第75页。
[2] 柯木林:《新加坡侨汇与民信业研究》,载《新加坡华族史研究论集》,南洋大学毕业生协会,1984年6月,第180页。
[3] 《晋江新志》卷三,《社会志·华侨》。
[4] 陈碧笙主编:《南洋华侨史》,南昌:江西人民出版社,1989年,第458页。
[5] 郑士美:《辛亥革命前后安海社会见闻杂记》,载《晋江文史资料》第1辑,1981年,第86页。

产业中,华侨资本占有重要地位。菲律宾华侨组建的兴业公司在厦大与南普陀之间建设大南新村,投资20万元。益南公司、华侨银行也从事房地产开发。据调查,华侨个人独资经营的房地产投资总额,在这个时期内达到700万元之多,近代厦门房地产至少有十分之六七属于华侨投资①。举凡厦门事关民生的重要公共事业,如电灯公司、电话公司、自来水公司皆由华侨创办;厦门的银行,如新加坡华侨银行、菲律宾中兴银行、黄奕住的中南银行和厦门华侨合资创办的厦门商业银行,相继开展侨汇业务;侨批馆也多数由华侨出资经营。厦门及其周边地区近代交通业的发展也得益于侨汇:漳厦铁路作为近代福建仅有的一条铁路,资本总额中有三分之二系由华侨投资;公路方面,厦门及其周边地区的公路交通几乎都和华侨有关。厦门及其周边地区工业素来并不发达,农业萧条,很多工业品以及一些农产品都要靠进口输入,入超量极大;但地方经济仍可维持繁荣局面,唯一原因在于有侨批款的弥补。

由此可见,侨批款的输入,推动了侨乡购买力的提升,带动了华侨投资,为侨乡经济、社会发展做出了贡献。

三、赞襄公益事业,进化社会风气

厦门及其周边地区的华侨虽然身在海外,但因远离故土,难免有寄人篱下之感,故而爱国爱乡之情十分浓烈,普遍对桑梓怀有深厚感情。他们通过侨批馆汇寄款项助力家乡的公益事业,厦门及其周边地区的百金会、恤老会等基金,多数出自华侨之手②。资助教育是华侨对故乡的最大馈赠。美国学者雷麦(C. F. Remer)记载了厦门的情形:

> 厦门附近,有一个住着一百左右人家的乡村,我会见了当地某学校的校长和董事长。该校基金,都是由菲律宾寄来的,而且半数校董,就侨居在菲律宾……该村每户人家至少有一个人远客菲律宾。每家每年汇回该村的汇款,估计约在国币六百元左右。③

同时,源源不断的侨批,于字里行间传播了海外先进的思想观念、民主意识,为侨乡人民摆脱陈腐落后的封建思想、增强民族意识,起到了推动作用。

---

① 郑林宽:《福建华侨汇款》,福建省调查统计室,1940年,第49页。
② 郑林宽:《福建华侨汇款》,福建省调查统计室,1940年,第49页。
③ C. F. Remer, *Foreign Investment in China*, Ⅰ, p. 178.

四、平衡国家财政收支,支援抗日战争

厦门及其周边地区的侨批业,在中国沿海侨批业中占据很大的市场份额,因此可以说其"成为平衡国家外汇的一个关键砝码"①。19世纪后期,清政府仅贸易逆差一项每年就达4000万~7000万两海关银,而19世纪末20世纪初,除日本、美国、古巴、夏威夷和加拿大以外的各国华侨,每年仅"寄资回籍养家立业"的款项就达到6000万元②。这些汇款连同华侨出国的招工费等,使得当时处于极端困难的国家财政"尚可周转","足资补苴"③。厦门及其周边地区作为主要侨乡,侨批款项在其中发挥了至关重要的作用。中国第二历史档案馆的资料表明,从民国二十六年(1937年)至民国二十九年(1940年),厦门及其周边地区的侨批款额逐年递减。但即便如此,民国二十九年(1940年),厦门及其周边地区的侨批款仍达到28000万元国币。当时全国贸易入超数为5703.2万元国币,侨批款收入为入超数的491%。可见在东南亚沦陷以前,不断增加的侨批汇款不但为国家冲抵了贸易入超,而且还有很大余额,对于稳定国币币值和增强抗战实力居功至伟,厦门及其周边地区的侨批业功不可没。陈嘉庚曾以民国二十八年(1939年)侨批收入为例指出:是年东南亚华侨汇回祖国的侨批款达7亿多元。按世界银行通例,有1元基金便可发行纸币4元。侨批款都是现金,如果把这7亿元作为政府货币基金,即可发行28亿元,数额正好用于支付给侨眷赡养家庭费所需的10亿元和当年政府支付的战争费用18亿元。由此可见,侨批汇款是抗战时期国家经济的重要补充和外汇主要收入,有力支援了全国的抗战。

此外,侨批业还以其独特的经营方式,广泛开展关于抗战救国的宣传,激励同胞,共赴国难。"九一八"事变发生后,菲律宾的侨批外附信封上就盖有宣传戳:"振起铁血精神,坚决抵制仇货"、"抵制仇敌、誓雪国耻"、"杀人之罪歌:你买日货,日人赚你钱,便造子弹来杀你和你的同胞,你该当何罪"、"抵制日货,坚持到底,卧薪尝胆,誓雪耻"等。七七事变发生后,侨批封上又有"烽火连三月,家书抵万金"、"同胞们,祖国多难!"等宣传戳,鼓动海内外同胞同仇敌忾,共御外侮。

---

① 陈碧笙主编:《南洋华侨史》,南昌:江西人民出版社,1989年,第458页。
② 王彦威辑:《清季外交史料》卷一六六,1932年排印本,第7页。
③ 王彦威辑:《清季外交史料》卷八三,第35页。

厦门及其周边地区侨批业的历史作用

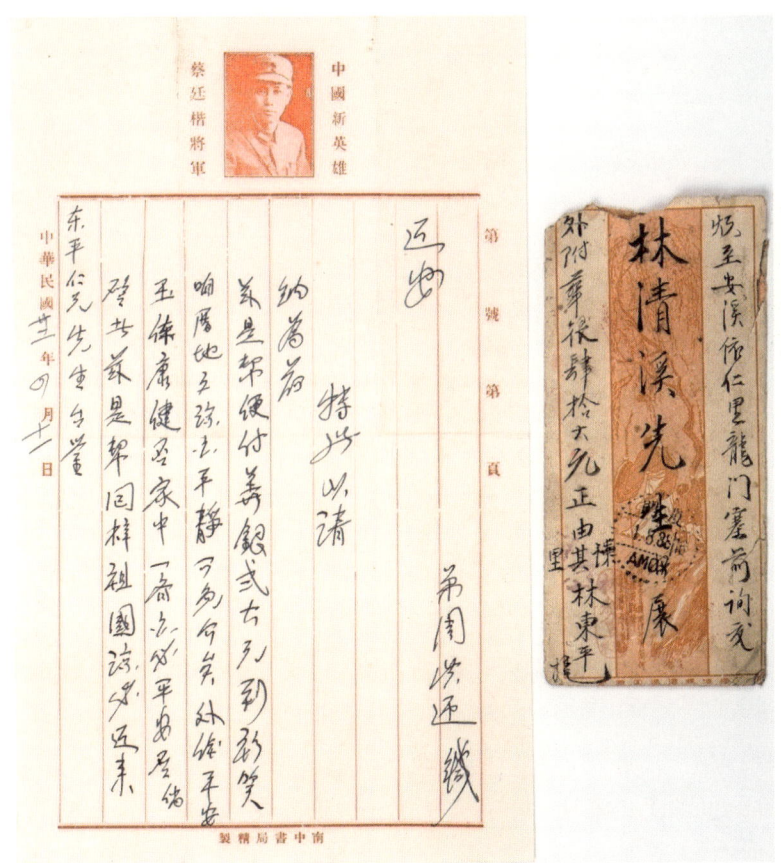

1933年的侨批信笺上，印有"一·二八"抗战英雄十九路军蔡廷锴将军的头像。（陈亚元 提供）

厦门及其周边地区侨批业的历史作用，以上仅以抗战胜利之前为时间节点略论之。

| 厦 | 门 | 侨 | 批 |

厦门侨批辨读

吴仰荣

侨批包含书信和汇款，是一种银信合一的文化现象。书信是一种通信手段，对于远渡重洋客居他乡的海外华侨而言，通过书信可以向家人报平安、了解家乡情况，书信成了联系海外游子和家人情感的纽带。由于出洋谋生的华人承担着赡养、扶养家人的责任，他们要把在海外赚的钱寄给家人，在没有其他汇款途径的情况下，就把金钱和书信一起寄回家乡。

侨批产生于远渡重洋、客居异国他乡的华侨和家乡亲人交流过程中，是华侨与家乡之间联系的纽带，它不仅仅是一般的家书或信件。历史上，侨批业扮演了汇通国内外侨胞与侨亲之间书信往来与金融汇兑的重要角色，还承载着重要的经济和文化功能，是侨乡特有的社会、文化现象，是社会的产物。侨批从形式、功能到内容，也随时代变迁和社会发展而变化。

每一封侨批都记录着丰富的内容，蕴含了丰富的信息。从侨批信封上记录的信息看，不仅可以看到侨批收寄双方当事人的基本情况，如姓名、收寄地址、侨批收寄人之间关系等，也反映侨批收寄人的经济状况、文化背景、生活态度等情况，如汇款金额的多少、使用侨批信封的类型、署名方式、习惯等；通过侨批的内容，还可以反映侨批收寄人家庭及职业状况、侨居国当地社会经济状况、风土人情、生活习俗以及思想感情等等情况。因此，侨批具有重要的社会、经济、文献、艺术价值。

厦门侨批辨读

一、侨批的种类

（一）按寄信人分，有来批和回批

来批是海外华侨寄给家人的信和金钱，回批是家乡亲人收到侨批后给海外亲人的回信。

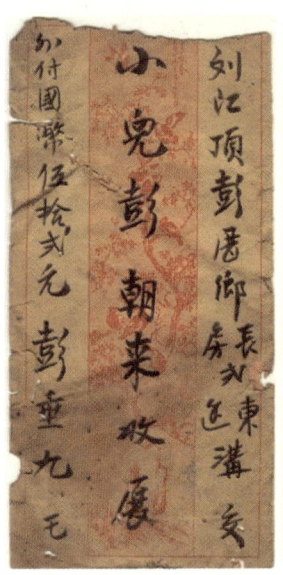
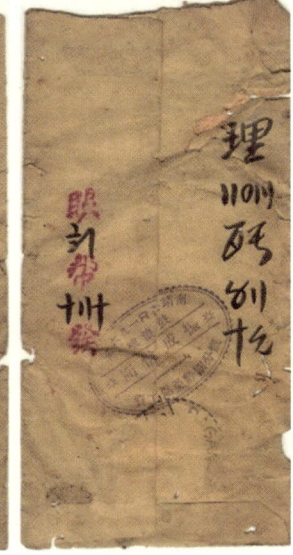

彭垂九寄给家乡妻子的信

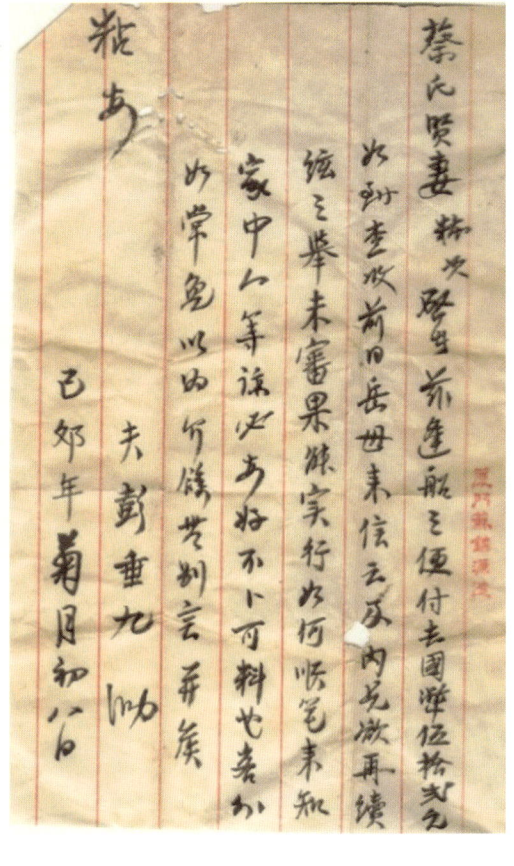

【信文】

蔡氏贤妻粧次：

　　启者　兹逢船之便，付去国币伍拾贰元，如到查收。前日岳母来信云及内兄欲再续弦之举，未审果能实行，如何？顺笔来知。家中人等谅必安好，不卜可料也。客外如常，免以为介。余无别言，并候

　　粘安

　　　　　　　　　　　　　　　　　　　　夫彭垂九泐
　　　　　　　　　　　　　　　　　　　　己卯年菊月初八日

| 厦 | 门 | 侨 | 批 |

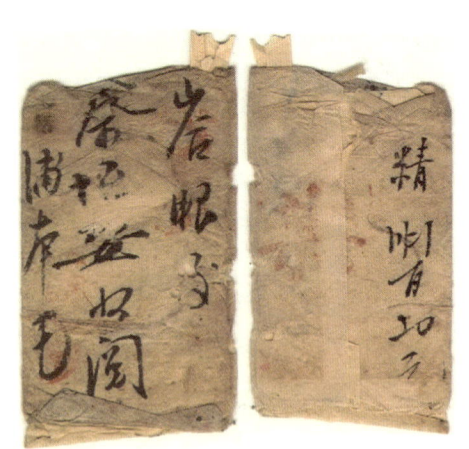
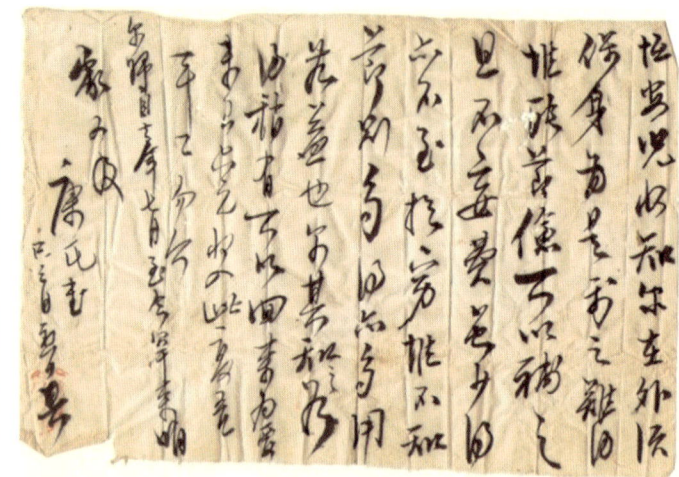

蔡恒安母亲康氏给蔡恒安的回信

这是蔡恒安的母亲康氏给蔡恒安的回信,也就是回批。回批是华侨家属收到侨批后给海外华侨的回信,通常是国内民信局派送人员代书或侨属当场写好交给侨批工带回。回批的格式没有来批的格式规范,封面内容也比较简单。对于海外游子来说,收到回批是心中极大的安慰,因为,通过回批可以知道汇款是否收到,家中是否平安。对于民信局来说回批也很重要,不仅关系到自身的服务信誉问题,而且有时还关系到能否收回所垫付的批款。在当时,海外民信局众多,竞争激烈,能否及时收到回批成为衡量民信局服务信誉和质量的重要标准。

【信封】

  峰眼　交　蔡恒安　收阅

  浦南　乇（托）

【信文】

恒安儿收知：

  尔在外须保身为是。利之难得,惟能节俭,可以补之,且不妄费。虽少得,亦不至于穷。惟不知节,则多得亦多用,无益也。尔其知之。如得稍省可以回来为要。来银六元收入。此夏吉平平,勿介。

  尔妇自去年七月至今罕来咱家,又及。

            康氏书

           己三月初一日具

厦门侨批辨读

天一信局收款回批（正面）

【回批正面】

折叠式，从右到左共四折，其中三折有格式化文字：

第一折为对寄信的要求：此收条不准封固，要事请另函直寄邮局天乙（一）局三月壹拾陆元

第二折为收信人地址、姓名、寄信人地址：烦至泗水大把刹　交　姚望菁先生 升 由内坑 托

第四折为格式化收据：兹接郭有品天一汇兑局交来大洋壹拾陆大元，经已收入，特此布覆。余情后详，此据。

受银人　盖印

民国十五年三月十九日　望壁具

【回批背面】

顷接来音，洋艮（银）壹拾陆元，经以（已）照信收入。但前情数次尽可放下，只示夫妇顺为一也。家中事免介意。另者，贻诛君艮（银）项即寄来还，免致每月

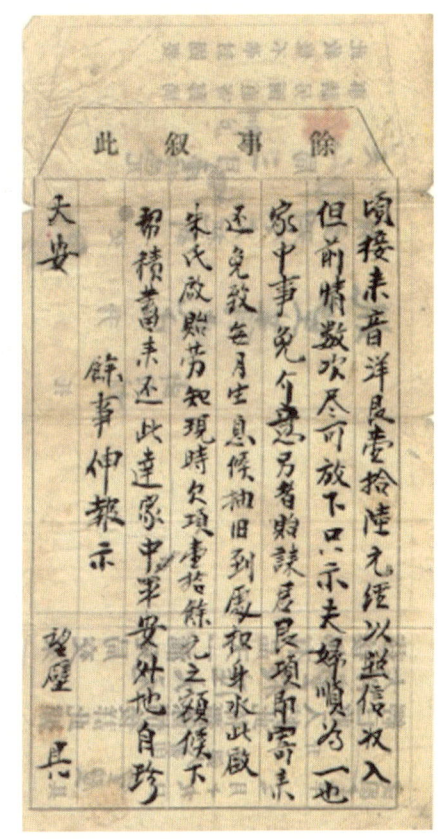

天一信局收款回批（背面）

生息候抽旧到处扣身水。此启,朱氏启贻劳知现时欠项壹拾余元之额,候下帮积蓄来还,此达。家中平安,外地自珍。余事伸(申)报。示
天安

望壁 具

（二）按侨批形成的时期分,有不同时期的侨批

侨批随着华侨出国谋生而产生,从目前发现的侨批看,厦门的侨批在很早就出现,作为一种文化现象,侨批产生于 19 世纪早期,一直延续到 20 世纪 90 年代初,持续存在近 200 年时间。现世面上多存留民国时期的侨批,民国之前的侨批已难得一见。

民国时期的侨批

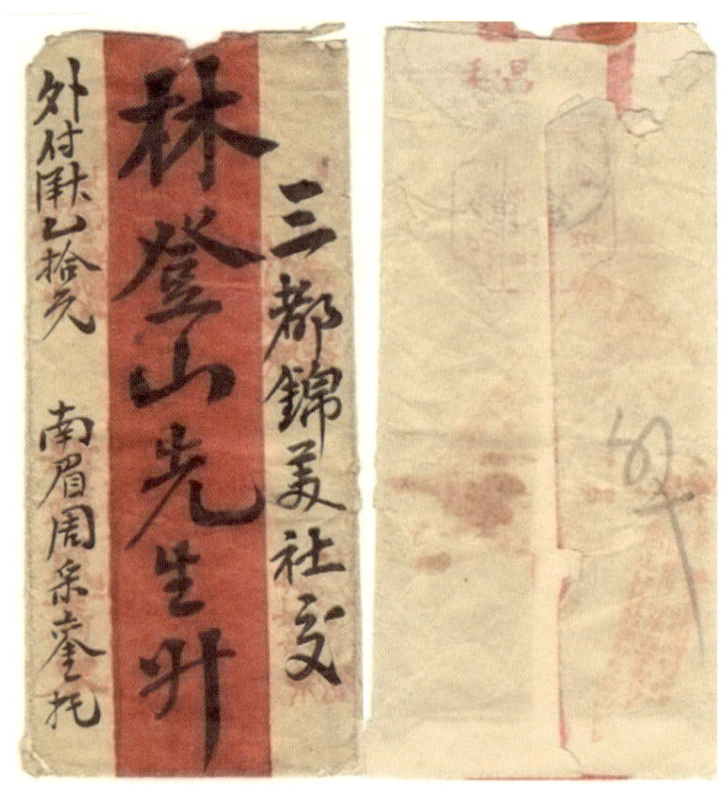

厦门侨批辨读

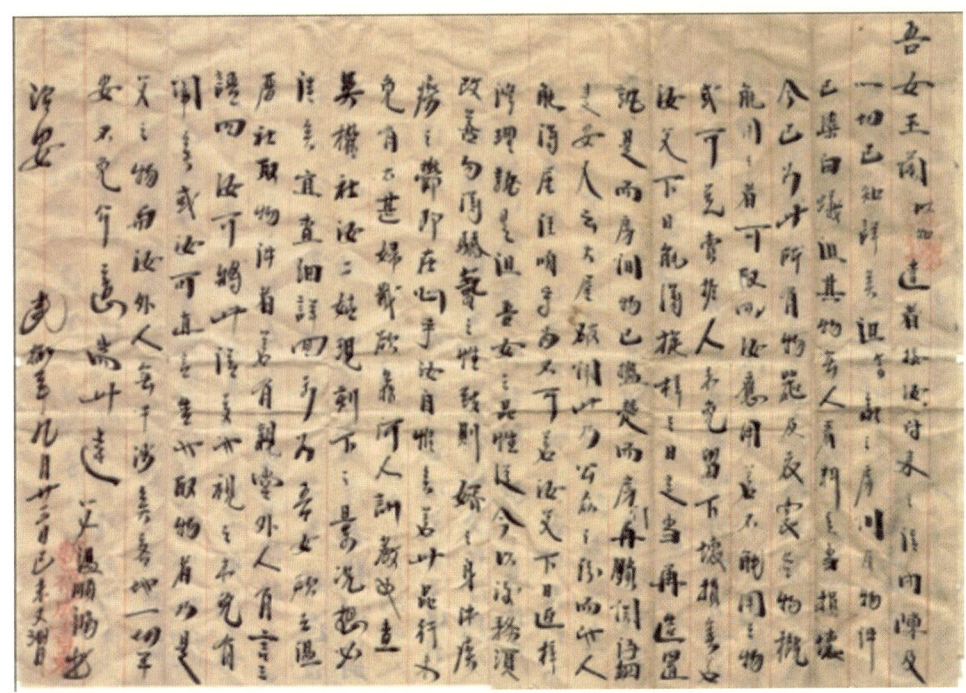

1919年的侨批

【信封正面】

　　三都锦美社交

　　林登山先生　升

　　外付大洋乙拾元　南眉　周采銮　托

【信封背面】

　　邮戳三枚

【信文】

吾女玉兰收知：

　　达者 接汝付来之信，内陈及一切已知详矣。但余家之房间及物件已染白蚁，但其物无人看料，应当损坏。今已如此，所有物器及衣裳各物概能用之者，可取回汝应用；若不能用之物，或可兑卖于人，未免留下坏损矣。若汝父下日能得旋梓之日，定当再造置就是。房间物已搬楚，房门再锁关仔细是妥。人云大屋破闹(烂)，此乃公众之份，而他人能得居住，咱乎为不可？若汝父下日返梓修理就是。但吾女之品性，从今以后务须改善，勿得骄气之性，致则婿之身体疾瘆

| 厦 | 门 | 侨 | 批 |

之郁,即在心乎,汝自惟矣。若此品行,未免有太甚,妇戬欲靠何人训教也?查吴权社汝二姑现刻下之景况,想必清矣,宜查细详回示。如吾女欲去温厝社取物件者,若有亲堂外人有言三语四,汝可将此信交他视之;未免有闹矣,或汝可直言告他取物者乃是父之物,与汝外人无干涉矣。客地一切平安,不免介意。
耑此达
治安

父温顺鸿书
民捌年九月廿三日己未又□□

新中国成立后的侨批

【信封正面】

  烦送厦门禾山殿前社楼仔顶脚　　交

  陈在华先生收

  外付港币壹百元正　　由峇株陈在根

  方形印章二枚:12月13日牌价折合人民币3380元　请保存此信封以备查考

厦门侨批辨读

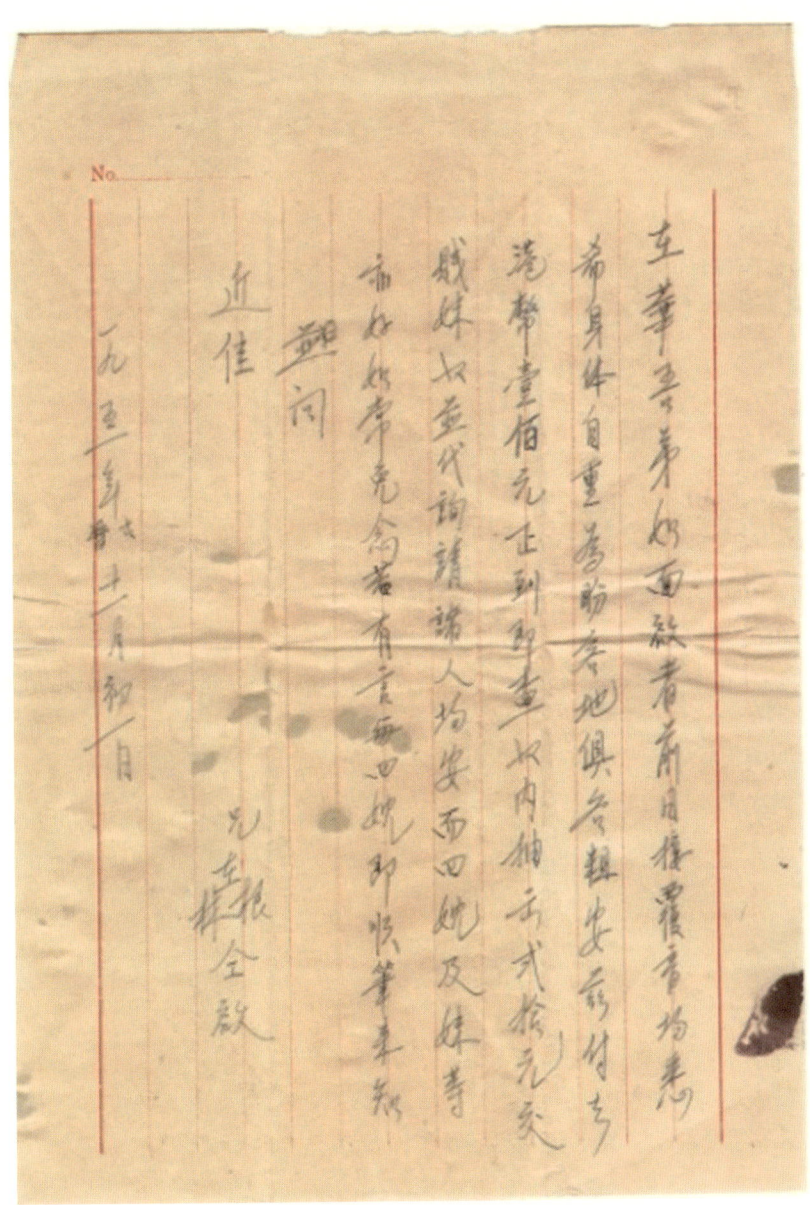

1951年陈在根、陈在林寄给陈在华的侨批

【信封背面】

邮局、"骆协成森记"信局印章各一枚

【信文】

在华吾弟如面：启者 前日接复音，均悉。希身体自重为盼。客地具各粗

厦 | 门 | 侨 | 批

安。兹付去港币壹百元正,到即查收,内抽出贰拾元交贱妹收,并代询请诸人均安,而四婶及妹等亦好如常,免念。若有言与四婶,即顺笔来知。并问
近佳

兄在根　在林同启

一九五一年古历十一月初一日

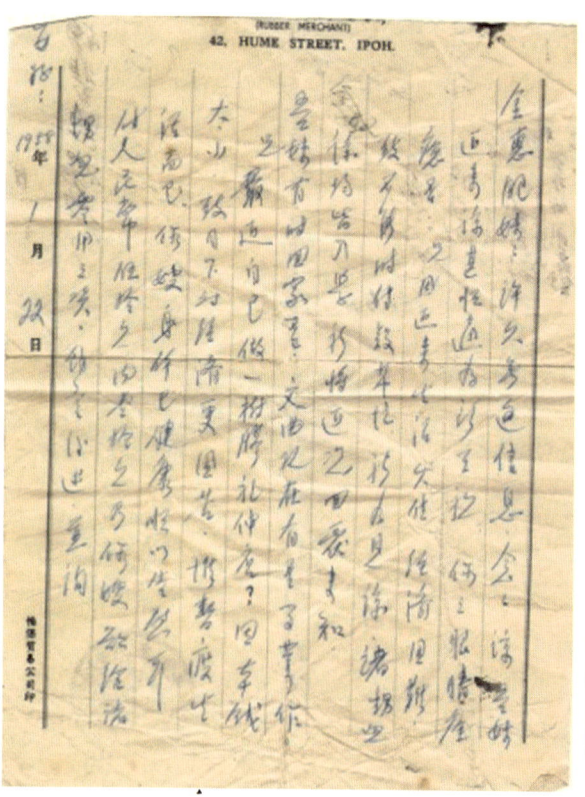

1958年从槟城寄往兑山的侨批

厦门侨批辨读

【信封正面】

　　福建兑山下蔡角

　　李文辉先生收

　　付港币叁拾元　张玉梅

【信封背面】

　　成吉利汇兑信局

　　槟城中街一五九号

　　专差派送　银信□□

　　信字 6 帮 62 号

【信文背面】

　　邮戳：国内互寄批信　特准侨批局专人带送　福建厦门　1958.1.31

【信文】

金惠胞妹：

　　许久无通信息，念念。谅吾妹近来谅甚顺适，为所至祝。你之眼睛疼愈否？兄因近来生活欠佳，经济困难，致不能时付款帮忙，祈为见谅。诸甥儿谅均皆入学，祈将近况回复来知。

　　吾妹有时回家否？文曲现在有否事业工作？

　　兄最近自己做一树胶礼伸店，因本钱太小，致目下的经济更困苦，惟暂渡生活而已。你嫂身体已健康，顺以告慰耳。付人民币伍拾元，内叁拾元乃你嫂欲给诸甥儿零用之资。余言后述，并询

安好

1958 年 1 月 22 日

（三）按国别（地区）分，有不同国家和地区的侨批

　　华侨遍布世界各地，这些身居异国他乡的游子，不管身居何地，都充满相同的爱国爱乡情怀，因此也形成了来自不同国家、地区的侨批。不同国家、地区的侨批，也真实反映了华侨侨居地当时的社会经济状况。

厦 | 门 | 侨 | 批

新加坡侨批

【信封正面】

烦送厦门禾山塔埔下堡社交

黄金香先生　升

附去国币大银陆元　日叨务　黄安朝　缄

厦门侨批辨读

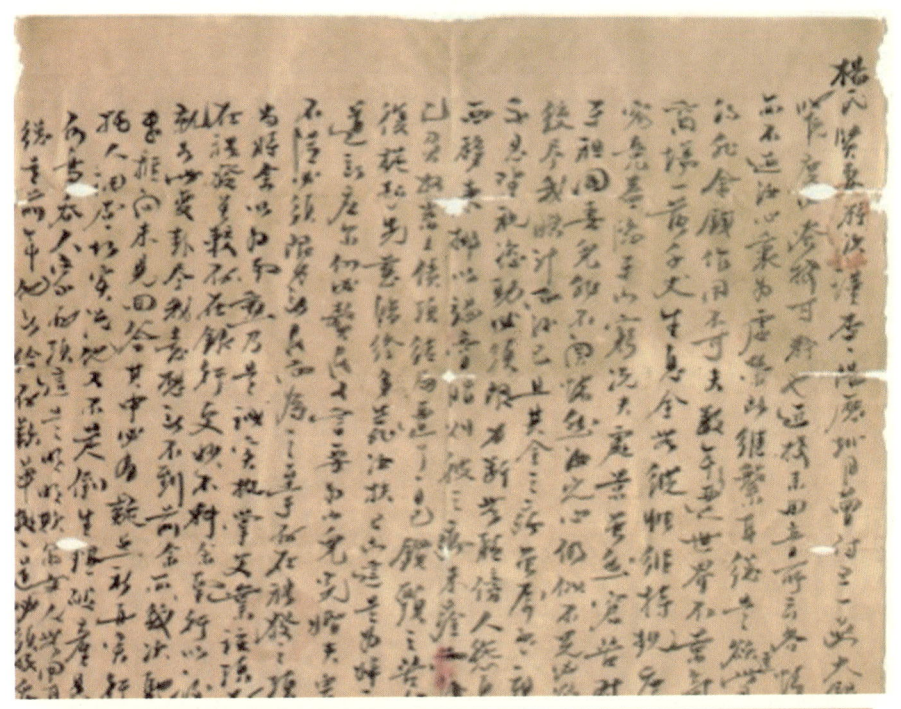

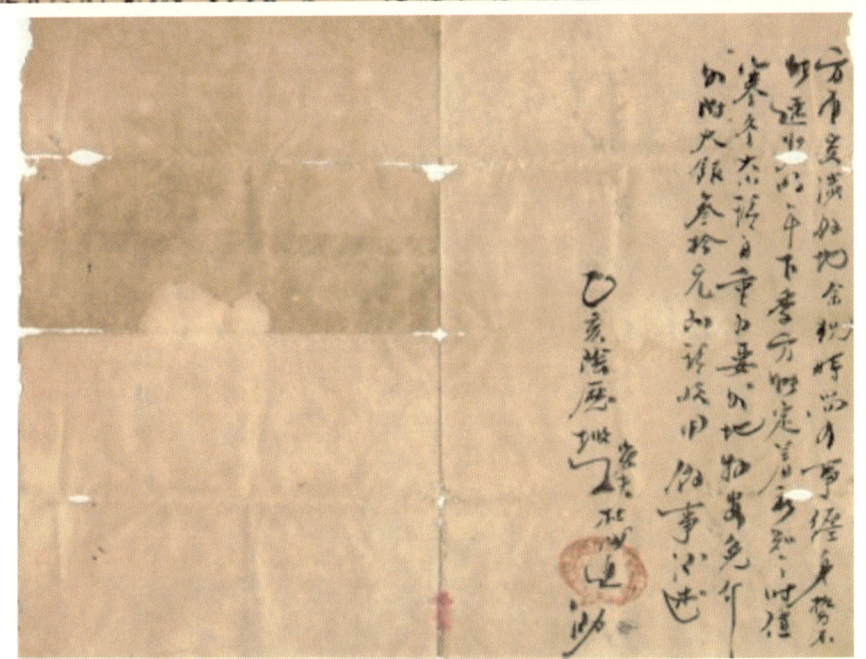

这是一封新加坡华侨杜文智寄给在家乡妻子的家书。信中内容十分丰富，述及了妻子的思想、谈到了家中大小繁杂事务、也谈到了创业的艰辛不易。

| 厦 | 门 | 侨 | 批 |

【信封正面】

　　烦至灌口下马銮社大井头交

　　小儿杜名文智　　收拆

　　外附大银叁拾元正

　　　杜成通　　缄

【信封背面】

　　盖有四枚邮戳，分别是：

　　(1) 思明(厦门) 15.1.36/10

　　(2) 发合汶里井 1 帮 15 号 30 元

　　(3) 厦门 大元路即□□埕 和记信局 林和□茶行内

　　(4) 厦门升平路门牌二号 万有公司 专分大银不取工资

【信文】

杨氏贤妻粧次：

　　谨启 阳历十一月21日曾付上一函，大银24元，度□□接可料也。近接来回音，所云各情亦不过汝心里为虚荣所维系耳。总是欲达此目的，非金钱作用不可。夫数年□世界不景气，商场一落千丈，生息全无，纵惟维持。现度究竟益陷于山穷。况夫处景虽然窘苦，对于祖国妻儿，非不关怀，然汝之心仍似不足，必欲绞尽我脑汁而后已。且其全之病，虽属至亲，不忍坐视，怂(资)助必须限力，断无听旁人怂恿西移东挪，以竭膏脂，则彼之病未瘥，而□已负数累累债项结局，遭了自己锁颈之苦。今复提起先慈临终多靠汝扶□□，这是为妇之道所应，尔何必赘述。又言要为小儿完婚，夫实不隐，必须限力所能而为之。至于存在裕发之项，当时余以为南勋乃是诚实执掌父业，该项存在裕发，虽较存在银行更妙。不料，余南行以后，就如此变卦，尽我意想所不到。前余亦几次驰书推问，未见回答，其中必有疑点，祈再实行托人调查切实。况他又不是倒生理破产，如何鸟吞人家存项。这是明明欺尔女人无用耳。总是前年他所给存款单据一道，必须收妥，方有交涉余地。余现时尚有事缠身，势不能速归。明年下季方能定着，祈知之。时值寒冬，大小请自重为要。外地均安，免介。外附大银叁拾元，到请收用。余事后述。

　　　　　　　　　　　　乙亥阴历1129　岁夫杜成通泐

马来西亚侨批

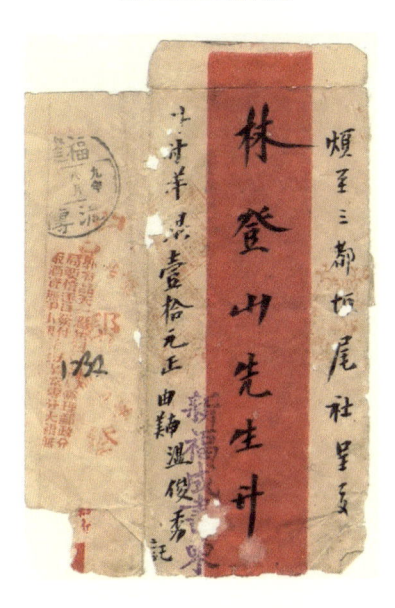

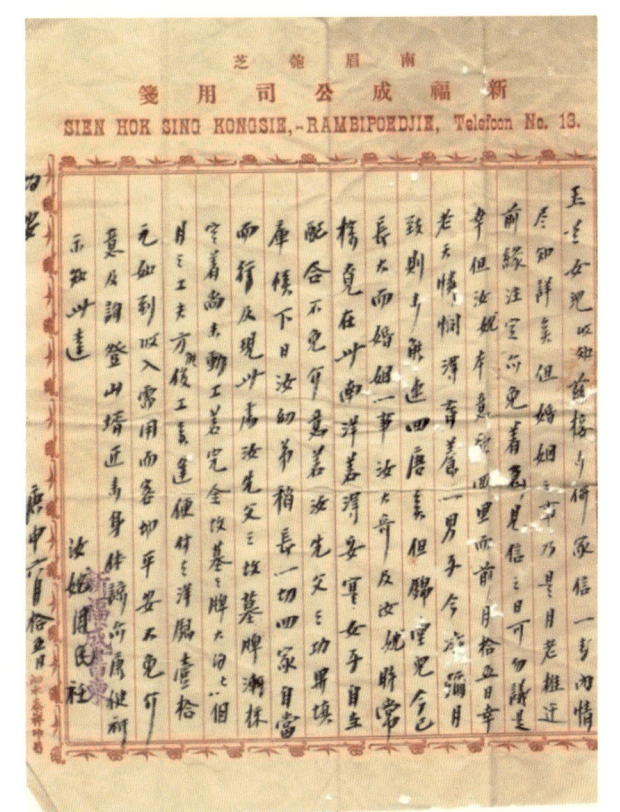

这是一封来自马六甲双溪南眉的侨批,信中主要是谈论家人的婚姻大事,也谈到收信人父亲在侨居地的坟墓建设情况。

| 厦 | 门 | 侨 | 批 |

【信封正面】

　　烦至三都坂尾社呈交

　　林登山先生　升

　　外付洋银壹拾元正　由南美（眉）温俊秀　托

【信封背面】

　　方形邮戳：郭有品天一汇兑银信总局兼理邮政分局要信逐日发付□□□□专分大银无取酒资无甲小银　住龙溪廿八都流传社

　　圆形邮戳：福建流传　九年八月

【信文】

玉兰女儿收知：

　　兹接来家信一封，内情尽知详矣。但婚姻之事乃是月老推迁，前缘注定，亦免着急。见信之日，可勿议，是幸。但汝婶本意欲回里，而前月拾五日幸老天怜悯，得育养一男子，今□弥月，致则未能速回唐矣。但锦堂儿今已长大，而婚姻一事，汝大哥及汝婶时常探觅。在此南洋若得妥实女子，自当配合，不免介意。若汝先父之功果填库，候下日汝幼弟稍长，一切回家自当而行。及现此处汝先父之坟墓牌渐採空着，尚未动工。若完全坟墓之牌，大约七八个月之功夫，方能俊（竣）工矣。逢便付去洋银壹拾元，如到收入需用。而客地平安，不免介意。及询登山婿近来身体谅亦康健，祈示知。此达

均安

　　　　　　　　　　　　　　　　　　　　汝婶周氏衽

　　　　　　　　　　　　　　　　　　　　庚申六月拾五日

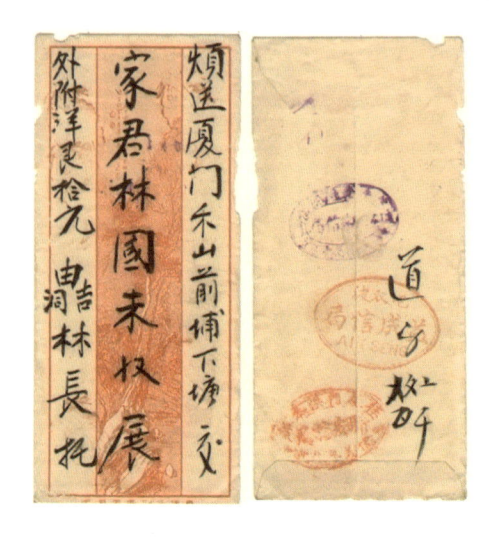

厦门侨批辨读

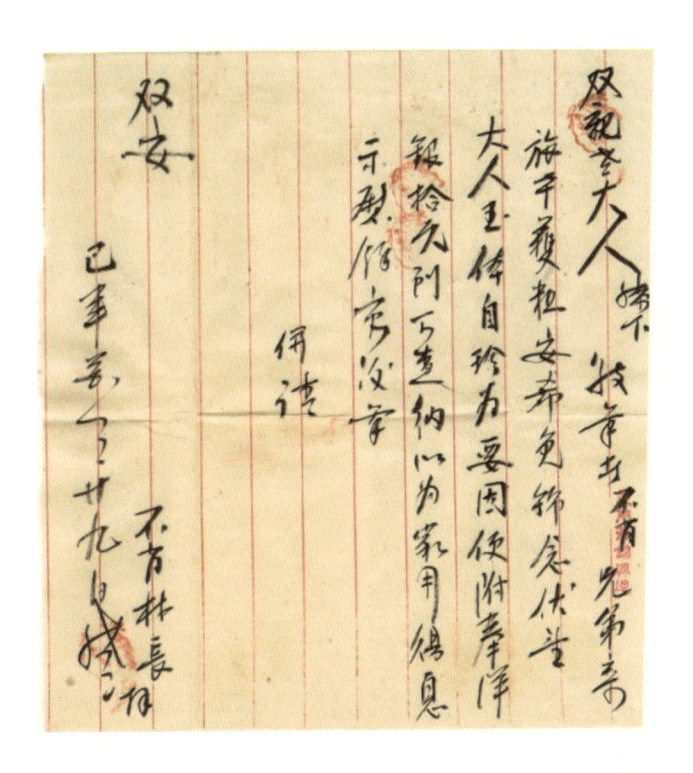

【信封正面】

烦送厦门禾山前埔下塘交

家君林国未收展

外附洋艮（银）拾元 由吉洞林长托

【信封背面】

邮戳三枚,一枚不清

（1）吧双被　益成信局

（2）住厦门洪本部　联安信局

【信文】

双亲老大人膝下：

敬禀者 不肖兄弟亲旅幸获粗安,希免锦念。伏望大人玉体自珍为要。因便,附奉洋银拾元,到可查纳,以为家用,得息示慰。余容后禀。

并请

双安

不肖林长拜

己年荔月廿九日缄

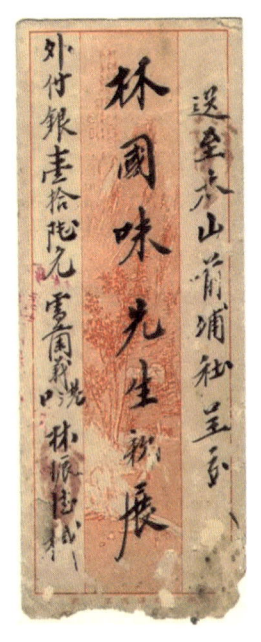

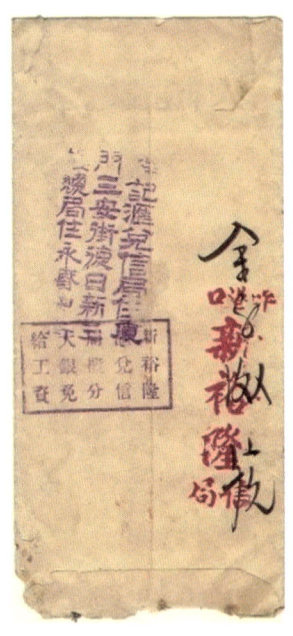

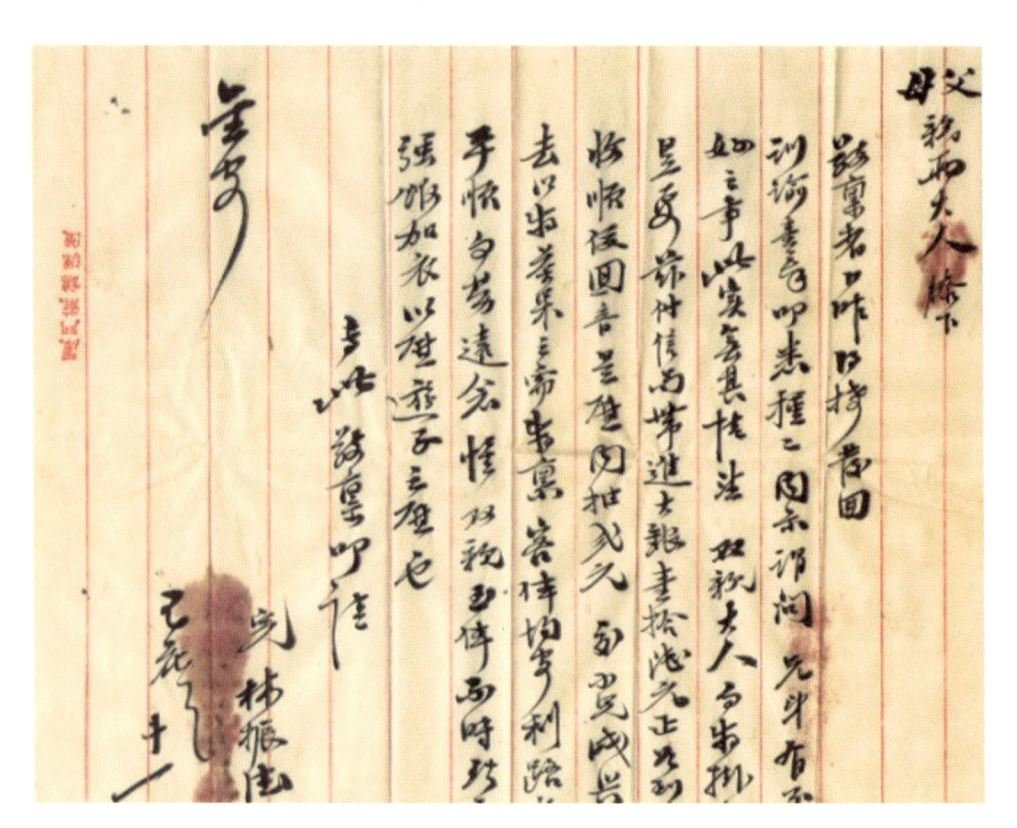

厦 | 门 | 侨 | 批

送至灰山莆埔社呈交
林国味先生敬展
外付银壹拾陆元 云园载洗 林振佳敬缄

父母亲大人膝下
敬禀者 昨日接壹回
训谕喜备叩悉握二因亲切阀先半有书
如三事以实禀呈怀注 如敢大人身步抵
呈复诉仲信为崇进去报壹拾肥元正九月
欣顺後回音言筹肉抵贰元 勿觉感兴
去以出萎果之寄事票客待坚肯利路
平怅自势远发怪勿敢亲母倦而时珍
强你加衣以煲遊子之虑色
专此敬惠叩请
金安
男 林振佳
壬辰十一

厦门侨批辨读

【信封正面】

  送至禾山前埔社呈交

  林国味先生亲展

  外付银壹拾陆元 雪兰义港口　林振德　缄

【信封背面】三枚邮戳

  （1）□港口新裕隆信局

  （2）金记汇兑信局　住厦门三安街德日新三□总局住永春□□

  （3）新裕隆汇兑信局概分大银免给工资

【信文】

父、母亲两大人膝下：

  敬禀者　日昨得接发回训谕壹章，叩悉种种。内示谓问兄弟有不和好之事，此实无其情，望双亲大人勿为挂念是要。兹付信局带进大银壹拾陆元正，如到查收，顺便回音是慰。内扣弍元交小儿成兴取去，以为茶果之需。特禀，客体均安，利路颇平顺，勿劳远念，惟双亲玉体不时珍重，强饭加衣，以慰游子之慰也。

  专此敬禀　叩请

金安

儿林振德
己花月十一日

29

厦 | 门 | 侨 | 批

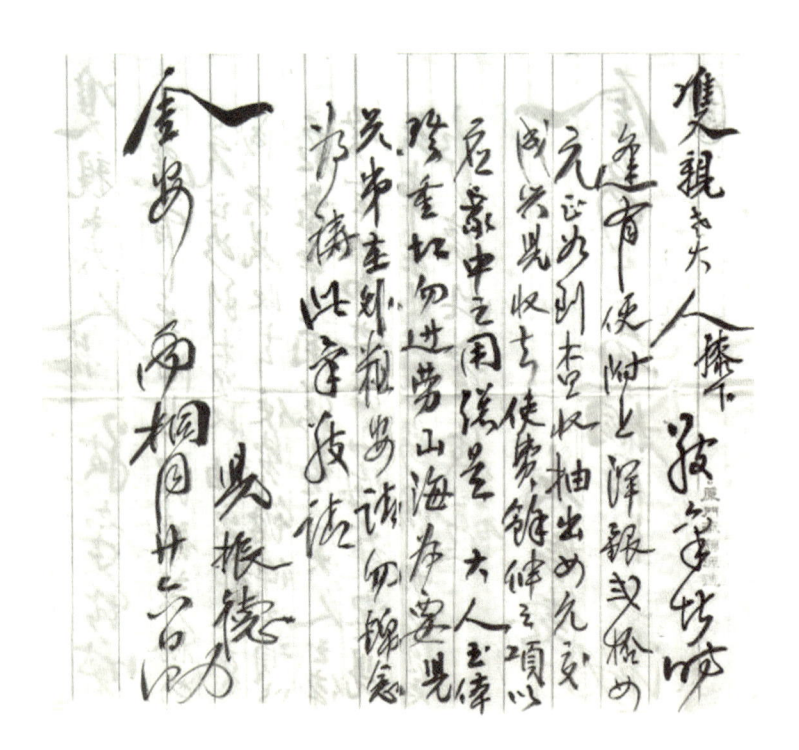

【信封正面】

　　　　送至厦门禾山前埔社交

　　　　家父林国味玉启

　　　　外附洋银弍拾肆元正　由吉胆　振德　付

【信封背面】

　　　　邮戳二枚

　　　　(1)圆形邮戳：厦门 建裕信局 专分大银不取工资 住小□□

　　　　(2)方形邮戳：协益信局

【信文】

双亲老大人膝下：

　　敬禀者 时逢有便，附上洋银弍拾四元正，如到查收。抽出四元交成兴儿收去使费。余伸(剩)之项以应家中之用。总是大人玉体珍重，切勿过劳，山海为要。儿兄弟在外粗安，请勿锦念为祷。此禀，敬请

金安

　　　　　　　　　　　　　　　　　　儿振德

　　　　　　　　　　　　　　　　丙桐月廿六日泐

越南侨批

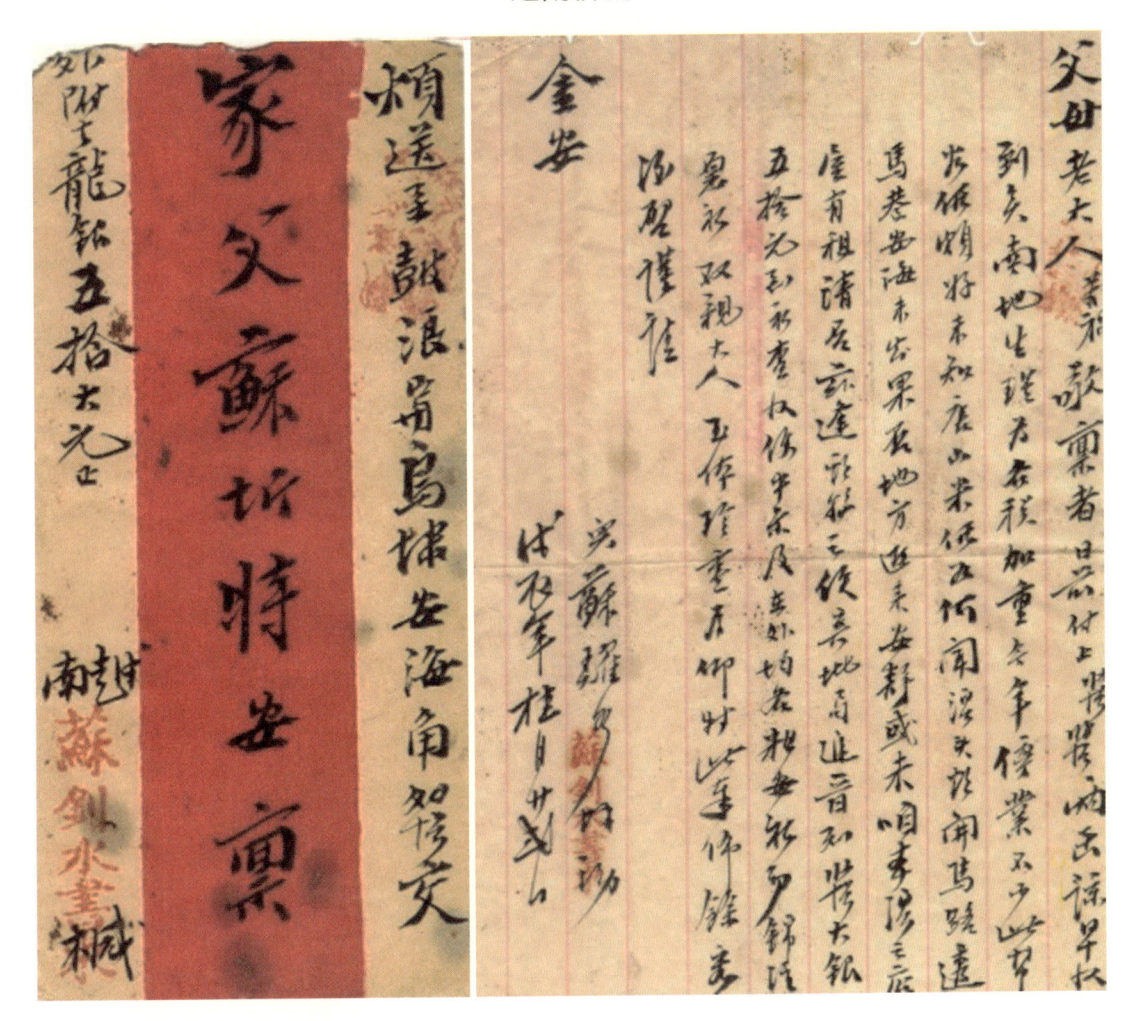

苏钊水从越南寄给家乡父亲苏圻时的侨批。在短短的一封书信中在问候父母的同时,也谈到了国事、家事,包括当地税收、市况、询问家乡建设、国内物价、治安等情事。

【信封正面】

烦送至鼓浪屿乌埭安海角90号交

家父苏圻时　安禀

外付去龙银五拾大元正　越南苏钊水书械

| 厦 | 门 | 侨 | 批 |

【信文】

父母老大人万福：

敬禀者 日前付上24号、25号两函,谅早收到矣。南地生理为各税加重,今年停业不少。此帮谷价颇好,未知唐山米价如何?闻澳头欲开马路透马巷、安海,未知果否?地方近来安静或未?咱本□之店屋有租清否?兹逢期轮之便,寄批局进晋列26号大银五拾元,到祈查收,便中示及。在外均各粗安,祈勿锦挂。愿祈双亲大人玉体珍重为仰。特此奉布。余容后启。

谨请

金安

儿苏耀水拜沥（盖"苏钊水书柬"章）

戊辰年桂月廿弍日

印尼侨批

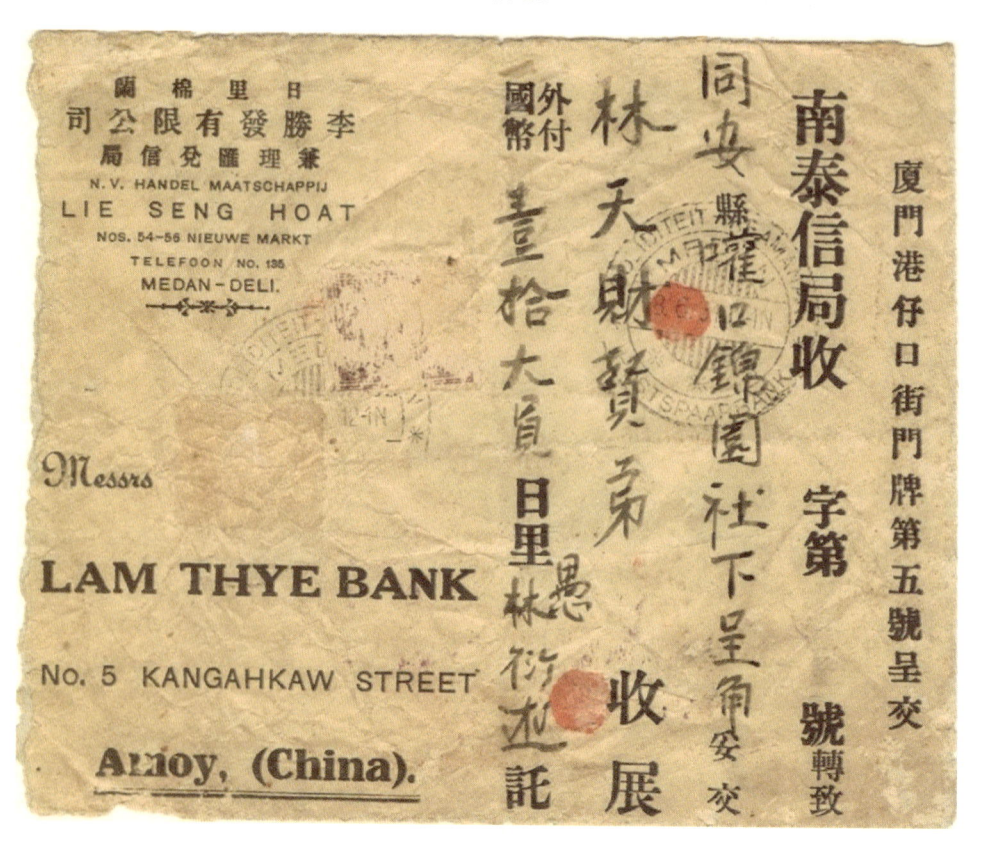

厦门侨批辨读

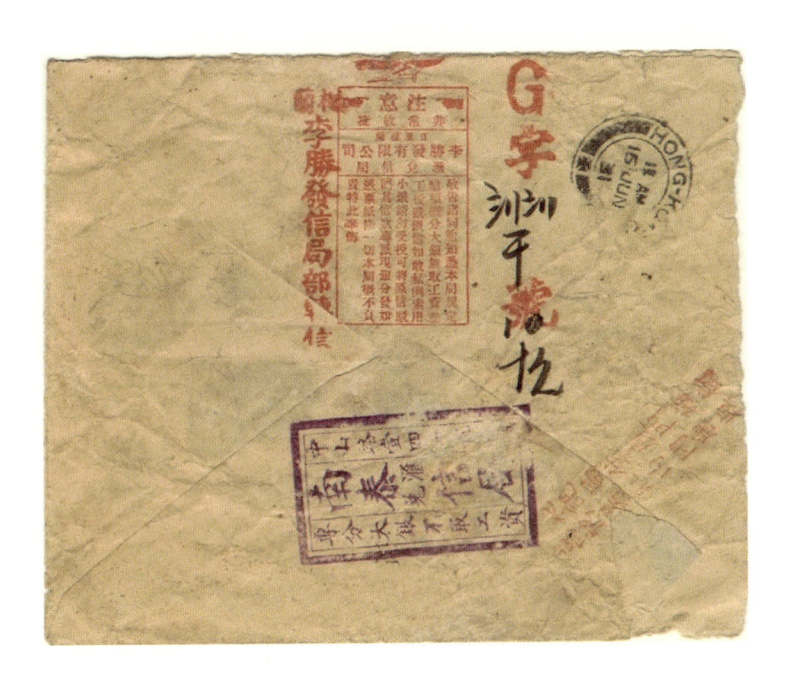

【信封正面】

　　厦门港仔口街门牌第五号呈交

　　南泰信局收　字第　号转致

　　同安县灌口锦园社下呈角　妥交

　　林天财贤弟　收展

　　外付国币壹拾大员　日里　愚　林衍述　托

　　左上角:日里棉兰　李胜发有限公司　兼理汇兑信局

【信封背面】

　　广告一则

　　邮戳一枚:HONG-KONG

　　印章三枚:

　　一书:中山路壹四一□□□ 南泰汇兑信局 专分大银不取工资

　　一书:□记局住厦门磁街万协美庄内门牌□

　　一书:棉兰 李胜发信局部转信

| 厦 | 门 | 侨 | 批 |

菲律宾侨批

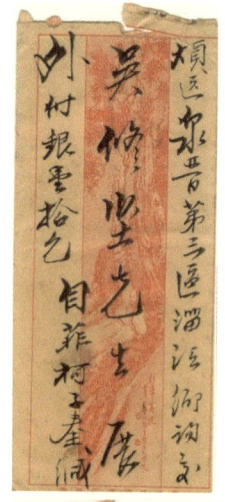

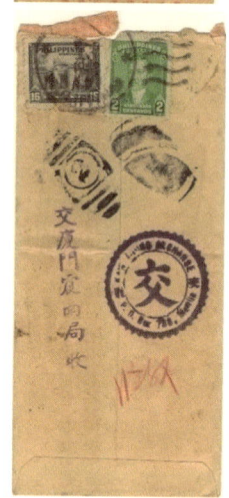

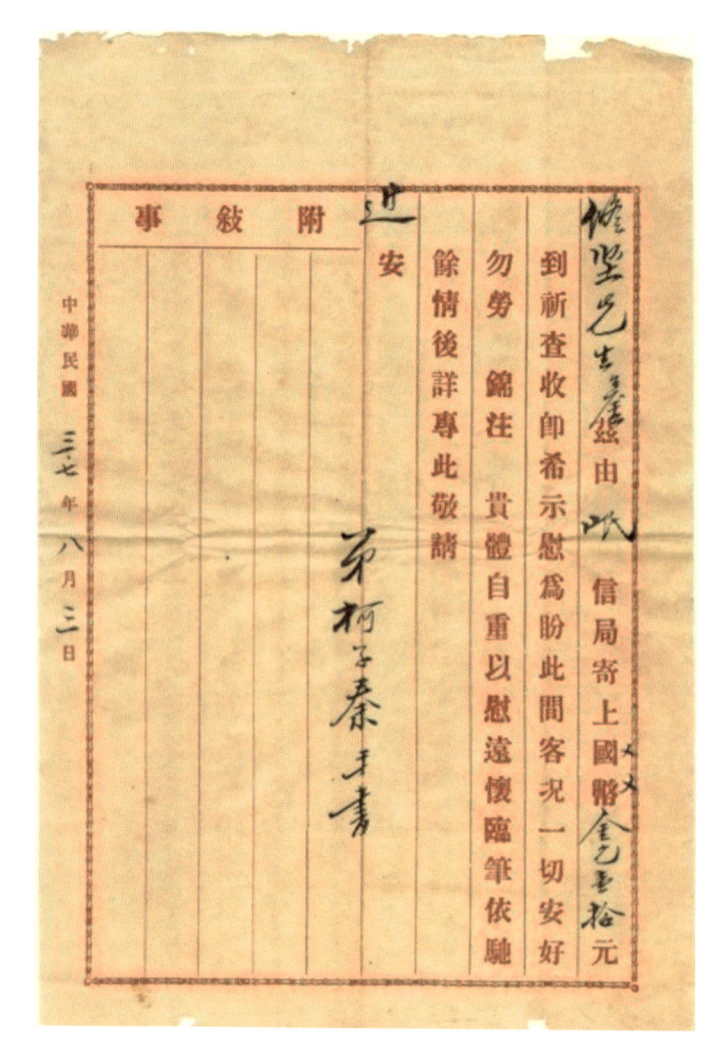

【信封正面】

烦送泉晋第三区溜江乡询交　吴修坚先生　展

　　外付银壹拾元　　自菲柯子秦缄

【信封背面】

　　圆形英文邮戳一枚,正中汉字"交"

　　盖章"交厦门震南局 收"

厦门侨批辨读

【信文】

印刷信文

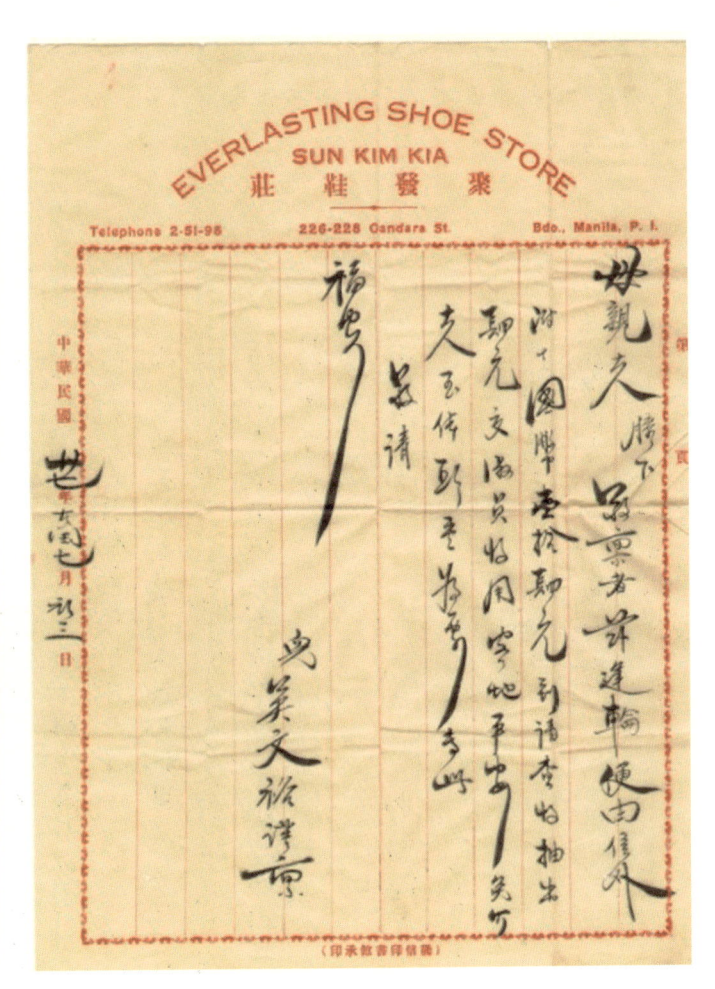

【信封正面】

烦至鼓浪屿和记路门牌 R395 号

交吴安利先生　启

外付国币壹拾肆元　垠　吴文裕　托

【信封背面】

盖有中英文邮戳各一枚，标有"聚发"字样

中文印章：鼓浪屿源兴 12 帮 477 号

| 厦 | 门 | 侨 | 批 |

【信文】

母亲大人膝下：

敬禀者　兹逢轮便，由信外付去国币壹拾肆元，到请查收。抽出肆元交淑贞收用。客地平安，免介。大人玉体珍重为要。专此

敬请

福安

儿吴文裕谨禀

中华民国廿七年吉闰七月初三日

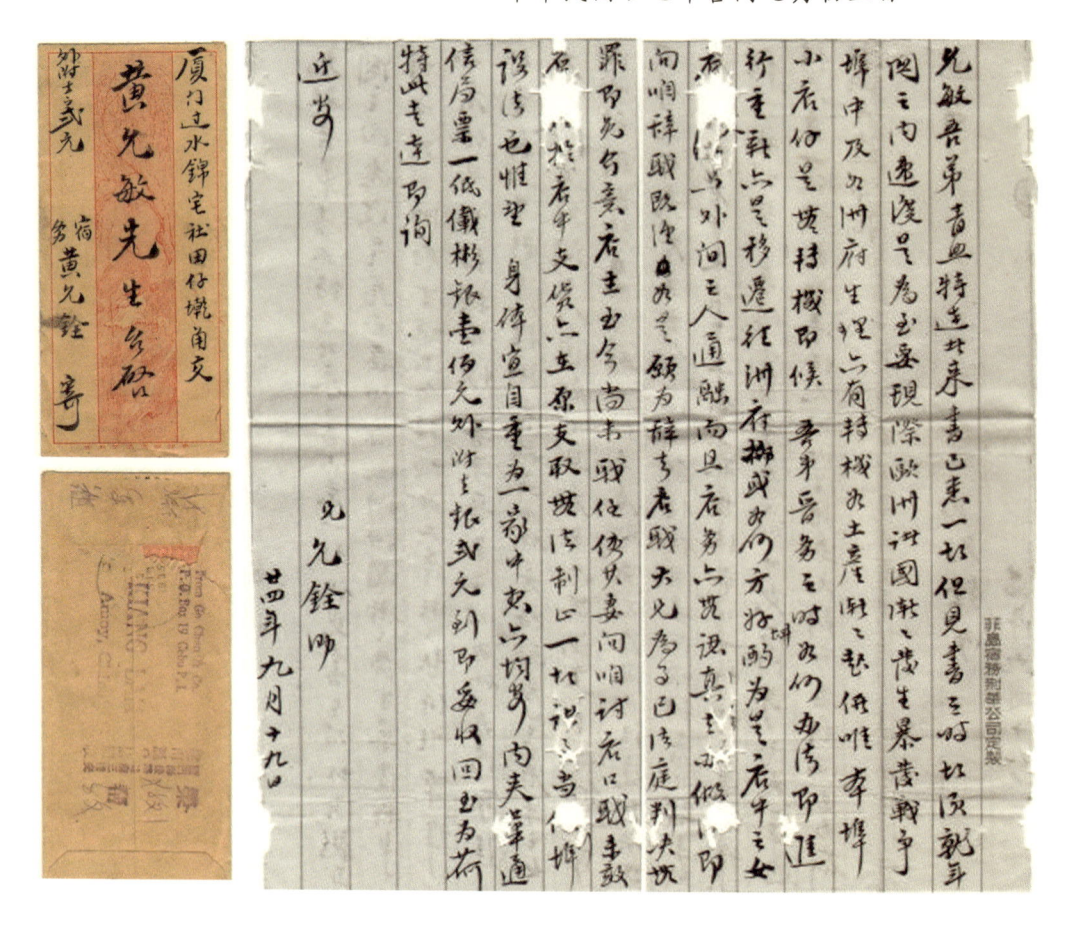

黄允敏家信。这封信反映了世界局势的变化对华侨生活、创业的影响。

【信封正面】

厦门过水锦宅社田仔墘角交

黄允敏先生　台启

厦门侨批辨读

外附去银弍元　宿务　黄允铨　寄

【信封背面】

英文邮戳一枚

盖"荣 4591 帮 59 厦门海后路汇南三楼交 建南汇兑信局收"章

【信文】

允敏吾弟青照：

特达者　来书已悉一切，但见书之时，切须就年关之内速渡，是为至要。现际欧洲诸国渐渐发生暴发战争，埠中及各洲府生理亦有转机，如土产渐渐起价，唯本埠小店仔是无转机。即候吾弟晋务之时，如何办法即进行重新亦是移迁往洲府，抑或如何方好，斟酌为是。店中之女□□□与外间之人通融，而且店务亦无认真去办做，□即向咱辞职，既经如是，愿为辞去店职。大兄为事已法庭判决无罪，即免介意。店主至今尚未职任，使其妻向咱讨店口职，未敢□□□，于店中支货亦在原支取，无法制止。一切□□当□埠设法也。惟望身体宜自重为一。家中想亦均安。内夹华通信局票一纸，载彬银壹佰元，外附去银弍元，到即妥收，回玉为荷。特此专达。即询

近安

兄允铨叻

廿四年九月十九日

泰国侨批

| 厦 | 门 | 侨 | 批 |

【信封正面】

　　烦至厦禾山围里社请交

　　陈成发先生　　升

　　外付光洋四元收　　暹弟清泉托

【信封背面】

　　两个邮戳

　　(1)暹局　　丁卯年十月十三日

　　(2)郭有品天一信局　　住厦门水仙宫理信分大银无取酒资

缅甸侨批

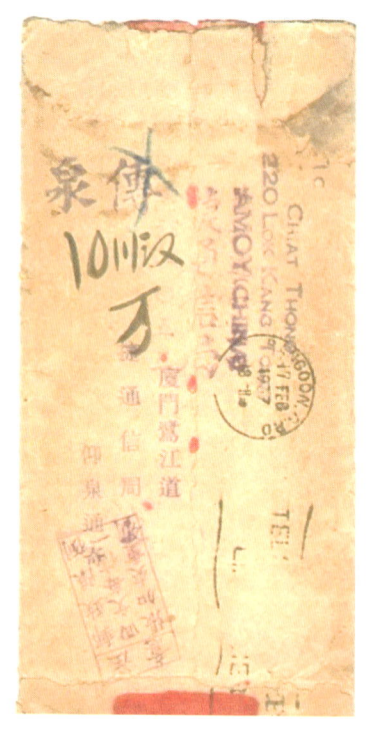

【信封正面】

　　烦到三都霞阳社中街角交

　　小儿杨克修　　收

　　外银伍拾员　　由仰光杨天送　械

厦门侨批辨读

【信封背面】

邮戳：

(1)CHIAT THONO 220 LOK KANG TOO AMOY CHINA 捷通信局

(2)厦门鹭江道捷通信局收 仰泉通寄

盖章：注意　邮政限例回文每信一张加夹重罚

荷属南礼那

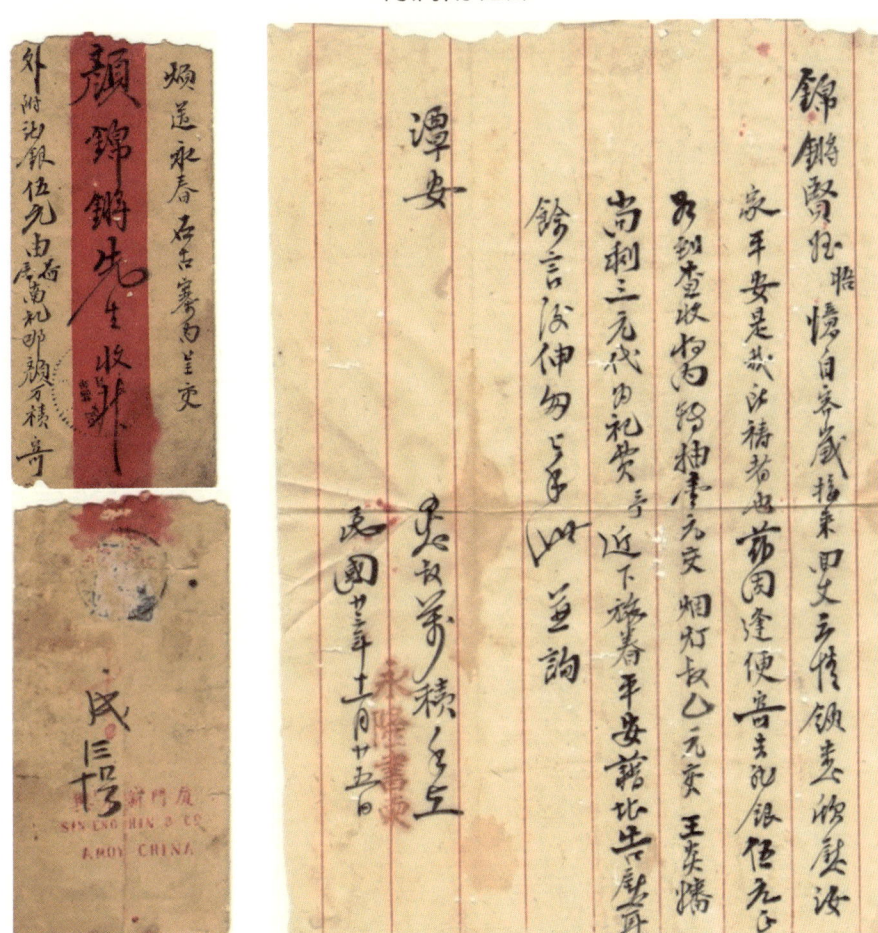

【信封正面】

　　烦送永春石古寨内呈交

　　颜锦锵先生　收升

　　外付龙银五元　由荷属南礼那　颜万积　寄

| 厦 | 门 | 侨 | 批 |

【信文】

锦锵贤侄晤：

忆自客岁接来回文，云情领悉，欣慰。汝家平安是我所祷者也。兹因逢便，寄去龙银五元正，如到查收，将内转抽壹元交烟灯叔，乙元交王炎婶，尚剩三元代为祀费。予近下旅眷平安，藉堪告慰耳。余言后伸（申），匆匆手此。并询

潭安

愚叔万积手囗
民国廿三年十一月廿五日

二、随侨信寄回的货币

由于广大华侨身居不同的国家和地区，侨批也形成于不同时期，因此，随着侨信寄回的货币类型也各不相同。

龙银：日本银元，台湾银行发行。　　英银：即鹰银，墨西哥银元。

厦门侨批辨读

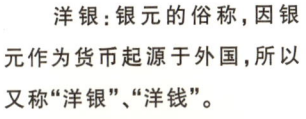

洋银：银元的俗称，因银元作为货币起源于外国，所以又称"洋银"、"洋钱"。

大银：银元的俗称。

光洋：即银元，又称"大洋"。

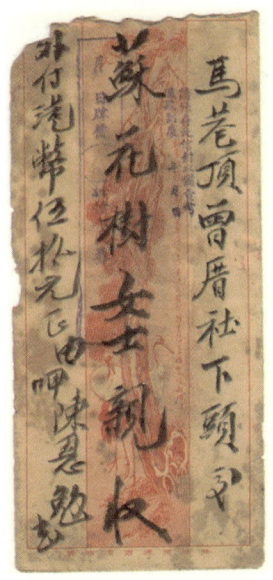

港币：香港发行的官铸货币。

国币：即法币。1935年11月4日，国民政府禁止银元流通，实施法币政策，由当时中央、中国、交通、农民四大银行发行的纸币称为"法币"。

| 厦 | 门 | 侨 | 批 |

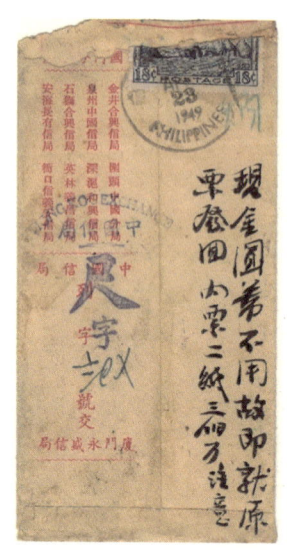

金圆券：1948年8月19日，国民政府实施币制改革后的货币。

银元，原产自外国，所以厦门人称为"番银"、"洋钱"、"花边钱"或"大洋"。

明末，厦门市面开始出现外国银元。清康熙至嘉庆的150多年间，经常有外国商人携带巨额"番银"在厦门贸易，市面已普遍流通"番银"。

清道光年间，厦门市面流通的外国银元有：西班牙银、墨西哥银元（又称鹰洋）、印度洋（又称杖洋）、荷兰银元（又称马剑）和法国银元（又称番头）。到了清末，又有日本龙洋、美国洋、安南洋等银元，陆续流入厦门。

光绪十五年（1889年），清政府开始在广东省铸造"龙洋"，在厦门未通用。清末民初，厦门通用的货币，是日本龙洋。此外，市面流通的外国银元，还有杖洋和英洋。

据1921年的《钱业月刊》记载，厦门通行的银元种类主要有：

龙洋：日本铸造，原名日本银元，有市价，通行较久。

新币：又称袁大头，民国3年铸，银元正面有袁世凯侧面头像，民间广泛使用，其行市与龙洋略同。

杖洋：即京津一带通用的站人洋，有市价，其计算亦与龙洋、新币等同。

英洋：又名白鹰，即长江沿岸各埠通用的墨西哥银元，有市价，但交易极少，英洋一元相当于龙洋一元零五厘。

1933年废两改元前，厦门市面流通的外国银元为日本龙洋、站人洋、鹰洋。中国银元是有孙中山头像的开国纪念银元、袁世凯头像银元和帆船银元（正面为孙中山半身侧面肖像,背面为帆船)。

1933年4月6日起为全国废两改元,国民政府委托中央、中国、交通三家银行代为兑换银币。1935年11月国民政府实行法币政策,禁止银元流通。

抗战胜利后,由于恶性通货膨胀,物价暴涨,法币急剧贬值,市面拒收,厦门市一度恢复银元流通。

国民政府于1948年8月19日取消法币,发行金元券。但金元券并无现金准备,发行又无限制,币值日贬。金元券几成废纸,国民党厦门市党政军民联席会议,只好做出允许市面使用银元、银币和铜元的决定。

国民政府在大陆崩溃前夕,发行银元兑换券(简称银元券),但只一个多月,厦门市民就拒用。解放初,中国人民银行按牌价收兑银元,禁止银元在市面流通。

(根据《厦门金融志》整理修改,谨此说明并致谢)

三、侨批的相关票据

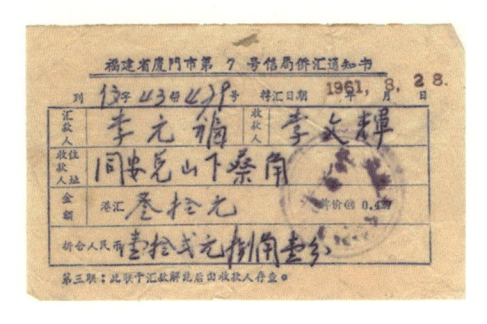

汇款通知书

【正面】

题头:福建省厦门市第7号信局侨汇通知书

转汇日期:1961.8.28

汇款人:李元福 收款人:李文辉

收款人地址:同安兑山下蔡角

金额:港汇叁拾元

折合人民币:壹拾贰元捌角壹分

· 43 ·

| 厦 | 门 | 侨 | 批 |

【背面】

邮戳"厦门侨批□□处 集美站

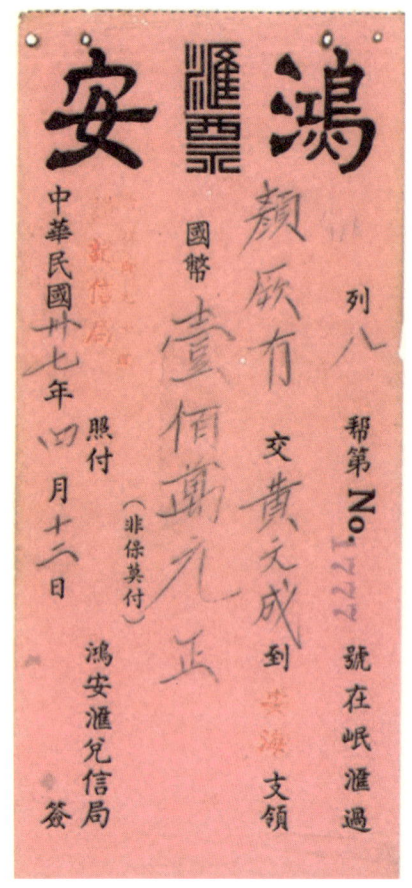

鸿安汇兑信局汇票

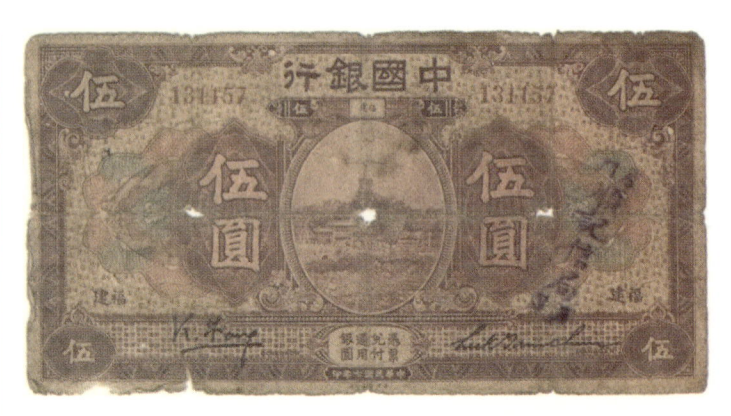

厦门顺记信局中国银行 5 元汇票

厦门顺记信局中国银行 10 元汇票

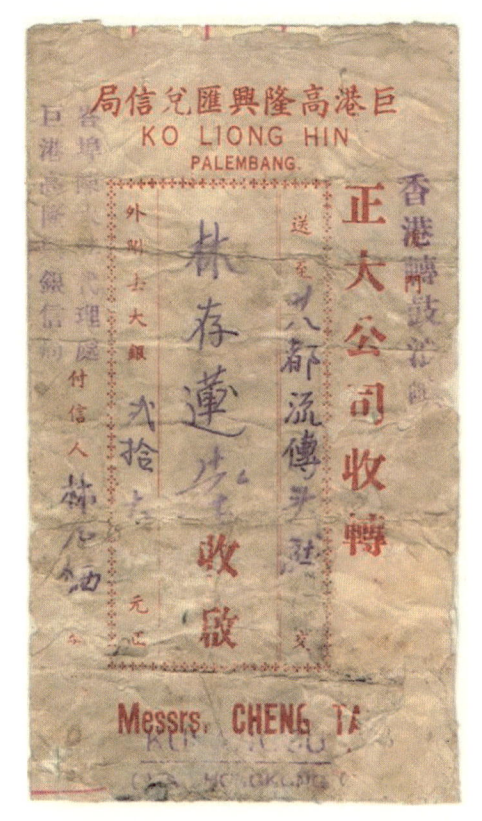

巨港高隆兴汇兑信局汇款单

【正面】

　　香港转鼓浪屿

　　正大公司　收转

　　送至廿八都流传头社　交

　　林存莲　先生　收启

　　外附去大银式拾大元正

　　付信人林□□

　　盖"峇埠陈水□代理处巨港高隆兴银信局"印

【背面】

　　圆形邮戳：厦门

　　方形邮戳：正大□信分局　石码后街仔头门牌21号

四、一封侨批，一个故事

侨批的内容涉及方方面面，有的侨批是沟通情感，寄钱赡养亲人，有的是关心家乡建设，举办公益事业，有的则是关心国家大事等等，充分体现了广大华侨身在海外，心系祖国的情怀。每一封侨批，后面都蕴藏了一个故事。

通信沟通情感，寄钱赡养家人是侨批的主要功能，这类侨批占侨批的大部分。

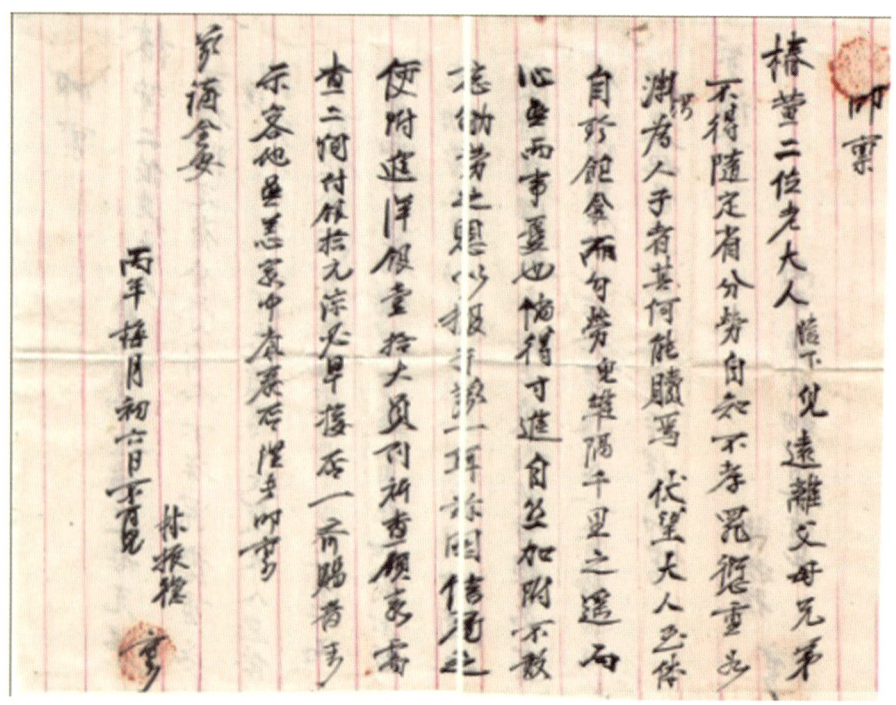

厦门侨批辨读

父母在不远行。迫于生计又不得不远渡重洋,心情自然十分矛盾。这是林振德写给家乡父母的信。

【信文】

叩禀

椿萱二位老大人膝下:

　　儿远离父母兄弟,不得随定省分劳,自知不孝,罪愆重如渊深。为人子者,其何能赎焉?伏望大人玉体自珍,饱食而勿劳。儿虽隔千里之遥而心无两事忧也!倘得寸进,自然加付,不敢忘劬劳之恩以报于万一耳。兹因信局之便,附进洋银壹拾大员,到祈查领家需。查二(月)间付银拾元,谅必早接否?一齐赐音来示。客地无恙,家中康泰否?谨专叩禀

万福金安

　　　　　　　　　　丙年梅月初六日　不肖儿林振德禀

　　痛失双亲的李清泉给外婆请安,信里充满着坚强和依恋,情真意切。

【信文】

书禀

外祖母大人万福:

　　日前接得玉函,云甥儿有染洋烟之事,请老大人不必挂虑。然甥今甚知轻重,眼前既失椿萱,乃是我一身之薄命,岂敢添苴别事。孙儿本知妈亲提拔,无能在家奉待(侍),自抱歉于心,维(惟)在外时时深望老大人玉体康安为慰。还望妗婆朝夕奉养,凡事不许忤逆为荷。我客体亦平安,免用锦挂。兹付去光银四元,收入内抽出银弍元交妗婆供用。孙儿在廊,我舅父常有训教于我之世情事务,不敢违命耳。余无别言,耑此奉禀。

举家合吉

　甥孙清泉禀

　丁阳月十四

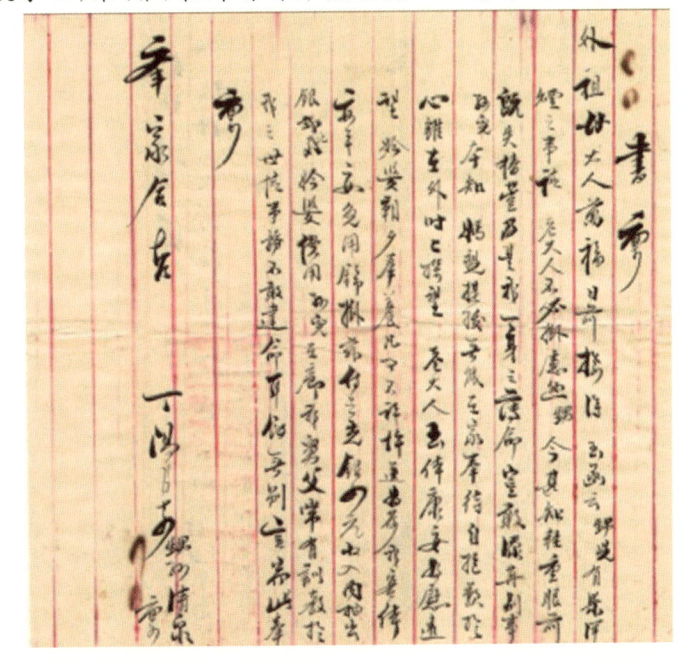

· 47 ·

| 厦 | 门 | 侨 | 批 |

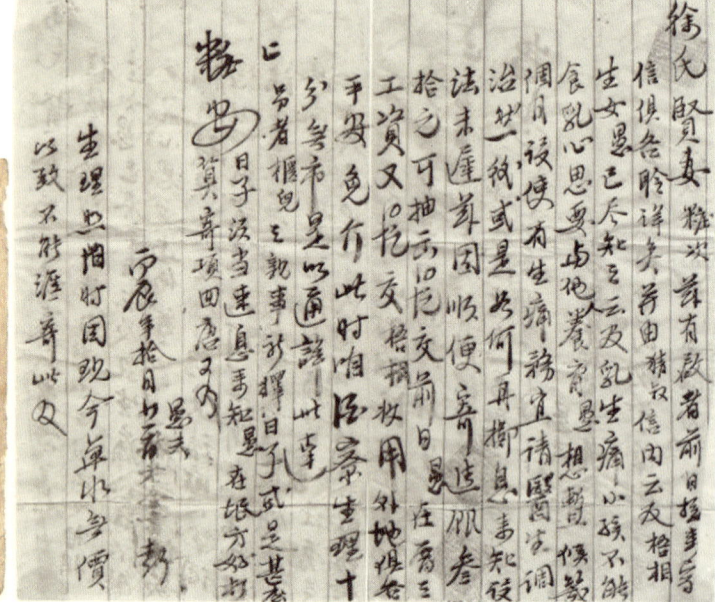

华侨身在他乡,时刻牵挂家中诸事。这是林老全连着两个月给家中的妻子写信。

【信文一】

徐氏贤妻粧次:

兹有启者,前日接来家信,俱各聆详矣。并由猜叔信内云及梧桐生女。愚已尽知之。云及乳生痛,小孩不能食乳,心思要与他人养育。愚想暂候几个月,设使有生痛,务宜请医生调治。然后或是如何,再掷息来知,设法未迟。兹因顺便寄进银叁拾元,可抽出10元交前日愚在厝之工资,又10元交梧桐收用。外地俱各平安,免介。此时咱酒寮生理十分无市,是以通详。此达

粧安

另者:柜儿之亲事,祈择日子或是甚么日子,须当速息来知,愚在垠(岷)方好打算寄项回唐。又及

愚夫

丙辰年拾月廿二日

生理照旧,时(实)因现今单水无价,以致不能汇寄,此及。

厦门侨批辨读

【信文二】

徐氏贤妻粧次：

兹接上日来家信壹械，拆诵之下已知其详矣。但小儿金柜之亲事，聘金本意此帮汇寄前去应定。碍因此时垠（岷）埠单水涨价，每百元该贴三十左右元，是以未能随帮寄进，且宽几天，单水少落价，即当附寄回唐，以应此条聘礼，免介。前曾接来信二封，云允人起厝之项，愚岂不知，但碍此时单水太高，务候跌落，一齐附进就是，免以口角生事为要。外地平安，家中诸大小谅亦清吉可料也。咱酒寮之生理平常而已，各事须当和顺为要。兹因顺便附去艮（银）壹拾大元，到祈查收，回息来知。此达

粧安　不一

另者家兄来信云及愚所寄之项，已经应还起厝工费，并社里捐题等费。

愚夫林老全泐

丙辰年十一月廿二日

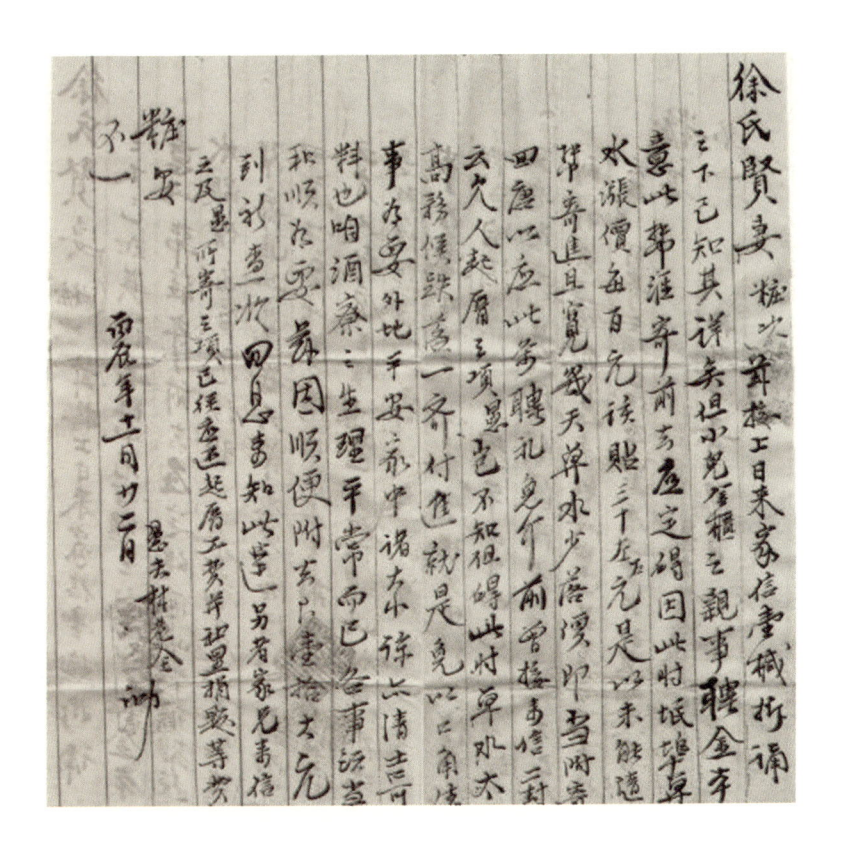

| 厦 | 门 | 侨 | 批 |

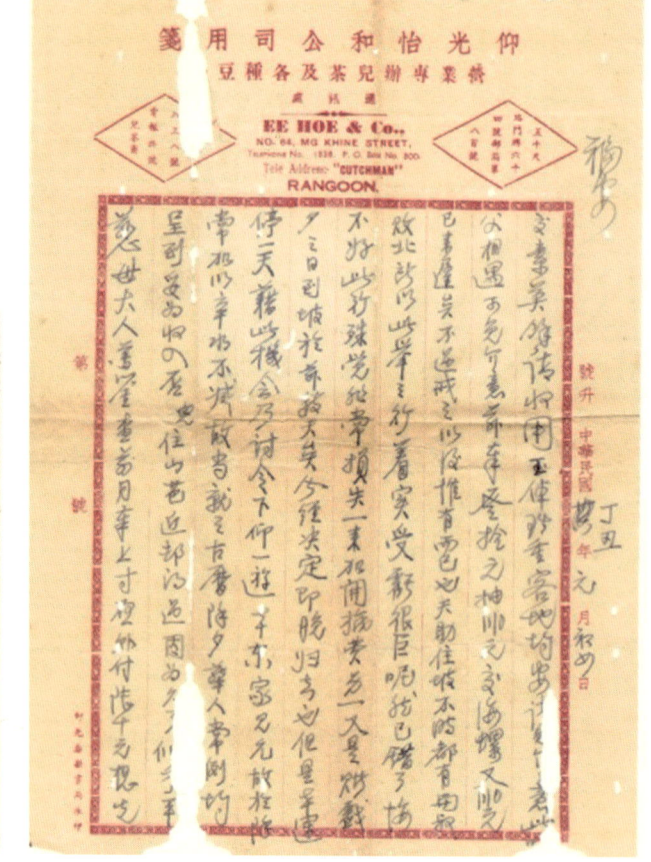

这是一封写于新年之际的侨批,述及过除夕外出游玩情形,却又因旅费开支、赌博输钱而充满自责。

【信封正面】

烦到三都霞阳社中街角交

小儿　杨克修　收

外银伍拾员　由仰光杨天送械

【信文】

慈母大人尊鉴:

查前月奉上寸启,外付陆十元,想先呈到,妥为收入否?儿住山芭,近却鸿遇,因为□□似乎平常,加以辛(薪)水不减。故当就之古历除夕华人常例均停一天,藉此机会乃讨令下仰一游。幸东家见允,故于除夕之日到坡,于兹数天矣。今经决定,即晚归去也。但是幸运不好,此行殊觉非常损失。一来加开旅

厦门侨批辨读

费,另一又是赌戏败北。所以此举之行着实受亏很巨呢!然已错了,悔已来迟矣。不过戒之,以后惟有而已也。天助住坡,不时都有与叔父相遇,可免介意。兹奉叁拾元,抽3元交海螺,又3元交素英,余请收用。玉体珍重,客地均安,请免介意。此叩

福安

丁丑年元月初四日

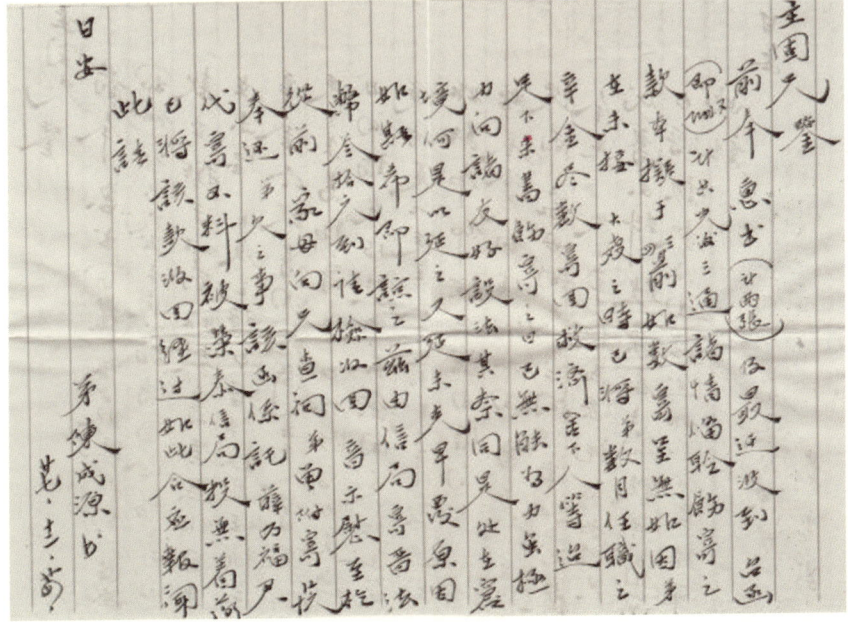

| 厦 | 门 | 侨 | 批 |

言及借钱不易、无法及时资助亲人的侨批,表露充满无奈的人情世故。

【信封正面】

  鼓浪屿香港路 R208 号（R-208）交

  薛主固先生　启

  外付银叁拾元　陈成源托

  盖"付讫"印

【信封背面】

  为英文收信人姓名、地址

【信文】

主固兄 鉴：

  前奉惠书（计两张）及最近收到台函（即 2000,又）计共先后三通,诸情备聆。饬寄之款本拟于三四日前如数寄呈,无如因弟在未接大教之时,已将弟数月任职之辛（薪）金尽数寄回,救济舍下人等。追足下来书饬寄之日,已无能为力。虽极力向诸友好设法,其奈同是处在窘境,何是以延之又延,未克早覆,原因如斯,希即谅之。兹由信局寄晋法币叁拾元,到请检收,回音示慰。至于从前家母向兄查问弟曾附寄上十二元奉还弟欠之事,该函系托薛乃福君代寄,不料被荣泰信局投无着落,已将该款收回。经过如此,合应报闻。

  此请

日安

              弟陈成源书

              廿七.十二.廿四

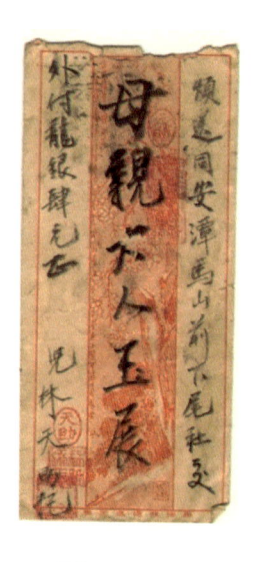

厦门侨批辨读

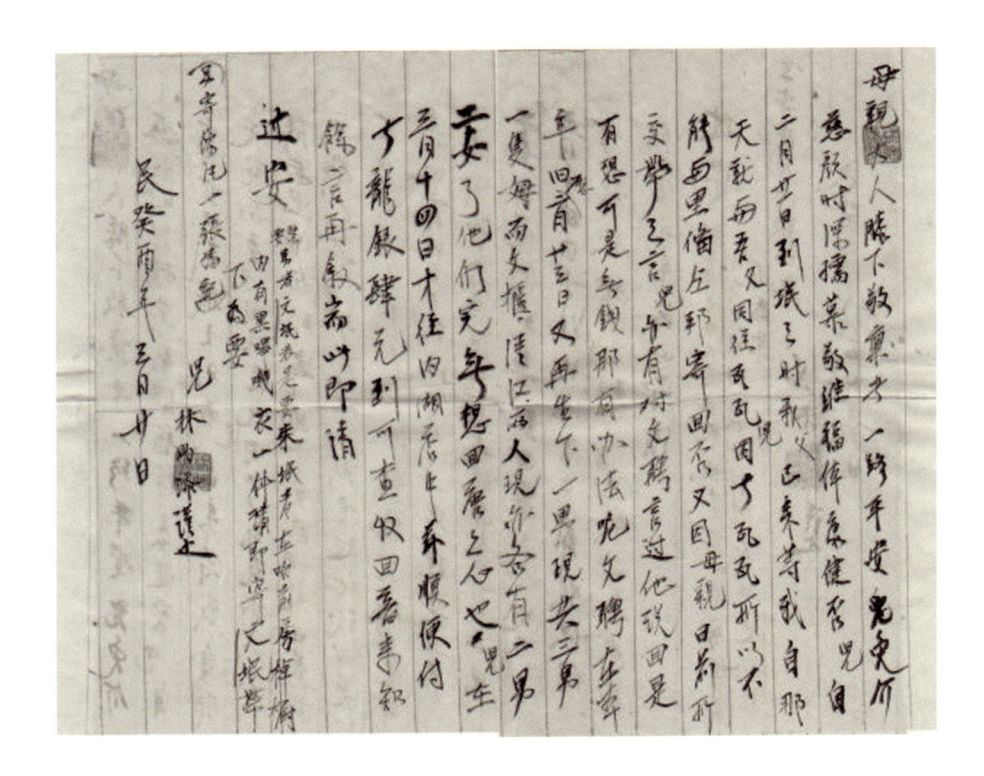

华侨出洋谋生不易,一件衣服都要从国内带去。

【信封正面】

　　烦送同安潭马山前下尾社交

　　母亲大人 玉展

　　外付龙银肆元正 儿 林天助托

【信封背面】

　　印章二枚

　　椭圆形邮戳 上:住打铁路头 中:厦门 捷兴 下:磁安路四十二号

　　方形印章 上:晋元 下:元 12 帮 1226 号 概分大银不取工资

【信文】

母亲大人膝下:

　　敬禀者 一路平安,免介。慈颜时深孺慕,敬维福体康健否?儿自二月廿一日到垠(岷)之时,我父已来等我,自那天就与吾父同住瓦瓦。儿因去瓦瓦,所以不能与里备同邦(帮)寄回。不乃又因母亲日前所交带(待)之言,儿亦有对文聘

· 53 ·

言过,他说回是有想,可是无钱,那(哪)有办法呢?文聘在本年旧历二月廿三日又再生下一男,现共三男一只姆,而文柜、清江两人现亦各有二男二女了,他们完(实)无想回唐之心也。儿在三月十四日才往内湖店中,兹顺便付去龙银肆元,到可查收。回音来知,余言再叙。耑此,即请

近安

紧要者:文垠若是要来垠(岷)者,在咱前房樟橱内有黑哔叽衣一件,请即寄文垠带下为要。

(另寄像片一张为纪)

儿林助添谨上

民癸酉年三月廿日

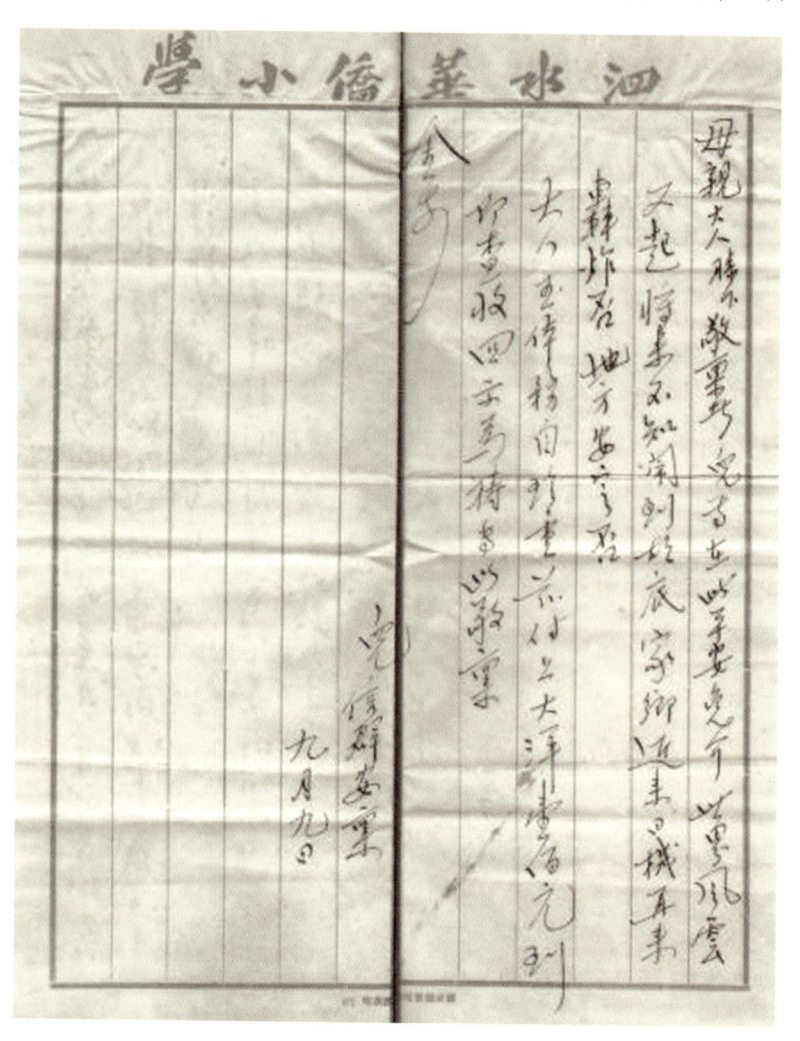

厦门侨批辨读

通过鼓浪屿德盛汇兑信局寄送的汪氏家信,叙及日寇侵略,寥寥数语,愤慨之情溢于言表,对家乡充满挂念。

【信文】

母亲大人膝下:

敬禀者,儿等在此平安,免介。世界风云又起,将来不知闹到胡底?家乡近来日机再来轰炸否?地方安定否?

大人玉体务自珍重,兹付上大洋壹佰元,到即查收,回示为祷。专以敬禀金安

儿信群安禀

九月九日

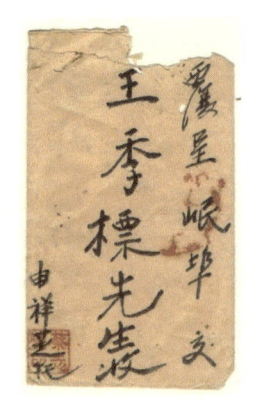

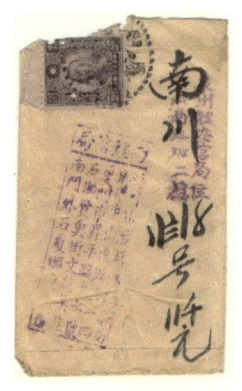

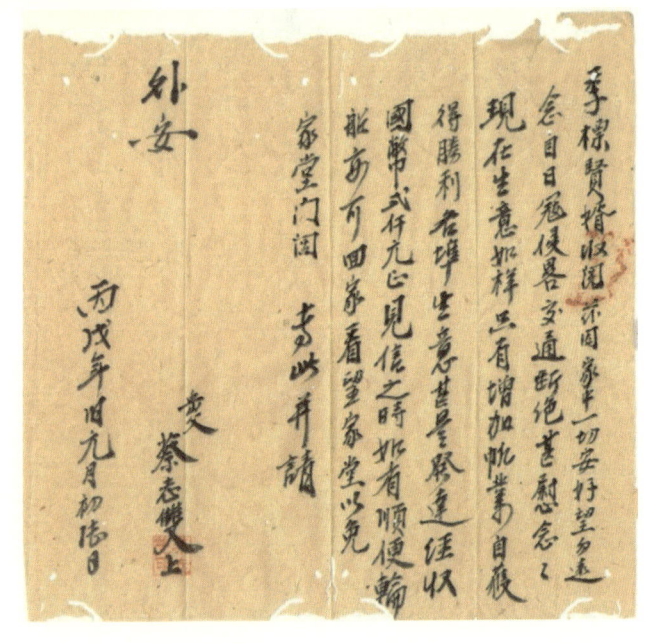

| 厦 | 门 | 侨 | 批 |

抗战胜利后蔡志双给女婿季标的回批,略述光复后生意兴隆。

【信封正面】

　　覆呈　垷埠　交

　　王季标先生收

　　由祥芝托

【信封背面】

　　邮戳一枚,另注:"南川 2815 号　二千元"

　　广告戳:泉州鲤安信局 住中山南路 314 号二楼

　　广告戳:

　　南鲤信局

　　□□外后坑□□□□ 泉州中山南路三一四

　　厦门市升平路十七号 石狮卖鱼街

　　文苑茶庄 南门外石厦乡□□□

【信文】

季标贤婿收阅:

　　兹因家中一切安好,望勿远念。自日寇侵略,交通断绝,甚慰念念。现在生意如样,只有增加帆业。自获得胜利,各埠生意甚是发达。经收国币式仟元正。见信之时,如有顺便轮船,亦可回家看望家堂,以免家堂门间。专此,并请

外安

　　　　　　　　　　　　　　　　　　岳父蔡志双上

　　　　　　　　　　　　　　　　　　丙戌年旧元月初陆日

　　　　　　　　　　　　　　　　　　(丙戌年,即 1946 年)

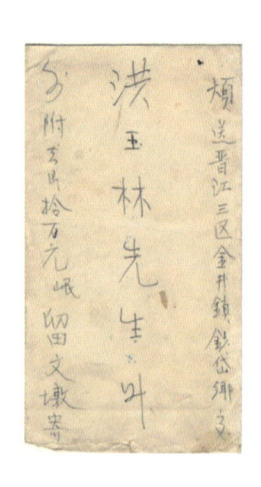

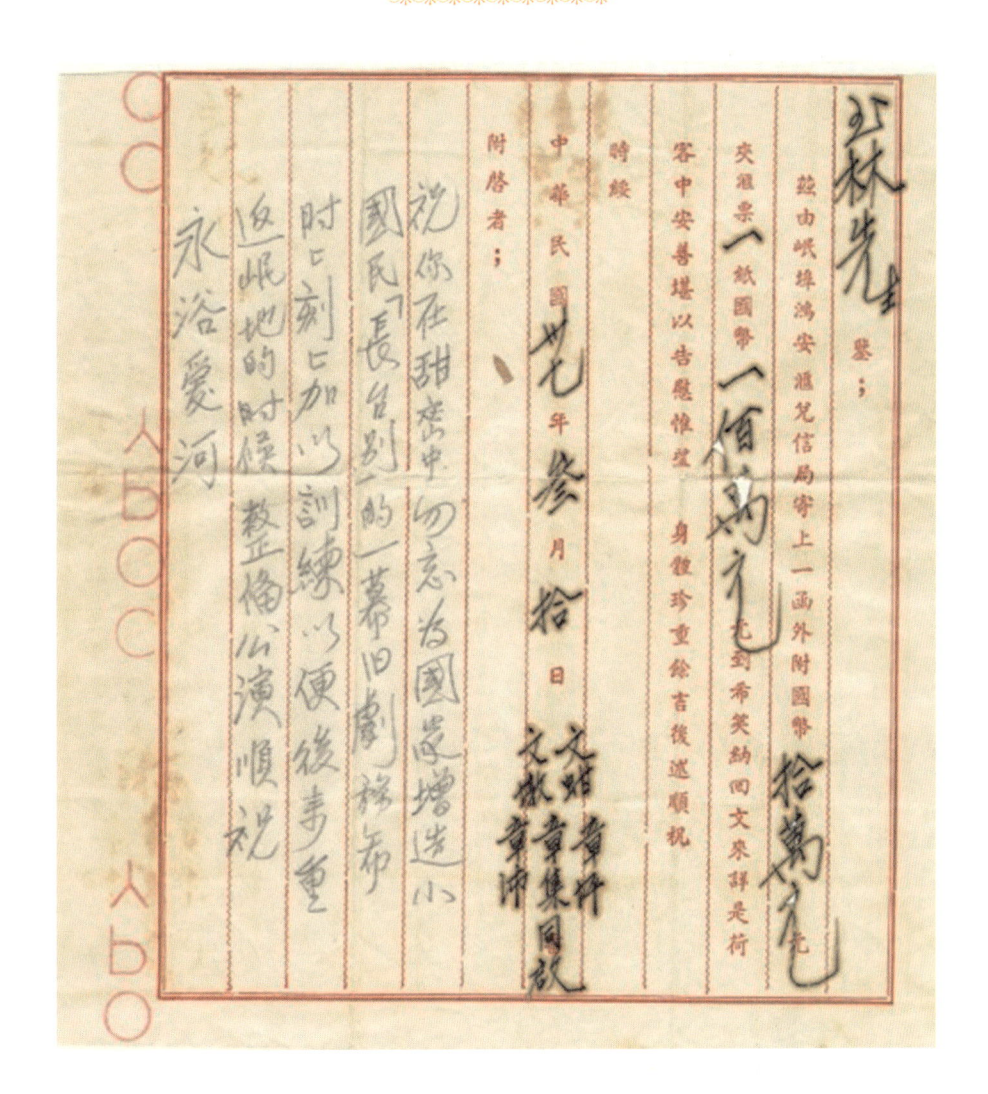

这是一封祝贺朋友婚礼的侨批。在赠送贺礼的同时,信中向朋友表达幽默的祝福。

【信文】

玉林先生鉴:

兹由岷埠鸿安汇兑信局寄上一函,外附国币拾万元,夹汇票一纸,国币一佰万元,到希笑纳,回文来详是荷。客中安善,堪以告慰,惟望身体珍重,余言后述。顺祝

时绥

中华民国卅七年叁月拾日　文蚶　文墩　章坪　章集　章沛同启

| 厦 | 门 | 侨 | 批 |

附启者：

　　祝你在甜密（蜜）中勿忘为国家增造小国民。"长台别"的一幕旧剧，务希时时刻刻加以训练，以便后来重返岷地的时候整（准）备公演。顺祝
永浴爱河

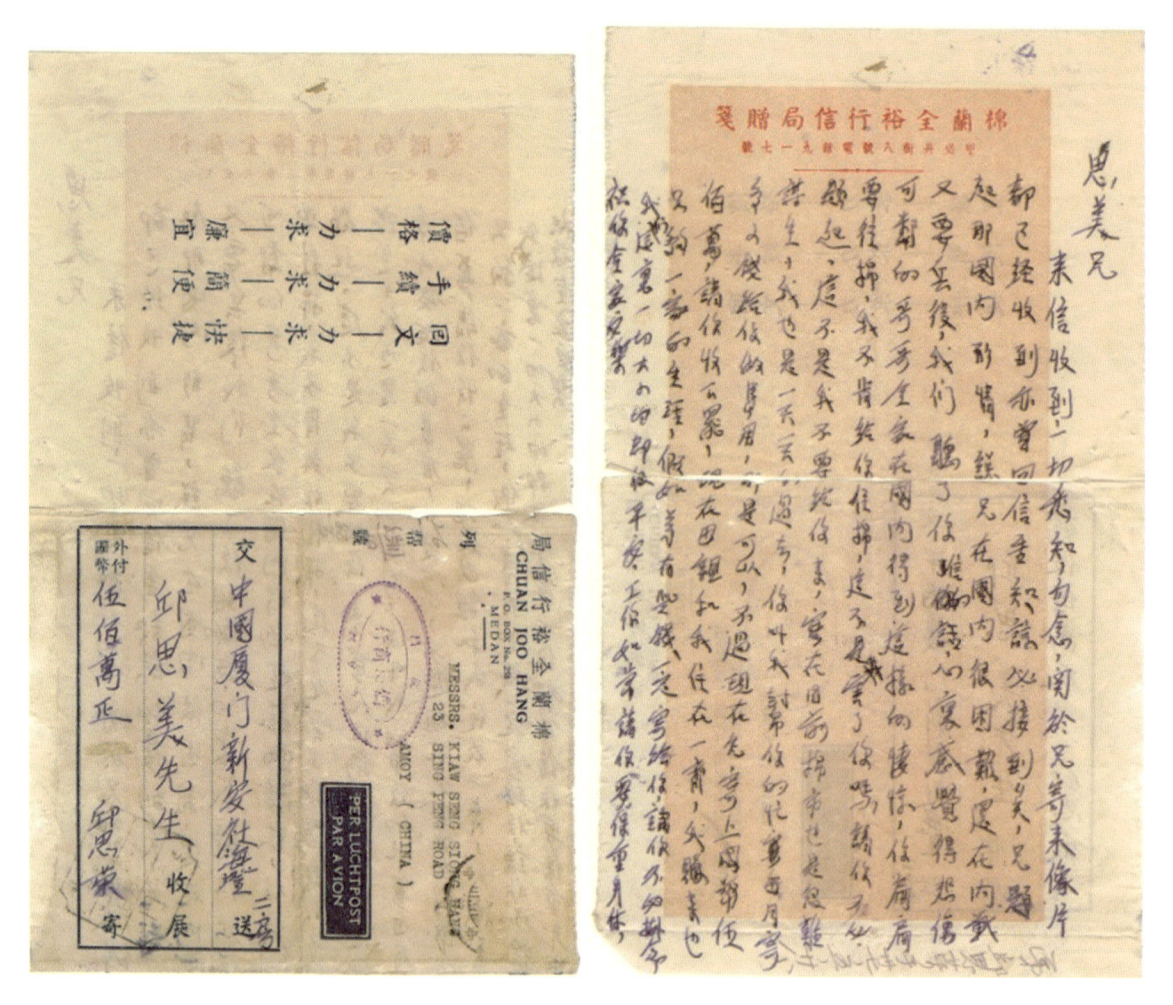

　　这是一封从棉兰全裕行信局寄回的侨批，内容反映了1948年国内国困家贫的情景。

厦门侨批辨读

【信封正面】

左侧印有侨批寄出信局帮号"棉兰全裕行信局 列 26 帮 583 号",盖国内收转信局戳"厦门侨庆商行"

右侧为收信地址、姓名、汇款数额、汇款人等信息

交中国厦门新安社海澄　送二房

邱思美先生　收展

外付国币伍佰万正　邱思荣　寄

背面印有信局广告：

回文——力求——快捷

手续——力求——简便

价格——力求——廉宜

【信文】

思美兄：

　　来信收到,一切悉知,勿念。关于兄寄来像(相)片,都已经收到,亦曾回信告知,谅必接到矣。兄题(提)起那国内形情,说兄在国内很困难,还在内战,又要兵役,我们听了你信的话,心里感觉得悲伤,可怜的哥哥全家在国内得到这样的凄惊(凉),你扁扁(偏偏)要往棉,我不肯给你往棉,这不是我害了你吗？请你不必题(提)起,这不是我不要给你来,实在目前棉市也是很难谋生,我也是一天一天的过去,你叫我帮你的忙,每月寄多少钱给你做费用,那是可以,不过现在先寄上国币伍佰万,请你收下罢。现在母亲和我住在一齐(起),我赚来也只够一家的生活,假如弟有些钱,一定寄给你。请你不必挂念,我们这里一切大小均都很平安,工作如常。请你要保重身体,祝你全家安乐

弟邱思荣于卅七,五,廿八

　　蔡连加的家信,再三叮嘱,务要让小孩入学堂学习。

【信封正面】

晋江金井镇塘东乡前构□ 交

　□永枝先生收

　□去金圆壹万元 由垠蔡连加付

【信封背面】

邮戳两枚

章一枚:交厦门联美局收 垠裕记信局列 纪字 天帮 4151 号

| 厦 | 门 | 侨 | 批 |

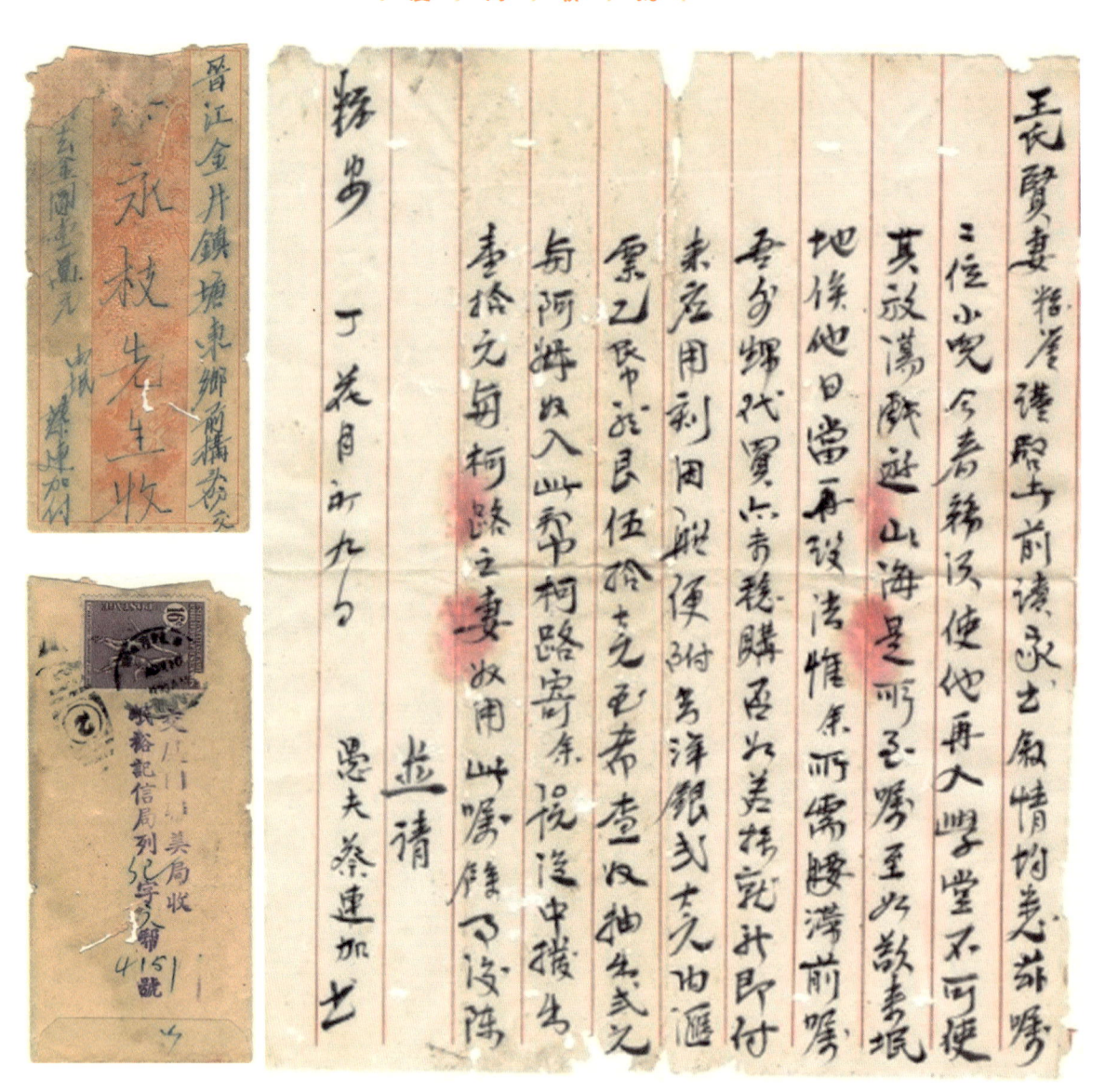

【信文】

王氏贤妻　粧鉴：

　　谨启者　前读家书,叙情均悉。兹嘱二位小儿今春务须使他再入学堂,不可使其放荡戏游山海,是所至嘱。至如欲来垻(岷)地,俟他日当再设法。惟余所需腰滞(带),前嘱吾外甥代买,亦未稔购否？如若采就,祈即付来应用。刻因船便,附去洋银式大元,内汇票乙(一)纸,龙艮(银)伍拾大元,至希查收,抽出式元与阿姆收入。此帮柯路寄余10元,从中拨出壹拾元与柯路之妻收用。此嘱,

厦门侨批辨读

余事后陈。
　　并请
妆安

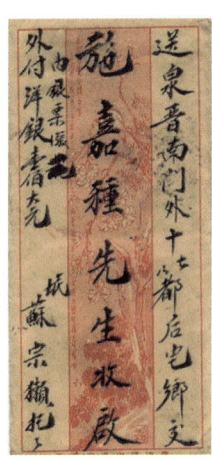

　　　　　　　　　　　　　　　愚夫蔡连加书
　　　　　　　　　　　　　　　丁花月初九日

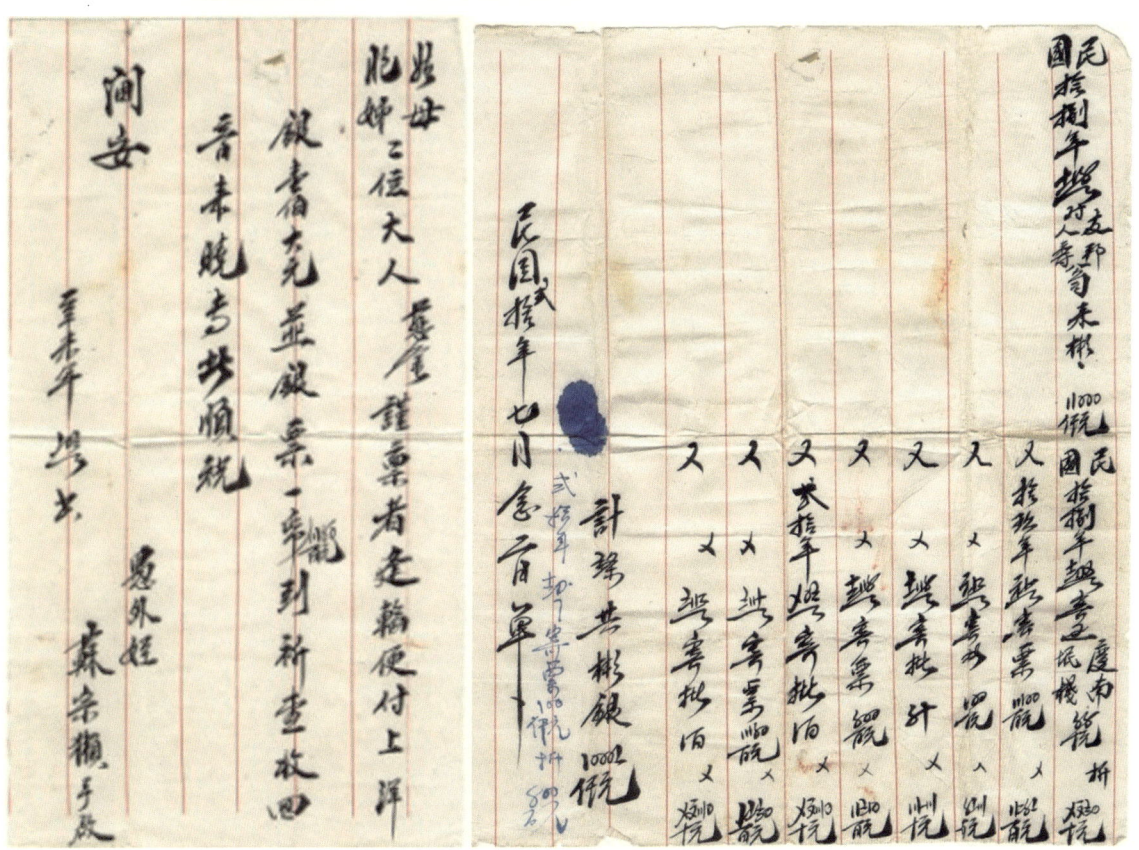

| 厦 | 门 | 侨 | 批 |

菲律宾苏宗獭寄托的侨批里夹带账单。

【信封正面】

　　　送泉晋南门外十七八都后宅乡交

　　　施嘉种先生　收启

　　　外付洋银壹佰大元（内银票1张）

　　　岷　苏宗獭　托

【信封背面】

　　　中英文邮戳二枚

　　　信局章：捷顺安、鸿顺

【信文一】

姑母、胞姊二位大人慈鉴：

　　谨禀者 逢轮便，付上洋银壹佰大元并银票一纸350元，到祈查收，回音来晓。专此，顺祝

阃安

　　　　　　　　　　　　　　　愚外侄苏宗獭手启

　　　　　　　　　　　　　　　辛未年十一月□日书

蔡形安母亲康氏给儿子蔡形安的信（回批），信文为一纸中药药方。

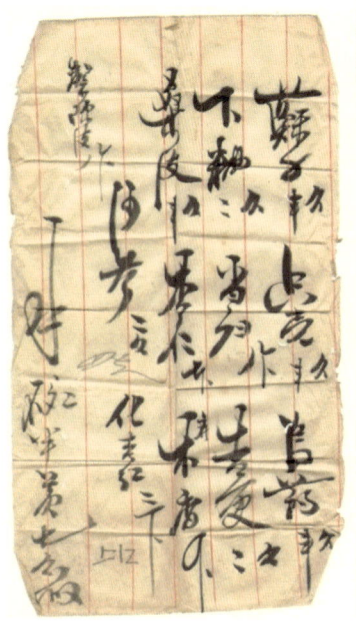

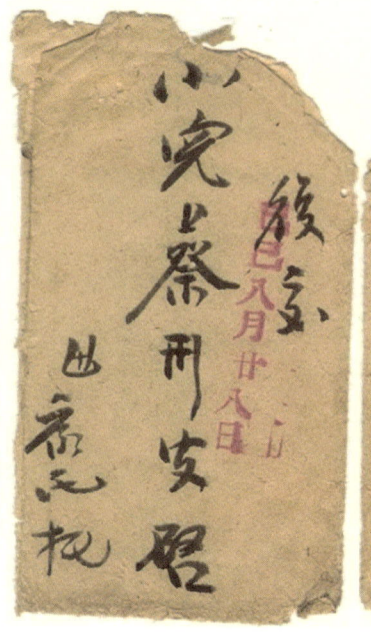

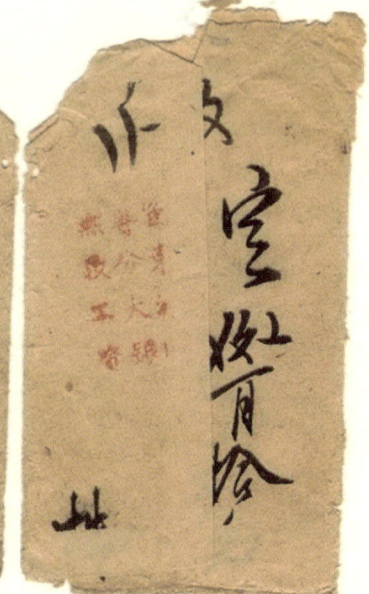

厦门侨批辨读

【信封正面】

复交 小儿蔡形安 启（"形"或为"恒"，闽南话二者同音）

母　康氏托

盖"己巳八月廿八日"章

【信封背面】

信局章一枚：窗东源□　专分大银　无取工资

【信文】

药方一纸

【信封正面】

晋江三区金井钞岱乡交

洪明华先生　收

国币壹佰万　垺　洪我传　械

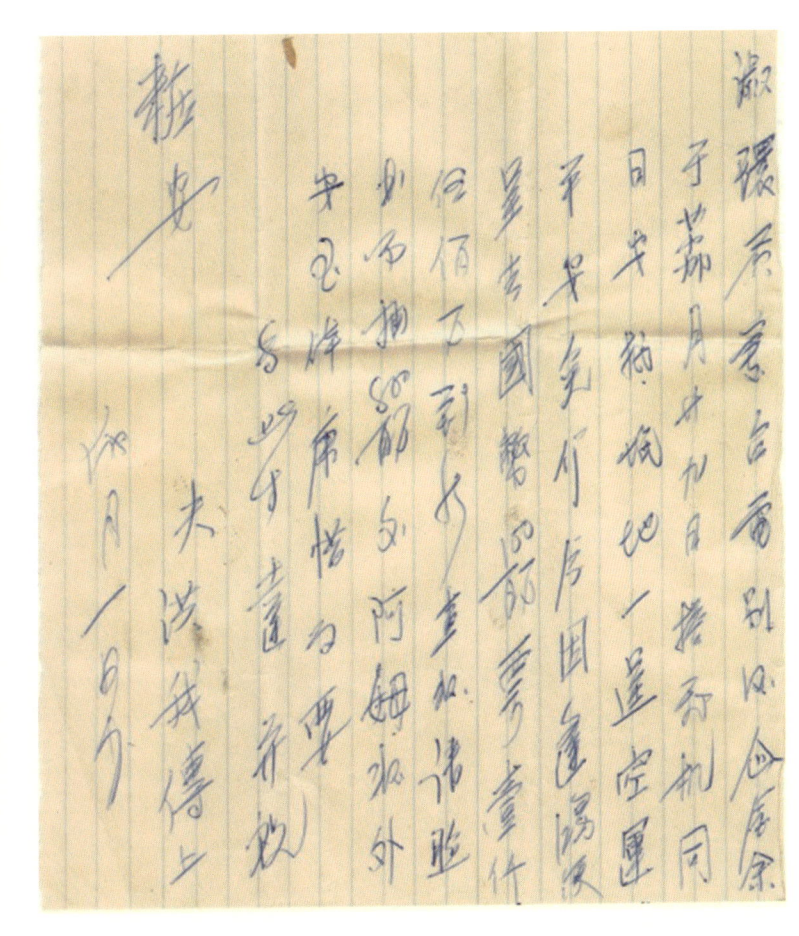

| 厦 | 门 | 侨 | 批 |

洪我传从垊（岷）寄给洪明华的侨批。在当时能搭乘飞机出国，也是不容易。

【信封背面】

　　邮戳一枚

　　章一枚：建隆信局　隆字 15 帮 9548 号

　　广告戳一枚：现钞分足不折不扣 信差敲索通知本局

【信文】

淑环贤妻台电：

　　别后企念，余于荔月廿九日搭飞机，同日安抵垊（岷）地。一迳空运，平安免介。今因逢鸿便，呈去国币100万，票壹仟伍佰万，到祈查收。请照书留抽800万交阿姆收。外安，玉体康惜为要。专此寸达，并祝

粧安

　　　　夫洪我传上
　　　　瓜月一日书

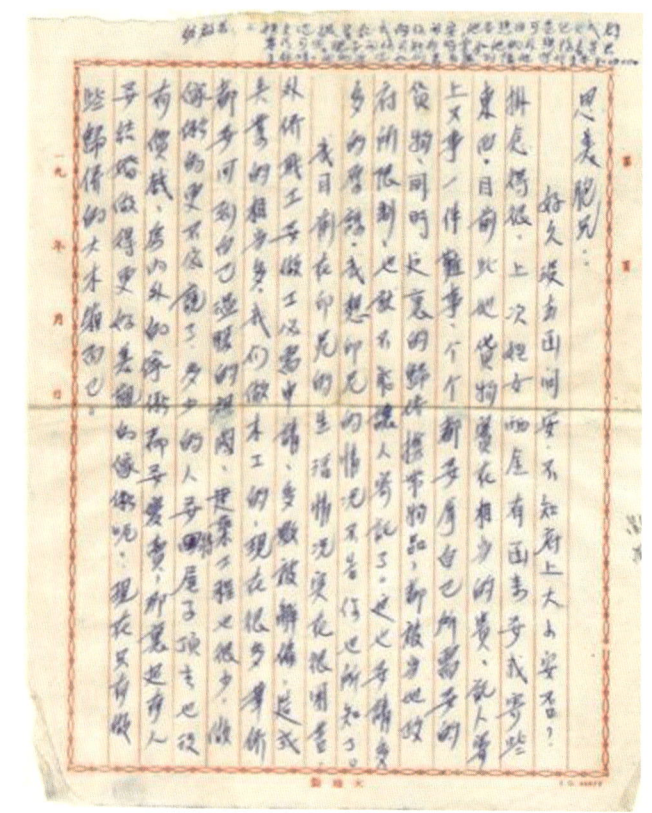

64

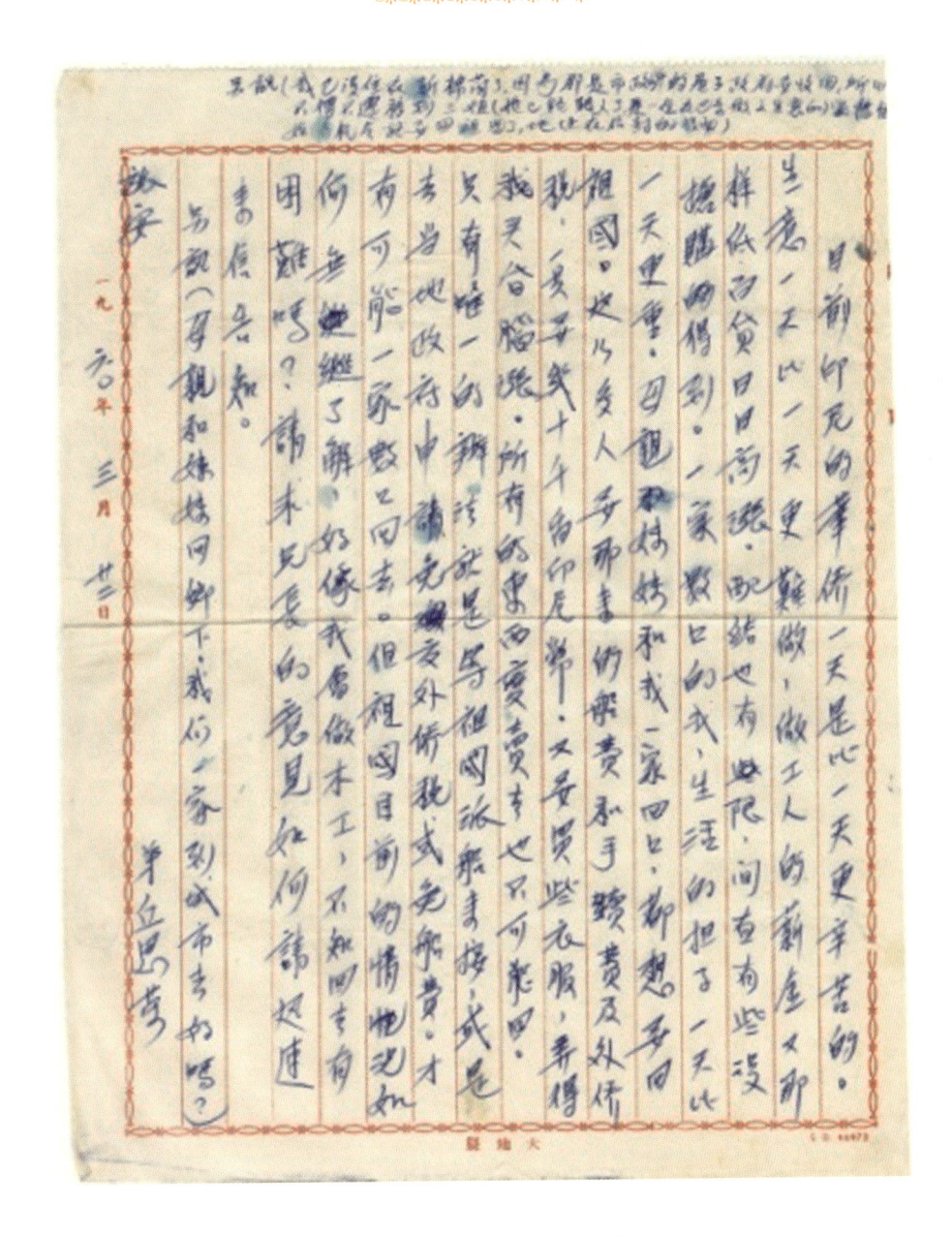

丘思荣的信，反映了1960年印尼华侨处境困难。

【信封正面】

寄福建省厦门市海澄新垵乡丘思美同志收

邮戳三枚：(1)福建 厦门集美 (2)海澄海沧 (3)□资 应收 捌分 海澄海沧

| 厦 | 门 | 侨 | 批 |

【信文】

思美胞兄：

　　好久没去函问安，不知府上大小安否？挂念得很。上次侄女丽金有函来，要我寄些东西，目前此地货物实在相当的贵，托人寄上又事（是）一件难事，个个都要拿自己所需要的货物，同时这里的归侨携带物品，都被当地政府所限制，也就不能让人寄托了。这也要请多多的原谅。我想印尼的情况不告你也所知了。

　　我目前在印尼的生活情况实在很困苦，外侨职工要做工必需申请，多数被解雇，造成失业的相当多。我们做木工的，现在很多华侨都要回到自己温暖的祖国，建筑工程也很少，做傢俬的更不必说了。多少的人要将屋子顶去，也没有价钱，房内外的傢俬都要变卖，那（哪）里还有人要结婚做得更好美观的傢俬呢？现在只有做些归侨的大木箱而已。

　　目前印尼的华侨一天是比一天更辛苦的。生意一天比一天更难做，做工人的薪金又那样低，百货日日高涨，配给也有限，间直（简直）有些没抢购得到。一家数口的我，生活的担子一天比一天更重。母亲、妹妹和我一家四口，都想要回祖国。这么多人要那（哪）来的船费和手续费及外侨税，一共要几十千盾印尼币。又要买些衣服，弄得我头昏脑涨。所有的东西变卖去也不可能回，只有唯一的办法，就是等祖国派船来接，或是去当地政府申请免交侨税，或免船费，才有可能一家数口回去。但祖国目前的情况如何无纵（从）了解，好像我会做木工，不知回去有困难吗？请求兄长的意见如何，请迅速来信告知。

　　另讯（母亲和妹妹回乡下，我们一家到城市去好吗？）

旅安

　　　　　　　　　　　　　　　　　　　　　　　弟丘思荣

　　　　　　　　　　　　　　　　　　　　　　　一九六〇年三月廿二日

　　信纸二页，题头各有小字附言：

敬启者：

　　二姐夫范振星托我向你问安，他要想回，可是儿女成群无法可回。现要问你不知有时常和他的外甥陈春芳君来往吗？他的近况如何，若有遇到，请他寄来信告知，切切。

　　另讯（我已没住在新棉兰了，因为那是市政府的房子，政府要收回，所以不得不迁移到三姐（她已经跟人了，是一位在巴西做小生意的）家暂住，如有机会就要回祖国了，地址在信封的后面）

厦门侨批辨读

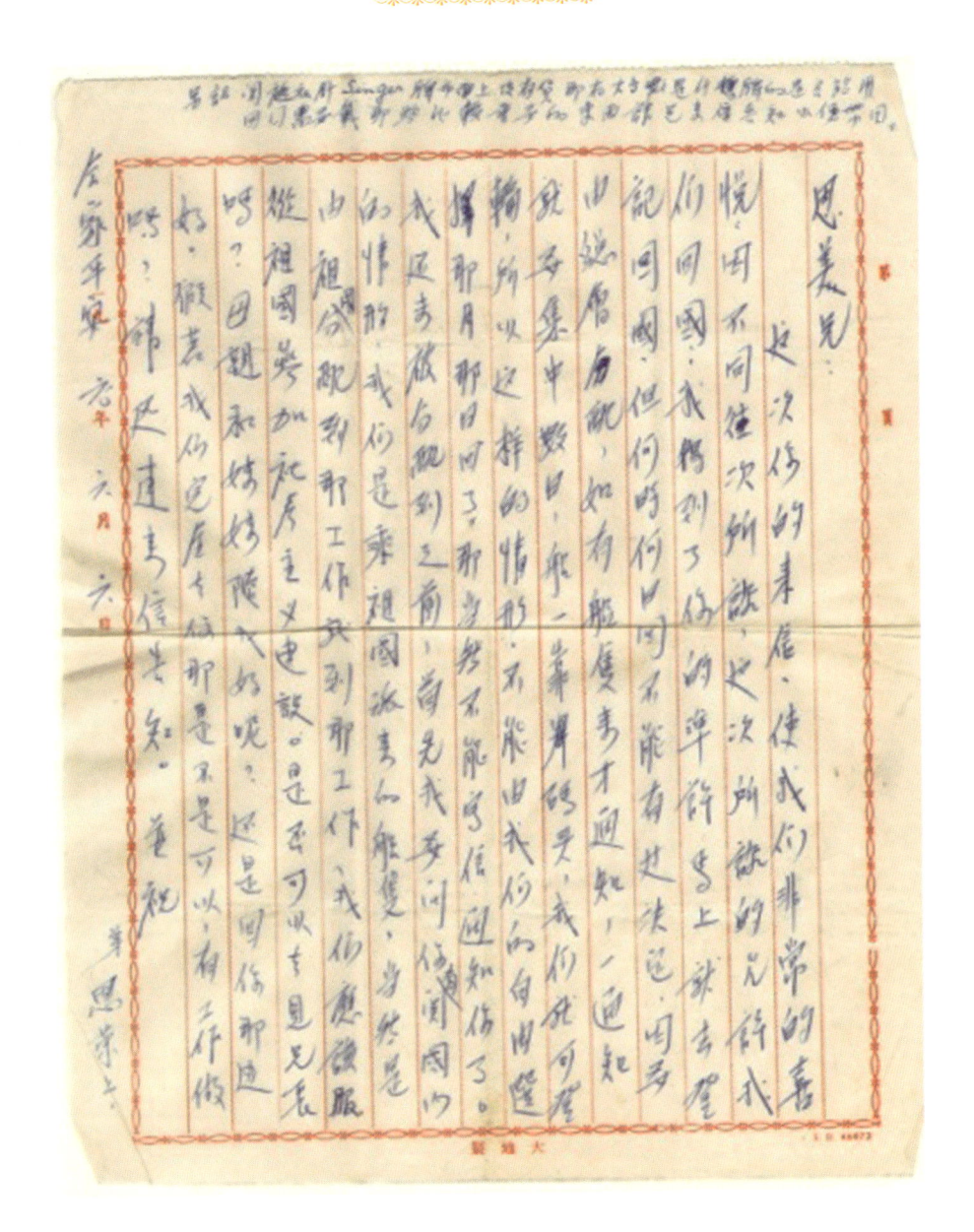

这封信的内容反映了印尼华侨渴望回国参加建设的心情。

【信文】

思美兄：

这次你的来信,使我们非常的喜悦。因不同往次所谈,这次所谈的允许我们回国,我得到了你的准许,马上就去登记回国。但何时何日回,不能有过决定,因要由总会分配,如有船只来才通知,一通知就要集中数日,船一靠码头我

厦门侨批

们就可登轮。所以这样的情形,不能由我们的自由选择那(哪)月那(哪)日回了,那当然不能写信通知你了。我还未被分配到之前,首先我要问你有关国内的情形,我们是乘祖国派来的船只,当然是由祖国分配到那(哪)工作,就到那(哪)工作,我们应该服从祖国,参加社会主义建设。是否可以去见兄长吗?母亲和妹妹随我好呢?还是回你那边好?假若我们完全去你那是不是可以?有工作做吗?请迅速来信告知。并祝

合家平安

弟思荣上
一九六〇年六月六日

另讯:闻缝衣针SINGEN牌市面上没有货,那有大多数是什(杂)牌的,是否能用,回国需要载(带)那(哪)些比较重要的东西,请兄来信告知,以便带回。

(本文侨批由陈亚元、林南中提供,谨此一并致谢)

侨批中的家国情怀

黄清海

　　万里孤云，羁旅天涯，海外游子就像风筝，侨批就是风筝身后的长线，把华侨的心与家人、故乡紧紧相连。家，是游子的心灵港湾，侨批里有浓得化不开的思亲、思乡情愫。国，是华侨的身心依托，侨批里有炙热滚烫的爱乡、爱国情愫。《孟子》有言："天下之本在国，国之本在家，家之本在身。"家是最小的国，国是千万家，每个人的生命体验都与家国紧密相连。"知责任者，大丈夫之始也；行责任者，大丈夫之终也。"责任和担当，乃家国情怀的精髓所在。翻看侨批，每每被华侨赡家扶亲的责任所感动，为海外游子对故土、家国的担当而感佩。

　　下面数封收藏于福建省博物院的侨批，华侨家国情怀可见一斑。

在外生计困顿，事业横遭厄运，仍寄款养家，善尽责任

【信封正面】

　　同安美人山前下尾社交

　　小儿林助添　亲　收启

　　内夹银票一纸　外附洋银陆元　垾埠　林老全缄

【信文】

　　徐氏贤妻粧次：

　　前日接得家报，所云事情均已知道矣。余此番外出，历有年所，所谋弗遂，盖以命运多舛，有以致之耳。如前年酒厂遭于火灾，损失颇巨。今日虽另谋做别途，生活所得之利，实属有限。以眼前观之，此项生活似乎难望其能大有发展也。因此之故，家信未能接续寄回应费，殊为抱慊（歉），原望卿体贴时艰为幸！

| 厦 | 门 | 侨 | 批 |

兹夹去天一银票一纸,载银壹佰伍拾元,又另付去洋银陆元,至可一济(齐)检收。如期覆示,并请就该银票抽出贰拾元,交与媳妇陈氏收用,又希拨出拾元交梧桐收去,余者即留为家费。此达,顺讯

近好

辱夫林老全书

丙寅年拾贰月乙日(1927年1月4日)

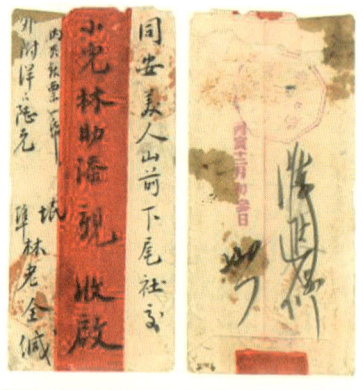

侨批中的家国情怀

【信封正面】

烦至灌口下曾营社祖厝后交

小儿曾拱璧收入

外附银三十大元 仰光 曾荣减 托

【信封背面】

壬申年三月初八日封

【信文】

拜奉

查二月刀(初)三日付上寸草,银30元;十七日又付信壹封,并银5元,中夹银票一片5元,皆有收到否?后书云,要卿南渡之事,关(观)今生理太败,无职业之人甚众,劣此次到仰以来,幸得如此如此,天天过日而已,难以余存,思切不妥矣!卿想要来仰,尚且三思为妥,覆示来慰并荷。顺便寄信局带进叁拾大元,至祈查收,抽交二嫂及成款婶各人贰元买茶之敬,并代告知无另信请安,甚无礼也,见勿责为幸。余者26元收入家用。小儿凉(谅)有活快否?返文来知。在外平安,勿介。匆匆。草此

杜雪珠贤妻收析,并问

粧安

壬三月初八日(1932年4月13日)封
曾荣减顿首

| 厦 | 门 | 侨 | 批 |

【信封正面】

烦送灌口下曾营

曾拱璧　吾儿收

外附银三十元　仰光　曾荣减

【信文】

雪珠如面：

查十一月初三日由信局付进一函，并银三十元，谅有接到否？顺笔来知。接来十月念（二十）日之书，中云诸事概悉是荷。启者，今所任之职不故（过）度日而已，不能寸进之望，按算年来另再设想筹谋出路，考虑此今，稍有进行，前途未审能得顺意难料也。顺便对民信局付上国银叁拾元，至即查收，抽出4元交岳父母大人买茶之敬，又抽2元交谊（姨）母以买茶品之用，余者24元家费之用为荷。匆匆草此，并请

粧安

愚曾荣减顿首

丙子年十二月初一日（1937年1月13日）

侨批中的家国情怀

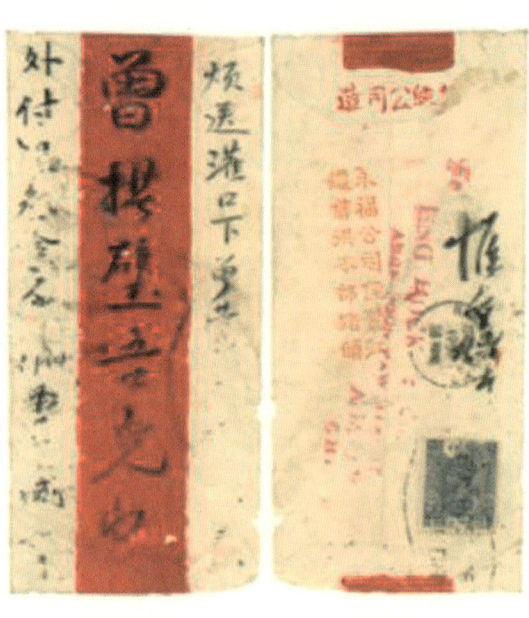

雪珠又面查十月初三由信局付进一函谅很

悦读有接到吞顺笔来知楼末十月

念四日云书中云诸刁枕惠呈高

启年今所任之职不放度日而已

不能寸进之连接笺来另存设想

筹谋出路考虑至今稍有进行前廷

未审能得顺意难料也顺便对民信

局付上国银参给之玉即查收抽出觉

交岳妇大人買菜之费又抽觉交证

毋四兄等尚乏困馀为觉家费之

用勿忘切此专

　　　　　　　　耑请

糕安

　丙子年十月十七日

| 厦 | 门 | 侨 | 批 |

久未接获回批,担忧抗战烽火阻隔鸿雁往来

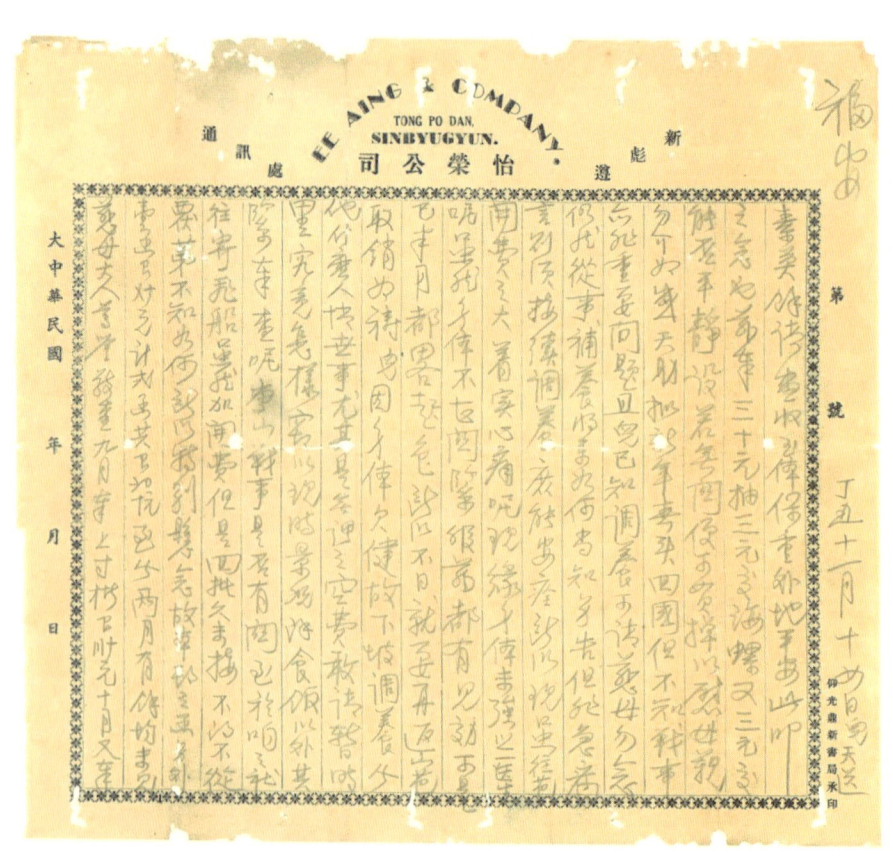

侨批中的家国情怀

【信封正面】

烦至三都霞阳社中街

杨克修　启

外附三十大元　仰光　杨天送　付

【信文】

慈母大人尊鉴：

敬查九月奉上寸楮，银30元；十月又奉壹函，银40元，计贰函共银70元。至今两月有余，均未见覆，第不知如何，所以特别悬念。故本期之函，另外往寄飞船，虽然加开费，但是回批久未接，不得不从紧奉查呢，唐山战事是否有关？至于咱之社里究竟怎样，窃以现时景况，除食饭以外，其他什么人情世事，尤其是无谓之空费，敢请暂时取消为祷。儿因身体欠健，故下坡调养，今已半月都略起色。所以不日就要再返山芭呢，虽然身体不甚关紧，服药都有见效，可是开费之大着实心痛呢。现缘身体未强，照医生言则须接续调养，庶能安痊。所以，现虽往芭，仍然从事补养，将来如何当知另告，但非急病亦非重要问题，且儿已知调养，可请慈母勿念勿介为感。天助拟新年春头回国，但不知战事能否平静，设若无关，便可买棹，以慰母亲之念也。兹奉三十元，抽三元交海螺，又三元交素英，余请查收，玉体保重，外地平安，此叩

福安

丁丑十一月十四日（1937年12月16日）

儿天送

捐款救国，纵使世道艰难、粮食失收、匪盗抢劫

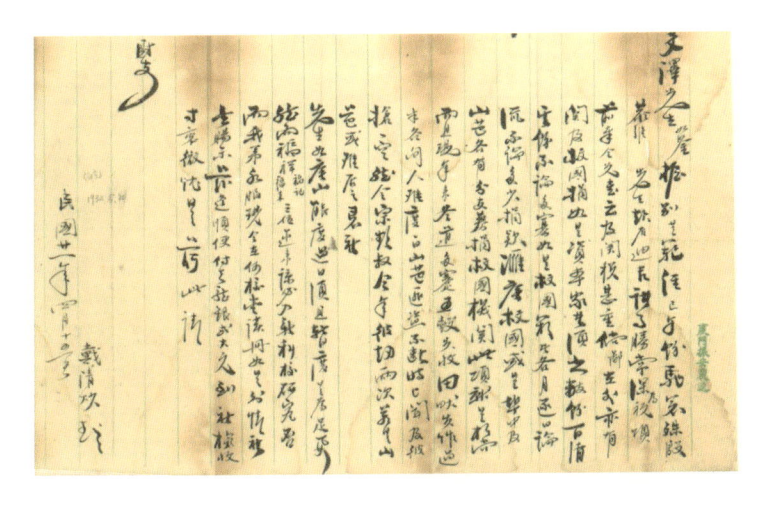

75

厦门侨批

【信文】

文泽先生如鉴：

握别艺范，经已年余，驰念殊殷！恭维先生起居迪吉，诸事胜常，深为祝颂。前奉令兄书，云及关税甚重，倘鄙在外，亦有关及救国捐，如是资本家者，须出数余百盾，其余不论多寡，如是救国难者，各月逐日论（轮）流，不论多少捐款，汇唐救国或是埠中及山芭各有分支募捐救国机关，此项就是于尚，而且现年来，各道多蹇，五谷失收，田亩失作过半，各甸人难度一日，山芭匪盗不断，时已闻及彼（被）抢一空，龙令宗频叔今年彼（被）劫两次，若是山芭或难居之，恳祈先生如唐山能度过日，须且暂度，是为足要。然而福祥、福记、福来三位，迩来谅必入新科校研究否？而我弟永服，现今在何校堂读册？如是知情，祈书赐示。兹逢顺便，付去龙银贰大元，到祈检收。寸衷微忱是荷，此请

财安

戴清炊顿首

民国廿一年（1932年）四月十五号

回乡办学，支持教育，费尽心力，哪怕误解、纠葛

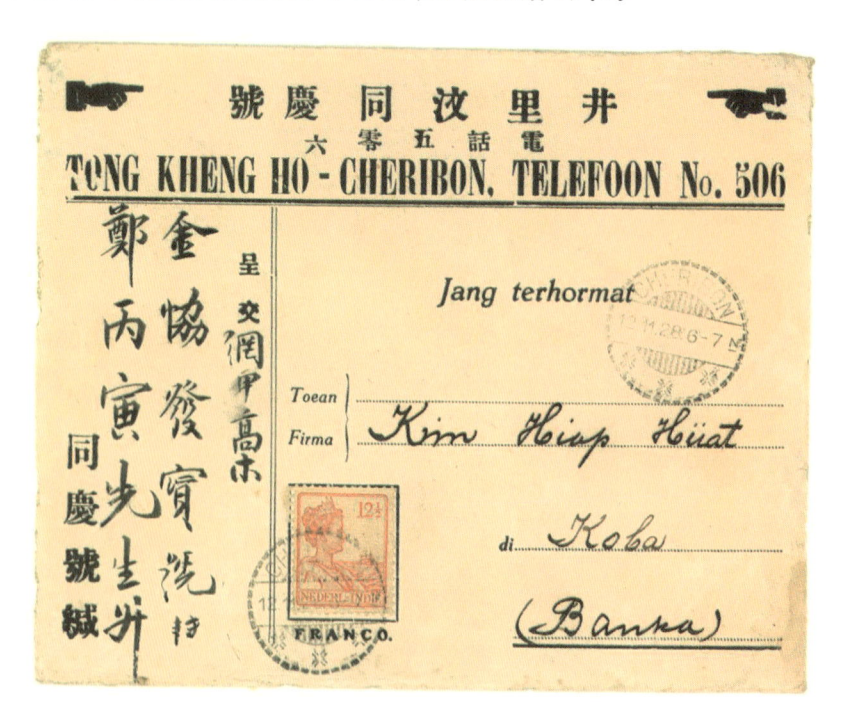

侨批中的家国情怀

（一）

丙寅贤侄惠鉴：面委等各信注由愚信中夹去亦
於幸日业经接到械及运送此来呈到希查收票
来书承询厦山三事余罢陈大概如左：愚於
山巴年冬初回厦进任后乃於有涧相进厦後
及敲营俯瞰海岛涯横俚三四里其北里情侨
异居诚丰富中若此涧设真正学堂亦足不足以
及将营建营舍因无瑕缝适逢愚处学堂
乃将全权委似体谨建筑一切费自愈处愚罢
中人岂敢荷此重任委彼委属情殷乃泛
听命回厦三则涧全营大会讨论建筑校屋
地点此以地点之中心以及偏设一方稍为争
机用是厦之决最以愚乃专搬请有涧情深
有回来安顿至为迷集乃亦念桑梓情深
乃於将信之仅买掸幻束异由厦门希建

（二）

筑同来营侯任定着以自去别至乎兴工营
於贰月涧告竣一面於去克日闻幕营生计
能於此也内外各事均有涧正在脚痛于步不
一公诚内云吏年营堂要款但其意思非
专刻及厌迎全营民众等事后顺视人等至要
宪竟愈於末年涧月约二十二日将吾卿寄到
相寄无事正及下书愚皿再渡南束纨不就其
营师无就两共等也上手师生名董事即也
相寄无事云及下书愚皿再渡南束纨不就其
有曾派生芳份培养及愚以等旧胸膜之办事
计涧组涧像愈重且布涧之力谨以极厚
慎调查许时当著捐项补助另行政但则
捐未众晚乜至少年之主要则不积极
进行幕捐以村倒有涧为要该事正立

三

守论之中乃于西月初三四日则拷迫愫素書（此係於公議等到正是於二日耳）说伊等要整学生原何破坏乃指以独狗駡为诋謙呈等衫青覚不特此也在庠则敗凌归人子女徒以擬厝朝不顾夕素矣賊睿於四月向南来告且二字未加愚何由浮等要整學生事前苇至有窈肉張食之例而来闻如此其甚也至於伊等被害於中仍以動而波家其故盖因左者霆之中情形如新而波家其故盖因叔而赞助名蹇江之城煽功指棄彼化二而天下之奇闻也推原其故盖因彼省大桂人有煮見無如此是银頃移借之李饋怀妇要無糖學生之勢而木倒有洞是実愚养居建設校舍之人不審情理仍覚涅事堂不被有湳是惶且波之祖人占多数無赞成木倒有湳作有三房

四

一派巳耳事於去年怀问汝以却有由伊佾雖生城中诶出去營常部缺任费始忧煽恩为之捐助等情而函和来则云送院在赏员要而其算贴如此推李呼恩何足为急式不十外天汝既再由伊抱持到信内云學生要另行波阻等要打倒有湳李媚唐之人看之均意一笑不致日批期啈到雖生则湳學恩虽之事忱为何佃下客答伯（吴伯则汝吃）恩答以汝看陰鄙之意故雅生則云亮无赞成之意答以眾人既无意恩人即能为力以鄙意之事木算當煽汝伯听一眾人去木算到時學校若果改散则波伯之機會乃一人耳愚及芳仍唐誄等破助云包料雅生写伊之信說乃由屋宦傳云外面幕之不成以拷到此信

· 78 ·

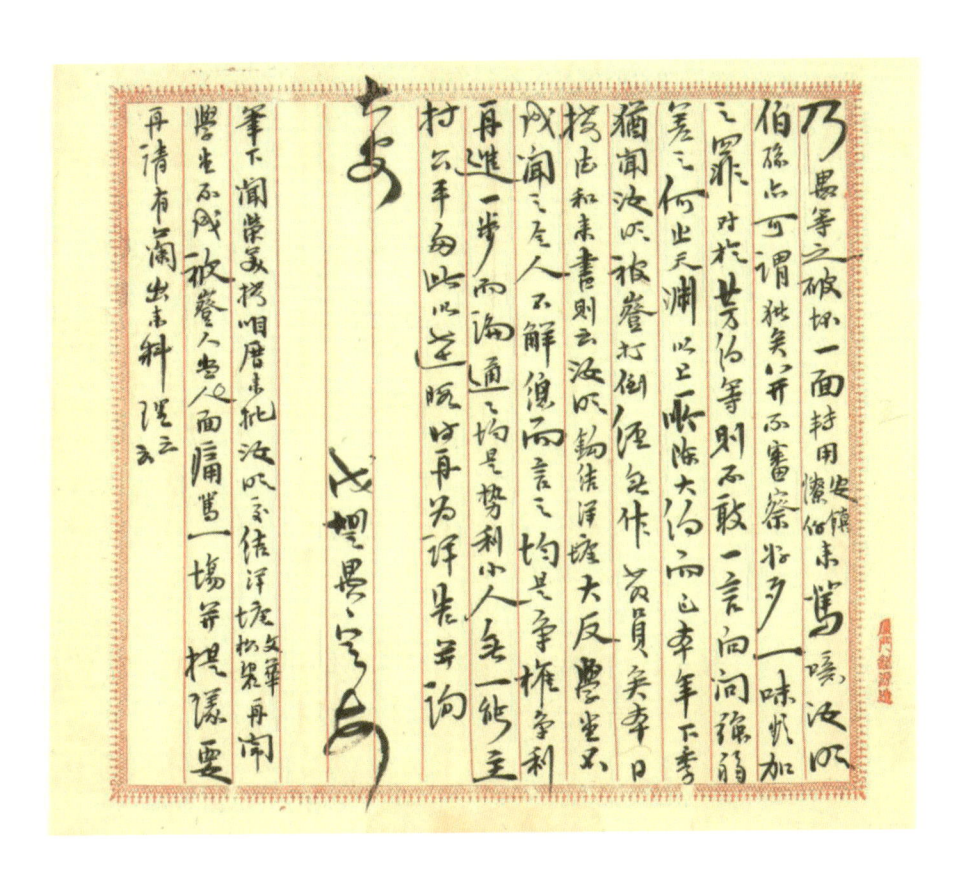

【信封正面】

　　井里汶同庆号　电话五零六

　　呈交网甲高木金协发宝号转　郑丙寅先生　升

　　同庆号　缄

【信文】

丙寅贤侄台如面：

委寄唐信，经由余信中夹去。兹于本日业经接到械复，谨此夹呈，到希查收，回示来书。承询唐山之事，兹略陈大概如左。愚于乙丑年冬杪回唐，途经石叻（新加坡），乃于（与）有兰相逢，座谈及敝燈僻处海岛，纵横仅三四里，甚然黑暗，何异居诸斗室中！若非开设真正学堂，不足以开风气而培人才。有兰本热教育，几经要回燈建设学舍，因无暇隙，适逢弟回唐之便，乃将全权交代办理，建筑一切。愚自念非学界中人，岂敢荷此重任？奈彼委嘱情殷，乃从所命。回唐立则开全燈大会，讨论建筑校舍地点。然以地点之中心以及偏设一方，稍为争

· 79 ·

执,用是迟迟不决,最后愚乃专械请有兰亲自回来安顿,至为妥善。彼亦念桑梓情深,乃于接信之后买棹归来。并由厦门带建筑同来嶝。议价定着明白,立则逐手兴工,竟于正二月间告竣。一面招生,克日开幕。学生计约148名。当开课之时,有兰正在脚痛,寸步不能。彼时也,内外各事均由愚一人负担,当知吾嶝所知而共鉴也。上季师生各董事却也相安无事;至及下季,愚已舟渡南来,就不知其究竟。忽于本年端月约初一二日,接吾乡寄到一公械,内云本年学堂要改组,其意思是嫌有兰专制及厌(压)迫全嶝民众等事,汶(井里汶)咱亲人等主意有各式派,在芳伯、德谅及愚以并旧头脑之人,以事关改组,关系甚重,且有兰专力谋此校舍,计开一万以外,岂不是关心教育之流? 当审慎调查。许时当着捐项补助,另行改组,则捐未为晚也。在少年之主意则取积极进行募捐,以打倒有兰为要。该事正在讨论之中。乃于正月约初三四日则接安镇、庭憭来书(此信于公械并到,所差者一二日耳),说伊等要整学堂,尔何破坏,乃指以猪狗骂之。原械另纸录呈,并祈青览。不特此也,在唐则欺凌妇人子女,继以□厝,朝不顾夕,奈何! 无贼眘于四月间南来。世界上虽有弱肉强食之例,亦未闻如此其甚也! 至于伊等要整学堂,事前并无一字来知,愚何由得知而赞助? 若嶝江公械助劝捐一事,正在考虑之中情形,如斯而致家口出走,家业被占,亦天下之奇闻也。推源其故,盖因彼各大柱人有意见,无非亦是银项移借之事。镇仔、憭仔要籍学堂之势而打倒有兰是实。愚忝居建设校舍之人,不审情理、约略从事,岂不被有兰见怪? 且汶之亲人亦多数无赞成打倒有兰,惟有三房一派已耳。事于去年秋间,汝明却有由伊侄雅生械中说出吾嶝党部缺经费四十外元,嘱愚为之捐助等情,而德和来则云汝明吞党部八十八元,各党员要向其算账,如此难事,叫愚何从为合式(适)? 不十外天,汝明再由伊侄转到一信,内云学堂要另行改组,并要打倒有兰之事。咱厝之人,看之均发一笑! 不几日批期将到,雅生则问愚学堂之事,欲如何回复吾伯(吾伯则汝明),愚答以汝看芳伯、德谅之意如何。雅生则云毫无赞成之意;愚答以众人既无意思,愚一人那(哪)能为力? 以鄙意之打算,当嘱汝伯听众人去打算,到时学校若果改散,则汝伯之机会乃一人耳,愚就能晓帮助云云。岂料雅生寄伊之信,说愚及芳伯、德谅等破坏汝明! 接到此信,乃由唐宣传云外面幕(募)之不成,乃愚等之破坏。一面转用安镇、憭仔来骂。噫! 汝明伯孙亦可谓猪矣,并不审察好歹,一味频加之罪,对于芳伯等则不敢一言向问,强弱差之何止天渊。以上所陈大约而已,本年下季,犹闻汝明被嶝打倒,经无作教员矣。本日接德和来书,则云汝明钩(勾)结洋塘,大反学堂不成,闻之令人不解! 总而言之,均是争权争利,再进一步而论,通通均是势利小

侨批中的家国情怀

人,无一能主持公平。匆此以达,暇时再为详告。并询

大安

　　笔下闻荣美接咱厝来批,汝明交结洋塘,文华、松碧再闹学堂不成,被嶝人当面痛骂一场,并提议要再请有兰出来料理云云。

戊十月初一(1928年11月12日)

愚定顿首

厦 | 门 | 侨 | 批

《二庵手札》中的侨批

吴辉煌

《二庵手札》,是厦门旅菲诗人苏警予在抗战胜利后的1945年5月至1947年5月的两年间,写给其师友、亲人的信函。手札系作者钢笔抄写,装订成册。

20多年前,厦门市著名文史专家洪卜仁先生于旧货市场,在发现厦门旅菲诗人陈桂琛诗集的同时,淘得《二庵手札》两册。洪老慧眼识珠,将二者一同收入珍藏。2016年,中共厦门市委宣传部、厦门市社科联编辑《同文书库·厦门文献系列》,收录近代厦门文史界名家的著作。洪老作为编委,向《同文书库》编委会推荐出版两册《二庵手札》影印本。2017年9月,《二庵手札》作为《同文书库·厦门文献系列》第二辑第九本文献,由厦门大学出版社出版。

苏警予(1894—1965),又名甦,别署"二庵",盖其书法多效仿石庵(刘墉),而诗学定庵(龚自珍)。苏警予祖籍南安,世居厦门。其所居之处为厦门广平巷,与当年曾居住此处的诗人谢云声、因明学学者虞愚一起,被称为"广平三杰"。辛亥时期,苏警予参加同盟会,积极宣传孙中山先生的政治主张。辛亥革命后,投身厦门教育事业,先后任同文书院、励志女校文史教员二十余年。1930年后,兼任《思明日报》《江声报》《厦声商报》等主笔,还是百科全书式的《厦门指南》的主编之一。

苏警予少有文才,兼擅诗歌和书法,是民国时期的厦门文化名人。1937年"七七事变"后,苏警予应菲律宾华侨抗敌后援会主席李清泉电聘,到菲律宾马尼拉担任后援会秘书一职,后因战火滞留菲律宾。日本投降后,苏警予写给国内的师友、亲人的信函,因部分附有汇款,可归之于"银信合一"的侨批。

苏警予的海外飞鸿,多是写给师长、诗友、文友和亲戚,如老师李禧(李绣伊)、王伯吹、王选闲,潘再文、曾词源、孙印川、陈菊农、柯伯行、林子白、黄匋万,

《二庵手札》中的侨批

亲戚苏醒余、邓慧美、陈笑侬、陈荣宗。

在这部分信札中,苏警予回忆太平洋战争时日寇在菲岛的暴行,身陷险境饥寒困顿的窘境;通报当时在菲华人的一些情况,如另一厦门诗人陈桂琛遇难前后;反映自己人到中年,遇国难兼家计拖累,有志难伸的苦闷;抒发亲朋好友劫后平安,友情欢叙的畅快;揭露国民政府溃败前,通货膨胀,物价飞涨;担忧内战日烈,终老故乡不得。

苏警予的侨批,谈及其在鼓浪屿的家人生活费用,在1945年年中时,月需国币20万元,后升至30万元,又升至50万元。苏警予随函所赠亲友师长的礼金,从国币2000元起,升至5000元,后又到一万元,直至"国币两万元,请收沽酒,然不足供一醉也"。

苏警予的侨批,既反映时局民情,展现家国情怀,又有师友间诗文交流,兼具强烈的文学色彩,是研究厦门侨批不可多得的材料。

以下,我们摘录苏警予部分具有侨批性质的书信,供读者研究。

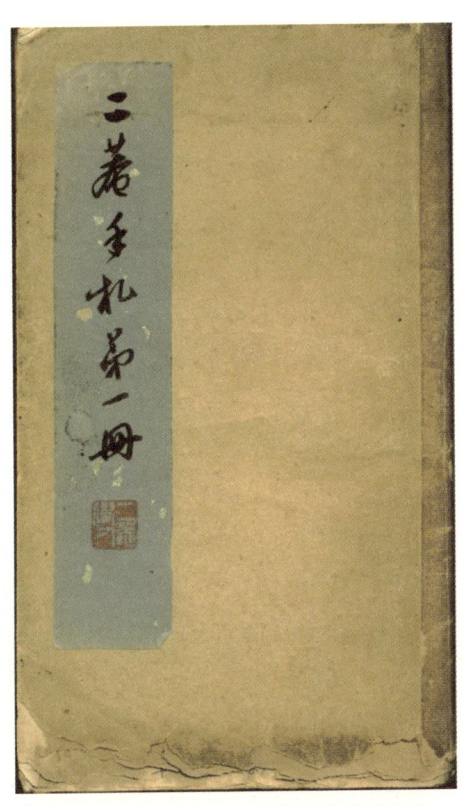

苏警予亲笔题签的《二庵手札》 (洪卜仁提供)

| 厦 | 门 | 侨 | 批 |

复潘再文

再文我兄足下：

手书敬悉。寇祸频仍，万众遭难，流离失所者，比比皆是。吾辈得庆生存者，亦不幸中之大幸也。再武从军，师驻何地？近复员否？再斌谅能助足下经商，足下在厦较久，又多熟人，将来谋事，以在厦为当。弟十年作客，一事无成，年华老大，前路茫茫，本拟整装归国，以为小儿觅事做，略延时日。词源在厦，仍作舌耕乎？笔耕乎？乞示通讯住址。随函附国币二千元，请收用，良晤匪遥，余情面述。不一，顺颂

近安。

弟甦顿首

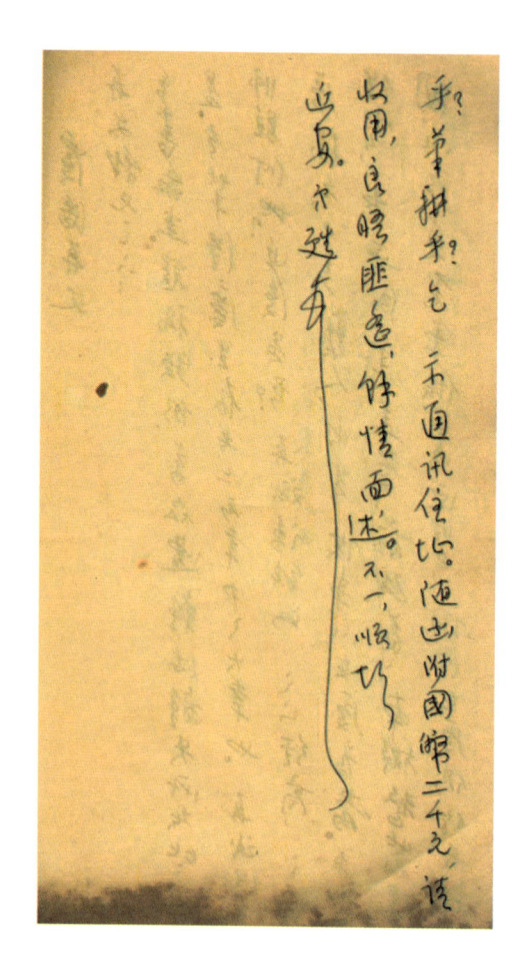

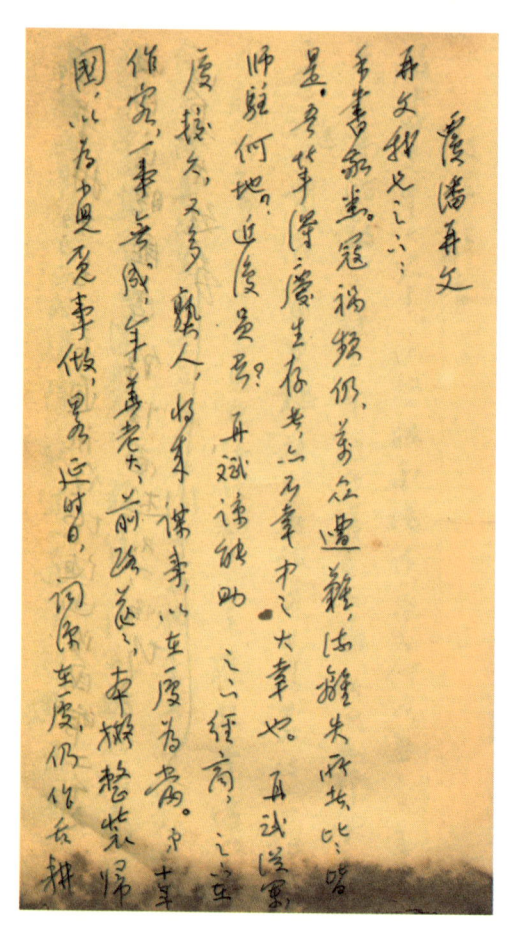

《二庵手札》中的侨批

寄秀英妹

秀英吾妹：

  寇祸频仍，不与吾妹通信，已阅四年矣，为念殊深。兄在此四年中备尝艰苦，非一言所能尽，亦非笔墨所能言也。然当大难临头，而得生存，亦不幸中之大幸者也。吾妹处境，兄只知被困于经济，于战争炮火，却未亲经（闻盟机只一次袭鼓屿而已），谅少于惊悸也。兄叠次电信并托人到家，至今一无消息前来，真使我望眼欲穿，焦虑万分。不审汝嫂及诸侄安否？仰或同种嫂回南安耶？长女宛珠，两年前家中有信来，云已嫁人，亦不知婿家何处？姓甚名谁？又是闷里葫芦。见信希吾妹复我数行，以慰远怀。顺附国币二千元，请收作零用。永康姗姗二甥，想均长大，可喜。琦儿因战事影响，已不令其读书，现在馨泉酒厂任职，月薪百余元。兄如一得家中消息，便拟买棹归家，盖十年作客，一事无成，远大前途，好让诸儿子也。差喜年来虽觉老态，须发皤然，而体则较前肥健，精神亦好。附上兄及琦儿近影各一帧，乞存念。晤面匪遥，余情面述，不一不一。

即问

安好

二哥手书
卅五年一月十七日　古历乙酉十二月十五日

寄曾词源

词源老弟足下：

  太平洋战事爆发，交通阻隔，消息断绝，杳不知故人之生死存亡也。得再文及铮儿书，敬稔足下无恙，重理笔研生涯，喜慰兼极。甦浪迹蛮荒，陷身寇焰，十年作客，一事无成，差幸艰难险阻，旷劫重生，堪慰绮注耳。

  故乡消息传来，眷属四年侨汇停止，负债累累，大儿在此现有职业，尚难持家，次儿又无事做，以故甦欲归不得，徒唤奈何！今虽栖迟有所，而情怀怫郁，时兴弹铗无鱼之叹，足下其何以教我乎？航便附国币二千元，至乞哂收，见复为盼。即颂

著安不一

甦顿首
卅五年四月十四日

厦 | 门 | 侨 | 批

附诗一首奉正

得铮儿家报道故人无恙,口占一绝

四年追记语千言,洒洒洋洋不厌烦。

报道故人多健在,裁笺遥与寄温存。

上李绣伊、王选闲二师

绣伊 蒜园夫子函丈:

　　太平洋战事爆发,交通阻隔,未由函候,想念殊殷。比维起居万福,潭第多绥,为无量颂。生浪迹蛮荒,陷身寇焰,十年作客,一事无成,差幸艰难险阻,旷劫重生,堪以奉慰耳。敝眷因四年侨汇停止,生活奇困,已负债累累,况现际米珠薪桂,一家八口,每月需费二十余万元,大儿所入尚难持家,次儿在厦未有相当职业,以故生欲归不得,徒唤奈何!拟俟国内物价低降,即作归计,世兄等谅各有工作否?甚念。航便附上国币二千元,至乞哂收。海天翘望,无任依驰。肃此,敬敂

崇安不一

生苏甦载拜

上王伯吹师

伯吹夫子大人函丈:

　　太平洋战事爆发,交通阻隔,消息断绝,无从通候,驰系良殷。解放后,得晤友真世兄,敬审起居万福,潭第多绥,为颂无量。生浪迹蛮荒,陷身寇焰,十年作客,一事无成,差幸艰难险阻,旷劫重生,堪以奉慰耳。故乡消息传来,眷属因四年侨汇停顿,负债累累,况现际米珠薪桂,一家八口,每月生活费用需二十万元,大儿在此虽有职业,尚难持家,次儿在厦,尚未有相当工作,以故生欲归不得,徒唤奈何!今虽栖迟有所,而情怀怫郁,时兴弹铗无鱼之叹,我师其何以教我乎?航便附国币二千元,至乞哂收。复示为祷。草草不恭,敬敂

崇安

生苏甦谨上

寄苏醒余

醒余宗弟足下:

　　文旌旋梓,甦于宗人中少可与谈话者,寂寞之情,益增客中之怅惘。舍下已

《二庵手札》中的侨批

有消息来,沦陷间,侨汇仅杯水车薪,负债山积,况现际米珠薪桂,一家八口,每月生活费用需国币二十万元以上,数目至足惊人,大儿在此虽有职业,尚难持家,次儿在厦,现未有相当工作,故甦欲归不得,徒唤奈何也。甦滞此笔耕,所入虽无多,亦略可弥补家费,倘归去,则又须分利,拟再淹留半载,看国内物价如何,再作归计。闻弟妇业于前年逝世,殊甚悲悼,惟续弦有期,又稍慰藉,而中馈有主,亦中年人所不可少也。

尊体谅复健康,盖国内气候一转,则在南洋所受之热气一消,病不药而自愈也。宗人回梓者,如言福、明坦、仁煦、瑞璧、则棣、子蔚、则智、则远诸君,有晤及否?祈代致意。顺附国币五千元,至乞哂收,见复为盼。此颂

近安

甦顿首

寄孙印川先生

印川先生道席:

别后至深悬念。比维起居万福,潭第多绥,为颂无量。晚以家计艰难,尚滞蛮荒,大儿在此从商,所入难以持家,次儿在厦,尚无有相当职业。一家八口,据家振云:照现在生活费,须二十万元以上,故晚暂勾留此间,虽无大利可入,然亦稍以弥补家费,不再分利也,知我如先生,故率直言之。

先生归家变换气候,不审双眸有略放光明否?至念。顷读东坡小简,中间有一首谈关于明目之方,兹另纸抄奉,以备参考。伯行先生拟就近归国,现在办理手续。顺附国币二千元,乞哂收,示复为祷。匆此,敬叩

崇安不一

晚苏甦拜启

复李绣伊师

绣伊夫子大人尊右:

日前奉手教,敬稔道履康强,为无量颂。世兄等均有消息,甚慰。厦门学界多系新进,殊无足怪。盖战事发生后,一班旧雨,南北奔驰,生活关系,各滞他方,故一时未能归来。生亦怀乡念切,满拟买棹回梓,得与诸师友聚首,乐何如之。但以家费浩繁,二小儿所入,预算不能应付,尚须淹留此间笔耕为活,俟来年春,或当作归计也。承询拙著《菲岛杂诗》,前除寄赠外,尚有余存,敌寇南来,冒险密藏,劫火横飞,竟不波及,似有神护者,窃自幸。前期轮开厦,曾托友带去

四十册，交升平路厦门市银行曾词源君收，并嘱曾君取数册送尊处，不审有否？至《觉夫诗存》，渠寄存之处，遭毁书亦受灾，并将赠生一册，取去自存。生在此四年中，诗亦有所作，此间友人怂恿编印，拟选若干首为《旷劫集》，得暇当誉奉斧削，并请赐序弁首，选闲、亦钱二先生安否？甚念。兹附国币二千元，至希哂收，为买茶之需。录上和铁庵鹭门杂咏三十首，乞教正，嗣后如蒙赐教，当命次小儿趋领寄来为妥。肃此，敬敬

著安不一

生苏甦谨上
五月卅一日

复邓慧美

慧美贤侄女：

来书句从字顺，情切意殷，故人有女，喜慰兼极。令弟在我家，已命小儿等好好看待，愚年底或明春归国，当加意督课，俾其成人，以慰故人于泉壤。附国币五千元，请收用。专复，即问

安好

伯苏警予手书
卅五年八日卅日

复陈笑侬

笑侬老弟足下：

十年阔别，千里相思，久住夷邦，历经浩劫，当年豪气，暗自消磨，甦年过五十，精神颓废，远大希翼，已成泡影，偶一回首，私自歉然！每念三十年前，令先君之独加青眼，爱逾骨肉，今日思之，深负所期。劫后时以故人为念。函家中调查沪上尊寓，方欲致书存问，而手书先颁，敬稔起居佳胜，潭第安详，喜慰兼极。

足下继承先志，大展鸿图，蒸蒸日上，正未可限量也。甦前因此间友人欲营国货，难得有相当代办家，思欲介绍足下与之合作，嗣该友人以国货到菲，未能和盘，暂缓进行，拟俟将来货价安定后，再定进止，自当奉告。次儿子铮已不令其读书，据舍妹来云：此子颇活泼，有作商才，惟未得有人赞助，现在厦无事，深为顾虑。

足下与甦为世交，并有葭莩亲，又凤相眷爱，关切尤深，敢乞予以提携，或沪或甬或台，安插一席，随习商情，俾有所造，当感大德。附国币五千元，祈哂收。

《二庵手札》中的侨批

见复为荷！此颂

近安

甦顿首

卅五年九月九日

寄陈荣宗

荣宗贤妹丈青览：

得次儿来信，知起居安善，潭第祯祥，以欣以慰。

足下继承先志，大展鸿图，前途无量，至足贺也。甦十年作客，一事无成，言之有愧。而两儿为战事影响，已令其舍学就商矣。大儿现任此间馨泉酒厂事务，所入未能持家，次儿在厦，尚未有相当职业，以故甦欲归不得，徒唤奈何。但甦年过五十，精神远不如前，久滞蛮荒，殊非所愿，拟明春归国，藉图良晤，附国币五千元，至祈收入，见复为荷！专讯

近佳

甦顿首

卅五年九月九日

寄苏国铭

造弟青览：

一别十年，弥深想念，前得次儿来信，云弟平安，任职沪上，才侄又继续升学，书本相承，快慰无极。兄二子因战事影响，均不令其读书，大儿在此，任馨泉酒厂职务，次儿在厦，尚未有相当职业，已函托笑侬弟予以提携。昨笑侬来函谓弟养疴泉城，至以为念，想略事休息，当占勿药，兄年逾五十，精神远不如前，为生活计，留滞南荒，殊非所愿，拟年底或明春归国，藉图良晤。附国币五千元，到请收入，见复为荷！即讯

起居

兄甦顿首

九月九日

复高伯英

伯英足下：

前得厦门曾词源君函告故人无恙，以未悉通信地址，无从函候，顷由中华商

会转到手书,敬审数年来宦途多坦,飞黄腾达,喜慰兼极。甦也旷劫重生,乏善可陈,太平洋战浪掀起,即告失业,赖大儿作苦,暂维生活。胜利后,国内物价飞涨,在鼓屿眷属八口,现月需五十万元以上,次儿在厦未得有相当职业。大儿一人所入,尚未能持家,以故甦留滞蛮荒,欲归不得。此间社会派别混杂,耻与同流,教育界尤甦所厌弃,无已,暂涧入商场,为变相之笔耕,自怜又自笑也。年来虽有所作,半多血泪,容后录呈。

丹初先生避祸古岛深山中,于胜利前年六月七日被敌惨杀,同时遭难者二十九人,文化界居多,呜呼烈矣。伯行先生历劫不磨,已于七月间归梓。铁庵安善,仍理旧业。健堂尚在商会,食肉而肥。石钟已于大战前一年癫狂逝世,知念奉闻。小迂、子白在省,想常晤及,二笺乞代转,并查其地址见示。附国币五千元,祈哂收。

专复,顺颂

近安不一

弟甦顿首

卅五年十月十四日

寄萧春荣

欣木老弟足下:

寇祸连年,诸友星散,杳不知生死存亡也。胜利后,云龙兄归梓,再度南来,坐谈间,得审故人无恙,喜慰兼极。甦旷劫重生,乏善足陈,太平洋战浪掀起,即告失业,赖大儿作苦,维持生活。今则故乡物价高涨,一家八口,现月需五十万元左右。大儿在此所获,未能持家,次儿在厦,尚未有相当职业,以故甦欲归乡不得,徒唤奈何!此间社会复杂,耻与为伍,教育界尤甦所厌弃,无已,暂涧入商场,为变相之笔耕,自怜又自笑也。

足下重作冯妇,栽培桃李,为国为群,裨益良多。甦老矣,测居市井,积尘万斛,准拟明春买棹,藉图良晤。宜侯安善,仍执教中正中学,石瓐在南岛为小学校长,已有信来,凤毛、汝珍于胜利前年六月七日,与丹初先生同时遭寇惨杀,啸鸣、希昭在越,不审安否?为念。舍下寓龙头路二三一号,建成绸布公司三楼,望时为关照为感。顺附国币五千元,乞哂收并示近况为盼。即颂

讲安

甦顿首

卅五年十一月十八日

《二庵手札》中的侨批

寄庄作侨

作侨我兄足下：

　　寇祸连年，亲朋旷绝，离居荡析，莫知死生，每一念及，痛恨万千！近得次小儿书，敬审起居佳胜，潭第安详，为慰为颂。弟浪迹蛮荒，陷身寇焰，十年作客，一事无成，差幸艰难险阻，旷劫重生，堪以告慰耳。本拟早图归计，以厦门物价腾贵，一家八口，需费浩繁，大小儿一人所入，未能应付。次小儿未有相当职业，故弟尚淹留此间，藉笔耕所获，以弥补不足，然久客天涯，殊非所愿，预定明年春初，买棹归来，得与故人闲话桑麻，乐何如之。天恩世兄，甚精干，能为足下助手，想已娶妇抱孙，含怡之乐，至足贺也。弟年过五十，劫后精神亏损，脑力不足，所有熟人，多有未能记忆者，即眼前事，亦时作隔世观，云声在星洲，常与通信，渠所知厦门事，较弟为详。舍下在鼓屿，望时关照，为感。缦星兄、翠兄、厚兄，想均安好，晤时，乞代道意。顺附国币五千元，至希哂收。见复为盼。并颂

近安

弟甦顿首
卅五年十一月十六日

上李绣伊师

绣伊夫子大人尊右：

　　不奉函候，忽经半载，驰慕之殷，与时俱进。比维道履康强，潭第纳福，为无量颂。生日处市井熙攘间，尘氛绕扰，俗不可赖（耐）。拙作《旷劫集》经草草誊录一部分，兹先呈斧削，其不合者，并请删去，务求精不求多，续稿容再奉上。伯行、印川二先生归梓，想常晤及。印川先生眼疾较愈否？渠以战事影响，过于烦恼，致有斯疾，甚矣。忧患之困人也。近得次小儿书，报告厦门米价低降，果尔，则今后生活或可望宽纾，喜慰之至。生以家累而久客蛮荒，殊非得已，拟稍为设法，两小儿各有谋生之路，略可释肩，便即买棹归来，藉图良晤，而聆听教益，乐何如之！闻厦门商业教育，虽逐渐复兴，而政治未上轨道，民生犹陷痛苦，所谓种种建设，去时尚远，前途甚呈黯淡，有家国观念者，几何不望洋而兴叹哉！顺附国币壹万元，至乞哂收，以为买茶之需。肃此。敬敏

崇安不一

生苏甦谨上
十一月廿五日

| 厦 | 门 | 侨 | 批 |

寄杨雅今

雅今我兄足下：

别后忽忽数月，时劳梦夜。比维起居佳胜，为无量颂。闻克勋兄云：尊闻惊悸症，自足下归梓后，已告平善，深为喜慰。弟留滞此间，怫郁寡欢，盖平时可与谈艺者，除足下外，已无其人，寂寞之情，其何以堪！兹附国币壹万元，至祈哂收，并示近况为盼！专此，顺颂

台祺

弟甦顿首
卅五年十二月廿八日

家　书

自日本发动太平洋战事，信息少通，又兼书信须一律用日文，并须受其检查。至于汇款，多方为难，手续麻烦以外，当于其银行存款，其存款数目必较汇款为多（如汇一百元须存五十元，汇二百元须存二百元，汇三百元须存四百元，汇四百元之须存六百元，汇五百元须存一千元，至多可汇五百元而已）。每月只许汇一次，每次当先申请及存款，待其批准后，然后汇寄，并须自己打电报，电报亦须用日文（纯粹日本自制偏旁字），种种笔难尽言。

此间，在日本占领时代，生活一天一天的困难，物价亦随之而高涨，其中以食物最贵，米每袋起至二万余元，猪肉每支罗二千余元，豆菜每支罗四百元，其他可想而知，三年之痛苦，亦笔难尽言。

现在日本已正式投降，厦门亦于本月六日接收，菲岛经于八个月前，由美军收复，地方亦渐见安静。唯日军于本年二月四五两日败退岷市时，作有计划的放火焚烧（敌于军事渐次失利，知大势已去，预备撤退，作有计划之大破坏。凡大桥梁、大楼屋以及大工厂，一切伟大建筑物均先期埋藏地雷炸药，到时引发，心诚很毒）。故全市市区，被毁达三分之二以上，所有大建筑物，均付之一炬，精华尽去，顿成废墟，一时火焰冲天，爆炸声如雷声，全市尽成火海，伤心惨目，有如是耶。我所住的楼屋，在仙尼庵叻区，该区日本向无军事设备，又兼居住的华侨特多，火势焚烧迫近时，所有壮丁均动员出来，一时达数万人，极力扑灭，故该区赖以安全者，人力合作之功最大。

至于日寇屠杀人民，市区中较少，唯王城内，及百阁、巴两、因米沓一带地方最为惨酷，亦笔难尽言。

《二庵手札》中的侨批

家书

自日本发动太平洋战事，信息少通，又燕丧信须一律用日文，并须受其检查。在北汇款多为难，手续麻烦，以外菌托其银行存款，其存款数目，以按汇款为多。（如汇一石元须存五十元，汇三百元须存二百元，汇三百元须存四百元，汇四百元须存六百元，汇五百元须存一千元，至多才汇五百元而已）每月以许汇一次，无论多少申请及存款，待其批准后，始能汇寄，并自打电报，电报须用日文。（纯粹日本低领时代，生活一天一天的困难，物价日随之而高涨，其中以食物为贵，米无尽起玉二万余元，猪肉每支罗三千余元，豆菜无支罗五元，其他可想而知，三年之痛苦，以笔难尽言。

现在日本已正式投降，厦门市於本月六日接收，华侨经於八个月前由美军收复，地方上渐见安静。昨日军抵本年二月○五，和昨日败退岷市时，作省计画的放火焚烧，（敌槟军事逐次失利，知大势已去，预备撤退，作省计画之大破坏凡大楼棨大楼房以及大工厂，一切伟大建筑均先切理藏地雷炸药，到时引燃必诚很无）故金市区设毁达三分之二以上，所有大建筑物均付之一炬，精华之区成废墟，一时火燄冲天，爆炸声如雷响，金市类成火海惨景。我所住的楼层，在他处已动画，该区日本宪军事设备，又燕烧的华侨好多，火势继烧迫近时，所有壮丁均动员出来，所建救别人，挖方挖戚，故该区赖以安全，此人力会你之功实大。

其在日寇虐杀人民，市区中杨芳昨王城内，及马闹巴两营一带地方，都为特酷，无奏新奇言。

逞信去年九月廿五号，美国飞机第二次空袭岷市，动云我所住的楼房遇炸，砸破

书家2

《二庵手札》中的侨批

不上七丈宽，（即范侨那街近侨那街大桥对面区域……此苦盖择房隔壁一日军食库），椰下炸弹，我的楼房大为震动，近港边的店房大门均去疏木楼房的门窗，多被损坏，炸弹的日军食库之邻一星期前的军火搬运来的楼炸，又此烈火延烧毁该屋场已困的在洲仔山岸院地方，直接鼓弹烧毁诸院及附近因树助烟厂，蔡家全部以及海街住店楼房多座，死伤多人，骑甚可怕。

又十首间美飞机空袭峨市时，被日本高射硇击中一架，机身著火，飞行员急将炸弹卸下，弹临落车柱去也礼奔街之卷口，谏要倒尾瓦座，死尽，这颗炸弹，幸我所住的楼屋恭是得近，瓦械适由屋顶掠过，安险得很。

又美械每次来袭顷在码头的船隻时，在日本高射硇密集受攻下炸弹，

书家 3

日本高射砲射击至天空中爆炸，另在堡垒民房附近的山道其厂采道破他们新的街，亚顺街，宣文街，菜市口等地的居民，死於无情炮弹之下甚众。又尚美军解放峨市街，日军又据守玉城以抵抗，美军车宜里玉八及三巴萨等委，双方炮击，达二十余日，势甚猛烈，我住的楼屋，为双方炮弹所经之地，炮弹了在我们头上屋上日夜飞行，此事岂有炮弹落下，地附近今被炸地甚多。单控美军家人四十五号锋攻入玉城内时，计营大炮弹一万九千余发，金翠五时贺奇破此寓我军炮火猛到之纪录，幸成检点我所住的楼屋之顶，钟版爱伤吿计其数，玻璃炮弹碎达十数支罢，这种危险，高速幸难毫言。我和琦娘在此逃劫當克，此死生有命，绝不逃避，结果浮天底宿脱離一切苦难，而獾羊马，亦大幸也。

一九四五年十月

书家 4

《二庵手札》中的侨批

追忆去年九月廿二日,美国飞机第二次空袭岷市,就在我所住的楼屋过港距离不上七丈宽(即范伦那街近仅那洛大楼对面,酒厂之后,庄万益楼房隔壁一日本海军仓库)。掷下一炸弹,我的楼屋大为震动,近港墘的店屋大门,均跳出路中,楼房的门窗,多被损坏。被炸的日军仓库,已于一星期前将军火搬空,未有爆炸,又以救火迅速,故仅烧毁该屋而已,同时在洲仔岸院地方,亦投数弹,烧毁该院及附近因树叻烟厂、警察局全部以及后街仔尾楼屋多座,死伤多人,殊甚可怕。

又十二月间美飞机空袭岷市时,被日本高射炮击中一架,机身着火,飞行员急将炸弹卸下,弹恰落在拉未沙礼士街出世仔巷口,该处倒屋五六座,死一人。这颗炸弹,离我所住的楼屋亦是很近,飞机适由屋顶掠过,实险得很;又美机每次来袭泊在码头的船只时,在日本高射炮密集处投下炸弹,日本高射炮时常不在天空爆发(炸),而在落下民居时才爆发(炸)的,附近的仙道其厘示道街、仙彬难洛街、亚顺商街、雪文街、菜市口等地的居民,死于无情炮弹者甚众。又当美军解放岷市后,日军又据守王城内抵抗,美军在宜里示八及三巴落等处,双方炮击,达二十余日,势甚猛烈,我住的楼屋,为双方炮弹必经之地,故炮弹在我们头上屋上,日夜飞行,时常发生炮弹落下,故附近之人,被炸死者甚多,单据美军最后四十五分钟攻入王城内时,计发大小炮弹一万九千发,重四十五吨有奇,破世界战争炮火猛烈之纪录。事后检点我所住的楼屋屋顶,钟版受伤不计其数,拾得炸弹碎达十数支罗,这种危险,亦是笔难尽言。我和琦儿在此浩劫当中,以死生有命,绝不逃避,结果得天庇宥(佑),脱离一切苦难,而获平安,亦大幸也。

一九四五年十月

上王选闲师

蒜园夫子大人尊右:

不奉函候,倏经半载,遥望师门,神驰曷已。开春以来,敬维道履康强,为颂无量。生寄迹蛮荒,溷身市井,尘氛绕扰,俗不可耐,本拟早图归计,奈家累綦重,两小儿经商所入,未能应付,尤须生藉笔耕所获,以弥补不足,倘归去,则无生利而又分利,以故踟蹰未决也。丹初先生遗作,在大战前者均幸保存,盖先生将避难山中时,曾将其旧稿及珍爱之物品,装置衣箱,寄存校董蔡金针君处,蔡君未受难,而物品均存,闻将寄交其世兄树人也。近由王美璋同学,搜得其在山间所作诗歌若干首,特为抄录附上,乞与绣伊师共览,并就近询其世兄有无收到其遗物,云声在星洲任教,来书云:曾有函候尊府,据报载,厦门各部分,均渐次繁荣,惟生活(费)极高,通货膨胀未已,民生尚陷困苦,不过外强中干耳。其他如政治腐败,贪污成风,犹在在堪虞。胜利来临,光明欲现,而阴霾忽布,黑幕重重,非酿成暴风雨不可也,流亡海外余民,几何不望洋而兴叹哉。顺附国币壹万元,聊作茶敬,至希哂纳,复示为祷。谨敬

年禧百益

生苏甦拜上

寄陈菊农

菊农我兄左右：

别来念甚。比维起居佳胜,潭第安详,为慰为颂。弟日处熙攘市廛,尘氛绕扰,俗不可耐。故乡佳山水,时萦寝寐,所以未能追随足下归梓者,实别有苦衷在。盖物价飞涨,直达云霄,一家八口,需费浩繁,预算大儿所入,未能应付,次儿经商乏本,所获甚微,难以分任,然久客天涯,殊非所愿,甚欲毅然决然,效陶公赋归去来辞,不顾瓶中无粟也。

尊体颇合我国空气,略事休养,想复健康矣。近况若何？世兄进行商业,谅必大展宏图,至足贺也。读江声报所载,中山公园及衣食住行在厦门诸篇,似出胸卍(匈万)兄手笔,希查示为盼。附国币壹万元,至乞哂收。见复是荷。专此,顺颂

近安不一

弟甦顿首
(民国)卅五年十二月廿八日

寄柯伯行先生

伯行先生史席：

别来数月,时切怀思。比维起居万福,潭第多绥,为无量颂。晚淹留此间,实不得已。故乡物价飞涨,家费浩繁,大儿一肩未能挑尽,次儿经商获利甚微,难以分任,然久客天涯,殊非所愿,甚欲毅然决然,效陶公赋归去来辞,不计瓶中无粟也。世兄等宏图大展,日进无穷,先生优游杖履,晚景堪娱,至足贺也。兹附国币一万元,到乞哂收,为买茶之需。专此,敬敬

道安不一

晚苏甦载拜
(民国)卅五年十二月廿八日

《二庵手札》中的侨批

寄陈镇中　伯厚

伯厚我兄足下：

别后念甚。比维起居佳胜，为无量颂。云龙兄来，述及足下生活安闲，至慰。近有作漳、泉、榕之游否？少谟兄近况若何？眷属在榕抑在厦？寒假能回来否？至念。弟曾由友人转上一笺，未得其复。弟因故乡物价飞涨，家费浩繁，次儿在厦，无相当职业，未能与大儿分任。故尚滞此间，欲归不得，然久客天涯，殊非得已。拟毅然决然，效陶公赋归去来辞，不顾瓶中无粟也。云龙兄近竟生病入院，几濒于危，幸请得陈渊儒博士诊治，断为肺积水，对症下药，并为抽水，已获安全，现出院，在酒厂中修养，不久当可恢复健康也。知念奉闻。兹附国币一万元，至乞哂收，复示为祷。专此，顺颂

近安

弟甦顿首
（民国）卅五年十二月廿八日

寄曾词源

词源老弟足下：

不通信者又阅数月矣，甚念。驹光如驶，至足惊人。开春以来，想万事如意，为慰为颂。甦年过五十，豪气消沉，远大之志，付诸儿子。云声去岁寄诗，有："订约明年荷放候，扁舟共抵鹭江湄"句，十年乡思，一旦钩起，已辞去此间任务，整装待发，因欲设法铮儿来此，避免壮丁抽调，作内战炮灰，故略延时日耳。今年琦儿所入较进，似能应付家费，惟年事已长，亦当预为之计为择配偶，以了向平之愿。然此时尚谈不到，盖一家生活，须赖其维持，倘为置室家，则仅能顾及其妻子而已，是甦此时之苦闷，诚有过于常人者，不妨为足下告知。甦归去，已预定静养些时，乃择轻而易举者为之，或者能得点杖头钱，为不时沽酒之需。近作么生？银行生活费有否再调整，较前优待否？小迁已有来信，寄下诗十六律，炉火纯青，细腻熨贴，深得玉谿神味。想为此数年中痛下功夫，获此造就，可佩也。近影一帧，拙作数首，随函奉上，希正而存之。国币壹万元，请收沽酒，然不足供一醉也。晤面匪遥，余情面罄，不一。顺颂

著安

甦顿首
三月五日

· 99 ·

| 厦 | 门 | 侨 | 批 |

与黄甸万

甸万我兄左右：

寇祸频仍，亲朋旷绝，生死存亡，杳莫闻知。胜利后虽多方调查，十不得一二，盖东北西南，支离漂泊，纷飞劳燕，巢破安归？愤恨之情其何能已！近读《江声报》载：中山公园及衣食住行在厦门诸篇，疑出足下手笔，即函询菊农兄，得审故人无恙，快慰兼极！比维起居佳胜，为无量颂。弟浪迹蛮荒，陷身寇焰，十年作客，一事无成，差幸艰难险阻，旷劫重生，堪以告慰耳。战后故国物价飞腾，直达云霄，八口之家，需费浩繁，大小儿在此所入，不能应付，次小儿在厦，经商乏本，获利无多，难以分担，以故弟尚淹留此间，欲归不得，今虽栖迟有所，而心情怫郁，时兴弹铗无鱼之叹，然久客天涯，殊非所愿，甚欲毅然决然，效陶公赋归去来辞，不计瓶中无粟也。反观国内政治，相当腐败，行政司法，贪污成风，民生犹陷入水深火热中，所谓种种建设，去时尚远，前途甚呈黯淡，不禁怃然！

令尊大人，谅体健如恒，有否来厦，令郎等必皆有职业，为足下助手，在厦故人寥落，当少过从，得无寂寞耶？兹附国币壹万元，至乞哂收。并示近况，为祷！

顺颂

年禧

弟甦顿首

复吕小迁

小迁足下：

惠下诗简，读之，快同觌面。忆甦将别时，曾与足下饮敝庐，当时虽各能自制，不作儿女子离别可怜之色，然亦不无黯然销魂，盖相处廿年，一旦远离，欲不至此，其可得乎？乃不图竟作十年别耶？别后只越半载，而厦门沦陷，足下间关入内地，消息略可得闻，迨日寇南侵，太平洋战浪掀起，交通阻隔，而故人之生死存亡，更莫由知。甦于寇占菲岛时，无法逃避，惟日坐围城，目睹暴日之施展淫威，不但战兢临履，即喘息亦觉不安，痛苦达三年有奇，胜利将来临，大战展开，又适站在最前线，值双方炮火中，寇败退时，纵火焚毁市区，屠杀人民，全市被毁达三分之二以上，死万人以上，而甦于万死一生中而幸存者，经斯浩劫，物质精神之亏损，无从估价矣。

足下十年来之奋斗，已获大学教授之荣誉，铨侄任职银行，娶妇生孙，又兼含饴弄孙之乐，名实已得，他何所求？若甦者，以求利而入蛮荒，利未得，而难已

《二庵手札》中的侨批

起,飘零海外,一无建树,回首前尘,感慨系之!

大作炉火纯青,细腻慰贴,深得玉谿神味,佩服佩服!甦南来亦有所作,蛰鸣蝉噪,自抒胸中之不平,惟功夫浅薄,质胜于文,刊有《菲岛杂诗》,已令厦门次小儿邮奉乞政(正),近拟选大战前后所作者为《旷劫集》,厦门李绣伊师许为作序,正筹印费,将来出版,自当寄呈。世熙安善,在菲岛蜂省为小学校长。玉林在宿务,任教华侨小学。云声在星洲为小学校长,并有抗战夫人,生一男孩,现年四岁。日前来函,约甦于六月间归国。惟丹初先生成仁。寇祸频仍,亲朋旷绝,支离飘泊,东北西南,思之心痛!拙作数首,近影一帧,随函奉上,希正而存之。国币两万元,请收沽酒,然不足供一醉也。欲与足下言者甚多,一时未能尽书,请俟之异日耳。匆匆,敬颂

春安

弟甦顿首

(民国)卅六年二月十四日

复林子白

雪丘我兄足下:

奉手书,敬审起居佳胜,潭第多绥,为颂无量。甦渡菲后越半年,而厦门沦陷,其时福建各县,尚可通信息。

足下在南安成功中学时,曾一度通信,蒙惠赐尊书蝇头小楷扇面,迨太平洋战浪掀起,交通阻隔,三四年来,而故人之生死存亡,杳莫闻知。胜利后,多方调查,乃得获悉一二,情境虽各殊,而颠沛流离则同也。

菲岛被寇占领时,甦无法逃避,日困围城,目睹日寇暴行,其时人人自危,日夕坐卧,喘息难安,痛苦达三年有奇。胜利将来临,大战展开,又适站在最前线,双方炮火中,在万死一生中而幸获存,总甦在沦陷至胜利后,计五年余无事做,赖大小儿作苦以维生计,今虽栖迟有所,时兴弹铗无鱼之叹,然久客天涯,殊非所愿,甚欲毅然决然,效陶公赋归去来辞,不计瓶中无粟也。

足下在此数年中之奋斗,荣获大学教授,培植艺术人才,虽苦犹甘,以视甦之一无成就,诚有天渊之别。玉林在宿务任教华侨中学,云声、再炎,均在星洲,云声为小学校长,有抗战夫人,生一男孩,今年四岁,日前来函,约甦于六月间归国。再炎经营昆仑照相馆,颇发达。铁庵在此行医,甚好。甦来菲亦有所作,刊有《菲岛杂诗》,已命厦门次小儿邮奉乞政(正),近拟选大战前后所作为《旷劫集》,厦门李绣伊师许作序,正筹印费,将来出版,自当寄呈。附国币壹万元,近

101

| 厦 | 门 | 侨 | 批 |

影一帧,至希哂存。欲与足下言者甚多,一时写不能尽,请俟之异日耳。匆匆,顺颂

春安不一

弟甦顿首

(民国)卅六年二月十五日

厦门侨批书法风格

麦青龠

　　侨批书法和一般传统文人极具积学涵养的书法，是有些区别的。这些银信合一的书信，或是寄信人自书，或是委托他人录写。书者大多受过私塾教育，专为传达游子心声，或报平安，或询问家园诸事，或汇款回家报慰亲情、亲恩，每一封都是情真意切，意在笔端，阅之令人喟叹不已⋯⋯

　　本文呈现的侨批都是厦门华侨的海外来鸿，为文史工作者林南中先生所供图。

　　闽南地区的侨批信函，具有许多共同的特色：

　　1.书写者大都受过私塾教育，因此民国以前，信文以古文语式书写为主；直到20世纪二三十年代以后，才陆续加入些白话文体。

　　2.常出现闽南语方言语式造辞：例如以"批"表示"信"；以"读册"表示"读书"；以"生理"表示"生意"；以"好势"表示"事已妥善"；以"奉待"表示"侍奉"；以"所费"表示"金钱用度"等等，已形成独特的地域性特色。

　　3.这些信件书写者水平不一，代书者为了配合寄信人的口述，得在匆促间即兴切换成古文体式录写，因此硬毫下的笔触，大都直率光滑、率意爽利。除了科举文人如林翀鹤、苏警予等所书侨批，深具书法艺术水平外，其他普遍为质朴率真之作。

　　4.这些侨批书风，行草大都植基于二王一脉阁帖，或参融米芾、赵孟頫、董其昌和明清尺牍；楷法则以唐代颜真卿为主的唐楷形式；普遍缺少乾、嘉年间兴起的碑风碑意。

　　5.部分行草结体不按章法，笔画多有简省，常少一个连带或省去一个转折，形成错别字，往往令阅读者难以辨读。

6. 为了增快运笔的流畅度,发展出侨信特有的结体、使转笔致,逐渐形成侨批流滑野逸的书法特色。

7. 同一书者的相同字布局结体,几乎同形,极少变化;迥异于一般书家苛求多样变化、再求全幅统一感的书法美学思想。

总而言之,大部分侨批书写者,注重信息流通性、实用性,大都难以兼顾艺术内涵,往往流畅有余,古雅不足。因此,兼具书法艺术和文献价值的侨批,实是百里寻一,可遇而不可求。

植基二王帖学、米芾、赵孟頫、明清尺牍一脉

这类书法风格的侨批较为多数。图1为马来西亚玻璃州双弄的华侨庄彩中于1946年函寄同安鼎尾山祥露社的叔祖庄文界,请其加衣添饭的请安信。

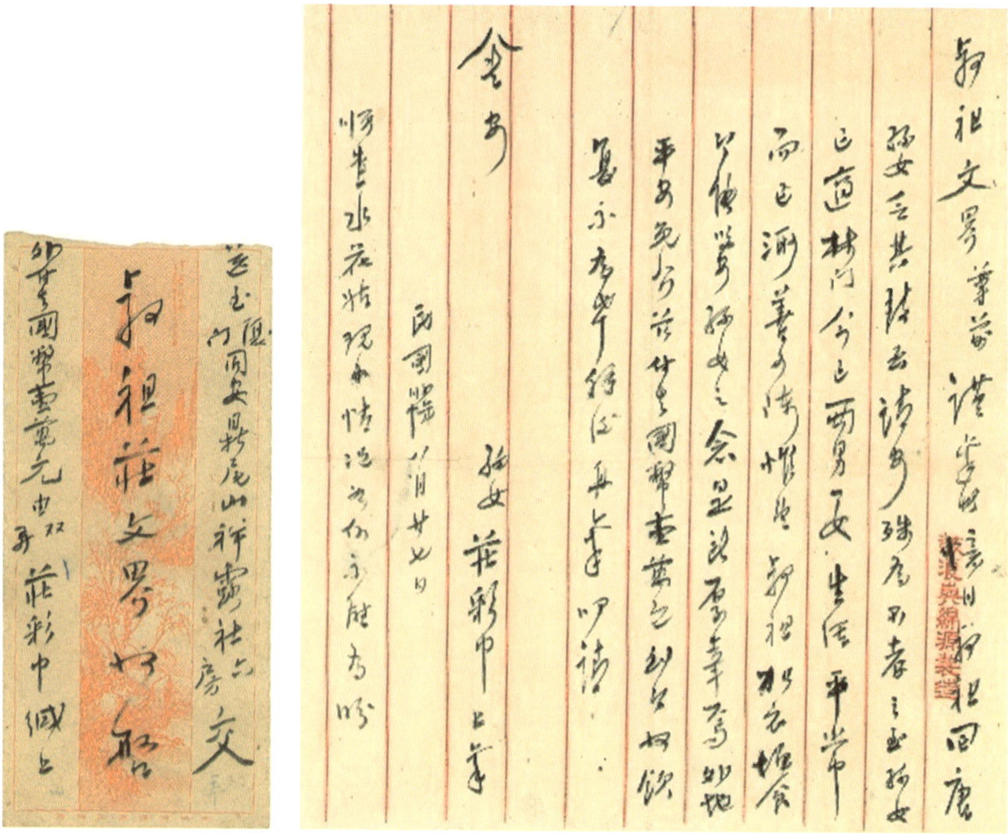

图1

厦门侨批书法风格

书风源自二王帖学，令人联想王羲之《上虞帖》、王献之〈鸭头丸帖〉等阴柔妍秀一脉。笔画游丝缥缈般，若实若虚，若即若离，若断还续；另有明代董其昌连绵流美的精神，间亦存些祝允明等回还扭转的结体痕迹。

| 厦 | 门 | 侨 | 批 |

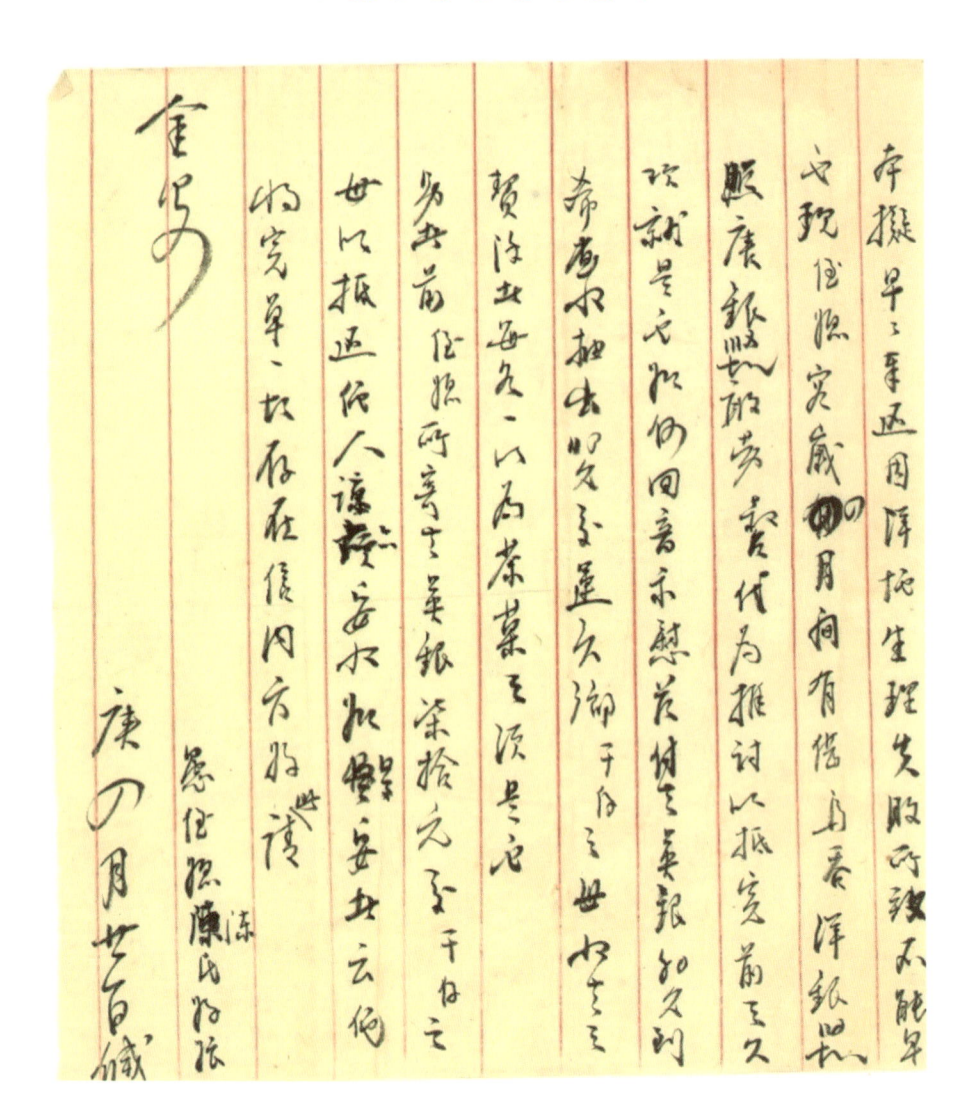

图 2

图 2 信函由马来亚吉礁华侨蒋乌干夫妇函寄马巷顶曾林乡蒋文岭、蒋文洴二位叔父，言及客地生意失败，委请二位为其催讨一笔借款，以抵还之前积欠文岭叔的款项一事。

此函植基于二王帖学一脉，兼融文征明、王宠、董其昌等明代书家尺牍的精神，妍润秀美；部分接近王宠般不露圭角，是侨批中难得的佳作。

厦门侨批书法风格

父耙膝前荣名 手足招惠者昨接来四信查阅
诸情足悉及知你起居安好合家平安为
慰为慰慰此函中述云现已继行觅访
究无一无不胜欣慰之至惟望你速甚觅
子精神清秀为要如有觅要误数若干
威你先行等剞成就否则速印无无可
幸兄当印由邮局汇寄为要刻由邮局
汇寄美国币但拾元正诸此另查收笑纳
高足兄东外粗俸势荡甚自为挑念为盼餘
叙另此并请
金安

| 厦 | 门 | 侨 | 批 |

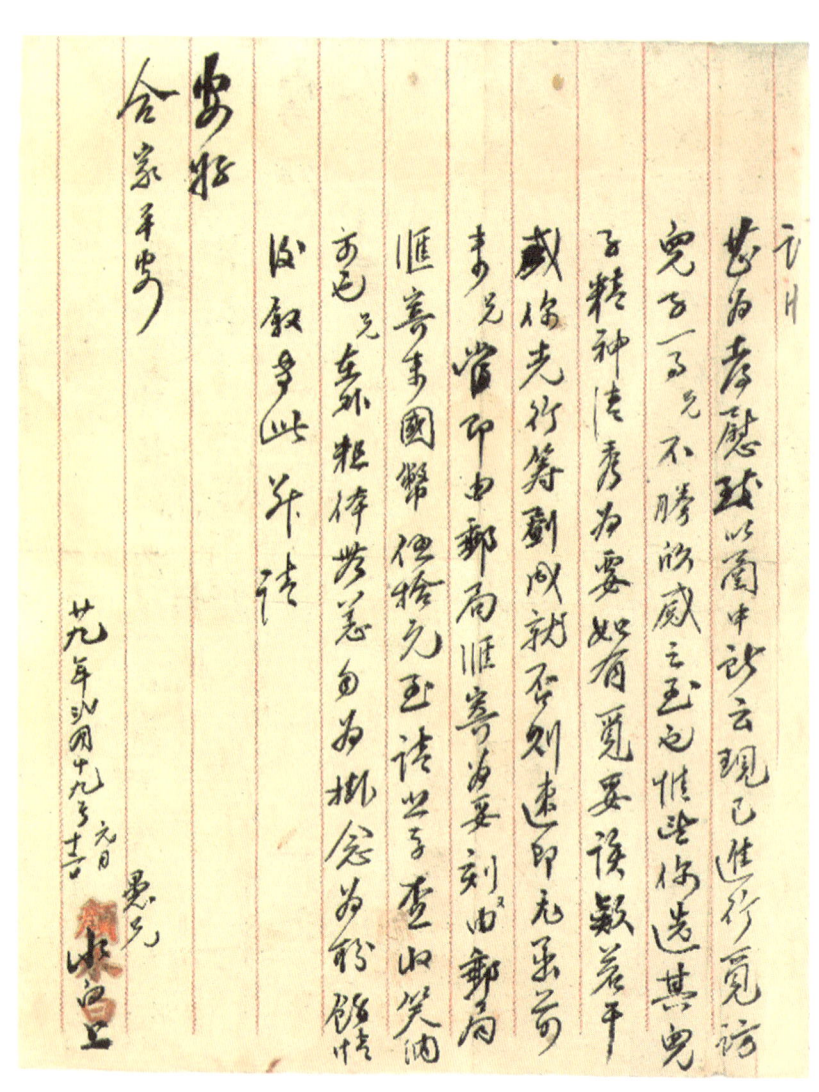

图 3

图3信函为马来亚马六甲华侨颜水白于1940年寄予三都青礁的弟弟，文中欣慰弟弟正为他寻觅养子。

此函行书仍植基于二王帖学，间有些米芾、赵孟頫、董其昌的斧凿痕。只是运笔更加娴熟秀媚，兼具典型的馆阁书风与侨批信函的习气，如"安、飞、请"等笔画的简省。此外，"安好"二字"女"字偏旁的处理，是清末民初在上海、福建深具影响力的吴昌硕的惯用形式。这些布局多为了增快运笔的流利感，逐渐形成了侨批的特色。至于信封，则参融颜真卿的章法，圆转而宽绰。

厦门侨批书法风格

| 厦 | 门 | 侨 | 批 |

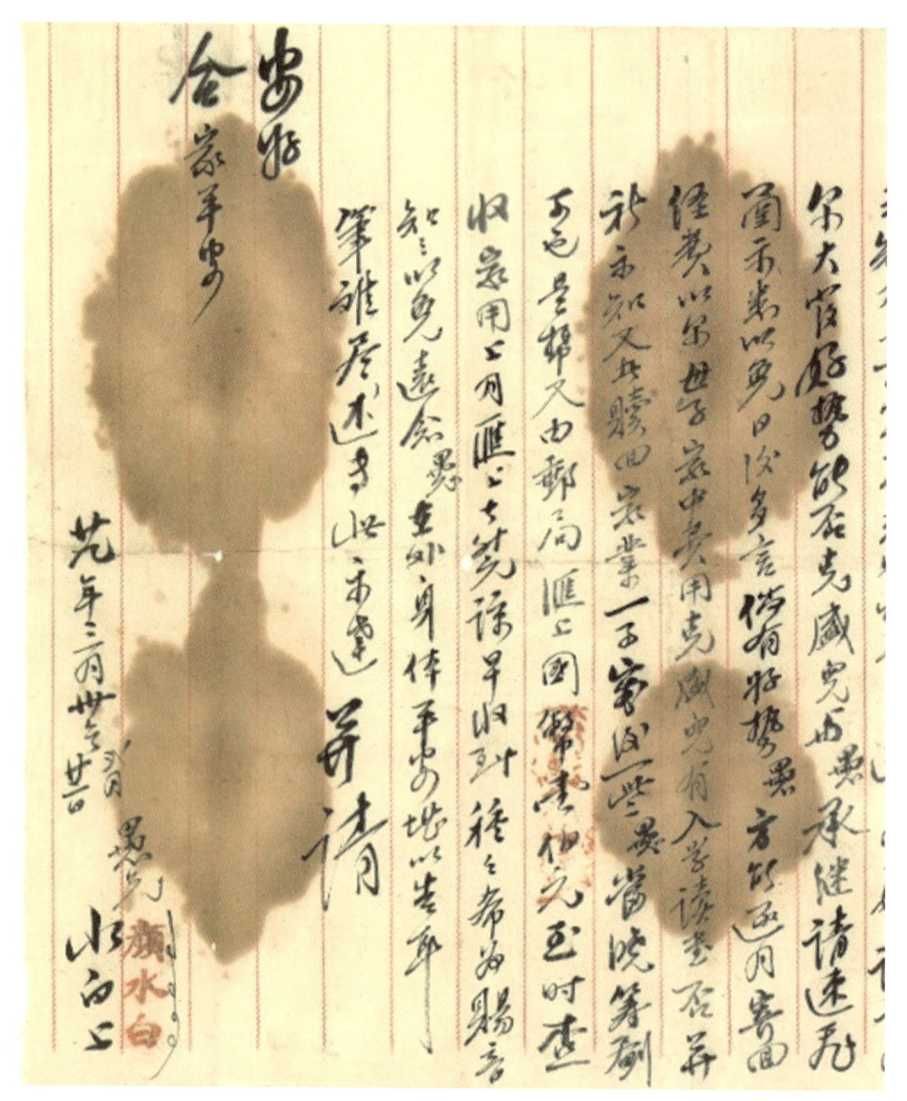

图4

图4为马六甲华侨颜水白1940年3月函寄三都青礁的弟媳,为弟弟颜文粑(或谓颜亚粑)于1940年元月辞世,感到震惊和伤痛。信中询问弟媳有关弟弟生前为他寻觅养子颜克圣,以承继祖桃香火一事。早期华侨和家人山水阻隔,致亲人往生数月后才得闻之,徒增伤怀、愧憾!

此函和图3信文源出同一位代笔者,图4则在二王帖学根柢上,融入赵孟頫、董其昌风格,并多了些颜意,豪迈流畅,毫无做作,是侨批中少数重视笔画粗细、墨色浓淡、躁润变化者。

宋元以来写颜的传统

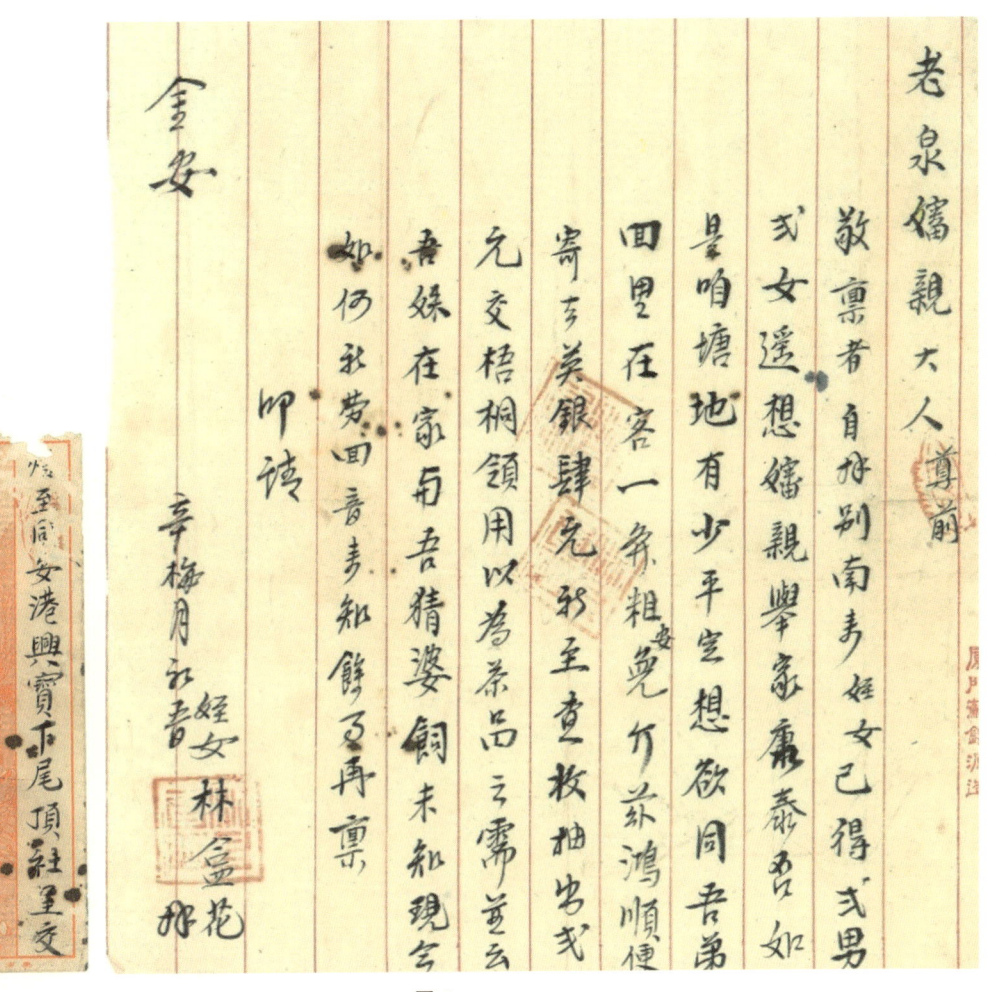

图 5

福建书家自宋元以来，一直都有写颜真卿的传统。如蔡襄、黄道周、张瑞图、林则徐、吕世宜、谢琯樵、王仁堪、吴鲁、林纾、陈衍等。此外，绝大多数的科举文人，楷、行、草中都涵容了颜真卿的精神。

图 5 信札为华侨林盒花函寄同安的婶婶。此件小楷参融了颜家法度，虽未能呈现颜体的凛然大气、盛唐庙堂的气势；但结体颇稚拙可爱，带有些孩儿体的趣味。图 5 这类融颜的小楷信文，比例较少。

| 厦 | 门 | 侨 | 批 |

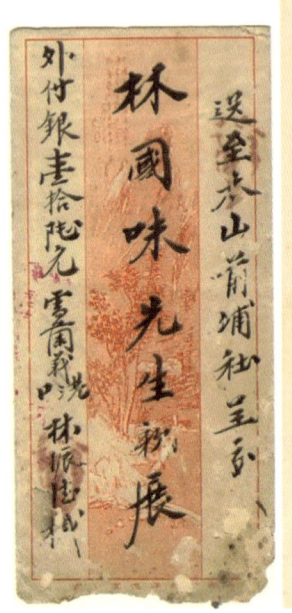

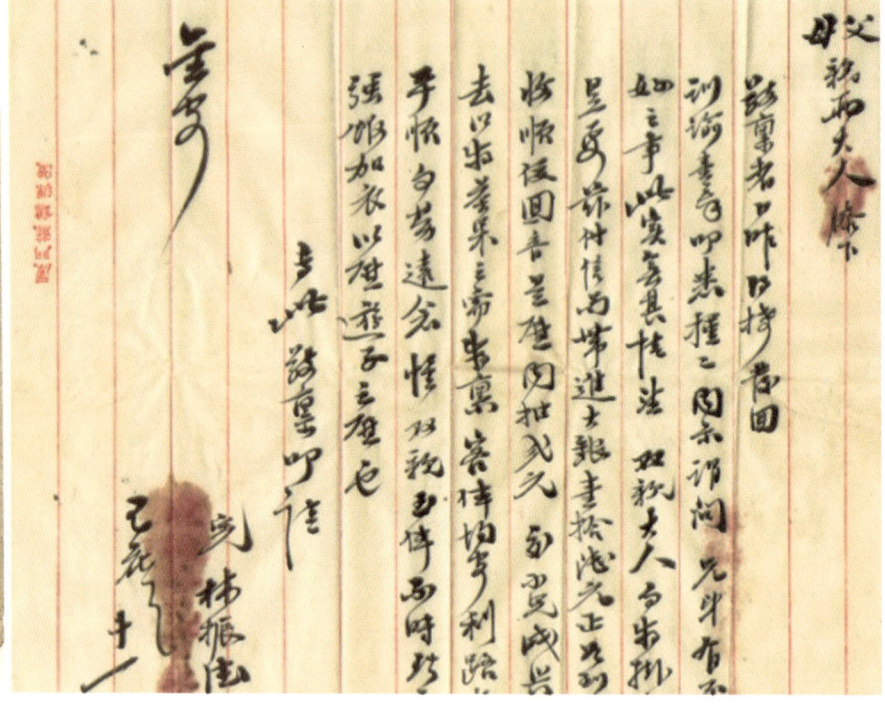

图 6

斟酌颜真卿法度的侨批，大都有一共通点，即信封的书法，常见浓厚的颜意；但信文考虑到实用问题，往往转二王行草一脉的帖学精神。此件便是典型代表，信封保存较多的颜意，信文便以颜入行，加入米芾、赵孟頫和书者个人的运笔习性。

图 7 为新加坡华侨林老泉（全）书予同安的妻子，谈论正安排儿子赴新加坡一事。

书学植基于颜真卿晚年《自书告身帖》《颜勤礼碑》等楷法精华，以之入行书，另斟酌些赵孟頫婉约秀逸、骨肉停匀的小楷结体，尚能脱俗。

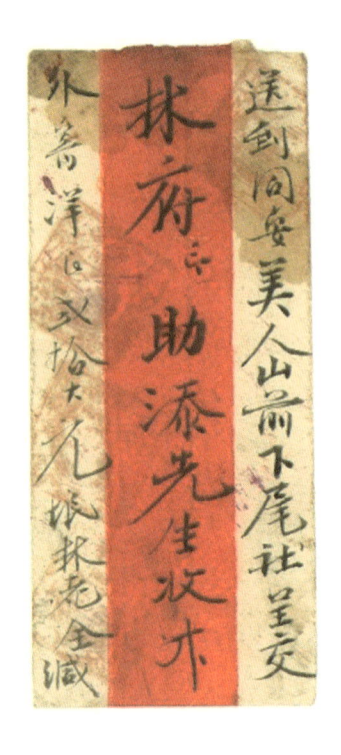

· 112 ·

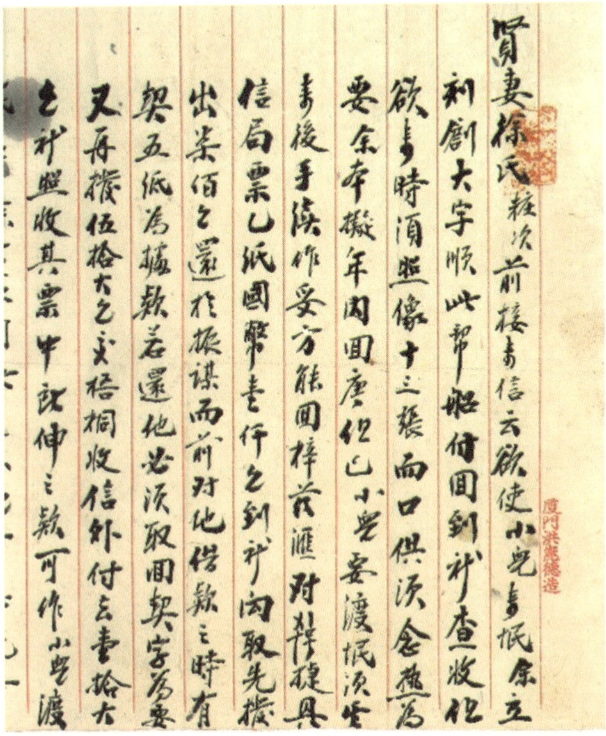

厦门侨批书法风格

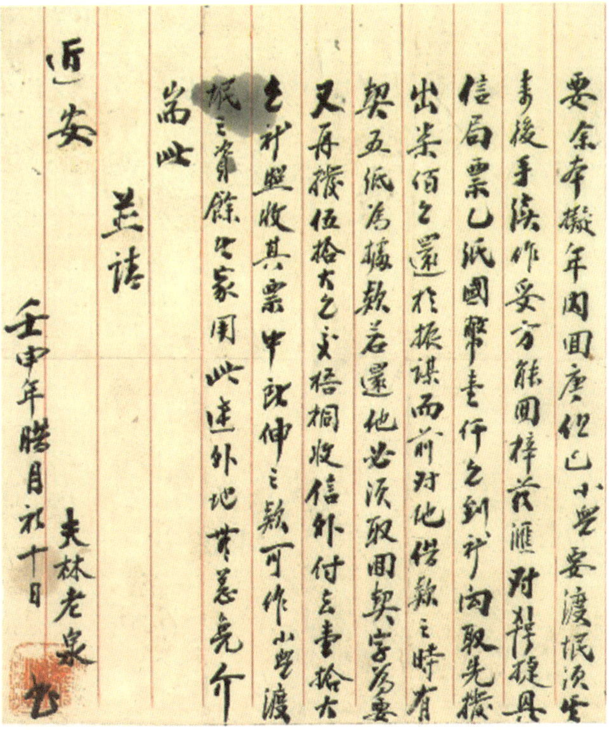

图 7

| 厦 | 门 | 侨 | 批 |

图 8 侨批为华侨王人物向叔父诉说儿子患病一事,并表达希望皇天庇佑,早日归里的心愿。

整幅书信取颜法入行书的传统,横势结体保存些"天下第二行书"颜真卿《祭侄稿》的体势笔意,亦有米芾尺牍时急时徐、欲行复止、妩媚多姿的态势。整体仍体现出侨批书法实用、适性的特点,带有清末民初尺牍的时代精神,甜熟但稍减古意。

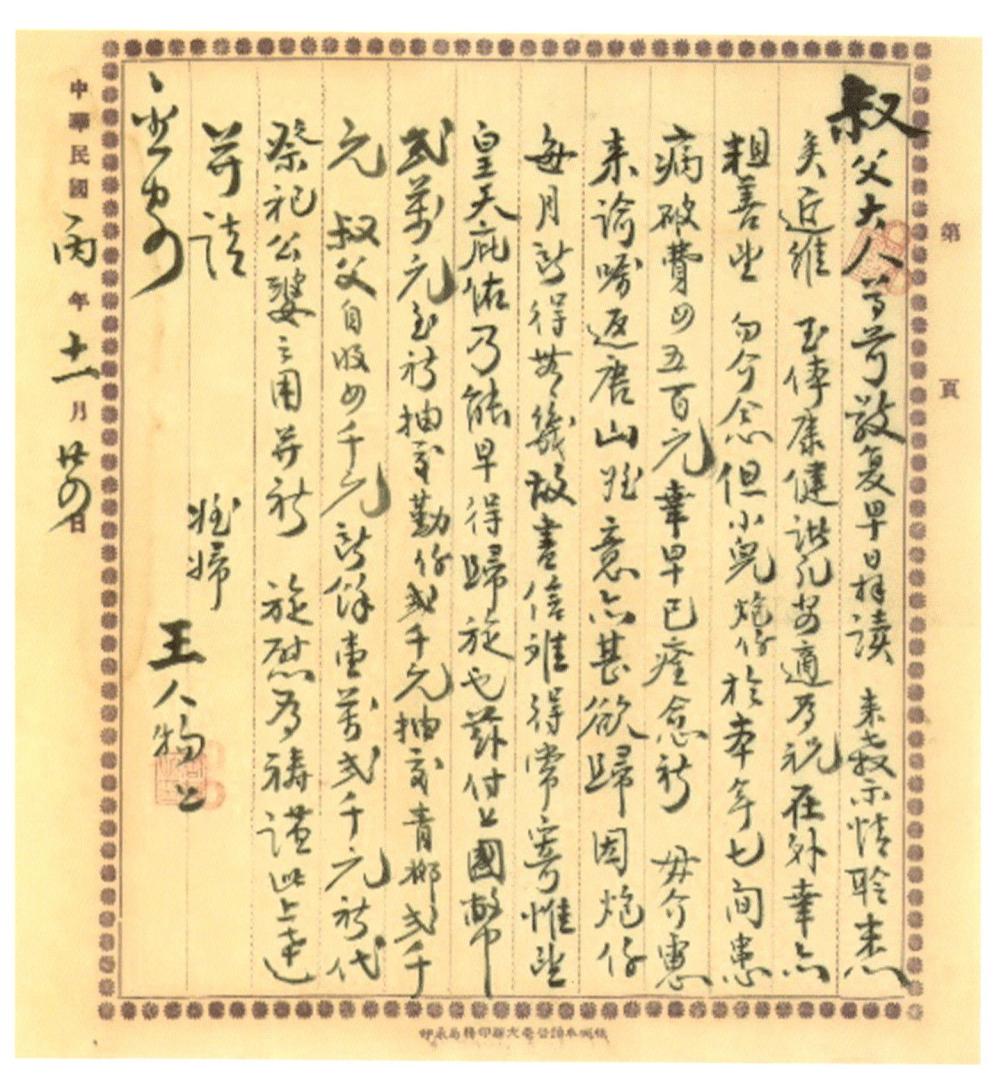

图 8

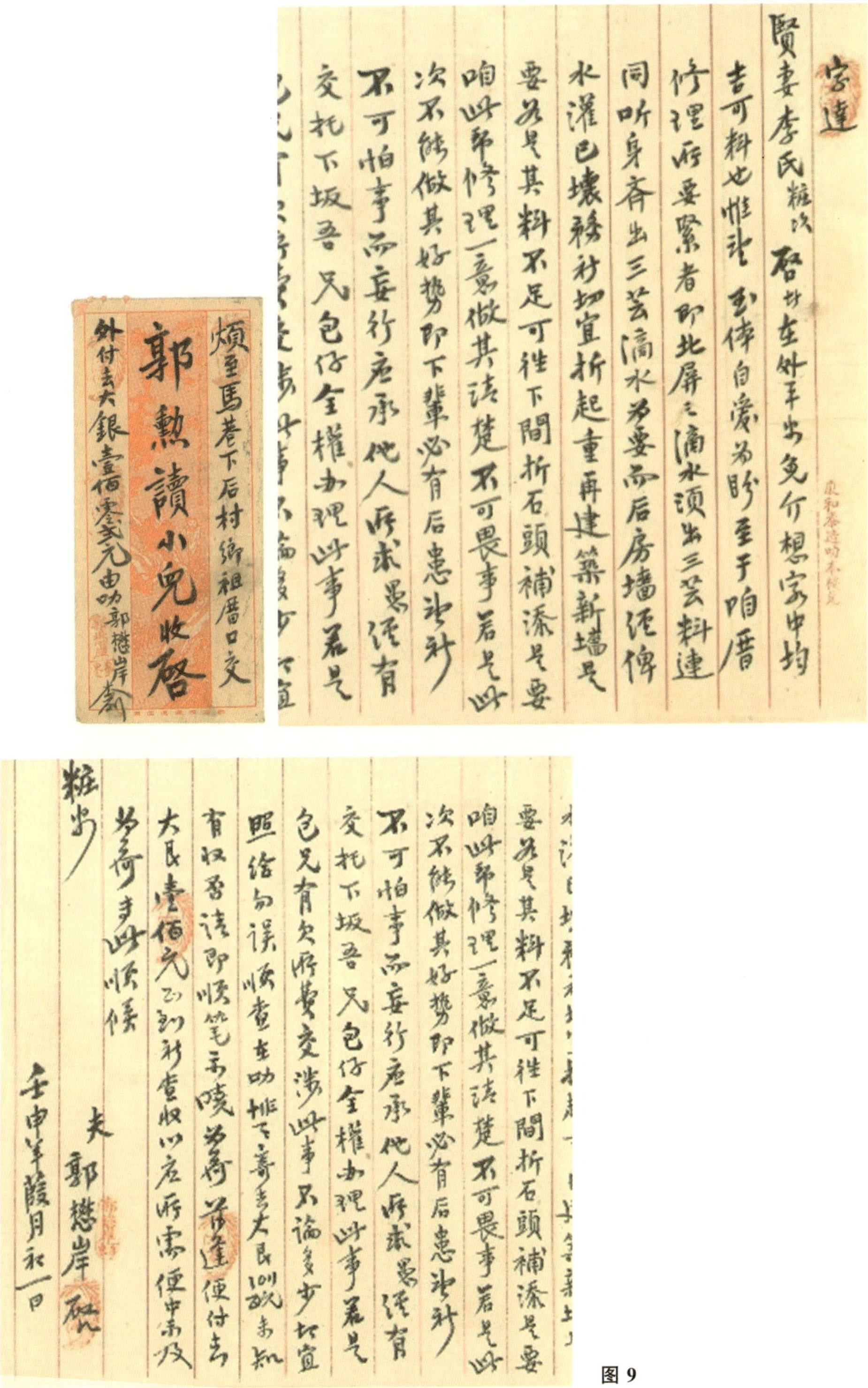

厦门侨批书法风格

图9

| 厦 | 门 | 侨 | 批 |

  图 9 为新加坡华侨郭懋岸于 1932 年写给马巷下后村妻子，交代如何整修房厝的信函。

  信封上的行楷书，有颜真卿晚年《颜勤礼碑》等的遗韵；信文则以颜入行。一般文人会把"颜筋柳骨"的精神表现出来；但侨批信函植基颜柳者，常带有书者个人的习气，写行草时大都和二王帖学一脉相融，横平竖直，但求书写流利，省去了较多的圆笔顿挫。此函行间隐约含有张瑞图的结字痕迹。

米芾尺牍的姿态

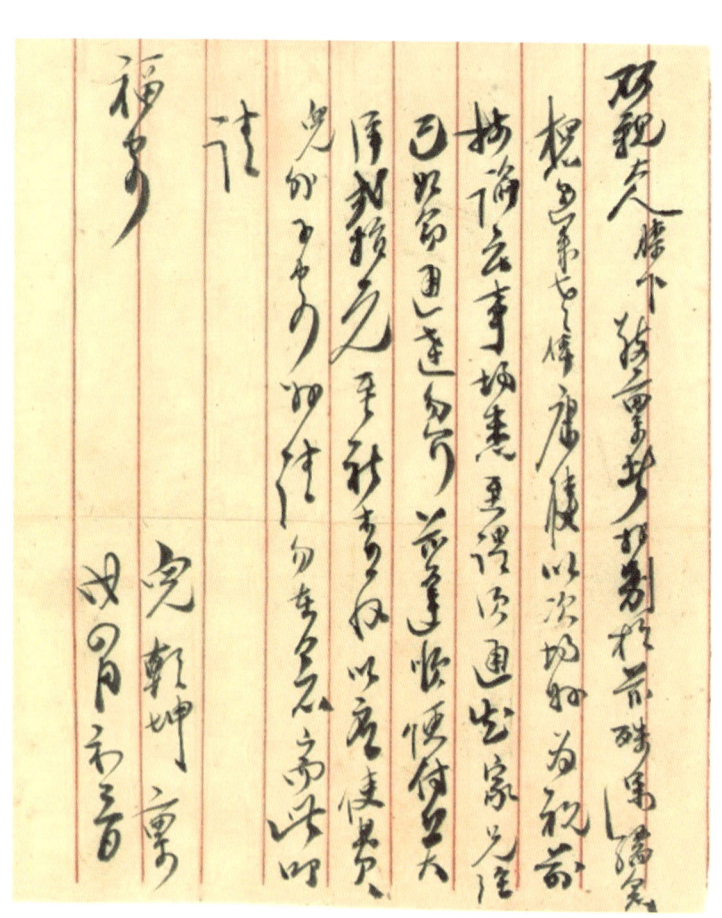

图 10

  图 10 记录新加坡华侨周乾（耀）坤来函向灌口下杏林社的双亲请安、汇银，嘱咐还款他人并取回借契等事。

厦门侨批书法风格

此函留存了宋代米芾尺牍的笔意,虽无米芾"八面出锋"的多样性变化;行气布白、行笔间也称豪鸷流畅、纵横无碍。其中"者、安"等字末笔的自由伸展,"请、收"等字的简省,加上全幅的速度感,是典型的闽南侨批书法形式。

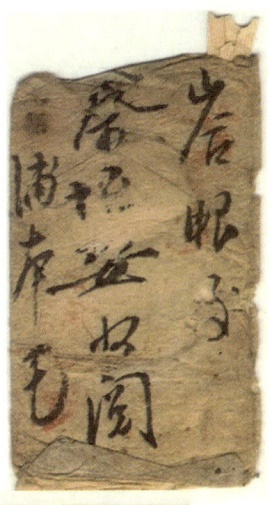

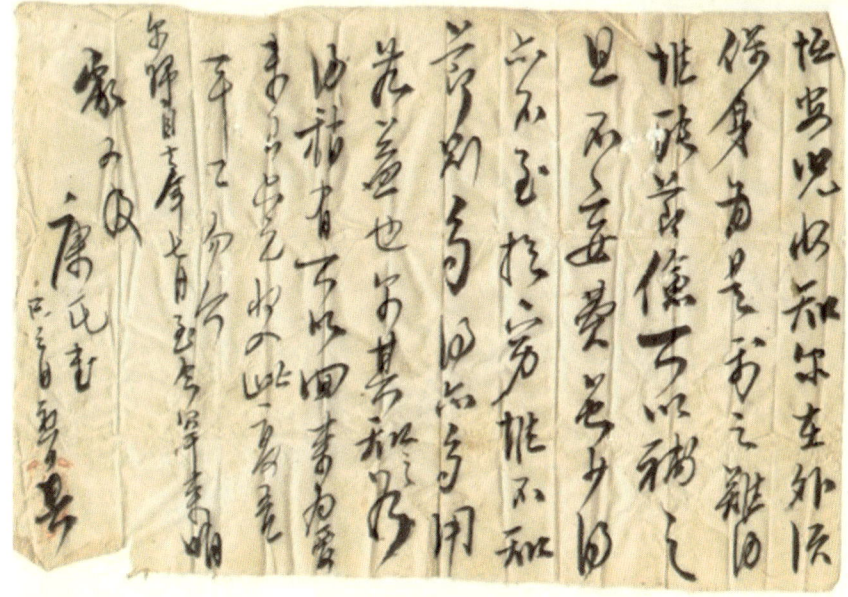

图 11

图 11 是马来亚华侨蔡恒安在厦门的母亲康氏给蔡的回批。这类家书大都是报平安及记录家中长辈对异乡游子的殷殷训诫、拳拳叮咛,它们给予海外游子最大的精神抚慰。

这类函札令人联想到米芾《致景文隰公尺牍》一脉的快利洒脱。这些侨信,往往随着口述者的内容,运笔速度愈加急切豪放、一气呵成。这种不受古法囿限的结果,也容易流于俗野,难得韵致。

· 117 ·

福建特有的张瑞图精神

厦门侨批书法风格

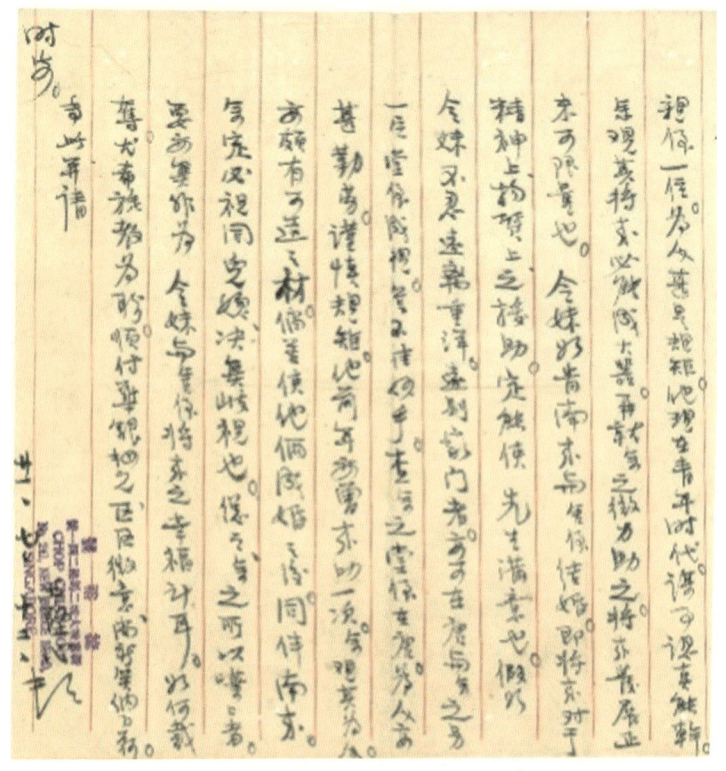

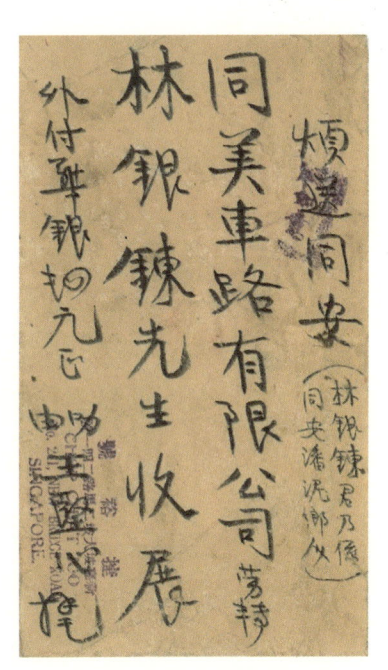

图 12

明末张瑞图的书风,对清代民初闽台书坛,影响巨大。写颜或写张,成为一个常见的现象。福建科举文人如庄俊元、谢琯樵、叶化成、王仁堪、苏镜潭、辜菽庐、太虚法师等;台籍书家如林朝英、张书绅、郑蕴石、李逸樵、曹秋圃等,都是张瑞图书风的拥护者。

图 12 信函由新加坡华侨王坚心寄予同安友人陈银炼,欲为侄儿向陈氏令妹说亲一事。书风除了二王帖学和米芾尺牍的学力,横势斩折,劲健如屈铁,则多张瑞图笔趣。这类侨批,也是福建特有的形式面貌。

刘墉尺牍的精神

图 13 为越南(此东京指越南北部大部分地区)华侨陈剑钳向亭洋的慈母报平安,并请慈母为即将出阁的侄女预先添购纸花。游子们对亲人们的关爱,山重水隔却益显浓烈。

· 119 ·

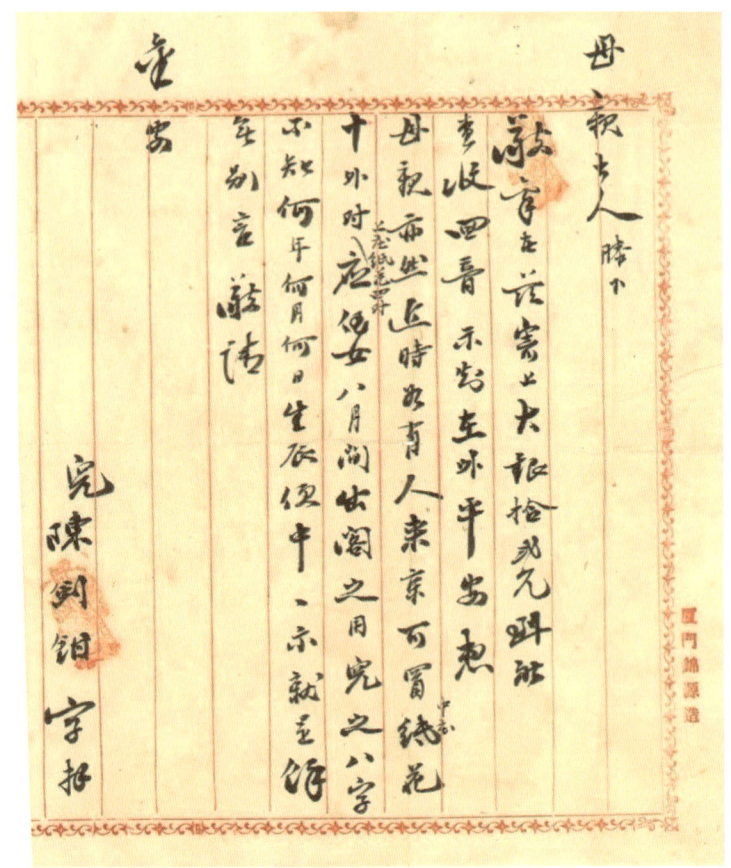

图 13

此函在写颜的传统中,加入"浓墨宰相"刘墉的尺牍结体用笔,如棉裹铁,肥腴圆润。这类结体紧密厚实的行楷,虽缺少些刘墉宽绰充裕的行气,在讲求简单、速度的侨批书写特质中,也较少见。

参融金农漆书风格

图 14 是马六甲双溪南眉华侨温顺鸿函寄三都坂尾社女儿的侨批,内容谈论家人的婚姻大事等。

侨批中带碑意的极少,此函参酌了清初扬州八怪之首金农(1687—1763)独创的"漆书",属于以隶入行楷的扁笔书体。在绝大部分植基帖学,豪迈快利的侨批中,这类碑风信札虽无深厚的汉隶碑学涵养,但以羊毫使转,结体端凝,在一堆帖派主流的侨信里,仍显得极为独特。

厦门侨批书法风格

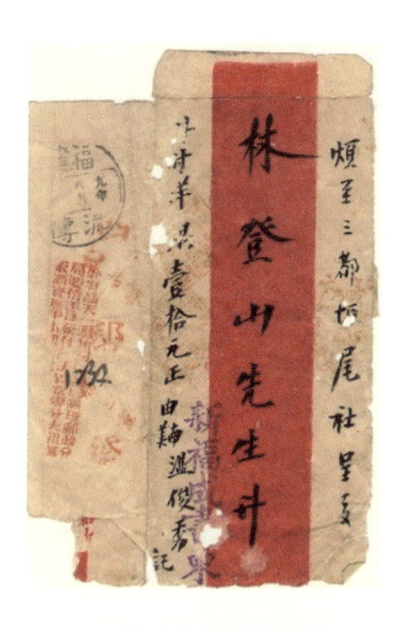

图 14

结　论

　　清初有一俗谚,曰:"第一憨过番,第二憨过台湾",用来形容早期移民到南洋,等于是在作一件生死赌注的憨事。毕竟华人非不得已,是最不愿离乡背井的。这在交通、信息不便的时代,远渡重洋漂泊异乡,无异于与亲人生离死别!

　　侨批是华人外出打拼,为家族奉献一生青春血泪的见证,是互通两地亲情的媒介、桥梁。它们的书法价值囿于书者的艺术学养,多数无法达到高度的艺术水平,且为了讲求书写效率,以二王帖学为主,兼融米芾、赵孟頫、文征明、董其昌一脉的行书为根基,发展出流利飒爽、熟媚野逸的侨批书法特质。这种偏重帖学的书风,虽与中原自乾、嘉以来,日益兴盛的三代鼎彝、汉魏碑学的金石趣味,大相径庭。但大多数文情并茂的书信,仍不啻为中国侨批艺术的瑰宝,也具有高度的文献价值。

厦门侨批业的形成与初期发展(明末—1937)

池秀梅

一、水客时代

明清以降,大量福建人越洋前往东南亚及日本、朝鲜半岛等地谋生。他们在海外或以苦力开荒垦殖,或事货殖,常常数年一返,并以海外营生所得接济尚在家乡的父母妻儿。[1] 出洋营生的侨胞家中,通常有老父母亟待赡养或妻儿需要扶养,因此常常托同乡或者相识之归侨,捎带银钱及信件返乡回家。在雅加达,从已出版的吧城《公案簿》记录的案例看,乾隆五十一年(1786年)吧城已经有水客活动;从这一年起到道光二十四年(1844年),案例中一共涉及了12个水客。[2] 在新加坡,19世纪上半叶为华侨捎带银信回家发展成一种专门的职业——水客。[3]

---

[1] 据石狮市大仑《蔡氏族谱》载,明嘉靖年间蔡家就有华侨从菲律宾汇款回家资助兄弟生活。转引自林金枝、庄为玑:《近代华侨投资国内企业史资料选辑(福建卷)》,福州:福建人民出版社,1985年,第24页。

[2] 黄挺:《早期侨批业运营的几个问题——以吧城华人公馆〈公案簿〉的记载为中心》,载《韩山师范学院学报》2009年第2期,第27页。

[3] 据寒潭:《华侨民信局小史——星洲华人之小邮政局》记载:"百年前(1847年)星洲商业区市街,每见华人……彼等寄至故乡银信,多托同乡水客或相识之归侨,或由今日所见之每一帆船专司其职其事之搭客带返,寄款者将其银信交与此辈水客,若系寄现金,则由水客抽出金额之十巴仙为手续费"。见新加坡《南洋中华汇业总会年刊》第一集,1947年4月,转引自王朱唇、张美寅:《闽南侨批史话》,北京:中国广播电视出版社,2006年,第12页。

厦 门 侨 批

鸦片战争之后，厦门被迫开口通商，大量闽南劳力从厦门流向海外。19世纪60年代至90年代末，华侨捎带银信回家的市场需求大量增加，以同族、同乡为业务基础的水客成为侨汇的主要途径。据估计，19世纪60年代福建侨汇年均约在百万银元左右，同治十年（1871年）至光绪十年（1884年）年均达到300多万银元，光绪十一年（1885年）至光绪二十四年（1898年）年均达到1000万银元。[1] 这些侨汇大多数由厦门汇入。[2] 水客在替华侨往返国内和南洋的时候，一般附带做些生意，如回国的时候带一些海外货物回来销售，出洋的时候又捎带国内土特产到海外出售，甚至从家乡招募华工带到东南亚务工，因此也被称为客头。[3] 清光绪年间，闽南的客头每年均要往返南洋数次，归国时，即代侨胞沟通信息，携带款项。有的水客或者客头为了明确责任，宣传自己，扩大业务，常在信封上加盖个人印章戳记，并且在回批上也加盖个人印章戳记。[4] 据研究，当时在新加坡一地就有职业客头几千人。[5] 而在厦门，据日本人的调查，20世纪初估计有水客1200人。[6]

二、侨批馆初现

早期华侨在东南亚主要从事工商业活动。华侨聚集地一般有华侨开设的杂货店，这种杂货店往往成为各种商品和商业信息的汇集中转地。水客在东南亚的活动，往往以华侨杂货店为根据地，在当地华侨中揽收业务。华侨商店平时吸收华侨存款周转，有时也代客户垫款，让水客携带回国。随着侨汇业务的日益增加，水客和华侨商号开始联合起来，利用华侨商店的信用和水客的网络组建信局，兼营或者专营侨汇、侨信的递送业务。19世纪70年代后，东南亚和中国之间的邮局和外商银行相继成立，为侨汇业务在收汇、承转与解付上提供

---

[1] 林金枝：《略论近代福建华侨汇款》，载《中国社会经济史研究》1988年第3期，第40页。
[2] 晋江沿海流传的水客歌谣中有"客头行厦门，批脚来就问，番银一下来，大厝起相排"之语，因为厦门是福建人口主要的流出中转地，水客大都从厦门进出。参见王朱唇、张美寅：《闽南侨批史话》，北京：中国广播电视出版社，2006年，第12页。
[3] 张公量：《关于闽南侨汇》，1943年，第23页。
[4] 黄清海：《闽帮侨批业网络发展初探》，《华侨大学学报（哲学社会科学版）》2012年第4期。
[5] 林金枝：《略论近代福建华侨汇款》，载《中国社会经济史研究》1988年第3期。
[6] 杨建成主编：《三十年代南洋华侨侨汇投资调查报告书》（南洋研究史料丛刊第七集），台北：中华学术院南洋研究所，1983年，第99页。

厦门侨批业的形成与初期发展（明末—1937）

了便利，专业经营侨汇和侨信的民信局开始出现。又因为"信"在闽南语中读"批"，侨信又被称为"侨批"，经营侨汇、侨信的企业往往又称为侨批局，在民国二十二年（1933年）之前官方和民间都是将民信和侨批两词混用。[1]

目前已知福建省内最早的民信局为同治十年（1871年）晋江安海的郑顺荣信局。[2] 厦门最早的民信局，一般认为是黄日兴信局，其开办于光绪三年（1877年）。[3] 光绪六年（1880年），旅菲水客郭有品创办了日后著名的天一信局。据当时的厦门海关统计，光绪十七年（1891年）厦门本地有8家侨批局，主要业务是收发来自海峡殖民地、泰国、西贡、马尼拉等口岸的侨批、侨汇，以及相关商业贸易和侨汇业务。[4]

19世纪90年代后，随着侨批市场的兴旺，原先在厦门和移民有关系的客栈[5]、船头行和进出口商行，也开始进入侨批业。客栈，在厦门专指经营进出洋民众住宿及协办相关手续的店铺。客栈接受回国归侨，同时也办理新侨的出国手续。许多新侨出洋都要靠客栈代垫船票和旅费，待新侨到南洋工作后将收入寄还。客栈除了在经营业务上和华侨、侨汇有密切的关系外，在主要经营网络上和侨批局有共同性，都是基于同乡、同族的地域与宗法关系。当时从厦门出洋的华侨，永春人就住在永春人开办的广居客栈、新永兴客栈、和盛信局。晋江人必定住宿晋江人开的客栈，安溪人住宿安溪人开的客栈，诸如此类。客栈往往和水客、客头建立密切的合作关系，或共同投资，或是家族亲属联营。据调查，在20世纪初，厦门口岸就有客栈184家。[6] 从客栈发展而来的厦门侨批局有新顺和、晋利、连春、三春、捷顺安等。[7] 又因早期水出入境客顾忌安全或者兼营商业需要，常常不携带现金坐船，往往采购一些特产携带回国变卖再支付

---

[1] 徐建国：《民信局与侨批局关系考辨》，载《福建论坛（人文社科版）》2011年第5期。

[2] 寒潭：《华侨民信局小史——星洲华人之小邮政局》见新加坡《南洋中华汇业中会年刊》第一集，1947年4月，第60页。

[3] 乔显祖：《厦门侨汇业》，《厦门文史资料》第5辑，1983年，第29页。

[4] 许妥玛（F. F. Hughers）：《厦门海关十年报告：1882—1891》，载厦门市志编纂委员会、厦门海关志编委会编：《近代厦门社会经济概况》，厦门：鹭江出版社，1990年，第289页。

[5] 客栈与一般旅店的区别在于：客栈只接待出国的移民。参见林金枝、庄为玑：《近代华侨投资国内企业史资料选辑（福建卷）》，福州：福建人民出版社，1989年，第663、665页。

[6] 杨建成主编：《侨汇流通之研究》（南洋研究史料丛刊第十五集），台北：中华学术院南洋研究所，1984年，第35~39页。

[7] 中国人民银行福建省分行国外业务处编印：《福建省侨汇业社会主义改造史料（1949—1958）》，1964年，第2页。

侨汇。所以部分经营进出口货物的商店也逐渐介入侨批业务。厦门的祥记、集记、春发、福绵记、广兴和丰顺等侨批局就是以经营东南亚杂货为主业,兼营侨批业发展而来的。① 到 20 世纪初期,据日本人的调查,在厦门总计已经有 70 多家侨批局。②

从这则广告招贴中可见当年广告主既经营进出口商品和汇兑信局,还兼营客栈旅社。 （陈亚元 提供）

19 世纪末到 20 世纪初,近代邮政和近代银行虽然已经在厦门开办,但是官营的邮政和外商的银行都无法和民间民信局争夺华侨和侨汇。究其原因,当代学者分析认为,侨批业运作核心组织的侨批局,是从东南亚华人社会和闽南侨乡社会移民和商业网络中内生的,深深地嵌入华人跨国社会网络之中,并和整个社会多处有机结合起来。③ 一方面,从收揽和递送侨汇的便利情况来看:近代邮政和银行在海内外的机构仅限于大城市或重要口岸,收揽无法深入华侨社区,国内也无法深入乡土社会;民信局在海外委托华侨的同乡会馆、华侨商店、华侨客栈收揽业务,在国内则可以解送到户。另一方面,闽南侨批业是在华

---

① 杨建成主编:《侨汇流通之研究》（南洋研究史料丛刊第十五集）,台北:中华学术院南洋研究所,1984 年,第 110 页。
② 台湾总督府外事部印行:《华侨经济事情》（台湾总督府外事部调查第百三十三）,1943 年,转引自杨建成主编:《三十年代南洋华侨侨汇投资调查报告书》（南洋研究史料丛刊第七集）,台北:中华学术院南洋研究所,1983 年,第 99 页。
③ 戴一峰:《网络化企业与嵌入性:近代侨批局的制度建构(1850s—1940s)》,载《中国社会经济史研究》2003 年第 1 期。

人社会的地缘、血缘网络中发展起来的。汇款人和民信局的信差,多是同乡或亲友,互相信任,故而民信局汇款手续十分简便,只需一张便条,就能把款项和信件同时寄送。此外,由于早期华侨文化程度不高,民信局通常还代客写信,提供贴心的便民服务;而近代邮政和银行的经营方式,很难锲入华侨社区和侨乡社会。

三、侨批局的繁荣和国民政府的干预

民国初年到抗战前夕这段时期,是厦门华侨汇款回国和华侨经济发展的繁荣时期。据统计,民国元年(1912年)至民国九年(1920年)之间,经厦门汇入的侨汇额每年1700万元左右;民国五年(1916年)至民国七年(1918年)期间下降到每年1300万到1600万。民国十年(1921年)以后增至4400万元,民国十一年(1922年)、民国十二年(1923年)短暂回落至2000多万元,民国十三年(1924年)之后回到4500多万元,并稳步上升,民国二十年(1931年)、民国二十一年(1932年)达到顶峰,分别为8000万元和9000万元。[①]

民国初年,厦门侨汇迅速增加,有其复杂的社会历史原因。福建当时属于南北军阀争夺的地区,地方军阀混战不息,土匪横行,社会动荡,闽南大量劳动力出国谋生。闽南的经济凋敝和农业破败,华侨在国内之眷属必须仰仗侨汇才能保障生活。闽南出国华侨身在海外挣钱,内心希望挣够钱之后回国养老享福。所以,在海外的底层华侨每月积攒数元汇给家人补充生计,中上层华侨赚了钱要大笔汇回国内,或在乡村起楼盖房,或全家避乱至鼓浪屿买地盖房。因为闽南华侨和故乡有延续不断的心理联接,所以每逢佛教节日、家乡普渡、宗族节日、父母大寿、亲友红白事等,他们都会想方设法向家人汇款,以尽一份责任,解一丝乡愁。一部分在外华侨,深刻感知到西方文明的发达,还会汇款回家乡办公益事业,如建学校、修路桥等。20世纪二三十年代,厦门进行了近代化的市政建设运动,近代化公共服务体系和生活配套的完善,使闽南很多华侨把家庭迁来厦门,这部分侨眷进一步脱离农业生产,从购置楼房到家庭日常开支更加依赖在外华侨的汇款。淞沪抗战之后,战争氛围渐浓,厦门华侨买房置业的现象才渐渐减少。

---

① 厦门华侨志编委会编:《厦门华侨志》,厦门:鹭江出版社,1991年,第148~149页。

厦 门 侨 批

厦门侨汇业务频繁、总额巨大,吸引了近代银行业的目光。除了外资银行外,中资银行开始陆续重视东南亚和厦门之间的华侨汇兑市场。民国三年(1914年)中国银行在福建设立分行,重点拓展厦门的侨汇业务,又称闽行。在近代邮政和银行业的竞争之下,厦门侨批局在经营制度上,逐渐从个体的水客时代,进入批信局联号经营的三盘制时代。三盘制即侨批局分成头盘、二盘、三盘局:头盘局是在国内外都设有机构的较大的侨批局,可以直接在海外收信、独立经营;二盘局接受海外信局的委托,办理转驳信件,并收取1.25%~1.5%的佣金经营,常常是由以前的客栈或船头行兼营发展而来;三盘局是更小的专门承办头盘和二盘委托到内地解付侨汇的信局。这样,闽南和东南亚的侨批局互相之间形成了层层委托代理的网络。厦门的侨批局大多兼营,要么头盘兼营二盘局,要么二盘局兼营三盘局。这种委托合作大致可分为

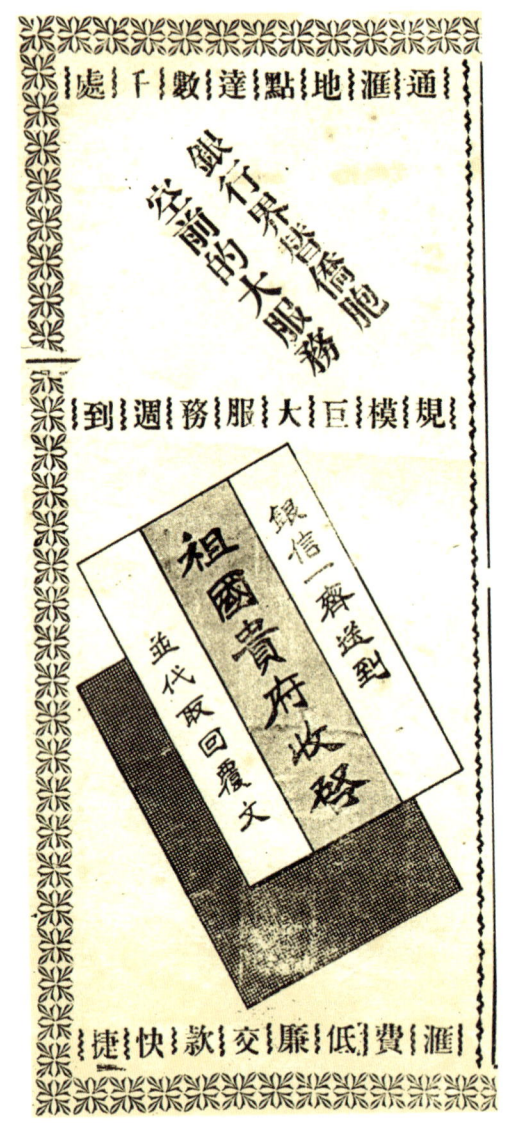

银行业打出广告,与侨批业竞争。
(洪卜仁 提供)

三类:第一类,代理局由双方共同出资经营,每年结算一次,利益均分;第二类,由代理局业主单独承担一切经营费用,委托方向代理局业主支付佣金;第三类,由委托方承担代理局的一切经营费用(实报实销),同时支付代理局业主0.2%~0.4%的佣金。这种合作关系,当时叫做联号。三盘制侨批局网络体系的形成,使厦门侨批业彻底告别了水客、客头的经营时代。

厦门侨批业的形成与初期发展（明末—1937）

侨批业是近代中国一种极为特殊的经济组织模式，侨批网络体系兼具邮政和金融业的部分功能，同近代邮政和银行业既进行业务竞争又展开业务合作。民国时期，厦门的侨批业利用邮局和银行形成了一套比较完整和多元化的信款解递程序。东南亚的侨批局在接受华人移民信款之后，一方面将信件或电报通过邮局发给国内的联号；另一方面汇款由银行汇给国内的联号，最终由国内的联号批局将信款派送给收信人。具体方式主要有信汇、票汇和电汇三种。

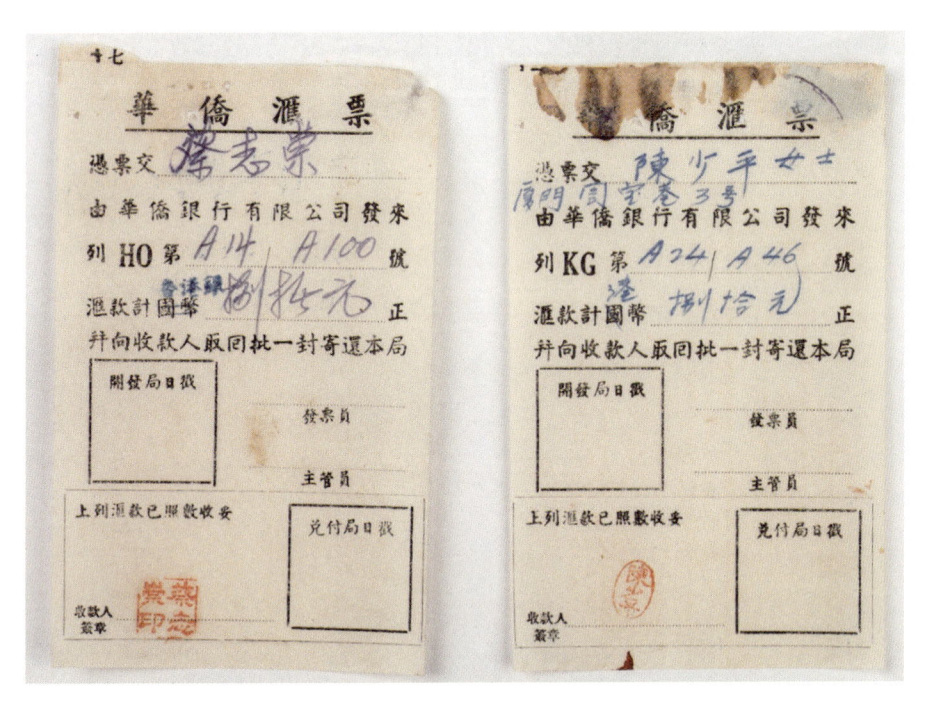

华侨汇票 （陈亚元 提供）

信汇是小额汇款。信汇由海外收汇局抄列帮单（汇款单），列明每笔汇款人姓名、汇款币别金额、收款人国内住址、姓名等。帮单，按先后次序编列期次、帮次及汇款号码。每期终后，都在末行列明本期汇款总数，二三天往国内寄一次。国内局收到汇款单后，要核计汇款金额总数及帮次、汇款号码无误后，根据汇款单所列汇款，逐笔抄列汇款收据（俗称回文），交派送员解付。回文初时一式三联，即正收据、副收据、存根联。在汇款解送到侨眷之后，由收款人在各联上盖章或签字，作为收款凭证，其中正、副联由国内局汇总寄海外局，转给汇款人，作为汇款送达的证明。在寄回文的时候，先寄正联，隔三五天后，再寄副联，以防

· 129 ·

| 厦 | 门 | 侨 | 批 |

丢失。信汇，又因为汇款人在附带的信件封套上注有"外付大洋×元"等字样，又称外付。此类汇款一般是华侨用来投寄赡养费、扶养费的，国内的批局在接到信件后要连同现款派信差直接送交收款人，因此收费较高。

票汇是汇款人向侨批局购买汇票，随信寄出，又称内汇。此类汇款一般金额较大。国内收款方可以拿着汇票到指定批局领款。此类汇款收费远低于信汇。

电汇，是为了汇急用款。收汇局按照汇款人的要求用电报通知国内的联号，联号按照汇款额支付给收款人，花费时间短，收费最高。①

侨批信封样式一般是汉式信封，正面写收款人住址、姓名、币别金额及汇款人的住址、姓名。侨批背面注列×字×号×帮字样，×字是代表海外收汇局的代码；×帮是代表该局寄出侨批的帮数，以便核查是否跳失帮批；×号是代表这笔汇款列第几号，以便查对。回批信封的式样：把信封和信笺分开，回批外封应按海外收汇局所列×字×帮×号注名清楚，以便海外收汇局核对，交给汇款人。

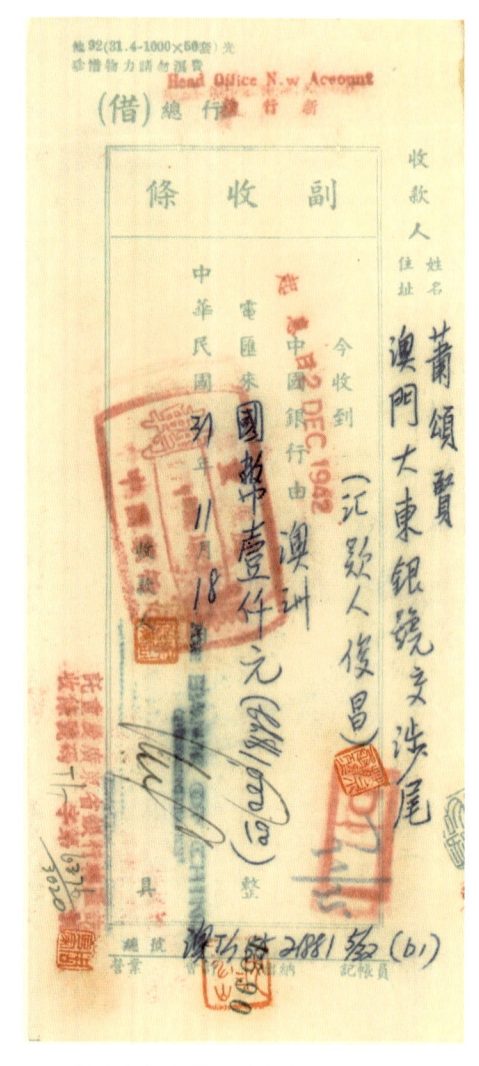

1942年中国银行澳洲华侨电汇副收条
（华侨博物院 提供）

由于香港的特殊地理位置和政治、经济条件，东南亚的侨批局经常不直接把钱款汇到厦门，而是先汇到香港，通过香港有联系的客栈、银号或贸易行转汇

---

① 杨建成主编：《侨汇流通之研究》（南洋研究史料丛刊第十五集），台北：中华学术院南洋研究所，1984年，第87页。

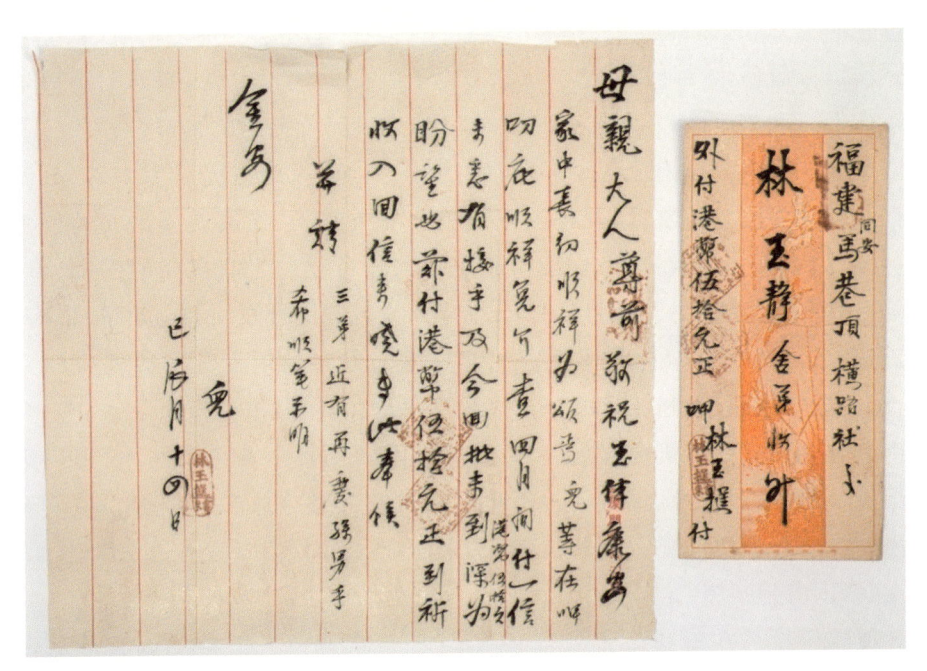

厦门侨批业的形成与初期发展(明末—1937)

马六甲寄往同安马巷的侨批　（陈亚元 提供）

兑。20 世纪初,在香港的这种中间店有 20 家,其中就有 9 家是经营厦门侨汇业务的。此外,还有部分汇款通过上海的中间店。据日本人调查,20 世纪初东南亚华侨汇往厦门的汇款,50％通过香港,11％通过上海,39％直接汇到厦门。[①] 这时期最为典型的就是天一信局,其既在海外设局收汇,同时在国内的分局也收国外其他局委托解付。

天一信局总局原设在龙海流传社,外设厦门、安海、马尼拉、宿务、怡朗、三宝颜等分局,后又增设香港、安南(今越南)分局。天一信局开始收发侨批时,批信和批款由吕宋分局收集,然后将批信扎成捆,连同清单装袋,托寄定期往返东南亚、厦门的班轮或外国商埠邮局带到厦门。下属的分局接到邮袋后分拣派送;华侨托寄的批款,则由外国转汇兑付,再由分局人员直接登门送到侨眷手里。侨眷收到批信和批款后,就写好回批,批局收齐回批后装袋寄回吕宋,由那里的分局转交给寄款人。鼎盛时,天一信局的总局加分局共有 33 处,国内外分

[①] 杨建成主编:《侨汇流通之研究》(南洋研究史料丛刊第十五集),台北:中华学术院南洋研究所,1984 年,第 113 页。

厦门侨批

支机构雇员556人,年侨汇额达千万银元,将近闽南地区侨汇的三分之一。① 天一信局以厦门为中心,形成了一个条理清晰的巨大辐射圈,基本上涵盖了我国东南沿海和整个东南亚地区,一度成为福建民间侨批局的旗帜。

厦门是福建与东南亚人口和商品往来的枢纽,因此以厦门为中转、分派的侨批业被称为厦门系侨批,是福建省侨批历史上最长、发展规模最大的侨批体系,除厦门本埠外还承转漳州、泉州和龙岩部分侨批。当时泉州的同安、晋江、南安、永春、安溪、德化、金门(1915年建县)等县和漳州的龙溪、漳浦、华安、长泰、南靖、云霄、诏安等县以及龙岩一部分海外寄来的侨批大多数经厦门局承转,然后送至泉州、漳州各县的分支或代理机构,再由其解付至侨眷手中。而回批则由这些分支代理机构收集后,送回厦门承转局集中寄往海外。② 厦门系侨批惯例,华侨收到回批之后,一封侨批才完成它的整个旅程和使命。厦门系侨批海外主要收汇地是现在的菲律宾、马来西亚、新加坡和印尼,部分来自缅甸、越南、泰国等地。

厦门侨批局在福建侨批业形成了绝对垄断地位。据相关调查记载:"依1935年之调查,仅举其规模较大者,福建省内厦门即有153处,福建其他各地有32处,合计185处。"③

20世纪二三十年代繁荣的侨批市场,对于侨乡的建设和人民生活水平改善有很大作用,但是引起了国民政府官营的邮政局和银行的不满。早在民国七年(1918年),北洋政府就曾试图取缔侨批局,但限于统治能力并未施行。民国十六年(1927年)南京国民政府成立后,对全国的行政控制力逐渐加强:民国十七年(1928年)南京国民政府建立了中央银行,把民国元年(1912年)由大清银行改组成立的中国银行,指定为专营国外汇兑业务的专业银行。当年,国民政府召开全国交通会议要求"所有各处民信局应于民国十九年(1930年)内一律取消;至(民国)二十三年(1934年)底,各民信局应依限期内一律结束"。④ 同时,国民政府开展一项"邮政改造运动",想把银信邮递事业由民信局"夺回"到

---

① 中国银行泉州分行行史编委会编:《闽南侨批史纪述》,厦门:厦门大学出版社,1996年,第176页。

② 据中国银行泉州分行行史编委会编:《泉州侨批业史料》(厦门大学出版社1994年版)第9页记载,1935年晋江侨汇局17家中除德盛信局总局在泗水外,其余各家总局均在厦门。

③ 杨建成主编:《侨汇流通之研究》(南洋研究史料丛刊第十五集),台北:中华学术院南洋研究所,1984年,第96~132页。

④ 《江声报》1934年4月14日。

厦门侨批业的形成与初期发展（明末—1937）

官办邮政局手中。为此政府要求各民信局一律挂号登记,如有违者,轻则罚款,重则取消执照,并要求各地政府、警局协助执行。[1] 之后,邮政总局年年都有要求各地查禁止民信局的通知。民国十九年(1930年),官营的交通银行和邮政储金汇业局也获准经办侨汇业务。民国二十二年(1933年)12月8日,邮政总局发通知要求各地邮政局:(一)专营国内普通信件者定名为民信局,不准兼收批信。(二)专营国外侨民银信,及收寄侨民家属回批者定位名为批信局,不准收寄普通信件。[2] 自此,民信局和侨批局这两个概念才完全分离,经营国内银信的被政府称为民信局而加以取缔,而专门经营海外侨汇汇入的被政府称为侨批局(或批信局)允许运营。民国二十三年(1934年)后,国民政府停止新的侨批馆申请。

面对国民政府和官营机构的步步紧逼,侨批经营业主们也采取许多的应对办法。譬如国民政府不允许新设侨批局,经营业者则采取:一、向领有牌照的业主买牌照开展经营。因此,有的侨批局企业一个名号,牌照是另一个名号;二、没有牌照的,借用或者租用同业的牌照,用别人的名义寄邮包,对邮政相关经办人员就用贿赂收买。新牌照停止申请,但是旧牌照依然有效,每年必须换一次新牌照,其表格有商号名称、经理姓名、年龄、机关、住址,各分支机构等,都必须照填。并且一旦申请之后,政府不允许更换经理人,因此有的侨批局经理早已经去世,申请表还是照填。[3] 多数侨批局通过到邮政局申报换领营业执照而合法保留下来了。

民国二十四年(1935年),邮政总局专门规定批信局挂号换照原则若干条"批信实物处理办法",从批信局基本资料,到批信回批邮寄的资费及手续,对违规批信局的处罚细则,乃至对批信统计的内容和格式等,都做了详细规定,可见国民政府试图对民营批信局进行严密的管理和控制。[4]

民国二十四年(1935年),邮政储金汇业局改归邮政总局后,开始强力和侨批局展开市场竞争。民国二十六年(1937年),邮政储金汇业局开始和中国银

---

[1] 袁丁等著:《民国政府对侨汇的管制》,广州:广东人民出版社,2014年,第41页。
[2] 中国银行泉州分行行史编委会编:《泉州侨批业史料》,厦门:厦门大学出版社,1994年,第10~11页。
[3] 中国银行泉州分行行史编委会编:《闽南侨批史纪述》,厦门:厦门大学出版社,1996年,第4~5页。
[4] 袁丁等著:《民国政府对侨汇的管制》,广州:广东人民出版社,2014年,第55页。

行、华侨银行合作开展侨汇业务。① 华侨银行在东南亚几个重要的埠头都设有机构,在华侨社区中的信用也不错。由华侨银行在东南亚(吕宋岛除外)代收侨汇,国内则有邮局代为分发。同时为了限制侨批局,邮局严格规定,不论来往信件,只能一封信寄给一个收件人(原先侨批局习惯把四五封信装到一个比较大信封,只交纳一封信的邮资)。

尽管政府通过限制批信局的牌照和用官营机构进行竞争,私营侨批业在厦门依然顺利发展。根据民国二十六年(1937年)福建邮政管理局的统计,经邮政总局发牌照的合法批信局全省有145家,其中114家在厦门。私下租借牌照或者非法营运的则无法统计。

(原载《福建史志》2016年第2期,有改动)

---

① 袁丁等著:《民国政府对侨汇的管制》,广州:广东人民出版社,2014年,第76~81页。

全面抗战时期的厦门侨批业（1937—1945）

许高维

1937年7月7日，宛平城一声炮响，中国进入全面抗战时期。覆巢之下，焉有完卵，盛极一时的厦门侨批业亦如这山河破碎、金瓯残缺的倾颓国势，在七年陷敌岁月里，终成明日黄花，丧失福建侨汇中心的区域性辐射功能；往昔规模宏大的行业版图，更是经历了伤筋动骨的重构、流散、缩减。太平洋战争前的鼓浪屿公共租界，同日寇兵锋鞭长莫及的泉州一道，秉持造福侨胞、助力抗战的敬业奉献精神，当仁不让地挑起了厦门侨批业持续经营的艰巨重任，承载了闽南侨汇枢纽兴微继绝的历史性接力，点燃了广大侨乡家庭生活希望的星星之火，在风起云涌的反侵略斗争中起到了鼓舞人民的作用。太平洋战争后，日军维持厦门侨批业、攫取侨汇的阴谋失败，厦门侨批业空前萧条，并为战后的畸形发展埋下祸根。

一、战火中厦门侨批业的变局

自卢沟桥事变起至民国三十年（1941年）12月25日香港陷落前，东南亚华侨忧虑祖国存亡，侨汇输入不减反增，成因涉及三个层面：一即牵挂国内亲眷的安危冷暖。国难当头，海外华侨担心远在故乡的家属因战云密布、情势扰攘而濒临绝境，故此大额度、高频率地寄批汇款以了解桑梓现况，扶助其捱过时艰。二系爱国思想推动与救亡热情高涨使然。这一历史语境下的南洋华侨抗日救国运动如火如荼,汇款回国支援抗战是华侨爱国主义精神的体现,"甚为热烈"[1]。三为金融统制的负面效应。全面抗战爆发后,国民政府实行无限制买卖外汇政策[2],汇价与外汇黑市相差不大,侨汇多经银行汇返;未几,该项措施的机制性弊端渐次暴露,外汇急剧流失,大有愈演愈烈之势。国民政府为遏制此类现象的蔓延,采用安抚金融市场的顶层设计,打出一套严控提存、防范投机行为和资金外逃、降低外汇购买力的金融组合拳;民国二十七年(1938年)3月10日,伪中华民国临时政府设立的中国联合准备银行发行联银券,大量兑换法币、套购外汇后,国民政府又于3月12日果断调整现行规制,实施外汇管制政策[3],将美元与法币的兑换率确定为1∶20。如此一来,官价外汇被行政性垄断操纵,外汇供需矛盾更趋尖锐化,外资银行趁机单方面撕毁民国二十四年(1935年)4月与国民政府签署的"君子协定"[4],自行挂牌进行外汇买卖,外汇黑市应运而生,黑市交易随之而起。伴随法币的贬值,官方与黑市的汇率差价越来越大,法币实际汇率的暴跌导致了侨汇的遽然上升。但是,厦门的侨汇收入情形与泉州、福建乃至全国一路走高的基本面稍显不同。

表1 1937—1938年厦门、泉州、福建、全国侨汇统计表

单位:法币万元

年份	厦门	泉州	福建	全国
民国二十六年（1937年）	5711.651	1451.38	6100	45000
民国二十七年（1938年）	5292.9211	2500	7485.652	60000

注:泉州一栏的数据依郑氏调研,有相当一部分转递南安,两年实收883.78万元和1839万元。全国一栏的统计数据系经济学者 E. Kann 在 Finance and Commerce 一书中得出。

资料来源:郑林宽《福建华侨汇款》,福建调查统计丛书之一,永安:福建省政府秘书处统计室,1940年。

---

[1] 赵元培:《论侨汇》,载《经济导报》第120期,1949年5月10日。
[2] 民国二十四年(1935年)法币改革后推出的一项旨在保持汇率和币值基本稳定的处置方案。
[3] 朱伯康、施正康:《中国经济史》下卷,上海:复旦大学出版社,2005年,第624页。
[4] 主要内容为禁止中国白银出口。

全面抗战时期的厦门侨批业(1937—1945)

形成此种局面的肇因是厦门至关重要的战略地理位置、协防拱卫台湾的军事守备意义、截断侨汇通道的经济围堵价值,早在战前即为日本所侦查、窥伺和觊觎,是以七七战端开启仅10个多月,日军旋于民国二十七年(1938年)5月13日攻陷厦门。侨批馆多数迁入鼓浪屿公共租界,如建兴信局,厦门沦陷前在海后路,沦陷后搬迁至鼓浪屿泉州路;少数转移到泉州营业,个别侨批馆选择固守厦门。时局变动对厦门侨批业的破坏迅即显露出来,截至当年12月,途经厦门的侨汇明显减少[①]。

民国二十七年(1938年)11月15日,福建邮政管理局以厦门一等甲级邮局对原在厦侨批馆去留线索的初步摸排概况为底本,向邮政总局提交了一份报告,引述如下详情(见表2)。

表2　1938年在厦侨批馆调查表

营业状态	家数	执照牌号	馆名	执照牌号	馆名	执照牌号	馆名
在鼓浪屿经营*	67	30	胜发	31	德盛	32	华兴
		34	汇安	35	大川	37	长成
		38	源信昌	40	同泰	42	南侨
		44	锦和	45	同兴	47	华春
		50	万有	51	联胜	54	福成
		58	美兴	59	全南	61	合昌
		66	新记	67	永隆	69	茂泰
		218	瑞安	220	鸿泰	224	慎德
		227	荣记	228	丰成	231	捷通
		232	振安	233	远裕	234	振成
		235	金义隆	236	震南	237	汉昌
		239	捷鸿发	240	永和祥	242	正大
		243	谦记	244	南鸿	245	新永兴
		246	攸远	247	建美	248	福源安

---

① 郑林宽:《抗战以来福建经济动态》,载香港《大众日报》1939年5月6日—15日,《现阶段之福建金融业》(《统计副刊》第十四号)。

续表

营业状态	家数	执照牌号	馆名	执照牌号	馆名	执照牌号	馆名
在鼓浪屿经营*	67	249	瑞 记	250	建 南	251	南通和记
		252	昌 盛	253		254	大 元
		255	南 日	256	金戀美	257	鸿 盛
		258	惠侨信业	259	林和泰	260	兴 利
		264	和 盛	268	三 春	269	协 记
		271	源 利	272	崇 成	275	源 兴
		277	文 记	278	有 利	282	瑞 芳
		285	泉鸿发	287	义 益	288	骆泰源
		291	和 丰	292	永福公司		
在厦门经营	1	46	公 方				
移至别处	17	泉州(晋江)(11家)					
		29	和 裕	39	镜 记	48	益 记
		49	万 元	64	庆 和	229	江 南
		253	王瑞和	274	海 通	286	金协春
		290	顺 记	293	金福隆		
		石码(1家)		永春(1家)		福州(1家)	
		36	华南嘉记	65	永 顺	276	和 协
		安溪(2家)				石狮(1家)	
		68	林金记	222	福 美	279	联 美
地址不明	12	33	张泉发	53	长 兴	56	福协兴
		223	荣 发	225	永 瑞	230	义 鸿
		261	源 茂	262	三 益	265	轮 山
		270	时 盛	281	联 兴	283	恒 记
沦陷前停业	8[2]	41	思明银庄	52	利华民记	55	华侨实业公司
		57	新镒源	241	永万春	263	同 美
		280	永裕信记公司[3]	284	复 安		

全面抗战时期的厦门侨批业（1937—1945）

续表

营业状态	家数	执照牌号	馆名	执照牌号	馆名	执照牌号	馆名
因沦陷停业	5	60	洪万美	63	捷发	219	万泰
		221	集来合记	289	泉顺		
沦陷后停业	2	226	南生	296	鼎源		

注：1.据福建邮政管理局有关档案记载，民国二十七年（1938年）鼓浪屿有侨批馆68家，厦门为26家。

2.另有档案资料显示，该时段关闭的还有捷兴、同春两家侨批馆，分别于民国二十七年（1938年）2月13日、3月31日歇业。

3.有资料记载为合裕信记公司，《福建华侨档案史料》记载为和裕信托公司。

资料来源：孙秋霞：《厦门侨批局开办及其经营范围·三、厦门沦陷期间的批信局》。

这种因非常时刻资讯收集不全的失序节点在时隔两个多月后得以改观：民国二十八年（1939年）2月4日，福建邮政管理局呈报邮政总局有关厦门沦陷后侨批馆迁到鼓浪屿和晋江申请执照及复查的公函中，于此前调查的基础上全方位追踪各侨批馆的运营动态（见表3）。

表3　厦门沦陷初期批信局变动情形

初始查报	查证核实后确认的变更信息			
	移至晋江（6家）	移至安溪（1家）	移至闽侯（1家）	移至鼓浪屿（9家）
迁往内地（共17家）	和裕、万元、王瑞和、海通、联美、顺记	林金记	和协	华南嘉记、镜记、益记、庆和、永顺、福美、江南、金协春、金福隆
下落不明（共12家）	除源茂正在鼓浪屿筹备复业外，其余11家已陆续在厦门、鼓浪屿恢复营业			

139

续表

初始查报	查证核实后确认的变更信息	
厦门沦陷前停业（共8家）	仅和裕信托公司（《福建华侨档案史料》，另有资料为合裕信记公司）申请复业，思明银庄、利华民记、华侨实业公司、新锱源、永万春、同美、复安不再经营	
因厦门沦陷停业（共5家）	复业	停业
	洪万美、捷发、万泰	集来合记、泉顺
厦门沦陷后停业（共2家）	南生、鼎源均于鼓浪屿筹备复业	

资料来源：《福建邮政管理局关于厦门沦陷后批信局变动情形致总局呈（1938年11月—1939年2月）》，载福建省档案馆编：《福建华侨档案史料（上）》，福建档案史料丛书，北京：档案出版社，1990年，第319～322页。

至此，在鼓浪屿营运、复业和准备复业的侨批馆有79家以上，远超迁往泉州（晋江、安溪）的7家，遑论留守厦门的4家。侨批馆云集的鼓浪屿转瞬间顶替厦门，跃升为新的闽南侨汇中转站。然而，紧张态势的轮番升级最终酿成一触即发的国际争端——鼓浪屿事件[①]，打破了这座蕞尔小岛原有的国际化多元权势格局，促使本地区安全局势催生结构性剧变，公共租界名存实亡。一些侨批馆为慎重起见，决定再度迁移。晋江一等乙级邮局于民国二十八年（1939年）11月17日致邮政总局的呈文中详细记录了由厦门迁入晋江并已呈准的11家侨批馆总号（见表4）。

表4　厦门批信局总号迁移晋江情形

馆　名	移设日期	备　注
建　美	民国二十七年（1938年）2月	
联　美	民国二十七年（1938年）2月	
海　通	民国二十七年（1938年）6月	

[①] 1939年5月11日上午11时，伪厦门市商会主席洪立勋在鼓浪屿遇刺，日本海军陆战队当天下午随即登陆鼓浪屿，宣称要根绝抗日分子。英、美、法随后调集军舰和海军陆战队与日军对峙。10月17日，鼓浪屿工部局与日方签订《鼓浪屿租界协定》，日方取得工部局压倒性特权。

全面抗战时期的厦门侨批业(1937—1945)

续表

馆　名	移设日期	备　注
昌　茂	民国二十七年(1938年)6月	
顺　记	民国二十七年(1938年)6月	
王瑞和	民国二十七年(1938年)6月	
汉　昌	民国二十七年(1938年)6月	
合　昌	民国二十七年(1938年)7月	
源　兴	民国二十八年(1939年)5月	
和　协	民国二十八年(1939年)9月	民国二十七年(1938年)6月移至福州,民国二十八年(1939年)9月移至晋江
长　成	民国二十八年(1939年)10月	

资料来源:《晋江邮局关于厦门批信局总号迁移晋江情形(1939年1月17日)呈第597号》,载福建省档案馆编:《福建华侨档案史料(上)》,福建档案史料丛书,北京:档案出版社,1990年,第323页。

民国二十八年(1939年),迁至鼓浪屿营业的有85家侨批馆,[①]厦门仅存新平源(后更名长兴)、公方、洪万美、万泰、时盛、永裕信记公司6家(见表5)。

表5　1939年鼓浪屿侨批馆一览表

执照牌号	馆　名	执照牌号	馆　名	执照牌号	馆　名
8	源　茂	19	恒　记	20	同　兴
29	和　裕	30	胜　发	31	德　盛
32	华　兴	33	张泉发	34	汇　安
35	万泉源/大川	36	华南嘉记	37	长　成
38	源信昌	39	镜　记	40	同　泰
42	南　侨	50	万　有	51	联　胜
54	福　成	56	福协兴	59	全　南
63	捷　发	64	庆　和	66	新　记

---

① 据福建邮政管理局有关档案记载为厦门、鼓浪屿合计89家。

厦门侨批

续表

执照牌号	馆　名	执照牌号	馆　名	执照牌号	馆　名
67	永　隆	69	茂　泰	167	华　春
218	瑞　安	220	鸿　泰	222	福　美
224	慎　德	225	永　瑞	226	南　生
227	荣　记	228	丰　成	229	江　南
230	义　鸿	231	捷　通	233	远　裕
234	振　成	235	金义隆	236	震　南
237	汉　昌	239	惠　胜（更名捷鸿发）	240	永和祥
242	正　大	244	南　鸿	245	新永兴
246	晋　安（更名攸远）	248	福源安	249	瑞　记
250	宗　合（更名建南）	251	南通和记	254	大　元
255	南　日	256	金懋美	257	鸿盛（停业）
258	惠　侨	259	林和泰	260	兴　利
262	三　益	264	和　盛	265	轮　山
268	三　春	269	协　记	271	源　利
272	崇　成	275	源　兴	277	文　记
281	联　兴	282	瑞　芳	285	泉鸿发
286	金协春	287	义　益	288	骆泰源
291	振　丰（更名和丰）	292	永福公司	293	金福隆
296	鼎　源	298	益　记	228	永　顺
	光　远		捷　兴		荣　发
	吴美兴				

资料来源：孙秋霞：《厦门侨批局开办及其经营范围·三、厦门沦陷期间的批信局》。

抗战期间，厦门的建南、大生、江南、远裕、慎德、源兴、和盛等20多家侨批馆迁往泉州。民国二十八年（1939年），身份标识为分号的泉州侨批馆，获得

· 142 ·

全面抗战时期的厦门侨批业(1937—1945)

"与总号同样直接收发外洋批信"的职权,"以期适合战地实际需要,免致侨汇为难"。泉州在战时闽南侨批业的定位得到进一步巩固。

战时华侨汇款分为侨批馆、邮局、银行、托付个人四种汇寄选项。鼓浪屿的侨汇数额据说每年大约有4000万~5000万元,高峰时曾达8000万元。

表6 1939年鼓浪屿侨汇额一览表

单位:万元

汇款来源地	汇款机构	汇款金额	汇款总计
马尼拉	中兴银行	600	4250
	中国银行	300	
	交通银行	800	
	远成信局	400	
	建南信局	300	
新加坡	华侨银行	500	
	中国银行	1000	
兰贡(仰光)	永福信局	100	
其他	安达银行(Nederlandech Handels Bank N.V.)	100	
	香上银行	150	

注:香上银行即汇丰银行,全称:香港上海汇丰银行。
资料来源:[日]别所孝二编《新厦门》,大阪:每日新闻社,1940年,第57页。

从日方的上述数据来看,鼓浪屿在厦门沦陷后的第二年,参与侨汇流通的银行有7家,占总数的70%;汇款3450万元(占比约81%)。

战火的肆虐使侨汇市场渐趋由银行主导。就当时银行办理汇款的情状观之,侨批业"早当消灭"。但尺有所长,寸有所短,侨批馆能够继续留存,重点得益于放款环节"为银行所不及":银行的运作依赖于近代化的制度信用,人情系数较低;侨批馆则以传统观念上的个体信用为担保,其"特殊情节与精粹"是华侨在"财力偶有不足"的景况下,侨批馆可代为垫付批款,只需在预设流程和时间内还清即可。抗战军兴,侨批馆为求自保、在业务上与银行展开更加有力的竞争,并未上调资费,而是竭力与厦门沦陷前的收费标准持平,但已在风雨飘摇之秋,处境极为艰困。民国二十九年(1940年),厦门收受的侨汇总额为4306万元。

厦门侨批

表7 1940按月汇往厦门的侨汇金额

单位:千元

月份	1月	2月	3月	4月	5月	6月	7月	8月	9月	10月	11月	12月
金额	2000	1600	1800	1500	5000	7000	4200	2800	3160	3500	4500	6000

资料来源:据日本参谋本部关于华侨的各项统计所得,载姚玉民、崔丕、李文译:《日本对南洋华侨调查资料选编(1925—1945)》第三辑,广州:广东高等教育出版社,2011年,第169页。

当年厦门仅有公方、时盛、捷鸿发、瑞芳、和裕信记公司、源利 6 家侨批馆营业[①];同年 4 月,鼓浪屿有侨批馆 48 家,全年则达到前所未有的 72 家[②],每月办理侨汇 150 万~300 万元。

表8 1940年鼓浪屿侨批馆一览表

三 益	三 春	大 川	王顺兴	文 记	正 大
永 隆	永 福	永 瑞	永和祥	全 南	光 远
有 利	江 南	同 泰	宗 成	金懋美	金义隆
金福隆	林和泰	和 盛	和 丰	和 裕	协 记
南 日	南 鸿	南通和记	恒 记	茂 泰	洪万美
泉鸿发	益 记	振 安	振 成	悠 远	崇 成
惠 侨	华 春	华南嘉记	华 兴	捷 通	捷 发
捷 兴	福 美	福源安	瑞 安	瑞 记	新永兴
新 记	义 鸿	义 益	源 茂	源信昌	万 泰
万 有	鼎 源	汇 安	慎 德	远 裕	荣 记
荣 发	德 盛	庆 和	震 南	兴 利	骆泰源
联 兴	联 胜	鸿 泰	谦 记	丰 成	镜 记

资料来源:孙秋霞:《厦门侨批局开办及其经营范围·三、厦门沦陷期间的批信局》。

民国三十年(1941年),厦鼓两处的侨批馆关停 3 家后还剩 75 家[③],当中有 24 家侨批馆申请增设国内外分号:

---

① 福建邮政管理局颁发的侨批馆执照底簿记载为 4 家。
② 福建邮政管理局颁发的侨批馆执照底簿记载为 70 家。
③ 福建邮政管理局颁发的侨批馆执照底簿记载为鼓浪屿 69 家、厦门 3 家,合计 72 家。

全面抗战时期的厦门侨批业(1937—1945)

表9 1941年鼓浪屿部分侨批馆一览表

馆 名	地 址	经 理
大 川	龙头街35号	吴寿全
大 丰	内厝澳	陈育甫
正 大	中路319号	徐东海
文 记	鹿耳礁253号	雷文轨
永 福	龙头街387号	张立本
同 兴	乌埭角	吴神佑
有 利	龙头街239号	郭妈固
和 盛	锦祥街	黄祖筹
和 记	和记路285号	吴迪述
和 丰	洋墓口345号	陈在根
协 成	鸡母嘴	骆加森
林和泰	石码巷	林本良
金 南	香港路	
金义隆	鹿耳礁	许元潜
金成山	中路161号	
建 南	龙头街锡兴内	施澄清
振 安	洋墓口167号	白荣华
振 成	南靖巷196号	吴慎为
南 侨	中路	白振声
悠 远	南靖巷384号	镜波
瑞 记	福建路	林世品
崇 成	鼓山路395号	李清梨
裕 美	龙头街	谢成寿
华 南	中路213号	
慎 德	电灯巷	黄心意
源 兴	南靖巷	李成忠
源信昌	中路永兴内	
新永兴	中路363号	陈云竹

续表

馆　名	地　址	经　理
德　盛	龙头街307号	
铭　记	中路	陈国钦
远　裕	洋墓口	陈明琚
日　昌		
昌　华		
民　兴		
茂　泰		
建　兴		
源　茂		
锡　记		

资料来源：杨滴翠主编：《新厦门指南》，华南新日报社，1941年，第45～46页。

表10　1941年申请增设分号的厦门、鼓浪屿侨批馆一览表

三　春	崇　成	协　记	林和泰	正　大	胜　发
捷　通	和　盛	源　利	金协隆	万　有	南通和记
慎　德	新　记	南　鸿	远　裕	宗　成	新永兴
洪万美	鸿　泰	时　盛	联　兴	振　安	联　胜

资料来源：孙秋霞：《厦门侨批局开办及其经营范围·三、厦门沦陷期间的批信局》。

二、中行强势介入，合昌信局应运而生

回溯至闽南侨批馆如日中天的全盛期——20世纪二三十年代，天一、如鸿、恒记、王顺兴、锦昌、三美等数家业内巨头，已顺次为汹涌而至的系统性风险与内部竞逐白热化、自我管控不善、资本配置失当造成的资金链断裂所击垮。层出不穷的倒闭风波，使国内的侨批馆化作人们心中挥之不去的梦魇，海外华侨对此颇有疑虑。中国银行厦门分行（闽行）经理黄伯权和中国银行泉州支行经理张公量认为，这是大力进军和拓展侨汇业务稍纵即逝的难得契机，遂由泉州支行出面买下合昌信局的营业执照，以民营侨批馆的名义开展批款业务，后来又招揽征用三美和锦昌两家侨批馆的原班人马，在厦门及其周边地区迅速建

全面抗战时期的厦门侨批业（1937—1945）

立分支机构,使合昌信局逐步成长为侨批行业的中流砥柱。中国银行合昌信局强势崛起、迅猛发展的良好势头引起侨批馆的高度警惕,招致厦门市银信业同业公会的激烈反对。各侨批馆痛感合昌信局带来的严酷挑战,大张旗鼓攻讦合昌信局,将其认定为行政力量锲入民间金融的一枚钉子,挤压和剥夺侨批馆的生存空间,属于典型的与民争利,试图说服政府提醒中国银行悬崖勒马、收回成命,正视侨批馆的核心关切。同时,侨批馆还联络海外同行,不向中国银行汇款、不许其代办侨批。中国银行不为所动,牢牢抓住此番来之不易的绝佳时机,"按照原定计划,鼓勇迈进;而对于信局之能与本行合作者,亦尽量予以便利"①,竭尽所能顶住压力,日渐站稳脚跟。侨批馆结成的反中行联盟遂逐渐分化瓦解,许多侨批馆权衡利弊得失后意识到合昌信局幕后的国有资本入局乃大势所趋,情绪化的对立隔阂终非长久之计,转而相率与其妥协,构建新型的互惠协作伙伴关系,以符合侨批业的整体诉求。厦门较大的侨批馆,如有利、崇成、源信昌等先后付托中国银行代解;马尼拉中菲、宿务吴南、棉兰意兴、鼎兴等侨批馆也来函接洽或托人到中国银行协约委解办法,至民国二十六年(1937年)7月总数达几十家。中国银行原本就掌管国际汇兑业务,此时又复制侨批馆的成功经验和操作模式,着重解决困扰业界、饱受华侨侨眷诟病的解付批款"最后一公里"不到位的顽疾,因而如虎添翼,以弯道超车的姿态一举夺得了闽南地区侨汇的半壁江山。厦门沦陷后,闽南"各信局多停止解汇,侨胞恐慌万状",惟合昌信局"仍冒险运款"②,在鼓浪屿暗中选派得力干员,搭乘亚细亚洋行"阳台山号"交通汽船押运批款,从嵩屿转往泉州全部清解。东南亚侨批馆值此危难之际领到合昌信局的解款回批,"故咸愿委托",仅民国二十七年(1938年)6月到民国三十年(1941年)10月就有多达158家侨批馆托其代付,几乎囊括全市闽南华侨汇款,填补了侨批馆遗留的局部业务真空,在安定避难侨眷的民生议题与闽南地方社会经济建设上厥功甚伟③。

---

① 张公量:《关于闽南侨汇》,1943年著,中国银行泉州分行行史编委会1993年翻印,第23页。

② 《邮政总局关于邮局扣留泉州中国银行合昌批信局事致福建邮政管理局代电》,第438号密件,1940年2月19日,转引自福建省档案馆编:《福建华侨档案史料(上)》,福建档案史料丛书,北京:档案出版社,1990年版,第367页。

③ 林春森:《往事漫话忆合昌》,载《闽南侨批史纪述》,厦门:厦门大学出版社,1996年版,第178页。

厦 门 侨 批

表11　1938—1942年合昌信局代解东南亚侨批馆信汇统计表

年　份	解信封数（件）	解款金额（元）	平均每封侨批的汇款金额（元）
民国二十六年（1937年）	44017	921636	21
民国二十七年（1938年）	110340	6478997	59
民国二十八年（1939年）	194541	9833013	51
民国二十九年（1940年）	148902	13689723	92
民国三十年（1941年）	85246	12270584	144
民国三十一年（1942年）	4173	1105161	265

注：以上数据仅为侨批封上所注明的汇款金额，不包括侨批馆开付中国银行支票替代汇票交予侨眷支领和侨批馆委解电汇等方式寄来的钱款。

资料来源：张公量：《关于闽南侨汇》，中国银行泉州分行行史编委会1993年翻印，第29页。

此处以厦门尚未失守的民国二十六年（1937年）权作参照基数，管窥闽南侨批业的衰变进程：表中侨批数量的变化可直观看出中国银行合昌信局的业务量于民国二十七年（1938年）始有井喷性增长，这与厦门易手、侨批馆大面积止付不无牵扯；鼓浪屿事件后的民国二十九年（1940年）略有下滑，英美对日宣战之年呈断崖式骤减，越年仅揽收数千封。每封侨批节节攀升的汇款数目均值，则反映了法币连续贬值的真实性与力度。

中国银行合昌信局在厦门沦陷后业务激增，执行业之牛耳有两大要义：

一是中国银行厦门分行（闽行）在形势骤然严峻、侨批业陷入空前困厄之时更多地看到机遇，顺势而为，统筹规划、制定方针、整顿机构，提高工作效率、优化战略布局，办理侨批业务皆有规章条款可以遵循，明确各类权责与义务，愿意做好解付风险管控，令人称道。其出色表现赢得了东南亚侨界的一致赞赏和青睐，如陈嘉庚就在他的《南侨回忆录》中不吝褒奖之辞："敌陷厦门，扰及潮汕……银行或缩或停，一部分民信局则乘机取利，抬高手续费……幸中国银行负

全面抗战时期的厦门侨批业(1937—1945)

起责任,遍设办事处于闽粤内地各城市乡村以谋补救,款无论多寡,地无论远近,路无论通塞,皆乐予收汇,而汇水又甚低廉,近月来我侨胞远处乡国之父母兄弟姊妹,得如涸鲋获苏于勺水者,泰半恃此"[1]。东南亚侨批馆因此与中国银行合昌信局订立代解合同,其他银行如菲律宾中兴银行、新华信托储蓄银行香港办事处等,也与之确立合作关系。

二是合昌信局与生俱来的官方背景,在战乱中更容易取得许可与信任,加之国家银行的信誉度较为可靠,财政部力挺合昌信局,就其经营合法性与当时的法规相抵触的实情,屡次向交通部交涉,商讨相应的通融之策。依照民国二十四年(1935年)12月31日邮政总局颁布的《批信事务处理办法》,唯有领取执照的侨批馆方可用总包制收发侨批,而海外华侨又"多不谙邮政章程"和中国银行办事规程,交给合昌信局的批封上"有写中国银行转合昌者,亦有写合昌转中国银行者,并有仅写泉州或鼓浪屿中国银行者",致使该类侨批被各地邮局"常加挑剔扣留积压几成惯例","往往不予顺利递交,遇事指责,动辄拘罚",引发双方纠纷以致华侨责难。此外,邮政总局还限定只有侨批馆总号才能收发海外侨批,分号不准擅自与东南亚有信件往来。合昌信局迁往泉州后,继而在中国银行鼓浪屿办事处附设分号办理侨批汇款。该处因囿于邮局条例的掣肘,不得径行收发侨批,如若拘泥于成法,再转交至泉州总号办理,则"辗转费时,解款迂缓,往返需时月余,殊不便利,影响侨汇前途甚大",因此财政部恳请交通部理解中国银行"奋力吸收侨汇以图增强抗战力量之苦衷"、"体念鼓浪屿环境特殊",特许该行"以国际汇兑银行地位沿用民信局办法办理华侨信汇款,并准用总封收发国外邮件";希望立即转饬福建邮政管理局允许合昌信局鼓浪屿分号"寄发外洋批信,以维侨汇"。邮政总局遵照交通部的指令予以允准,对其他侨批馆企图援引此例的请求则一律不批。邮政总局在致福建邮政管理局的电文中大开绿灯,指出"中国银行奉令办理侨汇,系推行国家抗战金融政策,邮局自应特别通融予以一切便利","应一概予以放行,不得扣留"。

回顾整个调解历程,中国银行咨请两大部级主管部门遂行友好协商,透过部际协调,巧妙化解了同邮局的冲突;而来自中央管理层的站台背书,则破除了行政壁垒,扫清了体制性障碍,为中国银行合昌信局的的后续运营铺平道路,保驾护航。

---

[1] 陈嘉庚:《南侨回忆录》,新加坡:怡和轩,1946年,第51页。

| 厦 | 门 | 侨 | 批 |

三、战祸中侨批业沉疴积弊日甚

民国三十年(1941年)11月17日、12月4日①,从菲律宾寄出的两拨侨批②"由香港转经鼓浪屿",适因不久前厦门突发日本高级间谍泽重信遭军统特工当街枪杀一案③,驻厦日军惊骇不已,"泉鼓交通被敌封锁,致稽延日久",直至民国三十一年(1942年)1月29日才送达晋江邮局。马尼拉沦陷时,菲律宾各收汇局即电告国内分局或合作局停发侨汇,这些侨批也就因无头寸拨付而积压下来,是为"最后二次侨批"。时值年关将近,"侨属期望侨信款分发尤殷",晋江第一区新乡华侨代表陈正宗等10多人联名要求侨批馆速予派送。面对错综复杂的行业乱象,晋江县政府在"本埠舆论机关亦相继呼吁"的声浪压力下,于2月5日邀集多方与会,组建由3位党政军官员(当然委员)、2名侨眷代表、2位侨批馆从业者、2名地方人士构成的侨信审查委员会,专职整理侨批、整饬侨批业,"在本案侨信票款问题未解决以前,各民信局绝对不得停业,并责成银信商业公会将各信局所收侨信帮单及账簿交会登记审查";2月10日起审核登记侨批账目,同日再次召开侨信审查委员会会议,当经议决:发放所有侨批;批信内附夹汇票足额付清;批封另换,由侨批馆列明号码帮单报送该委员会汇编寄发;新批封上阐明缓发批款及妥善保存信封的理由;侨信审查委员会将核查经过与整治路径上报党政军备案,并由后者会衔公告周知。2月23日,该委员会又议定四项原则:

  一、内有汇票的侨批,由各侨批馆派批脚(即信差)分送,收批人的收据必须上缴委员会备查,收据格式由晋江县政府拟定下发至各侨批馆翻印。

  二、无汇票的侨批,由各侨批馆封贴邮票后,呈送晋江县政府集中付邮。

---

① 《驻马尼拉总领事馆颁发通告宣布积压侨汇清理法》,马尼拉《侨商公报》1946年8月26日。

② 俗称宋帮。

③ 泽重信(1900—1941),日本大阪府和歌山县日高郡南部町人。时任中国东南沿海日本陆海军特务系统总负责人,自诩"华南通"。身兼《全闽新日报》社社长、华南情报部部长、日本兴亚院嘱托(即顾问)等职,为日本陆军省、海军省、台湾总督府搜集情报,权倾一时。民国三十年(1941年)10月26日下午,泽重信被军统闽南站行动组潜伏到厦门的中尉行动员汪鲲在中山路(日伪更名为大汉路)、大中路交叉处的喜乐咖啡馆附近击毙。

全面抗战时期的厦门侨批业(1937—1945)

三、通知书由晋江县政府发给有汇票的侨属,其邮票由各侨批馆封贴,侨批由县政府寄邮。

四、当月底结束分批事项。

在党、政、军、团的监督下,侨信审查委员会当众拆开信函,没有夹寄票汇的侨批照发,款项有递到的票汇照付;其他如款项没有递到的票汇或来电制止交付的票汇,也照发空批空票,但在信、票背后加盖"待后处理"的印章为证,当作未来补发清偿的依据。经核验,统共积欠侨批5204封、批款454055元,汇票1525张、票额917089元。

表12　积压侨汇情况表

馆　名	信封数(件)	汇款金额(元)	汇票数(张)	汇票金额(元)
源　兴	52	6215	2	1400
鸿　美	213	26862	12	22800
合　兴	84	8880	12	4750
谦　记	810	51829	288	158645
江　南	233	14922	97	61110
建　南	488	46723	164	151158
致　远	180	13304	50	23770
华　安	71	8115	13	8500
大　生	841	76839	206	84383
信义安	687	61219	220	143701
顺　记	354	27285	145	83822
文　记	602	55812	180	90600
同　兴	78	13260	7	4650
汉　昌	224	16490	68	32880
友　联	39	4020	5	3150
和　盛	248	22280	56	41770

资料来源:《省府令报处理侨汇积压情形及晋江县府复电(1942年4月)·(2)晋江县府代电调卯俭府赈5783号(4月28日)》,载福建省档案馆编:《福建华侨档案史料(上)》,福建档案史料丛书,北京:档案出版社,1990年,第334页。

| 厦 | 门 | 侨 | 批 |

从英国、荷兰位于东南亚各属地发来的侨批(俗称洋帮)虽未因战祸横行而出现积压的状况,但也由侨信审查委员会派出委员李硕果、丁子意会同中国国民党晋江县党部林姓秘书、晋江县警察局洪姓局长、指挥部参谋主任倪华民、赈济会总干事黄永强逐一核对,共计已发出侨批4889封、批款1636039元。

表13 已发出侨批情况表

馆 名	信封数(件)	汇款金额(元)
瑞 记	1464	283110
源 兴	—	695364
正 大	2353	404917
德 盛	252	58655
振 安	50	11713
远 裕	200	50865
慎 德	301	83492
建 和	269	47923

资料来源:《省府令报处理侨汇积压情形及晋江县府复电(1942年4月)·(2)晋江县府代电调卯俭府赈5783号(4月28日)》,载福建省档案馆编:《福建华侨档案史料(上)》,福建档案史料丛书,北京:档案出版社,1990年,第335页。

让人扼腕喟叹的是,侨批馆大多推诿海外头寸未到而只发空批,纷纷挪用这笔巨款放高利贷、从事投机生意,罔顾侨眷死活,留下诸多悬而未决的严重后遗症;有经营者竟公然"收买侨产,弄玩侨妇,更为无耻"[①]。战后,华侨和侨眷积极寻求追讨偿还这类侨批和侨汇的可能性。在海外华侨社团和国内侨眷的强烈吁请下,福建省政府于民国三十五年(1946年)8月专门发文指示下辖各地

---

① 《省府关于清理被民信局积压侨汇与有关机关来往函电》,1946年1月—11月,省府致晋江县府代电 致子巧府秘乙07180号(1月18日),转引自福建省档案馆编:《福建华侨档案史料(上)》,福建档案史料丛书,北京:档案出版社,1990年版,第337页。

全面抗战时期的厦门侨批业(1937—1945)

政府督办侨批馆和官营机构限期完成清理和补偿事宜①,此乃后话。

民国三十年(1941年)12月8日,广袤无垠的太平洋正式拉开战幕,日军随即占据鼓浪屿公共租界。受此激变所累,岛上一些侨批馆内迁,泉州遂为抗战中后期闽南侨批集散地;仍在厦门和鼓浪屿的侨批馆虽然逐年向福建省邮政管理局登记领证,但绝大部分都已停业。雪上加霜的是,国内物价涨势加快,侨汇主要来源地——英属马来亚、法属安南(今越南)、荷属东印度(今印度尼西亚)、美属菲律宾及中转地香港又次第失陷,大部分侨汇因侨居地陷于日军铁蹄、无法汇出而宣告中断,归侨、侨眷顿失外来物质救济,犹如釜底游鱼,挣扎在极其困苦的边缘线上,厦门及其周边地区的侨批业连带跌入低谷:民国三十一年(1942年)底,晋江"各批信局截至目下均未收到美属菲律宾、英属南洋群岛、马来联邦、北婆罗洲及荷属印度等地陷落后之批信,足证各该处之侨胞信款已无法交由当地批信局汇寄";广东东兴(现属广西)汇路成为东南亚沦陷后最稳妥的侨批孔道,厦门及其周边地区的侨批业曾以此条汇路沟通侨汇,如地处中南半岛的泰国和法属安南等地寄来的侨批就"由各该处批信局收寄,汇款系用密码或秘密方法通知其在东兴或鼓浪屿分设之批信局转知收款人并各地批信局,款项方面则由各该处批信局私运当地货物到东兴售卖,将款转汇各处,或以当地钱币带至东兴兑换法币"②,集美实业公司东兴办事处即是侨批代理机构之一。但因闽南华侨多分布于南洋群岛,侨汇也多半来源于此,故而厦门及其周边地区的侨批邮路实际上完全断绝,厦门和鼓浪屿的侨批馆总量呈下降趋势。

---

① 《省府关于清理民信局延压侨汇应行注意事项》,民国三十五年(1946年)8月,福建省府致辰齐府秘乙59170号饬令,转引自中国银行泉州分行行史编委会编:《泉州侨批业史料》,厦门:厦门大学出版社,1994年,第72~73页。

② 《福建邮政管理局关于南洋各属已无批信来往致邮政总局半公函》,半公函第386号,民国三十一年(1942年)12月31日,转引自福建省档案馆编:《福建华侨档案史料(上)》,福建档案史料丛书,北京:档案出版社,1990年,第336页。

表14 1942—1944年厦门、鼓浪屿侨批馆一览表

年份	所在地	家数	执照牌号	馆名	执照牌号	馆名	执照牌号	馆名
民国三十一年（1942年）	厦门	4①	167	公方	172	三春	180	源利
				利华民记				
	鼓浪屿	75	已登记（65家）					
			120	万有	122	和裕	125	大川
			126	同泰	133	捷通	134	振安
			139	永和祥	140	正大	141	谦记
			142	新永兴	143	瑞记	147	林和泰
			149	和盛	151	崇成	153	有利
			155	泉鸿发	158	和丰	160	鼎源
			162	华兴	169	福美	173	光远
			174	源信昌	175	庆和	181	华南嘉记
			182	捷兴	184	源茂	187	联兴
			189	宗成	192	镜记		金福隆
				悠远		德盛		汇安
				联胜		瑞安		丰成
				江南		振成		震南
				南日		金戀美		惠侨
				兴利		文记		瑞芳
				义益		骆泰源		永隆
				益记		福源安		恒记
				荣记		慎德		南通和记
				洪万美		茂泰		全南
				义鸿		南鸿		捷发
				金义隆		永瑞		万泰
				王顺兴		胜发		

全面抗战时期的厦门侨批业(1937—1945)

续表

年 份	所在地	家数	执照牌号	馆 名	执照牌号	馆 名	执照牌号	馆 名
民国三十一年(1942年)	鼓浪屿	75		改迁晋江洛阳(1家)				
			66	新 记				
				未声请换发新执照(9家)				
				时 盛		捷鸿发		和裕信托
				三 益		永 福		华 春
				远 裕		荣 发		协 记
民国三十二年(1943年)	厦 门 鼓浪屿	73②		恢复登记营业(70家)				
				三 春		大 川		公 方
				王顺兴		文 记		正 大
				永 隆		永 福		永和祥
				全 南		光 远		有 利
				江 南		同 泰		利华民记
				宗 成		金懋美		金义隆
				金福隆		林和泰		和 盛
				和 裕		协 记		南 日
				南 鸿		南通和记		恒 记
				茂 泰		洪万美		泉鸿发
				益 记		振 安		振 成
				悠 远		崇 成		惠 侨
				华 南		华 兴		捷 通
				捷 发		捷 兴		胜 发
				福 美		福源安		瑞 安
				瑞 芳		林瑞记		新永兴
				义 鸿		义 益		源 茂
				源 利		源信昌		万 泰
				万 有		鼎 源		汇 安
				慎 德		荣 记		德 盛

续表

年份	所在地	家数	执照牌号	馆名	执照牌号	馆名	执照牌号	馆名
民国三十二年（1943年）	厦门 鼓浪屿	73[②]		庆和		震南		兴利
				骆泰源		联兴		联胜
				谦记		丰成		镜记
				和丰				
			未挂号（3家）					
				和泰		新记		鸿泰
	厦门	7[③]		公方		瑞芳		三春
				源利		林和泰		宗成
				利华民记				
民国三十三年（1944年）	鼓浪屿	64	已登记（60家）					
				万有		和裕		德盛
				汇安		大川		联胜
				江南		震南		正大
				新永兴		瑞记		惠侨
				和盛		协记		崇成
				文记		茂泰		华兴
				荣记		全南		源信昌
				捷发		洪万美		万泰
				南通和记		远裕		悠远
				振安		振成		永和祥
				金懋美		义益		骆泰源
				永隆		永瑞		光远
				华南嘉记		联兴		镜记
				金福隆		同泰		瑞安
				丰成		捷通		谦记
				南日		兴利		有利
				泉鸿发		鼎源		慎记

全面抗战时期的厦门侨批业(1937—1945)

续表

年 份	所在地	家数	执照牌号	馆 名	执照牌号	馆 名	执照牌号	馆 名
民国三十三年（1944年）	鼓浪屿	64		益 记		福 美		庆 和
				南 鸿		福源安		捷 兴
				源 茂		胜 发		恒 记
			未挂号（4家）					
				王顺兴		金义隆		和 丰
				义 鸿				

注：①福建邮政管理局颁发的侨批馆执照底簿记载为5家。

②福建邮政管理局颁发的侨批馆执照底簿记载为68家，其中厦门4家、鼓浪屿64家。

③福建邮政管理局颁发的侨批馆执照底簿记载为3家。

四、日寇控制厦门侨批的战略动机及现实困境

民国二十六年（1937年）8月25日，日本宣布封锁中国中部和吴淞至汕头一带的广阔海域，厦门即在禁区之内。民国二十七年（1938年）初发动的徐州会战使日军在台儿庄遭遇重挫，为逼迫中国加速投降，日本华中方面军司令官松井石根提议："海军现在闲散无事"，应于中国沿海袭扰并择机侵占"一处要港"，此举既能分散中国军队的兵力以加强海防，使之"不能开往北方"，军火运入也将告急。日本帝国大本营采纳了这条建议，决意进犯华南，让中国腹背受敌，彻底阻断华北、华中的海上补给线。5月3日，大海令112号下达：为使封锁见效，即刻夺取厦门。

日本对厦门早有预谋，强调"该岛……是南支那海岸要冲"，是2000万南洋华侨的进出口岸、4000万元侨汇的接纳港，而华侨"受反动分子煽动"，在东南亚禁绝日货，资助国民政府。显而易见，日军一定要"坚决堵住这个出入口"，阻止华侨的排日活动，阻塞侨汇流动，拆毁厦门岛这片"尽是反日标语"、"利用公共租界对外以及南洋华侨恶意宣传反日的舞台"，从心理上打击祖籍地在厦门及其周边地区的海外华侨；斩断中国政府"与南洋华侨的联系，直掐蒋介石的咽喉"，策应南北夹击徐州的华中派遣军和华北方面军，力图使蒋政权"在上海失去了财政来源的浙江财阀"后再丢侨汇重镇厦门，吞下接连失利的苦果。厦门与台湾一衣带水，距离东南亚较近；日军占其为海军基地，北可阻隔海路，南能

同台湾互成犄角,配合南进策略。占领厦门,"杜绝"在厦门的"各种策动"成了"当前最为紧要的大事"[①]。

日本侵厦图谋得逞后,摆在日军面前的一个稳固殖民统治的"重大社会问题",就是确保侨汇邮路畅通。日人承认攻占厦门对侨汇的窒碍,但倘使任其阻滞,不加重视,则将迫使向来以侨批汇款为生的侨眷深陷"断粮之境",这在笼络民心的政治抓手上极易"滋生不良后果",是故"锐意致力于侨汇之恢复"。日军基于自身战略考量的分析研判使其野心昭然若揭:巨额侨汇如能为己所用,则可大大提升日占区的战略物资购买力,从而支撑前线战斗部队庞大的军备消耗,达成以战养战的战略目标;如果落入国民政府手中,必然是其维护金融秩序的经济杠杆,进而转化为极具威胁的战争潜力,削弱日军作战效能。由此可见,侨汇对中日两国来说,均可视作力量倍增器和把握战争主动权的制胜法宝,同交战双方实力对比的消长有"密切关系,可谓至要问题"。再者,日方判定:侨批汇款多为华侨补贴国内侨眷的日常家用,"不论事变日后归趋如何,汇款必须持续不变"。为此,日军在厦门采取各项举措,意图争夺侨汇为己方总体战造血输液。民国二十七年(1938年)6月20日厦门治安维持会成立后,即于7月1日恢复厦门邮政局,设置侨务局,开始办理并极力推进华侨汇款;除此以外,日本军政当局还强令留在厦门的侨批馆组织同业公会,重启侨批业务,概由日资台湾银行垂直监管,甚至不惜动用日本海军军事邮便所将侨批及回批送交军用船只带运,通过日本驻外各大使馆、领事馆进行周转,勉力维系侨批联网。但事与愿违,鼓浪屿侨批馆和银行机构的存在,使日军争取厦门及其周边地区侨汇的尝试收效甚微,仅于民国三十一年(1942年)至民国三十二年(1943年)在新加坡、菲律宾收汇,为数不多的侨汇曾输送至厦门。这种情况之所以发生,究其原因有二:

首先,厦门众多的侨批馆和金融机构撤往鼓浪屿公共租界、后又播迁闽南内陆的国统区,在政府的鼎力扶持下赓续营业,其深耕已久、业务发育成熟的侨批业运行网络,让日本深为倚重的邮政体系相形见绌,难以望其项背;另外,邮局的寄批方便程度也远不如侨批馆,"不具实践性"。

其次,东南亚各地以普通汇兑或电汇汇寄的侨汇中有高达70%的款额先

---

① 洪卜仁主编:《厦门抗战岁月》,厦门文史丛书,厦门:厦门大学出版社,2015年,第11—13页。

全面抗战时期的厦门侨批业(1937—1945)

交托给香港的外资银行(主要为汇丰银行、渣打银行[①]),后者转付中国内地时折算为法币而非外币[②];经由邮政局邮寄的侨汇,也归属法币支付的普通汇兑范畴,即便汇入地为日占区,日本一样无从获取外汇。不宁唯是,纵令日本起用厦门的侨批馆恢复部分侨汇汇兑业务,亦是"出售外币而购入法币之交易,结果无异于间接支持法币汇率",反而有利于中国作长效抵抗。事实上,东南亚的侨批馆早已和该地中外银行搭建了紧密的业务关联,对买卖外汇做出制度性安排,很少售予日资银行;真正阻碍其跟日本人合作的关键性症结,在于出售外币所收取的"代金",盖因这部分款项须汇给国统区,而日占区流通的军用手票[③]在此禁用,大部分侨汇以法币形式解付,日本"尚无足以适应此项代金需要而拥有充分法币"的能力,况且军用手票"以何种汇率兑付,仍为困难问题而存续待决"[④]。

民国三十四年(1945年),太平洋战争进入收官阶段。日本在同盟国发起的强大攻势下节节败退,已成强弩之末,厦鼓二岛仍在日军掌控之中,侨批馆仅余57家,其中厦门7家、鼓浪屿50家。

结 语

综上所述,侨汇流入——输出地之间的跨国联动对外部变量的敏感度极高。不可抗力因素——战争一旦降临,侨批传递受阻甚或切断,不啻侨汇损失惨重,与之利害攸关的侨批业更有堕入停摆境地之虞。贯穿抗战始末的侨批流转通达度能否顺畅,对闽南侨乡与东南亚华人社会而言兹事体大,属刚性需求。

[①] 即麦加利银行(Chartered Bank of India, Australia and China)。

[②] 银行所收外币主要用于外资银行抑或具有交易关系的信局、钱庄及从事相关行业的华商偿付进口货款,有些则转存外资银行。

[③] 简称军票、军用票。日军自中日甲午战争后,遇有对外征战即行印制应用。民国二十七年(1938年)11月,日本出台《华中华南使用军用手票办法》,指定日军在中国统一使用日本政府发行的军用手票(以下简称军票),并对汇率作了规定。日军在占领区内滥发这种毫无准备金且没有编号的纸币,逼令当地居民兑换军票,掠夺了大批战略物资;到民国二十九年(1940年)底为止,军票累计发行额已达6亿元。太平洋战争爆发后,日军又在香港、马来亚、新加坡、缅甸、菲律宾、荷属东印度等地印行军票。民国三十二年(1943年)4月起,华中、华南地区的军票为南京国民政府中央储备银行发行的中央储备券(简称中储券)所取代,但一些地方依旧流通。此为日本政府支配殖民地经济的一种强制手段,借以应对因战线扩大而不断猛增的军费开支。

[④] 杨建成主编:《三十年代南洋华侨侨汇投资调查报告书》,南洋研究史料丛刊第七集,中华学术院南洋研究所1983年重刊,第68至69页。

厦 门 侨 批

侨批是两地血脉亲情连通和彼此关怀慰藉的心灵脐带,亦为拯黎民于水火、扶大厦之将倾的救命钱、卫国捐。侨批馆与银行的权益纠葛是私人性质的盈利型企业与国家公共政策工具在侨汇领域抗争的焦点与主题;银行资本的异军突起与深度介入,是该时期侨批业的转折性起点,系近代以降国家公权力强化的产物,合乎内在驱动的历史逻辑。侨批馆惧怕中国银行的进场会抢占和稀释其市场份额,颠覆行业秩序,有意将两方的角力拉抬激化到势不两立的地步。中国银行运用先天禀赋与优势,突破侨批馆、邮局等既得利益者设下的重重阻力,创造性地实现了官方—民间金融的兼容互补,开创了合昌信局"批馆衣、银行心"的国资系侨批业全新范式,向侨胞提供高效便捷、可资信赖的金融服务,改变了长期以来侨批馆独步天下的形态。就此,侨批馆迎来下行拐点,侨批业面临变革、洗牌、重组,塑造行业新规则势在必行。侨批馆来到生死抉择的十字路口,不得不认清和接受残酷的现状,与合昌信局作业务绑定,极大地推高了后者在用户群体中的知名度、美誉度,无形资产剧增。邮局顺应时势,快速改弦更张,让渡权限保障中国银行在侨汇事务上正常合理的运转,体现了"抗战为大"的经济思想指导下应有的政治魄力、临机决断和责任担当,合昌信局的可持续发展受到最高限度的政策性保护。最后二次侨批充当了多米诺骨牌的角色,时空局限使得地方政府的专项治理能效极度有限,无力开具行之有效的济世良方来拯救危在旦夕的侨批业、挽回侨眷们横遭侵损的社群利权;侨批馆蓄意拖欠批款的恶劣行径,为战后更大范围、更深层次的侨汇黑市危机作了总预演,埋下祸根,消解了侨批业实质性复兴的几率,一步步滑向衰落的深渊。太平洋战争后的侨批馆多是有名无实,年年关张萎缩,步入衰退期。从宏观走向的视角来加以观察,厦门及其周边地区侨汇的兴衰起落,大致为一条从全面抗战伊始大幅增多,到太平洋战场开辟后急转直下,以至近乎停顿的折线型嬗变轨迹,全程受战事进展左右。此系"战时侨汇的一个显著特点"[①]。

---

① 赵元培:《论侨汇》,载《经济导报》第 120 期,1949 年 5 月 10 日。

解放战争时期的厦门侨批业（1946—1949）

孙秋霞

　　1945年8月15日，日本政府宣布无条件投降，厦门光复。战争造成整个社会经济萧条、物资匮乏、物价飞涨，侨眷在极度恶劣环境中挣扎。海外华侨急于寄信寄款回国赡家抚亲，所幸海运、空运等交通恢复，客运货运相继复兴，这是这一时期侨汇逐渐恢复的基础。而厦门沦陷后暂停营业或迁往内地的批信局相继返回厦门营业，则助力了侨批的涌入。

　　复兴的局面刚刚露出曙光，1946年下半年起，法币新增百元、千元面额大钞，造成恶性通货膨胀，物价暴涨，法币随之急剧贬值。厦门有些侨批馆乘机积压侨批，倒卖侨汇，政府给予的解汇头寸不足，侨眷拿不到批款，叫苦不迭。雪上加霜的是，南洋部分国家限制侨汇流出，致使部分信局倒闭。1948年8月19日国民政府改革币制，取消法币，发行金圆券，之后又推出银圆券。币制崩塌加速货币贬值，为侨批业带来高额利润，造成抗日战争胜利后厦门侨批业的畸形发展。应该说，在国民政府行将垮台的黑暗日子里，厦门侨批业经历了有史以来最为混乱的一个时期。

一、侨汇涌进迅猛

　　太平洋战争爆发后，交通受阻，侨批隔断，侨胞和眷属云山远隔，彼此断绝了音讯。侨胞在战前数月所汇之款，多数被各地银行及批信局藉词挪用。厦门交通线的恢复，给生活极度困难的侨眷带来希望。据资料介绍，第一批侨信在1945年8月15日这一天，从新加坡寄往中国。在厦门，菲律宾第一批侨批总包邮件181袋，于1945年11月12日到达厦门。1945年12月22日，由新加坡到

| 厦 | 门 | 侨 | 批 |

厦门的英国军舰带来侨信十余袋,大多数未贴邮票,厦门邮政局体谅侨情,将信件全部投送。

抗战胜利后至1946年,厦门通往台北、基隆、上海、广州、福州、汕头、香港、高雄、马尼拉等地的轮船恢复通行,厦门通往其他地区的航空线路也相继恢复。例如,自1946年7月17日起,中国航空公司新开辟了上海至香港往返航线,途经厦门,每周二、五各一班;11月20日增辟沪榕厦、沪榕台各一条航线,每周三由沪飞榕转厦。1947年,中国航空公司和中央航空公司每周经厦门的航线有21条,其中,由厦门起飞10班次,以厦门为终点10班次,以厦门为中途站15班次,厦门可直达福州、上海、汕头、广州、台南、台北、香港、马尼拉等地。交通线的恢复,为侨批、侨汇的涌入创造了条件。

1946年初,侨汇业务恢复,侨汇涌入的高潮在1946年4月至9月间,福建收兑侨汇晋江居首,厦门其二。全年经由厦门进入的侨汇以美元计,为4480万美元,按地区分:英属马来亚占65.6%,荷属印尼占21.2%,美属菲律宾占10.5%,法属安南占2.1%。若以法币计,由于货币贬值,则侨汇呈天文数字。《南洋商报》1947年5月6日报道:据厦门市银信公会统计,1946年菲律宾信款550亿,票汇900亿;南洋及马来亚300亿,票汇约350亿;总计法币2100亿元。

1947年,随着港口和航道水雷、沉船的清理完成,海内外交通全面恢复,抗战胜利后赴南洋谋生的华侨也开始向国内汇款,这一年的侨汇更多地涌入厦门。《南洋商报》1947年5月6日的报道也提到,1947年1—3月,厦门市银信公会统计,菲属信汇法币200亿元,票汇300亿元;南洋及马来亚信汇120亿元,票汇150亿元;总计为870亿元法币。

1948年3月15日,川行厦门菲律宾的"太平轮"抵达厦门,载侨客300余人,并运来民信局批款估算有法币1亿元以上。同年7月31日,"芝巴德"轮由菲律宾抵厦,载来侨汇达3万多亿元,其中2万多亿是由批信局汇来的——因批信局结算比银行便宜,故菲律宾侨汇多数走批信局。一艘轮船有侨汇3万亿法币,可见货币贬值的速度令人咋舌。

二、批信局猛增

这一时期,日占厦门期间迁入泉州等地的批信局陆续迁回厦门营业。1945年,厦门的批信局有57家。1946年增加36家,批信局总号达93家。1947年增1家,达94家。1948年初又增两家达96,当年最高峰时曾达117家。尽管

解放战争时期的厦门侨批业（1946—1949）

由于此期间，南洋部分国家限制侨汇，导致厦门部分信局倒闭，但截至1949年，厦门仍有批信局97家。1947年7月，有在邮局"挂号"（报备）的有92家，其中经营马来亚批信的有23家，马尼拉批信的37家，仰光的6家，安南的2家，荷属的16家，香港的7家。信局委托各地办理批信业务的商号为分号或代理，分号分布闽南和南洋英、法、荷属殖民地及菲律宾，达到2000多家。

表1　1947年厦门批信局统计表

局名	经理	局名	经理	局名	经理	局名	经理
人和	许步恒	全裕	林铁城	建昌	陈台成	新生	林实
大道	谢杰英	合昌	李际敏	南侨建设	陈潜真	新南	曾文才
大中	郭尚俭	利华	陈连捷	荣记	吴迪胜	瑞记	林世品
大有	林荣昌	林和泰	林本良	荣源	蔡德修	闽鸿	吴世铁
大罗	何扬明	和盛	黄渊泽	新亚	吴再钵	群众	李天保
大生	张懋修	和兴	林亲鉴	美兴	林谦逊	福通	许玉良
三春	李喜承	和昌	陈伴水	信达	洪盛	福美	周西宫
太平洋	洪祖祉	昌元	皮荫芬	益群	蔡维暹	德成	陈本傅
天平	杜冠群	金淘	候和銮	隆吉	林朝云	德美	翁玉銮
友联	颜金鍊	恒利	陈振群	振安		侨通	廖子美
五洲	洪毓锦	信行	刘书源	达华	黄奕龙	侨源	陈文东
文记	曾文轨	信义安	施至钗	荣成	李清黎	侨兴	陈伯宽
永安	周景年	南通和记	吴迪述	远裕	白祯祥	兴源锦记	陈诗锦
永福	林清管	南兴	庄垂燕	慎德	黄世英	侨川	林怀英
永德行	陈德润	南丰	吴开添	联胜	陈秋月	德丰	郑国梁
民兴	骆水发	南大	施棱透	集裕	陈金映	兴光	黄焕祖
正大	郭尚霖	南侨	谢朝宅	源兴	李成田	汉昌	李川扬
正中	吴楚	南友	梁祖银	联兴	刘益发	骆协成	骆佳森
同兴	杨静毅	建东	庄思明	源大	许谦盛	壁丰	陈金烈
光民	李文眉	建隆	吴道长	裕成	谢成寿	岭记	吴奕华
光大	黄起文	建兴锦记	王忠诗	华兴	骆清发	鸿美	洪作忠
仰昌	陈水成	建和	吕新光	义昌	洪钟	鸿华	陈礽广
江南	柯子亮	建安	李钟庆	新永兴	陈云竹	谦记	许谋铨

163

| 厦 | 门 | 侨 | 批 |

三、侨汇大量积压

太平洋战争爆发前数月的侨批侨汇,多数为各地银行及批信局积压挪用,抗战胜利后仍久压未决。由于厦门市面银根吃紧,解汇头寸不足,金融又急剧波动,币值巨降,致使侨眷损失巨大。光复后的厦门,银行还没全复员,国民政府急于迁都,对侨汇关注不够,菲律宾有一笔侨汇款经重庆后转了几转才到达厦门,历时不止半年,实在是"旧账未清,又添新账"。

侨汇积压,华侨、侨眷民怨沸腾,引起了各方关注。

因战事爆发而致积压或失落的菲律宾汇款,有1941年11月17日和12月4日两批,经厦门信局公会联席会议议决,按照票款额加49%偿还。

1946年9月初,中国驻吉隆坡领事馆召集各社团及批信局开会,协商侨汇积压解决办法。新加坡中华汇业总会也召开百余人的全体会员,商议清理战前侨汇办法。

1948年1月,币值巨贬,物价高涨,侨眷待款接济,心急如焚。但侨汇多被银行及批信局积压,不肯支付或只支给数成。侨眷领不到赖以生存的侨汇,侨批业失信于侨民,影响极大。厦门市府除电请国民政府侨务委员会商请各银行先行支付侨汇外,还奉省府严令查究批信局。厦门市的和丰、振成、建南、镜记、侨民等批信局负责人被约至侨委会商讨解决办法。

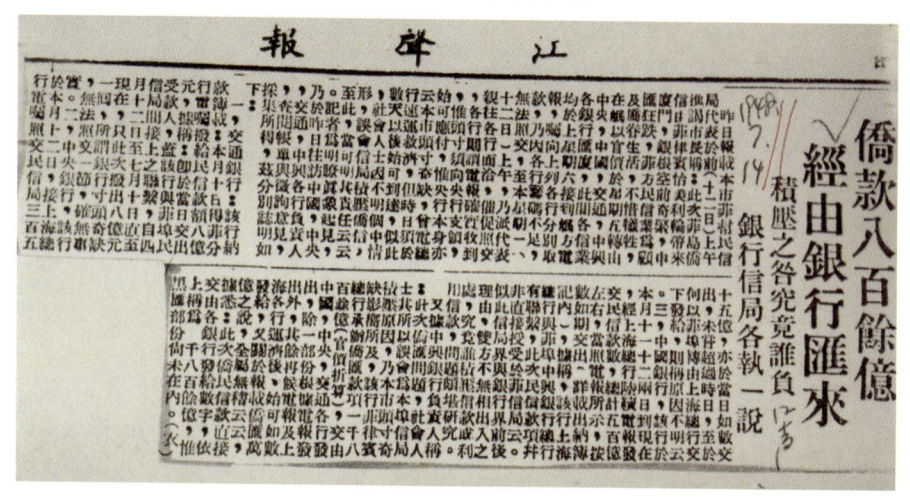

1948年7月14日《江声报》报道:侨汇"积压之咎究竟谁负,银行信局各执一说"。

(洪卜仁 提供)

164

解放战争时期的厦门侨批业(1946—1949)

但批款积压的问题，直至 1948 年仍未解决。当年 7 月 8 日，"怡美利"轮自菲律宾马尼拉抵达厦门，运来侨汇法币二万余亿。由于市场银根紧缺，批信局资金周转不灵，应付困难，又不愿将手头正贬值的外钞抛售。民信局公会竟召开会议，决议采取集体行动，将侨汇暂时积压，待情况好转后再分发。此举严重影响侨眷生活，侨眷推派代表找到厦门市府，请求有效制裁。市长令社会科召集批信局公会理、监事商讨对策，请邮政局查实近月侨汇数量，请银行及有关机关协调。可怜侨眷"嗷嗷待哺"，银行和信局却在为侨汇积压究竟是谁的责任，各执一词。央行从上海空运 4000 多亿到厦，分发给交通、中国、中兴等行，用于分发侨汇，但多数侨汇积压在批信局里，这一点头寸实在是杯水车薪。据《江声报》7 月 15 日报道，尽管之后侨汇头寸放松了，但"侨汇仍难发清"。

1948 年底，国民政府为争取侨汇，侨汇随市价发放金圆券，或以外币存款随时支取一部分。为应对央行头寸紧缺，国民政府令中央银行每日拨 2000 万元交由指定办理侨汇的银行，作为发放侨汇准备金。但金圆券贬值迅猛，2000 万元额度杯水车薪，虽一再增加，央行头寸仍无法应付，指定银行只能把侨汇积压下来。

1949 年 1 月，"他士文"轮自菲律宾抵达厦门，运来侨信甚多。由于此时美钞、黄金等均

1949 年 7 月 24 日《星光日报》报道："侨汇积压数日至巨，望当局从速办理以安侨眷生活"。（厦门市图书馆提供）

走下坡，各批信局采取积压侨批，或放头寸，或买外币的办法，待捞一笔额外收入后再行发放。此时，国民政府厦门当局风雨飘摇，面对此恶行，已无力、无心处理。

四、信局黑市投机

抗战胜利后，国民政府积极发动内战，军费开支浩繁，1946年军费支出占财政总收入的60%，1947年为财政总收入的55%，1948年更达财政总收入的64%（见张公权《中国通货膨胀史（1937—1949年）》）。国民政府财政收入有限，财政已濒临崩溃的边缘。为弥补财政入不敷出，国民政府被迫大量印发纸币，1947年以后的财政赤字几乎全部由发行法币来弥补。纸币的滥发造成恶性通货膨胀。物价飞涨的速度甚至超过货币的发行速度。国民政府1946年放开黄金买卖政策后，出现黄金抢购风潮，国民政府只得紧急下令禁止黄金买卖。1948年8月19日，国民政府为挽救其财政经济危机，实行币制改革，以金圆券取代法币，强制将黄金、白银和外币兑换为金圆券。由于国民政府实行不合理的汇率制度，批信局纷纷避开国民政府指定经营侨汇业务的银行、邮政系统等官方侨汇经营机构，通过外商银行和钱庄银号等机构从香港、上海等地以黑市价格收进侨汇，再把侨汇投入黑市做投机的生意。侨汇流入黑市，并不成为政府的外汇收入而流失，形成这个时期特有的"侨汇逃避"问题。

厦门一带有不少侨汇未经指定银行承汇，规避管制。广州区经济管理督导员办公处指派广州金融管制局朱盛荃局长到厦门督导，协助官方侨汇经营机构设法加强侨汇管制。朱盛荃在厦门召见各批信局负责人，训令信局遵循政府法令，通过正当途径发展侨汇业务。

1948年10月14日，中国驻菲律宾马尼拉总领事馆发出通告，呼吁侨民勿使侨汇流入黑市。菲律宾华侨汇兑信局同业公会召开联席会议，决定在菲暂停缴信，并电请厦门信业公会扣留私缴信款，今后侨汇凡非由国家指定银行付款者，则属非法，通知主管机关严惩。菲律宾华侨汇兑信局同业公会还决定电请国民政府财政部以有效方法制止香港黑市活动，电请厦门市府严密督导批信局所收侨汇应以国家指定银行为对象，勿使菲律宾的侨汇流入黑市。同年11月18日，受菲律宾中华商会委托，菲律宾华侨、厦门中原烟草公司董事长林为白，由菲回国抵厦，为华侨请命，要求修正侨汇汇率。以利侨汇，并提出改善侨汇七条意见。

解放战争时期的厦门侨批业（1946—1949）

1948年10月14日菲律宾《华侨商报》报道："巨量黄金自岷私运至厦，侨汇黑市复苏"。（洪卜仁 提供）

表2 侨汇兑付价与黑市汇价比较表

时间	侨汇兑付价（法币兑美元）	黑市汇价（法币兑美元）	侨汇兑付价/黑市汇价（％）
1946年1月	500	1459	34.27％
1946年2月	500	2072	24.13％
1946年3月	2020	2022	99.90％
1946年4月	2020	2098	96.28％
1946年5月	2020	2319	87.10％
1946年6月	2020	2578	78.36％
1946年7月	2020	2519	80.19％
1946年8月	2685	2909	92.30％
1946年9月	3350	3579	93.60％
1946年10月	3350	4223	79.33％
1946年11月	3350	4532	73.92％
1946年12月	3350	5910	56.68％
平均			74.67％
1947年1月	3350	6765	49.52％
1947年2月	7315	12657	57.79％
1947年3月	12000	14040	85.47％
1947年4月	12000	16250	73.85％
1947年5月	12000	27204	44.11％
1947年6月	12000	32826	36.56％
1947年7月	12000	43640	27.50％
1947年8月	38638	42280	91.39％
1947年9月	41635	50519	82.41％
1947年10月	53658	81058	66.20％
1947年11月	62771	109375	57.39％
1947年12月	77308	149615	51.67％
平均			60.32％
1948年1月	108625	178917	60.71％

解放战争时期的厦门侨批业(1946—1949)

续表

时间	侨汇兑付价 (法币兑美元)	黑市汇价 (法币兑美元)	侨汇兑付价/黑市汇价 (%)
1948年2月	138630	213250	65.01%
1948年3月	210307	441154	47.67%
1948年4月	318385	661154	48.16%
1948年5月	399000	1166923	34.19%
1948年6月	1374455	2252917	61.01%
1948年7月	3540250	6430769	55.05%
1948年8月19日	7145333	11088000	64.44%
平均			54.53%
1948年8月	4	4	100.00%
1948年9月	4	4	100.00%
1948年10月	4	12	33.33%
1948年11月	33	39	84.62%
1948年12月	60	76	78.95%
1949年1月	192	289	66.44%
1949年2月	1412	1854	76.16%
1949年3月	7582	8897	85.22%
1949年4月	205000	734873	27.90%
平均			72.51%

注：1948年8月19日以后货币单位为金圆券。1948年5月31日以后补给出口外汇证明书贴水。1948年11月以后按照外汇移转证价格。1949年2月以后按照当时出口结汇价估算。

资料来源：袁丁、陈丽园：《1946—1949年间东南亚及美洲侨汇逃避的原因》。

五、侨汇节节受限

抗战胜利后，南洋部分国家限制侨汇流出，连累到侨批业。

1945年11月，新加坡军政总部通知各银行，"华侨汇款每月不得超过100元坡币"；1946年3月18日，再度颁布"华侨家用汇款每月限汇45元坡币"。1948年10月，新加坡外汇统制部宣布：凡经营民信局汇款，必须申请批准证。

1949年，新加坡当局为限制华侨汇款回国，规定申请汇款办法，限定华侨每人每月汇款不得超过叻币45元，违者将受法律制裁，并可能遭到判处三年以内监禁及1万元罚金。

1946年9月，越南独立，加强了外汇管制，对经营民信局者，概不发执照。

1948年9月10日，菲律宾外国资金统制处通令限制华侨汇款回国，规定每人每次汇款回国不得超过500美元，但商业汇款不受此限制。

旅缅华侨原本每月可自由汇出缅盾250盾，1948年底缅甸政府进行限制。若华侨要汇款回国，必须向缅甸政府外汇统制局申请，申请手续极尽烦难，缅甸仰光的批信局几乎全部停业，侨汇也告中断。

由于侨汇受限，侨眷生活困难。报载一位菲律宾归侨妇女，其丈夫原籍厦门，她于1947年率儿女六人回国，每月生活费用原本都由丈夫汇寄供给，侨款接济中断后，儿女学费及生活费都成问题，不得不带着儿女向政府请愿，希望代为设法贷款，或愿将金饰作为抵押，以资维持。

由于东南亚部分国家限制侨汇，厦门部分信局无以为继，再加上时局变化，厦门民信局从1948年的117家到1949年减至97家。

新中国时期的厦门侨批业（1949—1976）

林 靖

一、人民政府重视厦门侨批业管理

1949年10月厦门解放。人民政府高度重视厦门的华侨和侨批工作，厦门解放后一个月，省人民银行领导即来厦门调研侨汇业（侨批业）的情况[①]。

当时，国内通货膨胀尚未控制住，外汇牌价不断提高，除了合昌信局（抗战中盘给中国银行，之后为中国银行实际经营）对侨汇用外币原币存单解付外，一般的私营批局则利用人民币汇款和外币汇兑继续进行黑市牟利。

1950年1月15日，福建省人民政府公布《福建省侨汇暂行处理办法》及《福建省管理侨汇业暂行办法》，规定：侨汇业必须依法办理登记，按照规定申报企业业务情况，遵守国家法令；经受外汇必须结售国家银行，银行则按照收汇金额给予0.75％的人民币手续费作为奖励金。[②] 当月，厦门首次登记核准营业的侨批局共86家。同时，为了解决侨汇受通货膨胀影响，鼓励华侨汇款，国家采取发行原币汇款存单的办法。中国银行签发原币存单，分别签发美汇存单或港汇存单，收款侨眷持单向附近银行以取款当日外汇牌价兑领人民币。全国财经好转后，人民币汇率趋于稳定之后，才一律采取以人民币解付侨汇，但保持原币汇款，对港汇、美汇，按到汇日银行外汇牌价兑换成人民币解付。这样充分保障了

[①] 新中国成立后，政府文件中把侨批业统一称为"侨汇业"，下文中侨汇业也即侨批业。
[②] 中国银行泉州分行行史编委会：《泉州侨批业史料》，厦门：厦门大学出版社，1994年，第189页。

| 厦 | 门 | 侨 | 批 |

华侨和侨眷的利益,让东南亚的华侨重新树立对侨汇的信心。

1950年下半年以后,国内物价趋于稳定,外汇牌价逐步走低,侨批业经营外汇黑市的问题逐渐改观。① 但是,厦门侨汇业又遇到新危机。由于西方国家对新中国的战略围堵,1950年开始东南亚主要侨汇来源地政府对侨汇纷纷进行限制。

长期以来,厦门侨汇主要以菲律宾、印尼、缅甸、新加坡和马来亚为主。1950年初,菲律宾政府限制每人只准汇美金20元～50元,6月又开始检查邮件,12月6日宣布禁止侨汇,之后历年都查禁。1950年后,新加坡和马来亚对华侨管制外汇,限定每人每月最多汇回新加坡币250元,后来减到45元。由于数目小,手续麻烦,华侨一般都找私营侨批局办理。印尼自1950年对侨汇严格管制,侨批局运转侨汇很困难。缅甸也是如此,初期仍由信局通汇,后来管制渐渐从严,侨批局汇款也比较困难。

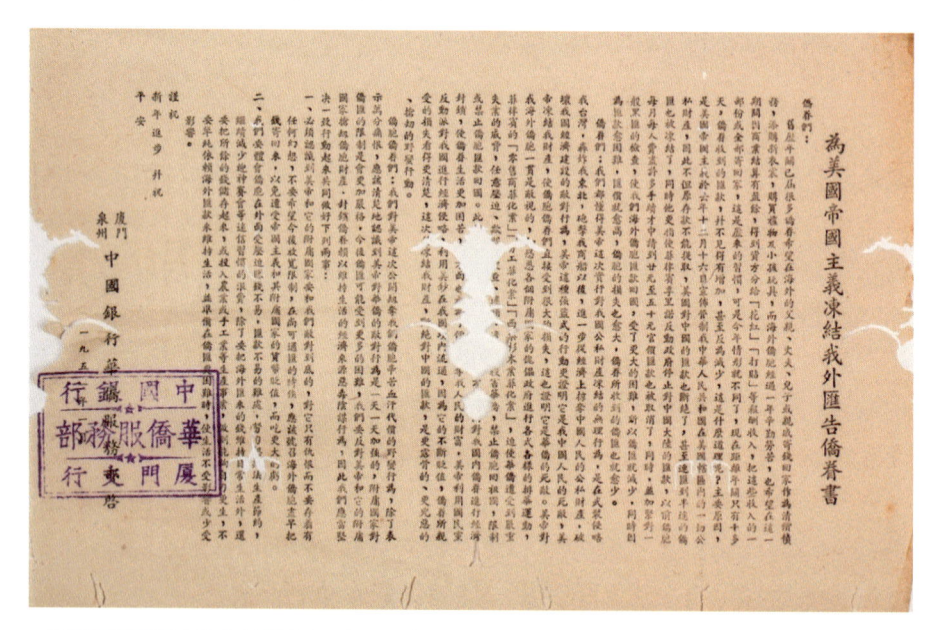

中国银行厦门支行华侨服务部《为美国帝国主义冻结我外汇告侨眷书》(陈亚元 提供)

---

① 林春森:《往事漫忆话合昌》,载中国银行泉州分行行史编委会:《闽南侨批史纪述》,厦门:厦门大学出版社,1996年,第178页。

· 172 ·

新中国时期的厦门侨批业（1949—1976）

在西方反华浪潮和东南亚政府对侨汇的限制与封锁日益加剧的形势下，侨批局在反限制斗争、争取侨汇方面所起的桥梁作用更加重要，关系到增加国家外汇收入、维持广大侨眷生活和维护侨乡的社会稳定。

1950年8月18—29日，为了"便利侨汇、服务侨胞"和开展反限制斗争，中侨委、中财委和人民银行在北京召开全国归侨侨眷福利会议，邀请侨汇业代表参与。会议贯彻"外汇归公，利益归私"的方针和"便利侨汇、服务侨胞"的政策，号召侨汇业和国家银行团结起来，开展反限制斗争。会议确定的具体措施有：调整公私和私私关系，废除民国时期歧视侨批业的政策，取消不合理双重邮资（邮局向侨批业另外加收口岸内地之间自带侨信回文双程邮资）和民信局牌照限制，减免税收，并给收汇以奖励金手续费①，取缔黑市、陋规和积压侨汇，使侨批业成为国家银行的代理收汇行业，成为便利侨汇、服务侨胞的金融服务行业。②

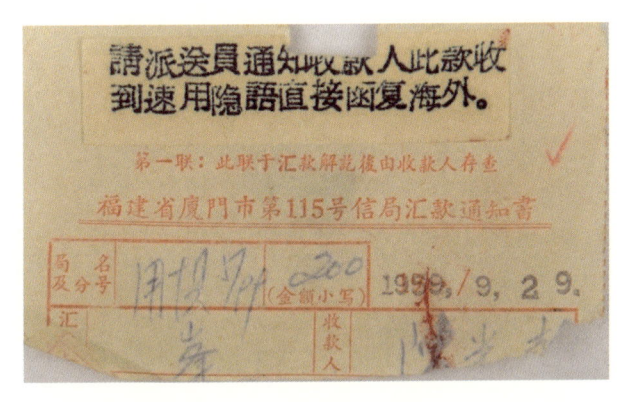

全国侨眷福利会议后，厦门侨汇业因地制宜地开展了许多反限制斗争：一是侨汇大部分从明汇改成暗汇，除马来亚部分使用明汇外，各地均用暗码汇款。譬如动员侨眷和海外华侨事先约定用如"旅安""大安""外安"等字词代表几十、

信局汇款通知书上加盖的提示：请派送员通知收款人此款收到速用隐语直接函复海外。（华侨博物院 提供）

几百、几千等汇款数字。又比如用家乡的五谷收获量（或子女读书考试分数）来代替汇款额数。还有用谐音代金额，如二伯代表200万，陆大兄代表6000等等。③ 在对侨汇查禁最严的印尼等地，侨批业还普遍采用帮单汇款，帮单数量

---

① 中国银行对侨批局给予收汇总额0.75%的奖励金，1964年又提高到1%。见中国银行泉州分行行史编委会：《闽南侨批史纪述》，厦门：厦门大学出版社，1996年，第129页。

② 中国社科院、中央档案馆：《中华人民共和国经济档案资料选编—金融卷》，北京：中国物资出版社，1996年，第810～811页。

③ 中国银行泉州分行行史编委会《闽南侨批史纪述》，厦门：厦门大学出版社，1996年，第167～168页。

少容易掩盖,数字金额可以用事先约定的暗语,虽然速度比较慢但是比较安全。

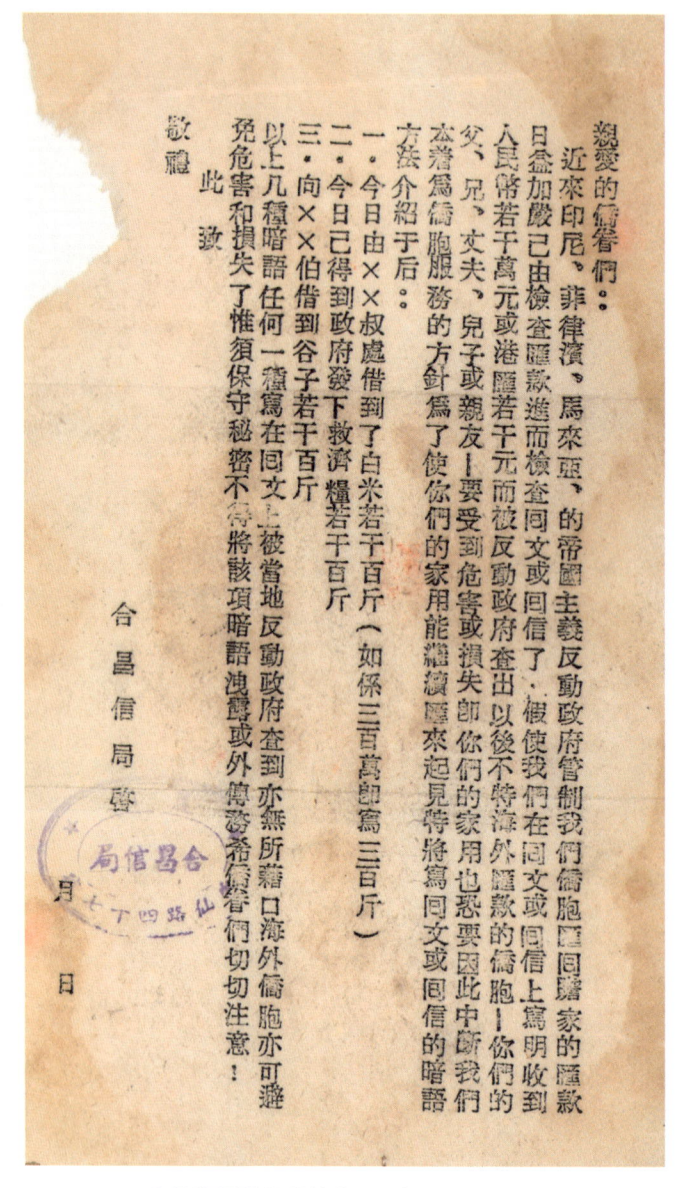

亲爱的侨眷们：

近来印尼、菲律宾、马来亚的帝国主义反动政府管制我们侨胞汇回赡家的汇款日益加严,已由检查汇款进而检查回文或回信了,假使我们在回文或回信上写明收到人民币若干万元或港汇若干元而被反动政府查出以

合昌信局给侨眷的信　（陈亚元　提供）

亲爱的侨眷们：

近来印尼、菲律宾、马来亚的帝国主义反动政府管制我们侨胞汇回赡家的汇款日益加严,已由检查汇款进而检查回文或回信了,假使我们在回文或回信上写明收到人民币若干万元或港汇若干元而被反动政府查出以后你们不特海外汇款的侨胞——你们的父、兄、丈夫、儿子或亲友——要受到危害或损失即本着为侨胞服务的方针为了使你们的家用能继续汇来起见特将同文或回信的暗语方法介绍于后：：

一·今日由××叔处借到了白米若干百斤（如係三百萬即寫三百斤）
二·今日已得到政府發下救濟糧若干百斤
三·向××伯借到谷子若干百斤

以上几種暗語任何一種寫在回文上被當地反動政府查到亦無所藉口海外僑胞亦可避免危害和損失了惟須保守秘密不得將該項暗語洩露或外宣希望僑眷們切切注意！

此致
敬禮

合昌信局　啟
月　日

新中国时期的厦门侨批业（1949—1976）

后，不特海外汇款的侨胞——你们的父、兄、丈夫、儿子或亲友要受到危害或损失，即你们的家用也恐要因此中断，我们本着为侨胞服务的方针，为了使你们的家用能继续汇来起见，特将写回文或回信的暗语方法介绍于后：

一、今日由××叔处借到了白米若干百斤（如系三百万即写三百斤）；

二、今日已得到政府发下救济粮若干百斤；

三、向××伯借到谷子若干百斤。

以上几种暗语任何一种写在回文上被当地反动政府查到，亦无所借口，海外侨胞亦可避免危害和损失了，惟须保守秘密，不得将该项暗语泄露或外传，务希侨眷们切切注意！

此致

敬礼

合昌信局启

1951年3月，政务院财经委施行了《侨汇业管理暂行办法》的命令，主要内容有：侨批局的经营必须向政府工商部门申请核验，并在工商部门的监督下经营；侨批局经收侨汇应当向当地中国银行报告汇入，解付局也必须填表向中国银行申领，不得逃套汇兑。该规定要求侨批局变更、迁移和停业，都应先报告相关机构审查批准，并算清未解汇款。此举保障了华侨汇款的安全性。[①]

为加强侨汇业的管理，1951年由厦门人民银行、中国银行、侨务局等单位组成侨汇业管理委员会，成员有章骥、叶肇明、李文陵、张继阳、吴克敬、洪流、丁邮等7人。1952年在全国资本主义工商业中开展"五反"运动后，侨汇业守法观念增强，侨汇黑市匿迹，侨汇业纳入国家管理的轨道。[②]

二、财税政策扶持侨批业生存

1950年10月1日起，人民政府取消旧的批信双程国内邮资，协助侨汇业降低成本、解决生存问题。1951年1月16日批准厦门崇成、源兴等25家侨汇业兼营进口贸易（实际经营进口者有7家），输入物资以白糖、白腊、油渣、肥田粉

[①] 中国银行泉州分行行史编委会：《泉州侨批业史料》，厦门：厦门大学出版社，1994年，第156～157页。

[②] 《厦门金融志》，厦门：鹭江出版社，1989年，第44～45页。

| 厦 | 门 | 侨 | 批 |

等为大宗。后因弊多利少,遂于同年 5 月起限制侨汇业兼营进口贸易。①

  厦门地区国家银行奖励侨汇业收汇,贴给手续费的标准是:1949 年 12 月根据《华东区外汇管理暂行办法》规定贴给 10‰;1950 年 1 月按省人民政府规定改为 7.5‰;同年 10 月 1 日开始执行全国统一收汇奖励金制度,根据"公私兼顾,高低折中"的原则,按新标准 5‰ 核给;1953 年 7 月 1 日起按规定又增至 7.5‰;1963 年 1 月 1 日再次提高为 10‰,并另提 1‰ 由省人民银行掌握,用于侨汇业活动经费和少数侨汇业不能解决的亏损贴补等开支。据统计,侨汇业领取国家银行手续费占银行总支出的百分比逐年增多:1950 至 1953 年是 29.31%～67%,1954 年至 1956 年是 80% 以上,1957 年是 91.82%。

  在减免侨汇业税收方面,解放初期本省税务局课征侨汇业税收是采取估征办法,1951 年上半年厦门地区课征侨汇业税收偏高一些。根据 1952 年 8 月 29 日全省侨汇工作会议决定,厦门税务局于当年年底对侨汇业课税改按"自报查帐,依实计征"的办法,并对"五反"中评税过高的一律降低。1956 年第四季度免征侨汇业所得税,1957 年免征侨汇业所得税和营业税。为调动国内外侨汇业股东的经营积极性,1950 年至 1958 年在侨汇业的盈余分配上,股东所得占 40%～60% 左右,同时在照顾国内局合理利润的前提下,一再适当调低国外局的批佣。1956 年对侨汇业的盈余分配上,采取多收汇多奖励,并适当扩大公共积累的原则。②

  1953 年 2 月 20 日,政务院公布《关于解放前银钱业未清偿存款给付办法》,解决包含侨汇业等金融机构的历史遗留问题。3 月,以中国人民银行厦门分行为主成立清理委员会,清偿解放前未解侨汇。至当年上半年,"本市侨批小组所辖各民信局及已停业的私营行庄,也清偿未解侨汇 452 笔,计人民币 6.26 万多元。"③

  侨批业遗留的"尾巴"问题处理完毕后,1957 年的社会主义改造时期,侨批业"全行业已经进入社会主义"。财政部、华侨事务委员会联合指示:国内侨批业在营业中所取得的手续费(包括国内银行的奖励金和国外侨批局所付给的佣金)主要由华侨负担。为了给今后降低批佣提供条件,减轻华侨负担,今后免征侨批业的营业税和企业所得税。

---

  ① 《厦门金融志》,厦门:鹭江出版社,1989 年,第 44 页。
  ② 《厦门金融志》,厦门:鹭江出版社,1989 年,第 45 页。
  ③ 《厦门华侨志》,厦门:鹭江出版社,1991 年,第 317 页。

新中国时期的厦门侨批业(1949—1976)

三、经营方式发生新变革

新中国成立后,随着厦门侨汇业的发展,厦门侨批业的经营方式也发生了新的变革:

首先,在三盘业务也就是解付方面,1951—1952年间厦门侨批业先后成立了私私联营的安溪第一派送联营处和"晋属"第一侨汇派送联营处(即泉州,当时称为晋江专区)。1953年,又进行了三盘局和特差、临时差的全面整顿,1957年三盘局机构改造为集体所有制的独立经营企业,成立厦门侨汇联合派送出。1975年初,又改为厦门海外私人汇款服务处(大集体所有制)。

其次,头盘局和二盘局方面,由于侨汇量下降,头二盘局中业务量较小的和主营汇兑局业务的,只靠侨汇批佣和银行手续费收益的,陆续歇业,由1950年的72家减到1957年的49家,从业人员和职工人数从1950年的490人减少到255人。① 国家对侨批业人员采取"包下来"的政策,安排多余职工到银行或者侨汇派送出工作。剩下的侨批局也采取合址办公和开展互助协作等形式,提升效率和减少费用。

表1 1950—1958年本市侨批局开业家数情况

年 份	家数	年份	家数
1950	72	1955	52
1951	67	1956	50
1952	58	1957	49
1953	54	1958	48
1954	53		

资料来源:《厦门华侨志》,厦门:鹭江出版社,1991年,第184页。

在佣金收费方面:解放初,各信局对外批佣一度高达4%(多属暗汇外钞解付,风险大,人民币汇款海外局因汇率关系利润厚)。1950年8月,中央侨眷福利会议后,侨批业逐步稳定,国内交通、治安环境改善,至年底侨批业佣金,菲帮

---

① 林春森:《厦门侨批业简史》,转自中国银行泉州分行行史编委会:《闽南侨批史纪述》,厦门:厦门大学出版社,1996年,第42页。

| 厦 | 门 | 侨 | 批 |

多数下降到 1%，洋帮下降到 2%。1951 年 10 月，厦门侨批行协议对外最低统一批佣：菲帮 0.75%，洋帮 1%，列入公约，共同执行。1952 年 9 月，成立厦门侨汇业统一批拥委员会，负责制定和调整最低批拥。① 1953 年 1 月，省人行制定了《闽南统一批佣标准》；从 1953 年 7 月起，大笔侨汇免收佣金，中笔侨汇侨汇减收 0.35% 佣金，小笔侨汇减收 0.1% 佣金。② 1957 年又调整至：洋帮小笔侨批（港币 1000 元以下）收 0.75%，菲帮小笔（人民币 500 元以下）侨批收 0.6%；中笔侨批（洋帮港币 1000～7000 元，菲帮人民币 500～3000 元）收费一律 0.4%，大笔则免费。

新中国成立后，汇款收据从三联（正、副、存根）增加为四联单，多设一联交侨眷收款人保存。1957 年后，又增加"侨汇证明单"联，侨眷可以用来领取侨汇物资供应票。转汇汇款则增为六联，其中一联，作为解付行的付款凭证。1960 年"三年自然灾害"时期，国家又特别允许华侨从香港寄回物资，以安定侨眷的生活。

1956 年国家的社会主义改造进入高潮，根据侨批业经营业务的特点，在企业组织形式上，提出了"以私营名义，沿用原牌号，继续分散经营，自负盈亏"的做饭，对侨批业从业人员的工资、福利等问题，做出了明确规定，规定侨批业从业人员的工资待遇，采取基本工资加奖励的办法，福利待遇按照国家对公私合营企业从业人员的有关规定办理。

1958—1969 年期间，厦门市侨批业一度由原来的各局分散经营，改革为合址办公，将全市所有侨批局分为 6 个段：

海后路两个段：源兴段包含源兴、正大、信立、鸿华、鸿美、和盛、慎德、天平；德盛段包含德盛、崇成、谦记、侨通、大中、兴源锦记、荣记、林和泰等。

升平路两个段：益群段包含益群、三春、大有、鲤安、南大、义昌、同兴、南侨、远裕、华兴；璧丰段包含璧丰、建兴锦记、天南、南成、信裕、和兴、骆协成等。

大中路段包含信义安、太平洋、建隆、群众、侨兴等。

水仙路段包含光大、南丰、福美、南兴、集裕、侨源、荣源等。③

---

① 中国银行泉州分行行史编委会：《闽南侨批史纪述》，厦门：厦门大学出版社，1996 年，第 179 页。

② 中国银行泉州分行行史编委会：《泉州侨批业史料》，厦门：厦门大学出版社，1994 年，第 191 页。

③ 蔡德修：《漳厦侨批工作回忆录》，见中国银行泉州分行行史编委会：《闽南侨批史纪述》，厦门：厦门大学出版社，1996 年，第 237～238 页。

四、谢幕于 20 世纪 70 年代中期

20世纪60年代以后,由于国内邮局和银行在乡镇的普遍设立,以及省内社会治安环境的好转,交通条件的完善,国内侨批业的便利侨汇和服务侨胞的特殊作用日益为邮局和银行服务所代替。1975年厦门市四五十家侨批局,统一合并之后,有一百多位侨批工作人员,除留十多人在"侨汇服务处"工作外,其余都转到"工量具厂"工作。当年年底,海外私人汇款服务处并入中国人民银行厦门市支行国外部,成为国外部下属一个部门。1976年,成立厦门侨批业清理小组,对各侨批局资产进行全面清偿,办理股东退股,所有侨批业务统统由中国银行经办,侨批业工作人符合退休条件的办理退休,其他给与安排到银行或者别的企业工作。至此,厦门侨批业宣告结束。

附 录

厦门市对资改造办公室
关于厦门市私营侨批业改造意见

一、侨批业的主要情况

本市私营侨批业有50家,其中头盘局11家,头盘局兼二盘局14家,头盘局兼二盘局又兼三盘局的8家,二盘局16家,二盘兼三盘局1家。三盘机构共有39处,主要分散在晋江、龙溪两个专区,这些信局有业务往来关系的国外局共有164家,其中属于代理关系的131家,联号关系的32家。

全市私营侨批业从业人员共有418人,其中职工331人(包括内地分支局职工179人)、资方从业人员87人(厦门66人、内地21人)。侨批业的股东约有半数是直接负责国内外企业管理活动,他们在国内的占36%,在香港占30%,在海外总局的占44%。另有半数资方不直接参加企业的业务活动。

侨批业资本一般不多,全行业资本总额为163284元,资本最多的才66500元,另有公积金73647元。全行业经营侨汇业务,据1955年1至11月份统计为1679万美元,占本市吸收侨汇总额81.28%,营业收入总额为人民币638554元,其中4家银行付给奖金占53%。批佣收入占47%。盈余局有41家,盈余总额为235,300元,盈利最多的达31500元;亏损局9家,亏损总额为10100元,亏损局的从业人员有29人。

解放初期,私营侨批业即受国家银行管理领导,其经营侨批所得外汇资金全部交国家银行,国家银行付给一定奖金。实际上,已经是一种特殊形式的国家资本主义(除国家奖金收入,另外尚有批佣收入)。1952年德盛等5家在内地的三盘机构组成联营处,虽可以互调劳力,改进派送工作,但社会主义经济还不能从企业内部实行领导。因此,公私间、劳资间、私私间的矛盾仍无法克服,妨碍了侨汇业务的积极发展。从资本主义工商业改造进入全行业公私合营以来,在社会主义革命高潮的影响下和由于职工的积极推动,侨批的资本家也普遍要求公私合营,亏损户、代理人和少数积极分子要求更为迫切。

新中国时期的厦门侨批业(1949—1976)

二、侨批业的改造原则和形式

侨批业与一般行业不同,它有自己的特点。因此对侨批业的改造一方面必须适应它的特点,另一方面需要适应国家当前对改造的要求:即既要有利于增加侨汇收入,又要有利于国家的领导和管理。

根据上述原则,侨批业可以按全行业公私合营的原则进行改造,变私营企业为国家银行的附属机构,企业从业人员视为国家职员,但不挂公私合营招牌,而组织侨批业联营管理处或侨批业管理委员会,国家派干部进去工作。对外联系仍保持原各信局的牌号和关系,各企业原有财产(包括流动资金、固定资金和公积金)仍为原企业主所有。联营管理处或管理委员会在国家银行的直接领导下,贯彻"统一管理,分散经营,分头收汇,独立核算,多收多奖"的经营原则。

三、侨批业的改造措施

(一)建立机构,调整组织。对本市头、二盘局和内地三盘机构分别进行改造,将本市头、二盘局分设在内地的三盘机构,划归各地所在地进行改造。本市信局组织联营管理处或管理委员会,国家银行原管理侨批业的干部可移入管理处或管理委员会工作,管理处或管理委员会可根据具体情况酌设秘书、人事、收汇业务、派汇业务等课(组)。管理处或管理委员会在国家银行领导下对全行业的经济工作和政治工作实行统一管理。在统一管理的原则下,实行分散经营,即业务活动仍以原信局为单位,各局根据管理处或管理委员会的业务计划,独立对国外开展业务活动,以自己的牌号、关系,分头收汇。原各企业的资方从业人员或代理人员应负增加收汇和保障资金安全的全部责任。为节省开支,便利管理和联系,部分机构的办公地址可适当合并。

(二)财务管理,采取"统一管理,独立核算,各负盈亏"的办法。

1. 国外批佣收入,按统一收费标准计收,批佣收入为各企业所有。

2. 由 0.75% 的银行奖金中划出 0.1% 至 0.2% 作为管理处或管理委员会的经费,其余部分仍为各企业收入。

3. 各信局的业务费用(包括给国外局的奖金、三盘局的解汇批佣)及管理费用(包括工资等),由管理处或管理委员会制定统一的费用标准和制度,各信局以编送年度、季度财务计划,收支预算经管理处或管理委员会审批后执行。

4. 企亚盈亏分配:贯彻"多收多奖"的原则,即企业的盈亏,在交纳所得税后除按一定比例提存。(1)公积金,以备扩大企业和意外之用。(2)生产奖金,包括原企业资方代理人的分红部分,作为奖励积极经营企业和个人之用。(3)福利金或公益金等交管理处或管理委员会统一管理使用外,剩余部分由各企业按出资比例分别分配给各出资人。(4)如个别企业有亏损,维持困难,拟采取下列办法解决:甲、调出职工;乙、资方从业人员在管理处或管理委员会兼职;丙、用公积金贴补。(5)与国外局的帐务往来由各局负责,如侨汇发生侵亏和积压情况亦由各局负责。(6)集中转解委托汇达侨汇,即各头、二盘局应解送内地的侨汇,全部集中交管理处或管理委员会统一转送委托发往接收人。

(三)人员安排:原企业的资方负责人员一律在原企业工作。如个别企业系以完全断绝国外关系,其原企业人员则由管理处或管理委员会统一分配工作。原企业的职工,目前一般不动,但管理处或管理委员会可以统一调配。

管理处或管理委员会的主任由国家派干部担任,资方核心进步分子、工作能力强、威信较高者可担任副主任,劳方的优秀分子也应参与领导工作。总之,人事的安排要尽量做到适当合理。

(四)对外批佣。侨批经收侨汇国外局起重要作用。因此,今后应逐步适当地调低对外批佣,以照顾国外局的利益,更好地团结国外局。另外,为鼓励国外局收汇局和香港转驳站经营的积极性,多收外汇,拟实行定率(收汇业务量的0.1%或0.05%)的业务奖励制度。同时,还应适当地调整香港转驳站的佣金,以发挥其桥梁作用,防止消极破坏。

以上意见当否,请审批。

1956年2月17日

(选自区礼华等主编:《光辉的胜利:厦门市资本主义工商业社会主义改造资料丛书》,厦门大学出版社1992年版)

厦门侨批业与当地中外银行

陈 石

厦门是闽南地区海外侨汇的重要枢纽,长期以来,大部分侨汇都先汇集到厦门,再分流到泉州、漳州等地。这既是因为厦门作为"五口通商"之一的商埠和国际性港口,开放程度领先于其他城市,也与当年厦门发达的银行业与境内外侨批业密切协作息息相关。

据史料记载,1950 年,福建省中国银行共收侨汇折合 2844.75 万美元,其中厦门中行占比达 87.47%,业务量之大可见一斑。

侨批业务是中国金融史上国际汇兑业务的一种民间创新。厦门侨批业和银行业在恶劣的经济环境下,吸收引进西方先进操作手段,改良创新,优势互补,使侨汇业务覆盖了华南地区乃至整个东南亚,为当时经济民生做出了巨大贡献,对中国金融业发展也具有极为重要的历史意义。厦门侨批业与银行业的协作变迁历程大致可分为三个阶段:

第一阶段:清末民初,厦门侨批业悄然兴起,银行把业务触角伸向侨批业,给这一新兴业务带来勃勃生机,搭建了一条独特的海上金融丝绸之路,为因政局动荡孱弱不堪的经济民生做出巨大贡献。

(一)赡家侨汇触发了民信局机构的兴起,开创了银行业介入的先河。

侨批业与银行业经历了一段相互依存、共同发展的漫长历史。早在 1873 年(同治十二年),英国汇丰银行就在厦门开设分行,为民信局在侨批业务上的收汇、承转和解付等方面提供了条件。随着邮电、银行的兴起,一些华侨富商组织为华侨寄信寄款服务的民信局应运而生。厦门最早一家民信局由永春人黄日兴于 1877 年(光绪三年)创办,其次为龙海人郭有品于 1880 年(光绪六年)创办的天一局。

厦门侨批

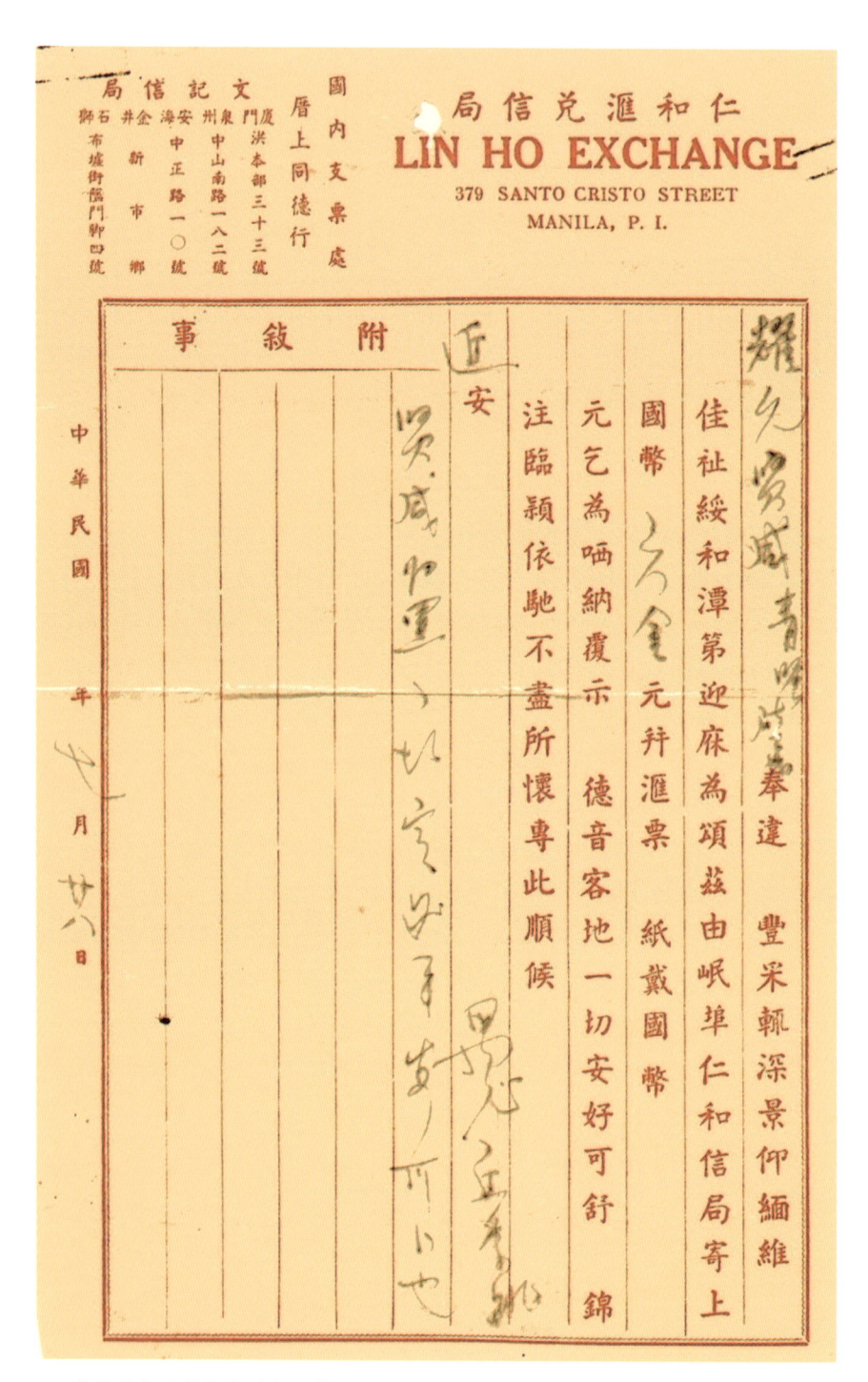

仁和滙兑信局
LIN HO EXCHANGE
379 SANTO CRISTO STREET
MANILA, P. I.

國內支票處
曆上同德行
文 厦門洪本部三十三號
記 泉州中山南路一八二號
 　安海中正路一〇號
信 金井新市鄉
局 石獅布墟街臨門卿四號

附敘事

耀久吾威青晤所奉達 豐采輒深景仰緬維
佳祉綏和 潭第迎庥為頌 茲由岷埠仁和信局寄上
國幣 ㄧ元并滙票 紙戴國幣
元乞為哂納覆示 德音客地一切安好可舒
注臨穎依馳不盡 所懷專此順候
匡安

明咸仰望、此家安好者、思立君郭

中華民國　年　七　月　廿八　日

菲律宾仁和信局格式化信笺（马尼拉寄往厦门批信）　（洪卜仁　提供）

厦门侨批业与当地中外银行

厦门银行业与东南亚地区的侨汇沟通一直十分活跃。初期，福建普通华侨递信寄款，主要委托"水客"转递。随着信局与国内邮局、银行协同日趋成熟，侨胞大都通过信局汇寄家费。信局收到华侨信款之后，凭收款人姓名、住址、金额开列清单，先将侨信连同清单通过邮局寄交其国内代理局，款项则由银行或信局（洋行）另外汇出。银行和邮政专业技术和渠道成为侨汇业务的重要中介，为这项跨境业务的兴起和发展奠定了坚实基础。

厦门地区侨汇业务始终伴随着中国政局的跌宕起伏，包括外资银行垄断、抗战腥风血雨、国民党政权垮台前经济崩溃等，但一代又一代侨汇和银行从业人士始终坚持为侨胞服务的经营理念，在艰苦环境下锲而不舍地推进侨汇业务发展。

1914年1月5日，中国银行福建分行成立，初期政府授权其发行钞票、代理国库、经理公债、办理外汇及其他银行业务。次年5月20日，中国银行在厦门设立分支机构，行址位于港仔口街（现镇邦路），后移至水仙路。1921年10月1日，福建分行迁移到厦门，福州改为支行。不久，中国银行总行认为福建分行既然迁到厦门，就应该以地方为名，所以又改称厦门分行，内部简称"闽行"。厦门中国银行自成立以后，就一直在侨汇业务方面发挥重要的龙头作用。

与此同时，国外金融资本纷纷加大对中国的入侵，厦门既是口岸城市，又是著名侨乡，比较容易吸收资金，英国、日本、荷兰等国银行都先后在厦门设立分支机构。除厦门汇丰银行之外，日本在台北成立的台湾银行，1901年在厦门设立分行；台湾金银株式会社于1907年在厦门开办新高银行，1920年改组为工商银行；成立于1923年的荷兰安达银行；由美国人和闽南商人合资开设的美丰银行等。

厦门一些洋行也代理汇兑业务，如德记洋行代理英国渣打银行，和记洋行代理英国有利银行，德商宝记洋行和英商德意利士洋行都先后代理过荷兰小工银行。

垄断外汇是外商银行在华经营的主要手段之一。当时厦门进出口贸易基本上都由外国人控制操纵，外汇行市挂牌也尽在外商银行掌握之中。如厦门汇丰银行就拥有自己的电台，掌握国内外金融行情，控制外汇汇率，开盘操纵外汇牌价。外商银行仅侨汇一项一年收入即可达二三千万元，加上国际贸易来往货款，则数额更大。其中，汇丰银行与安达银行机构遍及东南亚地区，收付金额数量较大；台湾银行只收付日与台、厦之间汇款，数额相对较小。

在南洋各城市没有开设华商银行之前，华侨汇款大都由英美银行转汇，之

| 厦 | 门 | 侨 | 批 |

1938年厦门荷兰安达银行收款凭据 （洪卜仁 供图）

后虽有华商银行参与竞争，但经营实力及业务范围都无法与外商银行抗衡。外商银行凭借着对汇率的操纵地位，经常乘汇款者之急提高汇率，获取超额利润。

  当时，由于一些侨乡地处深山僻壤，匪患横行，甚至发生过侨汇派送人员被绑架杀害事件。一些侨眷为安全起见把侨汇存入外商银行。许多农村侨眷甚至只收汇单，不取现款。日子久了，有的汇单遗失或执单人亡故，这些无人提领的存款就成了外商银行的额外收入。这种存款仅汇丰一家就有百万元左右。

厦门侨批业与当地中外银行

外商银行都将储户存款转存其国外总行,在厦门只留少量现钞应付储户。

1932年5月20日,国民政府主计处统计局对厦门市货币金融情况做过一项调查,显示厦门地区所用钞票由中国银行厦门分行及中南、大陆、金城、盐业等五家银行发行,其中以中国银行钞票流通最广。厦门共有中国、中南、厦门商业、中兴、华侨、汇丰、台湾、荷兰安达等8家中外银行,其中以中国银行最为重要。中国银行、中南银行发行纸币业务较广泛,国内外分支代理机构较多,汇兑业务灵敏。厦门商业银行属地方银行,重在存放款。中兴银行及华侨银行为菲律宾、新加坡华侨集资而设,偏重南洋、吕宋汇兑。华人对台湾银行没有大的款项进出。汇丰银行也重在华侨汇款。

1936年,据省府调查统计室调查,福建当时22家银行分为三类,在厦门有汇丰、台湾、安达3家外商银行;央行、中行、交行、农民银行、中实、通商、中南、国华、华侨、中兴、新华等11家华人所办银行;1家福建省地方银行——福建省银行。

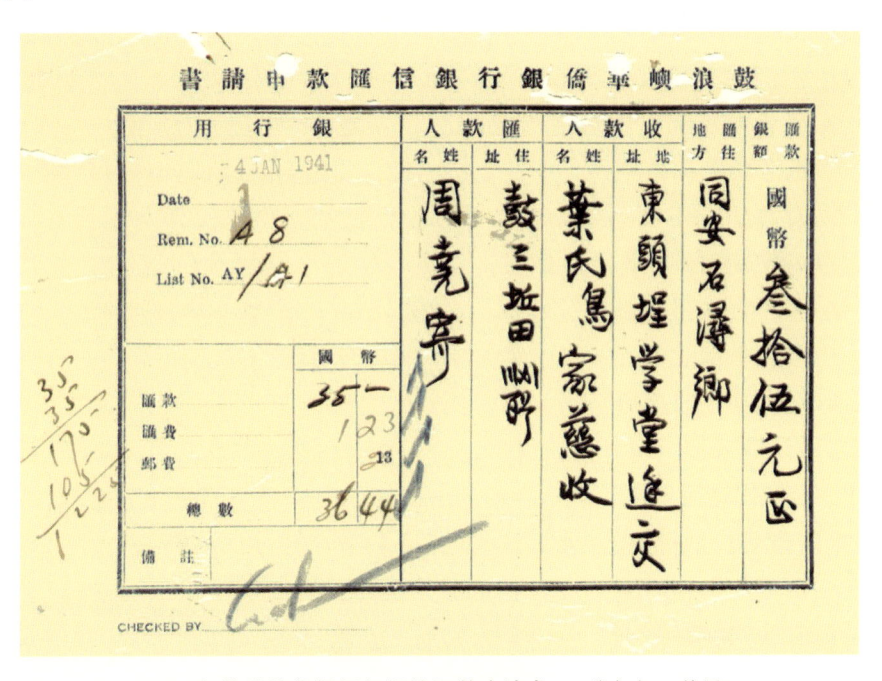

1941年鼓浪屿华侨银行银信汇款申请书 (洪卜仁 供图)

中国银行对推广侨汇业务一直不遗余力。1932年11月,中国银行总经理张嘉璈携香港、厦门两分行经理赴新加坡考察侨汇情况,期间指示香港、广州、汕头、厦门四处分行改进收转及汇兑手续,凡侨眷到行提取汇款时,力予便利。

其不能签字者,准其画一"十"字。如不愿携带现款回乡者,可代为委托批局转解。

除香港中国银行之外,1936年中国银行在新加坡设立分行,由厦门中国银行经理黄伯权奉总行使命亲赴星洲负责筹建,并先后在马来亚、印尼、缅甸、越南等地设经理处,国外代理行号达30多家,进一步打破了外商银行独揽华侨汇款国际汇兑的局面,为沟通侨汇创造更加有利的条件。中国银行还购买了新加坡华商银行五分之一股本,在新加波的侨汇业务也委托华商银行代理。由于中国银行国外通汇地点分布广泛,在省内各侨区均设有分支机构,解付侨汇安全迅速,且不必经由香港,可从海外直接汇入,深得侨胞侨眷信任,吸收侨汇比其他银行多,福建侨汇有60%通过中国银行汇入。1936年,厦门地区侨汇达5835.5万元,其中经中国银行汇入达2341.5万元。英属马来半岛各地侨汇多数经由该行汇回,约占总额66%,来自荷属东印度约占17%,其余17%则来自菲律宾及西贡两地。

从20世纪30年代起,厦门侨汇几乎都直接或间接经由银行汇入。银行与民信局在南洋各地合作,有些银行不收小额汇款以避免竞争之嫌。民信局收到的零星侨胞汇款,也整批购买银行汇票汇回国内,事实上等于是银行的代理人。

(二)抗战时期,厦门侨汇渠道遭到极大破坏,但广大信局和银行从业人士克服困难,冒着危险,千方百计为侨胞侨眷服务。

抗战爆发初期,根据当时行政院颁发的命令,军委会专员黄元彬发起

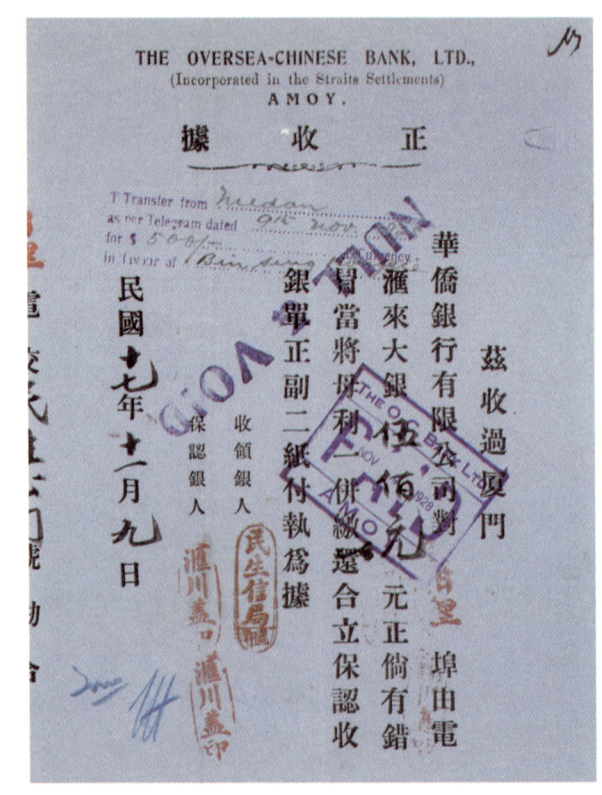

1928年厦门华侨银行电汇正收据(付出从日里汇厦500元给民生信局的收据) (陈亚元 提供)

厦门侨批业与当地中外银行

了华侨汇款总动员运动,要求闽粤等省当局筹组华侨汇款总动员委员会,并制定相关宣传奖励办法,鼓励华侨人数较多的县市劝告侨胞尽量汇款回家,但须设法通过中国银行或代理机构办理。如果由外国银行汇回,则须信件告知收款人委托中、交、农等省市银行、邮政储金局或中央信托局代收,违者依照乡镇民大会议决案制裁办法处罚。同时要求中国银行各分支机构对华侨汇款应减轻汇费,给予优惠汇率。在南洋谋生的福建侨胞积极响应号召,汇款回国非常踊跃,平均每月达450万余元,最高单月竟达1000万元。

广大侨胞侨眷抗日热情高涨,在生活受到极大影响的情况下,仍然捐款捐物,支持祖国抗战。据1941年4月9日《福建民报》报道,"抗战以来,侨胞赈寄捐债源源不绝,爱国热忱,殊堪钦佩,自'七七'抗战起,至民国廿九年十月底止,海外侨捐递交政府各机关及中国银行收到各款,统计达国币294396357.65元⋯⋯"

1937年,厦门中行针对闽南侨乡众多、社会动荡、信局时常倒闭的情况,在泉、厦两行增设民信汇款部(组),开办民信汇款业务。1938年5月厦门沦陷后,部分信局迁至鼓浪屿,部分迁到泉州、安溪,各信局皆陷入停顿状态,汇款无法解交,原有银行或缩或停,侨汇业务受到重大影响,侨胞汇款颇感困难。

唯独中国银行本着辅助侨胞、服务社会之精神,不畏牺牲,不惧困难,在内地遍设机构,款无论多寡,路无论通塞,全部予以清解,侨胞莫不称赞。同年,厦门中行直接参与了侨批登门派送业务。抗战期间,民信汇款部(组)在东南亚发展代理侨批收汇局180多家,冒险派送,解侨眷之困苦。1938年至1940年期间,海外华侨汇款几乎完全集中厦门中行代解。

1937年8月13日淞沪会战爆发,厦门十几家中外银行于9月1日相继撤移至鼓浪屿租界营业,中国银行在岛上原有鼓浪屿办事处,当时实际上已成为一个对内外均以分行名义行事的机构。1938年5月13日厦门沦陷,中行机构人员迁出,顾子余副理、黄呈栋襄理率会计文书并案卷暂移香港组织闽行驻港通讯处。1940年7月,中行转移到永安办公,翌年4月再转移至龙岩。留顾景升、王泉保两位襄理,并添设两位副主任带领部分员工在鼓浪屿坚持营业。

1941年12月8日,日军突然登陆鼓浪屿,首先占领各国领事馆、机关和银行,中国银行所有员工和警役均遭到捆押,拘留在岛上的博爱医院,经审问后释放。负责人则被押赴银行点查库存现款和业务账目。随后所有库房铁柜以军管名义贴上封条,日军派兵监守,银行门口架上机枪,不许任何人进出。港仔后行员宿舍也成为当时关押驻鼓浪屿外国人的集中营。当时中行鼓浪屿办事处

| 厦 | 门 | 侨 | 批 |

1937年抗战全面爆发,厦门中行员工在鼓浪屿军训。(陈石 提供)

合共库存计440万余元现款,被日寇悉数辇至厦门台湾银行保管,中央银行、中国银行、交通银行、汇丰银行、安达银行等各家银行库存亦同时被辇出。7月间,日方宣布中央银行、汇丰银行、安达银行为敌性银行,以中国银行、交通银行银行有商业性质强令复业。但旧存款无款支付,新存款几乎没有业务,华侨托收汇票、代外洋存户保管之存款单折等件,收既不能,退又不得,只能密为保存,待后来处理,业务受到极大破坏。

在日寇铁蹄之下,中国银行仍然派员冒险从鼓浪屿挑运侨信到泉州,确保侨汇及时清解。在该行闽驻港处复总驻港处信函中提及:"至厦门失陷,闽省沿海一带风鹤频惊,信局不愿冒险存款内地,各内地同业亦均减少库存,停止解款,以致南洋侨胞汇款无门,大起恐慌,纷电院部设法救济。当时本行仍本为国家吸收外汇、补助侨胞宗旨,冒险运款,勉力送解。虽在敌机敌舰威胁轰炸之中,漏夜作书,照旧进行,侨胞困苦乃得解除。而南洋各信局亦悉本行,恳托代解,计闽属侨汇经由本行经汇者占70%,除大宗电汇、汇票不计,仅零星批信,经由本行直接送达侨胞眷属者,自(民国)廿六年开办至廿八年十月,共计解信件520475件,计款17202027元。"

陈嘉庚先生在《南侨回忆录》中,对中国银行在厦门沦陷后坚持为侨胞沟通侨汇给予高度评价。

厦门侨批业与当地中外银行

（三）民国政府崩溃前夕，通货膨胀，黑市猖獗，金融动荡，银行业务萎缩，侨汇业务艰难经营。

抗战胜利后，厦门侨汇渠道恢复畅通。由于多年战火隔绝，赡家济急汇款很多。但由于国民党政府发动内战，通货膨胀，黑市猖獗，黄金美钞占据市场，外汇牌价远低于市价，已无正式侨汇汇入，外币完全成为投机对象，美钞成为公开流通货币，侨汇主要是以现钞带进流入市面，或携带物资进口做走私生意。据香港《金融日报》估计：

1945年福建侨汇约有1500万美元

1946年福建侨汇约有4480万美元，全国16000万美元

1947年福建侨汇约有3360万美元，全国12000万美元

1948年福建侨汇约有2800万美元，全国10000万美元

1949年福建侨汇约有2800万美元，全国10000万美元

厦门作为当时最盛的投机市场和出入境口岸，估计有90%经厦门转带内地，平均每年可达2500万美元以上。

1945年4月5日厦门《江声报》报道，"据侨界人士估计，经由银行之侨汇仅占实际之总额十分之一二，大多数系经由民信局转汇回国。以马来亚而论，由中国银行经汇需叻币2.4元折合国币1万元，而由民信局经汇，仅需1.5元，侨胞乃多数托后者经汇也。"

随着全面内战爆发，军费开支浩大，财政赤字惊人，全靠发行钞票予以弥补，导致物价飞涨，金融动荡，银行业务受到很大冲击。国民党当局妄图用强制手段来挽救危局，不到一年时间两易币制，但金圆券发行仅几个月民众就开始拒用，银元券刚一发行即出现挤兑，寿命更短，金融市场陷入空前混乱。在这动荡时期，许多出尔反尔的金融管制法令纷纷出笼，其中外汇业务方面尤为突出。民国政府曾于1946年2月25日公布《中央银行管理外汇暂行办法》，开放外汇市场，黄金、外币均可自由买卖，现有官价及其补助金均予废止，中央银行根据市场形势变化，于必要时平衡外汇、外币价格。但到了1947年2月16日却又颁布《中央银行管理外汇修正办法》，对原有办法做出重大修改，严禁黄金、外币自由买卖，指定银行按中央银行新订汇率买入或卖出外汇。

由于外汇牌价和黑市相差悬殊，侨汇受到严重影响，十有八九流入黑市，或循民信局渠道转逃香港。个别不肖业者若将侨汇解付延压一天半天，汇兑价格完全不同，华侨侨眷利益因此受到损害。中国银行曾对此提出一些管理和改进

措施，但收效甚微。

对战前华侨汇款问题处理上，国民党政府规定的赔偿比率与侨眷期望值相去甚远，大部侨眷拒绝接受，请求退回原汇地点，再自行通知汇款人转汇香港，然后间接在港领取，以避免损失。

由于国内法币低落、英镑时传贬值，且内地田产物业普遍上涨，致使华侨置业无从下手，于是侨胞停止汇款回国内，而将款项存入各侨居地银行。据统计，厦门地区侨汇因此减少了70%，有30%的侨汇则转汇香港，由港转换成美钞或港币带回国内。

有人对当时厦门外汇汇率与黑市汇价做一比较，可以看出当时通货膨胀和金融货币体系崩溃到了何等地步：

1945年至1946年3月	每美元＝500元（法币，下同）
1946年3月4日至1946年8月18日 （8月18日黑市2440元）	每美元＝2020元
1946年8月19日至1947年2月15日 （2月15日黑市13000元）	每美元＝3350元
1947年2月17日至1947年8月16日 （8月16日黑市36700元）	每美元＝12000元
1947年12月30日至31日 （12月30日黑市137000元）	每美元＝89000元
1948年5月17日至31日 （5月31日黑市1080000元又涨至2000000元）	每美元＝74000元
1948年8月19日至11月12日	每美元＝4元（金圆券，下同）
1948年11月12日至11月21日 （11月22日黑市235元）	每美元＝20元
1948年12月31日 （12月31日黑市122元）	每美元＝120元
每美元＝200元	1949年1月15日 （1月15日黑市225元）

1947年11月，民国政府强令各银行将自有外汇移存中央银行，之后又规定这些外汇未经政府许可不得擅自动用，否则从严惩处。1948年11月，中央银行通知各指定银行暂停外汇业务，侨汇头寸也暂停领借，以致海外联行委解

厦门侨批业与当地中外银行

汇款无法解付,各行陷入困境。

1948年1月12日中国银行总行派遣林风苞到福建视察。据当时会议记录,"厦门局处岛屿,一无生产,一切大小金融机构皆赖侨胞汇款,由国外至内地之转发过程中觅取利润,故当地市面之繁枯以及本行业务之消长,胥视海外侨汇之多寡而定。"这段文字非常形象地描述了当时厦门的产业结构,特别是金融业对侨汇依赖的实际状况。

汇兑业务是银行获取收益的重要途径之一。在战火纷飞、金融动荡的年代里,汇兑业务难以畅通,福建侨汇汇入多于汇出,中央银行头寸调拨又有一定的条件限制,以致汇款解付困难重重。期间,福建各地中国银行业务日趋萎缩,机构陆续裁撤,至1949年10月17日厦门解放时,全省仅余8个行处。

第二阶段:新中国成立后,政府鼓励保护侨汇的政策,激发了广大侨胞爱国爱乡热情,银行管理和服务职能的发挥,使厦门侨汇业务发展步入一个新的历史阶段。

(一)采取保护措施,坚持团结与管理并重,尽快恢复侨汇畅通,促进经济稳定发展。

解放初期,厦门面临紧张的两岸军事对峙,美国联合一批国家对新中国实行物质禁运和侨汇限制,厦门物价波动,人民币尚不稳定,侨批业者对政府政策不大了解,对行业前途认识不清,投机倒把经营依然存在,银行管理部门处于组织架构重整时期,经济形势十分严峻。

侨汇畅通与厦门经济恢复与发展息息相关。党和政府充分肯定侨汇对国家建设的积极作用,在对厦门地区信局管理过程中,坚持团结与管理并重,采取保护措施,教育改造为主,通过实施"侨汇业管理暂行办法",给付收汇手续费,推动侨汇参加登记,鼓励侨批业继续开展侨汇业务。同时严肃处理了益通、正中、汉昌等逃汇积压违法案件,打击黑市侨汇,建立了新的规章制度,得到侨眷的普遍拥护。有些侨眷因自身问题得到解决,特地在报纸上刊文表示感谢,相关信局也对处理决定心服口服,侨汇业基本被纳入国家管理轨道。

1949年10月24日,厦门中国银行重新开始运作,新的组织架构很快发挥功效,并在随后相当长的历史时期成为厦门地区侨汇业务的主要经营管理机构和业务主渠道。

由于中国银行与全省各地人民银行及邮局联系密切,各地人民银行均可代兑侨汇原币存单、代解原币汇款、代办原币存款;各地邮局也可代兑代汇原币存单、送达侨信、送解侨汇,但不代办原币存款。海外侨胞汇款回国除委托各地中

| 厦 | 门 | 侨 | 批 |

行解付外，也可委托付款地附近中行转托该地人行代解。随着人民币币值提高、物价稳定和实行原币侨汇存单，侨胞侨眷逐渐消除了顾虑。

1950年5月，厦门中行成立了华侨服务部，随后三年间共接受侨胞侨眷来函达2100余件，委托代寻亲属，办理投资、存款、

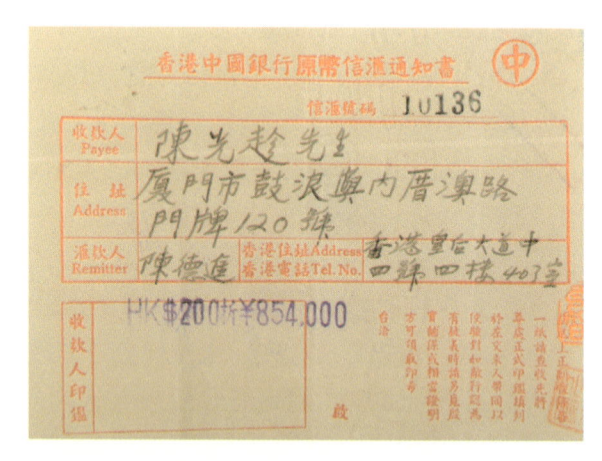

香港中国银行原币信汇通知书　（华侨博物院　提供）

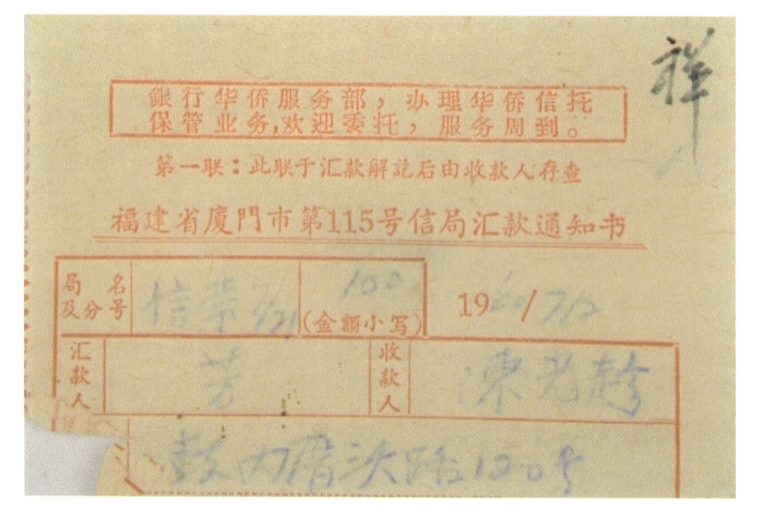

印有："银行华侨服务部，办理华侨信托保管业务，欢迎委托，服务周到"的信局汇款通知书。（华侨博物院　提供）

出入境手续、子女升学、查询创办工厂、土改、镇反等问题，代寻到失去联系的侨胞侨眷共110人，代写侨信2913件，代管华侨房产53座，保管有价证券205件，其他查询代办事项不胜枚举。此外，中行也发放小额低息华侨贷款，帮助侨眷解决困难；经常访问难侨、归侨、侨生、侨眷，并召开座谈会宣传政府护侨政策；在主要侨乡派驻侨乡服务员，印发宣传品及出版小型报纸寄发海外侨胞，宣传祖国新气象和各种建设成就，加强侨胞的爱国热情，引导侨资参加祖国经济建设事业，使侨胞侨眷深刻体会到人民政府对他们的爱护和照顾。

厦门侨批业与当地中外银行

1950年全年，厦门共吸收侨汇2328万美元，其中中国银行占73%，黑市占27%。侨汇渠道的恢复减轻了侨眷生活困难压力，有助于工商业的恢复与发展。

（二）加强统一管理，开展整顿改造工作，建立联合派送组织，规范各项规章制度，为广大侨胞提供热情服务。

厦门刚解放时，中国银行的海外机构尚未恢复，一些侨居地国家政府限制侨汇，打击信局，对新中国持敌视态度。要维持侨汇业务正常运行，唯有通过民间渠道。1949年11月，中国人民银行福建省分行提出"恢复合昌信局，沟通海外联系"的建议。

合昌信局成立于1937年，系厦门中国银行内部机构之一，对外与中国银行分开，代替中行厦、泉两行经营与一般民信局相同的侨批汇款业务，但没有独立的会计核算，对内实为厦、泉两行外汇业务的一部分。厦门解放前夕曾短暂歇业。

1950年2月，合昌信局正式获准恢复对外营业，总局设在厦门中山路222号2楼和水仙路47号，分局遍布福州、泉州、漳州等地，办理一般信局送解侨批侨汇及解付票汇电汇业务。该局经理由华侨服务部主任林春森兼任。

合昌信局复业旨在突破封锁，加强与海外信局直接来往，打破国内中间信局垄断，减轻侨胞负担，达到服务侨胞、便利汇款、接济侨眷生活的目的。在解放初期严峻的内外环境下，国有银行这种创新经营非常大胆，对当时宣传和推行侨汇政策、沟通内外情况、开展华侨服务工作、调动华侨汇款积极性起到了很大促进作用。

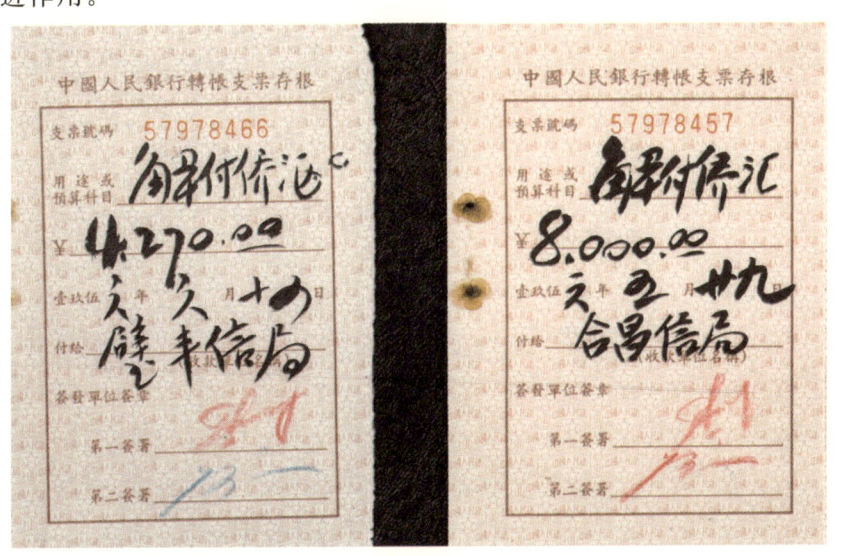

1956年信局用于解付侨汇的中国人民银行转账支票存根　（陈亚元　提供）

厦 门 侨 批

　　海外信局通常都有各自比较集中的派送区域和收汇范围,收汇少且分散的偏远地区因经营成本问题不受各局欢迎。合昌信局发挥银行系统优势,充分利用合作派送网,派送不限地区,统一批佣,较好地团结了一批海外小型局,使一些原本不愿意做偏远分散地区侨汇的信局,逐步接受叙做或转委合昌信局解送,有效改进了侨汇服务工作。

　　1951年10月,厦门侨批行业工会为缓和大局与中小局之间的矛盾,参照合昌信局及多数局批佣情况,协议对外最低统一批佣,列入同业公约,共同执行。

　　1951年10月3日,中国人民银行福建省分行对省内指定行处分区解送侨汇范围做出具体划分,将全省分为福州区、厦门区、泉州区。厦门区涵盖龙溪、浦南、东山、海澄、石码、云霄、诏安、永定等地,而同安、马巷、灌口、角尾一带当年属泉州区管辖。

　　解放初期,侨批业存在机构臃肿、组织繁杂、人员过剩现象。据统计,1952年闽南地区(包括莆田)共有135家信局,其中厦门57家,资方从业人员57人,职工193人,解付侨汇的特差和临时雇工分散各地,缺乏组织教育,工作效率低。加上厦门和内地对外收取批佣不统一,给了不法分子可乘之机,也在劳资之间、信局之间、信差和侨眷之间产生一些问题。1952年8月,厦门中国银行提出关于整顿内地侨批业的意见,总体方针是统一领导和管理,逐步取消代理店和特种批差,改变机构臃肿混杂状态,做到组织集中和经营专业化。

　　一是指定厦门、泉州、涵江三地为头盘信局开设地区。内地各侨区信局只准办理解付,不得对外接受委托。二是统一管理制度,重新办理侨汇业审查登记。严格监督审核外汇汇入和解付,制订统一会计制度、解付汇款登记簿制度和业务统计制度,定期或不定期进行检查。深入了解闽南地区侨汇业组织情况,全面推行侨汇解付局管理,整顿原有组织,严格限制发展,新申请者一律不予批准。三是明确规定侨汇解送员身份,统一登记发证,加强管理监督,杜绝勒索、积压等行为。四是逐步取缔特种批差制度,减缩临时雇工人数,使内地信局走向集中和专业化。五是合理规定口岸局付给内地局二盘佣率,解决因二盘佣不合理所产生的劳资问题。六是协助侨批业建立联合派送组织,通过联营业务,提高效率,刺激生产。七是根据侨汇解付局及人行、邮局机构分布情况和交通条件划分侨汇解付区,与信局协商指定侨汇解付局开设地点,建立侨汇头寸调拨网,逐步减少现金运送。

　　根据私营侨批业资方大都旅居海外的特点,为适应当时形势需要,国家对

厦门侨批业与当地中外银行

侨批业采取"维持保护、长期利用、团结管理"的政策,仍然保持低级的国家资本主义形式,以团结国内外侨批业资方争取侨汇。但由于私营侨汇业与其他资本主义工商业一样,在经营管理上存在一些矛盾和问题,限制了其作用发挥。私营侨批业改造被提上国家规划。

1955年,厦门市共有侨批业50家,从业人员422人,其中职工332人,资方从业人员90人。资本总额100975元,国外关系170家,其中属于总分号38家,委托代理132家。还有兼营三盘解送业务的19家分布在晋江、龙溪两个专区的分支机构39处。厦门侨批业主要资本在香港有30%,占全市一半左右的国外关系和40%的业务量。

1955年12月11日,中国银行厦门分行向市财粮贸办公室、人行省分行上报了"关于厦门市私营侨批业改造规划(草案)"。改造要求和原则:一是有利于团结海外信局,争取更多侨汇;二是合理组织劳动,改进派送,加强对侨眷的服务;三是有利于从业人员安置,逐步改变所有制。

改造形式和办法为:一是分别收汇和解送业务采取不同形式和步骤,解送业务"一步登天"变私营为国营,收汇业务则通过公私合营形式并逐步降低国外手续费和银行奖励金,缩小资方利润,最后变为国营。二是对解送业务改造的办法,将各局三盘部分与头、二盘中划分开来,归并到各自所在地区行改造,与当地银行、邮局及其他三盘局合并建立国营侨汇解送公司,头、二盘局的企业公积金按原有人员比例划给解送公司作为基金,委托业务按率计佣,公司应在重点侨乡增设解送站,偏远地区侨汇可委托各地信用社代办。三是收汇机构与国营合昌信局合并组织"厦门市公私合营侨批公司"。

1956年11月,国家财政部、华侨事务委员会、中国人民银行、中华全国总工会发出《对侨批业进入社会主义的政策指示》(草案)。明确要求:一是自各地宣布侨批业进入社会主义之日起,所有国内侨批局已是国家银行直接领导具有社会主义性质的吸收外汇机构。国内侨批局之所以仍然维持私营名义,沿用原牌号,继续分散经营,仅是为了适应国外侨批局的处境,以利于反限制斗争的开展。二是国内侨批局原有按股分红的分配方式原则上应予废除,改为按侨批局原有股东收汇作用大小分别给予奖励金。为了不影响国内侨批局原有股东,特别是国外股东收汇的积极性,奖金可暂按股份比例分配,等摸清原股东在收汇上的作用后,在不影响其收汇积极性的基础上,通过充分协商逐步转变。三是国内侨批局从业人员已经是国家银行系统的职工,各地工会可根据中华人民共和国工会章程有关规定,个别吸收侨批局从业人员中原资方代理人为工会

| 厦 | 门 | 侨 | 批 |

会员。

这种机构性质和人员身份的重大转变,体现了国家对侨汇工作的高度重视,稳定了侨汇从业人员的"军心",对新中国侨汇业务的蓬勃发展打下了坚实基础。

由于当时物质供应短缺,侨乡出现以物顶汇现象,侨汇额不断下降。为争取更多外汇收入,1957年7月30日,国务院批准了"关于争取侨汇问题"的指示,根据侨汇额核发一定比例的物质购销凭证(俗称侨汇券)给国内收汇人,侨汇券持有者在专门商店或柜台购买紧俏商品或生产物资。

为提高侨汇派送速度,加强对侨胞、侨眷宣传服务工作,1957年1月,厦门中国银行对侨批业原三盘派送机构进行改组,成立了"厦门侨批派送处",地点在海后路38号。厦门侨批派送处是国家银行直接领导下的社会主义性质、集体经营、统一核算的派送侨汇组织,负责厦门及内地信局、国营合昌、银行等托解厦门市区、禾山、集美、灌口侨汇派送(各信局收到的市区侨汇仍然自行派送)。委托龙溪、闽东及省外侨汇也由厦门侨批派送处分别转委龙溪派送机构、银行解付。同时在集美设立"厦门侨汇派送处集美站",专门负责集美、灌口的侨汇派送。

长期以来,厦门中国银行一直设有负责侨汇业务的专职管理机构,在岛外设有集美、杏林、同安等侨汇派送机构,并长期保持一支侨汇派送员队伍。派送员以自行车为交通工具,挎包里装着侨汇现金和侨汇物质供应券,他们自带干粮,穿山越岭,走街串巷,不畏风雨,甚至冒着炮火深入居民区和偏远村镇,把侨汇及时送到侨眷手里,并带回侨眷签字附言的"回单"。由于某些国家禁汇的关系,侨眷在"回单"上的简单附言只能用暗语表示,例如把收到侨汇说成是"补丸",并以多少"粒"来描述侨汇数量。中行将"回单"集中寄回海外信局,信局再将"回单"分送到汇款华侨手中。厦门中行还组织侨批业文艺宣传队深入侨乡宣传,就地取材,随编随演,内容生动,群众非常满意。

侨汇旺季通常都是一些民间节庆,以农历二月清明节、五月端午节、七月中元节、八月中秋节、十一月冬至节以及十二月年关为多,其中特别以五月、七月、十二月最旺,体现了闽南地区民间习俗和浓郁的乡情。每逢侨汇旺季,厦门中行经常要抽调各部门员工加班帮忙,场面十分热闹。

在那个物质匮乏的年代里,侨汇业务像一条维系海外华侨与侨眷血脉亲情的纽带,为许多家庭改善生活提供了帮助。侨汇派送员以良好的形象为侨眷带来海外亲人的关怀,涌现出许多为侨胞服务的感人事迹,所到之处深受侨眷热

厦门侨批业与当地中外银行

情欢迎。这种派送方法一直延续到20世纪90年代初期。

中国人民银行厦门市支行曾对1958—1961年厦门地区侨汇工作情况做了分析,认为侨汇业务受当时国内外形势和政策变化影响,波动起伏比较严重。

1958年是"大跃进"第一年。由于侨胞侨眷对"大跃进"、人民公社化认识不足,加上某些地区出现一些干涉侨汇现象,侨汇金额急剧下降,厦门中国银行全年吸收侨汇1798.29万美元,比1957年同期下降74%。

1959年,受印尼排华浪潮影响,主要汇源地汇价不断上涨,国外收汇局减少了19家,马来亚中国银行被迫停业,赡家侨汇受到一定影响。全年侨汇结汇数1364万美元。随着有关保护侨汇政策的深入贯彻,广大侨胞侨眷对国家政策越来越了解,1959年全市侨汇稳定回升。

在1960年反排华斗争中,广大华侨心向祖国,将部分侨资转移回国,印尼地区侨汇大幅增长,全年侨汇结汇1777万美元,比1959年增加30.3%。在当年新增的188万美元侨汇中,印尼侨汇占了75.5%。

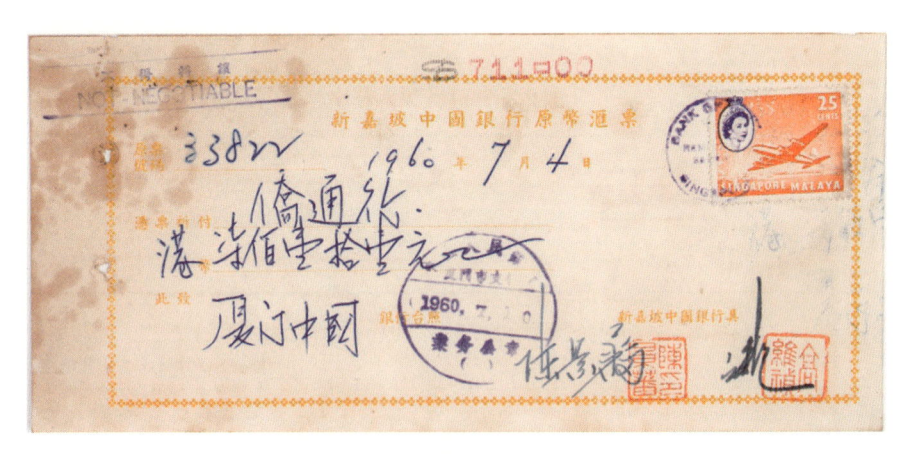

1960年新加坡中国银行原币汇票 (陈亚元 提供)

1961年,连续三年严重自然灾害给人民生活带来困难,国家顺应广大华侨关心国内亲人的愿望,免税放宽华侨粮副食品进口,对侨眷出国也给予放宽,抵消了部分侨汇。加上国外侨居地经济衰落,汇价波动,国内外汇、外货市场管理出现一些漏洞,削弱了华侨汇款能力,全年侨汇比1960年减少700多万美元,比1960年下降40%。特别是在国内物资供应紧张情况下,侨眷向外索物多于要汇,部分赡家汇款有改购化肥进口的现象,形成侨汇结汇、粮副食品进口和化肥进口三条渠道。由于侨汇业务下降、收入减少,部分侨批人员经营信心动摇,全年结汇1072万美元,比上年下降39.67%;本市解付人民币533万元,比上年下降50%。但如果将物资进口渠道合并计算,当年仍超过1959年的收汇水平。

表1　1958—1965年厦门地区侨汇收入情况表

单位:万美元

年度	汇入总计	其中				
		星马	菲律宾	印尼	泰国	港澳
1958	1666.1	483.2	890.8	165.0	12.3	100.2
1959	1357.5	420.3	589.8	210.5	10.6	115.4
1960	1826.9	414.6	704.4	513.5	9.8	171.0
1961	1097.6	246.8	617.0	117.9	7.1	79.6
1962	746.4	187.3	411.0	54.7	5.8	75.6
1963	1546.1	425.2	816.8	144.2	9.8	126.1
1964	1909.0	493.0	1021.3	178.5	11.5	180.9
1965	2161.1	525.6	1121.9	256.3	13.4	212.4

表2　1958—1965年厦门地区侨汇解付情况表

单位:万美元

年度	解付总计	其中			
		福州	厦门	晋江	其他地区
1958	1666.1	23.2	194.3	1313.3	135.2
1959	1357.5	34.9	196.8	900.9	224.9
1960	1826.9	68.2	323.3	1081.3	354.1
1961	1097.6	21.8	169.7	777.2	128.9
1962	746.4	13.4	140.3	510.6	82.1
1963	1546.1	23.4	217.8	1133.2	171.7
1964	1909.0	28.3	260.6	1397.3	222.8
1965	2161.1	34.8	315.3	1545.3	265.7

厦门侨批业与当地中外银行

表3　1950—1962年厦门中国银行发放低利小额侨贷情况表

单位：万美元

年度	侨贷笔数	侨资金额	年度	侨贷笔数	侨资金额
1950	56	3870	1956	330	16664
1951	47	2260	1957	263	11170
1952	28	3210	1958	126	3973
1953	118	12968	1959	103	3300
1954	62	3010	1961	67	2148
1955	109	5670	1962	41	1348

（三）"文革"期间，侨汇业务一度受到冲击。文革后期，中国银行对各侨批局资产负债进行清理，厦门侨批业正式宣告结束，从业人员转入中国银行，侨汇业务改由银行承办。

"文化大革命"期间，厦门中国银行一些行之有效的规章制度遭到破坏，造成广大干部员工思想上的混乱。加上东南亚某些国家和地区外汇管制严苛，华侨汇款困难重重，华侨投资、储蓄和赡家汇款明显减少。

"文革"初期，一些主要的侨汇政策被迫取消或停止实行。如取消侨汇物资供应、撤销华侨投资公司、停止侨建"三材"供应；停办侨眷小额贷款、华侨外币存款、华侨港币汇款和储蓄优待办法；冻结侨汇业资金。有的华侨存款受到审查和冻结，甚至连华侨服务部名称也被撤销，给华侨造成很大的思想顾虑，有的不敢继续汇款回国，有的侨眷甚至不敢认收自己的侨汇。

1971年9月后，逐步澄清一些错误观点，多创外汇的思想重新得到确立。广大干部从"四不敢"（即不敢宣传、不敢接待、不敢对外联系、不敢登门派送）改变为"四主动"（即主动宣传、主动接待、主动对外联系、主动登门服务），大大提高了侨汇工作质量。1973年9月，中国人民银行再度明确国外业务由中国银行全面负责办理，各地明确侨汇工作方向，加强主动服务，提高侨汇工作质量，打开了侨汇工作新局面。同时实行《外币存款章程》，并修订华侨定期储蓄存款章程，恢复办理港币汇款，侨汇收入显著回升。

1973年，福建省中国银行全省经收侨汇585417笔，折合4837.9万美元。其中福州收汇1137.5万美元，占23.53%；厦门1795万美元，占37.10%；泉州1904万美元，占39.37%，收汇业务量第一次超过厦门。当年全省解付侨汇人民币9675.8万元。其中晋江地区占60.42%,莆田地区(含闽侯)占17.58%;福州市占11.06%;厦门地区占5.99%;龙溪、龙岩等其他地区占4.97%。厦门作为重点侨区的地位开始发生变化。

粉碎"四人帮"后,随着政治形势好转,中国银行开始整顿机构,充实干部,逐步恢复有关规章制度,落实侨务侨汇政策;先后恢复了侨汇物资和侨建"三材"供应;实行侨汇留成办法;举办香港付款国内提货业务,方便侨胞侨眷;恢复华侨服务部名称,对华侨存放国外的资产采取托收方式协助调回国内;正确处理侨汇工作遗留问题,解除华侨、侨眷思想顾虑,促进侨汇的恢复与发展。

随着国内邮政和银行机构的普遍设立,侨批业作用日渐式微,逐步为邮政和银行所替代。1975年,中国银行再次对侨汇业务进行整顿,厦门侨批业作为一个特殊行业走到了历史尽头,从业人员全部转入集体所有制的海外私人汇款服务处,随即又并入中国人民银行厦门市支行国外部(即中国银行)。1976年,中国人民银行成立专门小组,对各侨批局资产负债进行全面清理,办理股东退股,厦门侨批业正式宣告结束。1976年1月起,各地侨汇业务一律由银行承办,从业人员吸收为银行职工。

(四)改革开放30多年,厦门地区侨汇业务发生了质的变化。进入新世纪以后,侨汇这项传统业务被逐渐淡化。

改革开放初期,中国经济、金融日趋活跃,广大华侨、港澳台同胞回来探亲旅行,出入境增多,带些物品或外汇现钞作为自用、赠送亲友是符合情理的。但期间也出现以物代汇、以钞代汇和走私套汇猖獗的现象,少数投机分子乘机牟取暴利,导致侨汇连年大幅度下降。1980年厦门市侨汇600多万美元,1986年仅有200多万美元,减少三分之二。

当时,海关相应放宽携带物品进口。但由于彩色电视机、收录两用机、计算机、手表等紧俏商品国内外差价大,许多侨眷纷纷写信给海外亲人要物不要汇,"以物代汇"现象十分严重。此外,华侨港澳同胞携带物品除自用外,还可售给厦门市进口物资信托公司收购,比汇入汇款按国家外汇牌价折算可获利40%。1981年,市进口物资信托公司收购426.36万元物品,比1980年增加5倍,这也是侨汇减少的原因之一。1983至1984年,厦门市在湖里经济特区开辟外汇商场,同一种商品,两种价格,用外汇购买比用人民币购买便宜60%~70%,华侨港澳同胞携进外汇现钞,比汇入汇款按国家外汇牌价折算(扣除付给侨汇物资供应票价值因素)可多获利40%~50%。"以钞代汇"也是侨汇连年减少的重要原因。国外侨批业纷纷来信反映,有人在当地揽收汇款,在国内以人民币偿

厦门侨批业与当地中外银行

付,影响收汇业务,使正常汇款受到冲击。

由于带现钞的好处大于从银行汇入,厦门市一些宾馆、码头、街头公开买卖外钞活动猖獗,影响极坏,然而市场却缺乏有效管治,侨汇优惠政策跟不上形势发展,"以钞代汇"导致国家外汇大量流失。而赡家汇款凭侨汇发给侨汇物资供应票,其侨汇分成是根据回笼票数计算。由于一些紧俏商品很难拿到货,华侨物资公司没有适销对路商品,侨汇票回笼不了,市里拿不到留成外汇。如果不能采取有效措施,实行更加有效的侨汇优惠政策,对黑市外钞买卖和逃套汇违法活动给予打击,则"以钞代汇"难以扭转,侨汇还会下降。

为解决这一问题,厦门中国银行曾多次向上级行和地方政府反映情况,并做了大胆尝试。1985年,厦门中国银行和市侨办联合向市政府报告,并遵照厦府(85)综35号文,于2月1日起在特区范围内实行侨汇解付外汇券,目的是为了限制以钞代汇,把侨汇引导到正常渠道,后因外汇管理局干预,于9月停止试行。

1985年底,国务院政策研究室曾到厦门分别召集市外管、市特供和中行讨论上述问题。1986年初,国务院侨办也派员到厦门召集有关单位,对改善侨汇物资供应、凭侨汇票购买低于市场价格商品、地方侨汇留成等侨汇优惠办法进行专门讨论,足见中央政府对此现象的重视。

侨汇物资供应从1978年4月1日起恢复实行。当年7月,根据商业部、中国人民银行、国务院侨务办公室《关于侨汇物资供应座谈会纪要》通知精神,中国人民银行总行以(78)银外字第292号函,下发了《关于发放侨汇物资供应票办法的通知》。

供应票由各省、市、自治区商业部门统一印制,由中国银行办理具体发票工作。实际上,发放侨汇物资供应票这种特殊激励措施,从1957年起就已断断续续实行多年。

凡有国外和港澳地区赡家侨汇收入的侨眷、归侨、有

福建省侨汇物质供应票 (陈亚元 提供)

| 厦 | 门 | 侨 | 批 |

外籍亲属的中国公民、港澳同胞家属、回国华侨学生等,可在其收领侨汇时,按上述规定计发供应票。对调回私人存放在国外资产的外汇也按侨汇办法计发供应票。

银行解付侨汇时按上述规定计发供应票,并在侨汇证明书或外汇兑换证明上加盖"已发侨汇供应票"戳记后交给收款人,以作存储"华侨人民币定期存款"证明之用。供应票不能跨省、市、自治区使用。凡侨汇证明书或外汇兑换证明上盖有"已发侨汇供应票"字样的,持有人出境时剩余人民币不能再向银行办理退汇。

1994年2月15日,厦门地区侨汇物质供应票经过一段时间过渡消化之后,正式退出流通领域。随着经济形势变化,这一时期侨汇逐渐减少,当地公安部门对银行单人侨汇派送安全问题颇有顾虑,厦门中国银行遂将过去侨汇派送上门改为发出侨汇通知书,由侨眷到银行柜台领取。

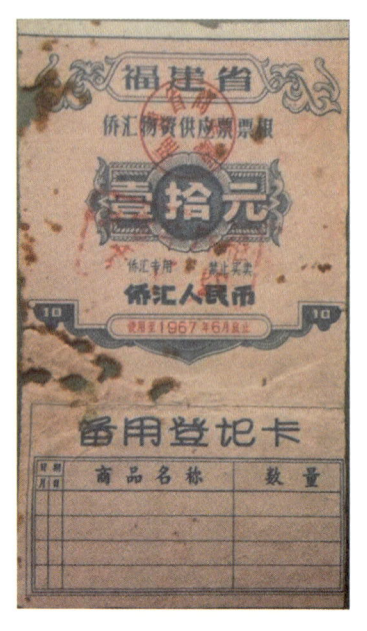

福建省侨汇物质供应票票根
(陈亚元 提供)

除了侨汇物资供应票,改革开放初期还有"外汇兑换券"。1980年4月1日,中国银行根据国务院文件规定发行"外汇兑换券"(以下简称"外汇券")。外汇券作为一种特殊货币,可用来购买电视机、自行车、缝纫机、烟酒等紧缺物质,因供需矛盾其稀缺性颇受民众欢迎,许多海外侨胞和港澳同胞返乡时携带外币现钞入境,兑换成外汇券后用于境内馈赠和消费。外汇券发行和流通使用极大地改变了侨汇及其物质供应结构。

中国银行外汇兑换券1979年版100元券 (陈亚元 提供)

厦门侨批业与当地中外银行

根据国家外汇管理总局规定,短期来华的外国人、短期回来的华侨和港澳同胞以及驻华外交、民间机构及其常驻人员等,在一定范围内购买物品或支付费用必须使用外汇券。例如,厦门市涉外的中国旅行社、华侨饭店、鹭江宾馆、悦华酒店、金宝酒店、友谊商店、外轮供应公司、文物店,和部分进口商品专柜,以及支付国内外航线机票、船只票款等等。

上述人员凡持有可自由兑换的外币现钞、能立即付款的外币票据、外币支付凭证和汇入款等,均可向中国银行或指定外币代兑点换成外汇券。兑换人凭本人的"兑换证明",6个月内可将持有的外汇券,向中国银行办理转存人民币特种存款、外币存款或兑回外汇携出或汇出境外。华侨出国前要求将外汇券兑成人民币作侨眷赡家费,中行视同侨汇发给侨汇物资供应票;一些华侨带回外汇不足,要求用国内存款购买外汇券,中行也根据规定酌情批汇。

发行外汇券是改革开放初期一项外汇管理过渡性措施,对加强外汇管理、维护金融秩序发挥了一定作用。但由于牵涉面广,供需矛盾突出,兑换机构不足,政策可操作性不强,宣传和服务工作跟不上,也出现一些争议。如厦门市区初期只有中国银行网点、和平码头、华侨大厦、鹭江宾馆、友谊商店设有兑换点,后逐步扩大到高崎机场和各涉外宾馆,但仍很难满足市场需求。加上境内外不同身份带来的不同"待遇",个别门市单位拒收外汇券、兑换手续繁琐、控制过严、柜台等候时间过长、黑市买卖屡禁不止等等,给境外人士带来不便。"外汇券"经历了近14年的流通使用,于1994年1月1日停止发行。

纵观厦门地区侨汇发展历史,厦门侨汇之所以能持续将近一个世纪,一是新中国成立后政府一系列鼓励和保护侨汇的方针政策,为侨汇业务健康发展奠定了坚实基础,既维护了广大侨胞侨眷利益,也促进了经济发展;二是广大华侨侨眷爱国爱乡的情怀,以及中华民族注重血缘、亲情的传统美德在其中表现得淋漓尽致,使侨汇这种输血式海外汇款似涓涓细流,源源不断;三是一代又一代侨汇业者不论风云变幻,不畏千辛万苦,发扬闽南人"爱拼会赢"的创业精神,锲而不舍,艰苦创业,不断谱写业务发展新篇章;四是银行业特别是建国后国有银行执着的服务理念、热情的服务手段和专业的管理水平,与广大侨批业者相互扶持,相得益彰,保持了侨汇业务正确的发展方向。

改革开放近40年来,随着中国经济建设的飞速发展,人民生活水平得到极大提高,依靠出口创汇和侨汇支持经济发展时代已成为历史。2014年底,中国以4万亿美元外汇储备一跃成为世界最大的外汇储备国。厦门地区个人境外汇入汇款已经从2008年最高峰的6.15亿美元下降至2016年的5.5亿美元。

相反,出境留学、移民、投资的民众大幅增多,个人汇出汇款业务量从 2007 年 7075 万美元提升至 2016 年的 12 亿美元。这还不包括更大数量的个人出境旅游和购物消费,也不包括那些游离在监管之外的地下钱庄。

随着全球经济一体化和信息科技的突飞猛进,国外速汇业务异军突起,特别是互联网技术的普及应用,国内外一些大银行以新的服务形式迅速占领国际个人汇款业务市场,"西联"、"速汇金"、"侨汇通"等新的国际个人汇款业务如雨后春笋般层出不穷,客户汇款选择性更加多样化,海外侨胞就近在便利店、超市等速汇代理机构即可办理汇款,告知国内收款人解付码即可收款。相比传统侨汇业务更加高效、便捷,深受广大侨胞的欢迎。

新一代移民对侨居地的选择发生了很大变化,传统的东南亚已不再是福建新移民的最佳选择。而国际上外汇管制依然非常严格,反洗钱纳入各国反恐措施,美国、德国等西方国家金融监管当局动辄对违规银行祭出重罚,2010 年意大利政府的"大中华行动"和 2012 年西班牙政府的"皇帝行动",都对欧洲地区华侨境外个人汇入汇款造成很大冲击和影响。然而,风云变幻割不断儿女亲情,千山万水挡不住思乡别念。新形势下,个人境外汇款如何创新发展,有待于各级政府、金融监管部门、银行机构以及包括海外侨胞在内的广大民众共同努力和探索。

参考文献

[1] 中国银行福建省分行行史资料编纂委员会:《中国银行福建省分行行史资料汇编》,福州:福建人民出版社,2013 年。

[2] 中国银行泉州分行行史编委会:《闽南侨批史纪述》,厦门:厦门大学出版社,1996 年。

金门侨批与金门学研究

黄清海

  金门与厦门历史上长期同属福建省泉州府同安县,1912年(民国元年),同安县划出厦门和金门成立思明县;1914年(民国三年),金门海内外人士联合向北京国民政府申请独立建县获准,1915年(民国四年)元旦金门县政府成立。1937年全面抗战爆发,10月26日金门沦陷。1938年5月13日厦门沦陷,日伪政府在金门设行政公署,隶属汪伪厦门特别市政府达七年多。1945年8月日本投降抗战胜利,10月4日南京国民政府恢复金门县建制。1949年10月以后,金门暂属台湾当局管辖。

  金门是我国重要的侨乡之一。近代以来,金门人的足迹遍及东南亚及日本等地,侨批、番批成为沟通海内外金门人的重要纽带。金门侨批隶属闽南厦门系,从侨批信封上的收寄地名、金融货币、批局印章、邮政邮戳等信息,可窥视金门华侨大致的分布、金门侨批的邮路、汇路以及经营网络等,而侨批内信对金门不同历史时期的情形多有涉及,是研究近现代金门的宝贵史料。由于多方面的原因,1949年以前的金门侨批存世较少,且搜集不易,多分散藏于民间。因此对金门侨批多渠道的搜集整理、有效研究利用,尤为必要。笔者对30枚已公开的金门侨批的相关内容进行分类、整理(见表1),试图挖掘其蕴含的历史信息。

| 厦 | 门 | 侨 | 批 |

表1 已公开的30枚金门侨批及基本信息一览表

序号	时间	寄批人	寄批地址	寄出地章戳	收批地址	收批人	汇款金额	收件地章戳	资料来源
1	20世纪20—30年代	方能	文莱		金门烈屿后头社	胞兄方金钟	龙银2大元		网络[①]
2	1938年	方文筹	新加坡	"SINGAPORE/南昌信局"章	金门烈屿后头社	方金钟	洋银12元	"厦门/AMOY/12.9.38"点线中英文戳,"鼓浪屿/金成山信局"章	2011年《艺林邮文菁英》[②]
3	1940年	方文筹	新加坡	"立诚汇兑信局/新加坡/不取工资"章	鼓浪屿烈屿后头社	方金钟	大银100元	"厦门/AMOY/1.4.40"点线中英文戳	同上
4	1940年	方文筹	新加坡	"立诚汇兑信局/新加坡大坡吉宁街/不取工资"章	鼓浪屿烈屿后头社	父亲方金钟	国币50元	"厦门/AMOY/□.9.40"点线中英文戳,"金门/QUEMOY/7.9.40"点线中英文戳,"金淘"	2014年《艺林邮文菁英》[③]
5	1948年	方文筹	新加坡	"SINGAPORE/南昌信局"章	鼓浪屿烈屿后头乡	方金钟	国币150元	"厦门/AMOY/6.3.41"点线中英文戳,"金门/QUEMOY/8.3.41"点线中英文戳	2011年《艺林邮文菁英》
6		林朝琴	文莱		鼓浪屿交金门后浦东门六角井下	李廷炎先生	大银35元	"金门/QUEMOY/□□□" "PASSED FOR TRANSMISSON"	厦门洪先生供图
7	1914年5月2日	吴水锡	文莱	"信号/分大银免工资"章	金门烈屿青岐	洪清浩	龙银2元	"厦门/瑞隆汇兑信局/专分大银免收酒资"	2014年《艺林邮文论述》
8	1922年1月17日	洪趋	新加坡	"□□信局在实叻源顺街/专交大银不取酒资例钱"章	烈屿青岐乡	家兄洪浩	英银50元	"东昌行住厦/概交大银工资免贴"章	同上
9	1922年3月14日	洪情	文莱	"信隆批局/专分大银/不取工资"章	金门烈屿青岐乡	家父洪浩	英银2大元	"源裕信局/专分大银无收工资/住厦洪本部"章	同上
10	20世纪20—30年代	洪文柄	新加坡	"新加坡吉宁街第八十六号/大中局蔡如开蔡木豆理信"章	金门烈屿青岐	洪清浩	龙银2元	"南泰局/厦门港仔口街/交大银免工资"章	2011年《艺林邮文菁英》
11	20世纪20—30年代	洪清柄	新加坡	"新加坡吉宁街第八十六号/大中局蔡如开蔡木豆理信"章	金门烈屿青岐社	家父洪水浩	唐银4大元	"南泰局/厦门港仔口街/交大银免工资"章	泰国许茂春供图
12	20世纪20—30年代	洪文柄	新加坡	"新加坡吉宁街第八十六号/大中局蔡如开蔡木豆理信"章	金门烈屿青岐社	家严洪浩	唐银5大元	"南泰局/厦门港仔口街/交大银免工资"章	同上

续表

序号	时间	寄批人	寄批地址	寄出地章戳	收批地址	收批人	汇款金额	收件地章戳	资料来源
13	20世纪20—30年代	洪文柄	新加坡		金门烈屿青岐乡	父亲洪浩	英银3大元		网络④
14	1939年	洪柄	新加坡	"新加坡/南昌信局"章	鼓浪屿青岐社	洪清波	国币30元	"厦门/AMOY/30.9.39"点线中英文戳	网络⑤
15	1928年	儿光情	新加坡	"信隆批局/专分大银/不取工资"章	金门烈屿青岐乡	洪浩家父	龙银2元		泰国许茂春供图
16	1932年4月15日	洪文柄	新加坡	"和丰局劢吉宁街82号/专收保家银信汇兑"章	金门烈屿青岐	洪清诰	英银2大元	"厦门/AMOY/23.4.32/邮政储金汇兑稳固便利 迅速"机盖邮戳	2014年《艺林邮文论述》
17	1939年3月20日	瑞兴书柬	沙捞越古晋	"沙捞越联庆月 号"章	厦金门烈屿青岐	洪汝坡	大银6元	"厦门/AMOY/31.8.39"点线中英文戳	同上
18	1940年	洪毅人	沙捞越古晋	"沙捞越和芳信局""新加坡华侨银行/汇款号AA1138"	金门烈屿青岐	洪汝坡	大银40元	"福建/烈屿/廿九年五月十四日"	2011年《艺林邮文菁英》
19	1947年	罗龙凤	新加坡	"万德兴"和"顺茂民信局/星洲源顺街/门牌五八号"章	金门烈屿西方乡	林长寿	国币12万元	"厦门/AMOY/28.1.47"点线中英文戳,"顺茂行悠远民信局/厦门开禾路门牌五二号"章	同上
20	1947年	林允进	印尼干那低	"印尼/24.1.47"邮戳,"实吻源通信局"章	金门烈屿西方社	家兄林长寿	国币1万元	"厦门/AMOY/□□"机盖戳	2014年《艺林邮文论述》
21	1948年	林允进	印尼干那低	"印尼/15.4.48""锦源汇兑信局"	金门烈屿西方社	林长寿家兄	国币200万元	"厦门/国内批信回批资费已付/卅七 四月廿二日"八角戳,"厦门/永和银信部/升平路三五号/37.4.24"	同上
22	1948年	林乌居	新加坡	"协贸公司汇兑信局/新加坡源顺街/门牌六十二号"章	金门烈屿西方社	叔父林仲寿	国币230万元	"厦门/国内批信回批资费已付/卅七 七月六日"八角戳,"厦门锦美信局/路三十一号六四一"章	同上

续表

序号	时间	寄批人	寄批地址	寄出地章戳	收批地址	收批人	汇款金额	收件地章戳	资料来源
23	1948年	洪顺发	新加坡	"星洲协茂汇兑分局/小坡铁杀"章	金门烈屿西方社	罗语家叔母亲	国币1500万元	"厦门/国内批信回批资费已付/卅七八月十六日"八角戳,"厦门锦美信局/路三十一号六四一"章	同上
24	1948年	罗龙凤	新加坡	"石叻许联成汇兑信局"章	金门烈屿西方乡	林同受	金圆券10元	"厦门/国内批信回批资费已付/卅七十月十一日"八角戳,"厦门振成行汇兑信局"章	同上
25	1948年	罗龙凤	新加坡	"正/月/星洲吉宁街/正大汇兑庄"章	福建金门烈屿西方乡	林长寿	国币150万元	"厦门/国内批信回批资费已付/卅七 五月四日"八角戳	2011年《艺林邮文菁英》
26	1938年		南洋（具体国家待考）	华侨银行汇票	金门（具体地址待考）	谢夏福	国币120元	"福建/金门/廿七年十一月六日"邮戳,"裕盛盖章"	网络[⑥]
27	1941年	福建金门邮局	南洋（具体国家待考）	"福建/金门/三十年六月六日"	金门（具体地址待考）	厦门华侨银行	汇票通知书	13 June 1941	网络[⑦]
28	1947年	王建东	金门（具体地址待考）	"金义隆信局/金门存德栈"和"厦门/AMOY/金南汇庄兴利信局/开元路163号二楼"章	新加坡	王建爵	国币3万元		回批;台湾全方位拍卖资料
29	1947年	翁德蝙	金门（具体地址待考）		新加坡	王建爵	国币2万元		回批;同上
30	1942年	林金炮	金门烈屿（小金门）	"福建/烈屿/三十一年三月十二""福建/金门/三十一年三月十四""厦门/AMOY/13.5.42"	沙捞越古晋	方清羡	国币60元	"KUCHING/1942.□.3""林和芳""PASSED FOR TRANSMISSION"	回批;网络[⑧]

注：①上海泓盛 2009 春季拍卖会邮品（S09062），网址：http://www.hosane.com/auction/detail/S09065514，访问日期：2014 年 10 月 29 日。
②王人瑞：《寄"金门烈屿"侨批封探述》，见《艺林邮文菁英》，新加坡：艺林堂出版，2011 年，第 141～143 页。
③王人瑞：《寄金门烈屿侨批封展集》，见《艺林邮文论述》，新加坡：艺林堂出版，2014 年，第 188～192 页。
④上海泓盛 2009 春季拍卖会邮品（S09062），网址：http://www.hosane.com/auction/detail/S09065513，访问日期：2014 年 10 月 29 日。
⑤上海泓盛 2011 春季拍卖会邮品（S11061），网址：http://www.hosane.com/auction/detail/S11065601，访问日期：2014 年 10 月 29 日。
⑥上海泓盛 2008 秋季拍卖会邮品（S08122），网址：http://www.hosane.com/auction/detail/S08126364，访问日期：2014 年 10 月 29 日。
⑦网址：http://www.puu.cn/thread-9186-1-1.html，转载全方位 64 期拍卖之拍品，访问日期：2014 年 10 月 29 日。
⑧网址：http://auction.artxun.com/paimai-385-1922573.shtml，访问日期：2014 年 10 月 29 日。

表 1 所列 30 枚侨批中，有 27 枚为海外寄至金门，另 3 枚为金门寄至海外的回批。表 2、3 分别就这些侨批发生地进行统计，结果显示：就金门侨乡发生地而言，除 4 枚地址待考外，烈屿青岐乡的侨批数量最多，达 12 枚，西方乡 7 枚次之，后头社 5 枚，金门烈屿（小金门）、金门六角井各 1 枚。就海外发生地而言，除 2 枚地址待考外，新加坡的侨批最多，达 19 枚，文莱 4 枚次之，沙捞越古晋 3 枚，印尼干那低 2 枚。就金门侨乡发生地与海外发生地的对应关系来看，侨批数量多达 12 枚的青岐乡，其中有 8 枚往来于新加坡，此外文莱、沙捞越古晋各 2 枚；而西方乡的 7 枚侨批中，有 5 枚往来于新加坡。由此可见，青岐乡、西方乡是金门海外移民的重要出发地，而新加坡则是金门人在海外的主要侨居地之一。当然，这 30 枚金门侨批只是冰山一角，自然无法反映金门侨乡及其海外侨居地的分布，不过大致情形却得以窥见。

表2　金门侨批按金门侨乡发生地分类情况表

序号	金门侨乡发生地	数量	海外侨批发生地（数量为各地侨批数）	涉及时间
1	青岐	12	新加坡8、沙捞越古晋2、文莱2	1914—1940年
2	西方乡	7	新加坡5、印尼干那低2	1947—1948年
3	后头社	5	文莱1、新加坡4	20世纪20年代—1941年
4	金门烈屿(小金门)	1	沙捞越古晋1	1942年(回批)
5	金门六角井下	1	文莱1	1942年
6	接收地待考	2	新加坡2	1947年(回批)
7	接收地待考	2	待考	1938年、1941年
总计	5—9处	30	4—6处	1914—1948年

表3　金门侨批按海外发生地分类情况表

序号	海外侨批发生地	数量	金门侨乡发生地（数字为各地侨批数）	涉及时间
1	新加坡	19	金门烈屿青岐8、金门烈屿西方社5、金门烈屿后头社4、待考2	1922—1948年
2	文莱	4	金门烈屿青岐2、金门烈屿后头社1、金门后浦东门六角井下1	1914—1942年
3	沙捞越古晋	3	金门烈屿青岐2、金门烈屿(小金门)1	1939—1942年
4	印尼干那低	2	金门烈屿西方社	1947—1948年
5	待考	2	金门(具体地名待考)2	1938—1941年
总计	4～6处	30	5～9处	1914—1948年

金门侨批与金门学研究

  从以上 30 枚侨批的海外局章戳来看,经营金门侨批的海外信局以新加坡最多,有南昌信局、立诚汇兑信局、大中局、和丰局、顺茂民信局、正大汇兑庄、协茂公司汇兑信局、石叻许联成汇兑信局等;沙捞越次之,有沙捞越联庆、沙捞越和芳信局,以及新加坡华侨银行(中转);文莱有信隆批局等;印尼干那低寄金门侨批经新加坡中转的信局有实叻源通信局、锦源信局等。

  金门发生地的邮戳或信局印章大多印有"厦门"字样,说明近代金门的侨批多以厦门为中转地。金门侨批至厦门后,可通过两种途径投递至收批人手中:一是由厦门的信局直接派送至收批人手中。据史料记载,天一信局[①]、正大信局[②]、崇成信局[③]、瑞记信局[④]等均有派送金门侨批业务。二是从厦门转至金门的信局,再由金门信局派送。由金门信局派送的侨批,其邮戳或信局印章往往有"金门"或"烈屿"字样(图 1-2)。据史料记载,太平洋战争之前大小金门之侨批局就有 20 家,包括设在金门的"镇记"批信局,设在厦门思明的正大、瑞记、新泰、建珍、同丰、林金记、庆和、大通、金懋美、绵春、天南、建美、光远、悠远、金义隆、振成、万泰、思明、远裕等批信局在金门均设有分局或联号。因战时公私资料散失无存,惜无具体资料可以查考。至民国三十八年(1949 年),计有三益、南侨、许振和、存德、玉莹等 5 家。[⑤] 不过,盖有金门信局印章的侨批存世者不多,以下 2 枚侨批正好盖有厦门金义隆设在金门的代理局印章。金义隆设于金门的代理局,抗日战争爆发前称"金门复义店"(图 4),抗战胜利后改为"金门存德栈"(图 5),这两枚少见的盖有金门信局印章的侨批见证了近代金门本地侨批业务的经营与开展。

---

  ① 苏通海收藏的 1921 年 12 月 11 日《厦声日报》,在中缝刊登的"天一信局"业务广告中,其派送范围包括金门。
  ② 叶建伟:《厦门侨批凝固一段人文记忆》,见 2013 年 7 月 12 日《厦门日报》第 26 版。
  ③ 中国银行福建省分行行史资料编纂委员会:《中国银行福建省分行行史资料汇编(1914—1949)》,福州:福建人民出版社,2013 年,第 299~300 页。
  ④ 戴一峰:《传统与现代:近代中国企业制度变迁的再思考——以侨批局与银行关系为中心》,《中国社会经济史研究》,2004 年第 1 期。
  ⑤ 唐存放:《末代侨批——兼介侨批史略》,《首届侨批文化研讨会论文集》,2004 年;《末代侨批 走入历史——侨汇对金门的贡献》,《存政谭邮》第四集(电子版),2008 年。

| 厦 | 门 | 侨 | 批 |

图1 邮戳文字为"福建/烈屿"（表1 序号18、30）

图2 邮戳文字为"福建/金门"（表1 序号26、27、30）

图3 邮戳文字为"金门/QUEMOY"（表1 序号4、6）

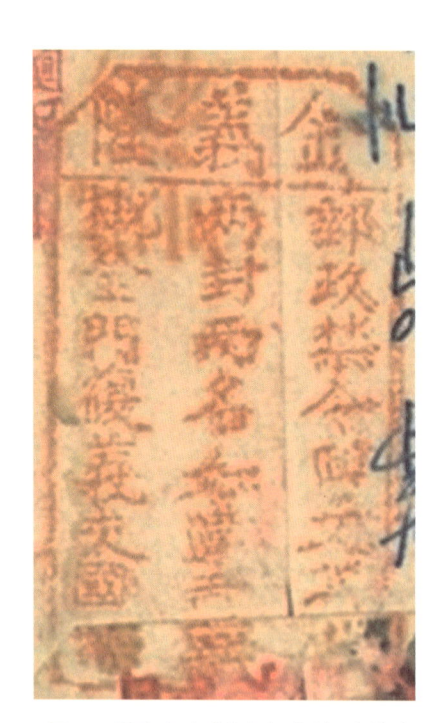

图4 印章文字为"金义隆/邮政禁令 回文只限两封两名 如违者重□ 金门复义交国币"。

（盖章的批封寄发时间为1937年。黄清海 供图）

图5 印章文字为"金义隆信局/金门存德栈"

（表1 序号28，盖章的批封寄发时间1947年）

· 214 ·

金门侨批与金门学研究

特别应提及的是，1938年5月厦门岛沦陷后，厦门的信局和邮局大部分迁址鼓浪屿，金门侨批邮路也因此改经鼓浪屿中转。为避免误投，海外华侨寄批时经常直接写上"鼓浪屿"，所以才有"鼓浪屿交金门后浦东门六角井下""鼓浪屿烈屿后头社"等字样（详见表1中序号3—6、14、17）。

综上，金门作为福建四大侨汇派系之一——闽南厦门系侨批的一个重要组成部分，其侨批无论是由厦门信局直接派送，还是由金门信局派送，其邮路皆以厦门为中转地；其汇路也同样以厦门为中转地。如图6所示1938年新加坡华侨银行签发的汇给"金门公司"的汇票，由金门轮船有限公司盖印（见背面）担保，由厦门华侨银行兑付。

此外，笔者还发现多枚刻有"金"字印章的金门侨批，如"泗水/同丰栈汇兑信局/

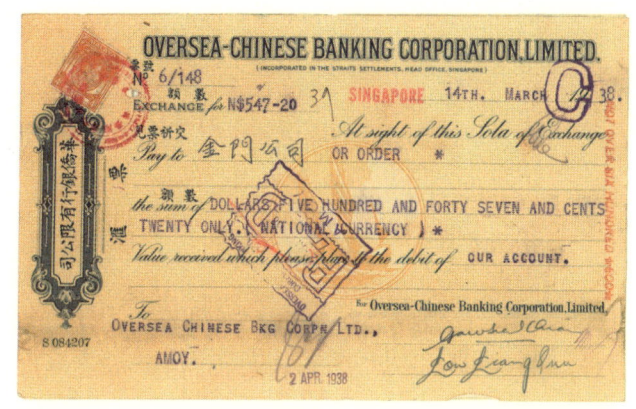

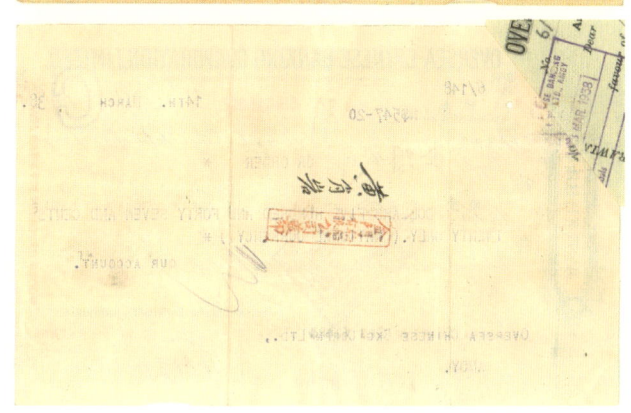

图6　1938年3月14日新加坡华侨银行签发的汇给金门公司的汇票　（黄清海　供图）

专收漳泉金厦等处""泗水/和顺汇兑信局/专收漳泉金厦""泗水/泉兴局/专收漳泉金厦等处/汇兑银信""泗水/漳合兴局/汇兑银信""泗第　帮　月发/本局专收福泉漳厦金永汇兑银信/办理特别周至交票便利信息快捷/专分法币不甲小银无取工资此布"（图7）"石叻/大通局/专理漳泉金厦汇兑银信/7 JAN 1931"等（图8）。可见，近代海外侨居地信局常将"漳泉金厦"4个字刻入印章，将漳、泉、金、厦四地视为同一区域开展业务。

215

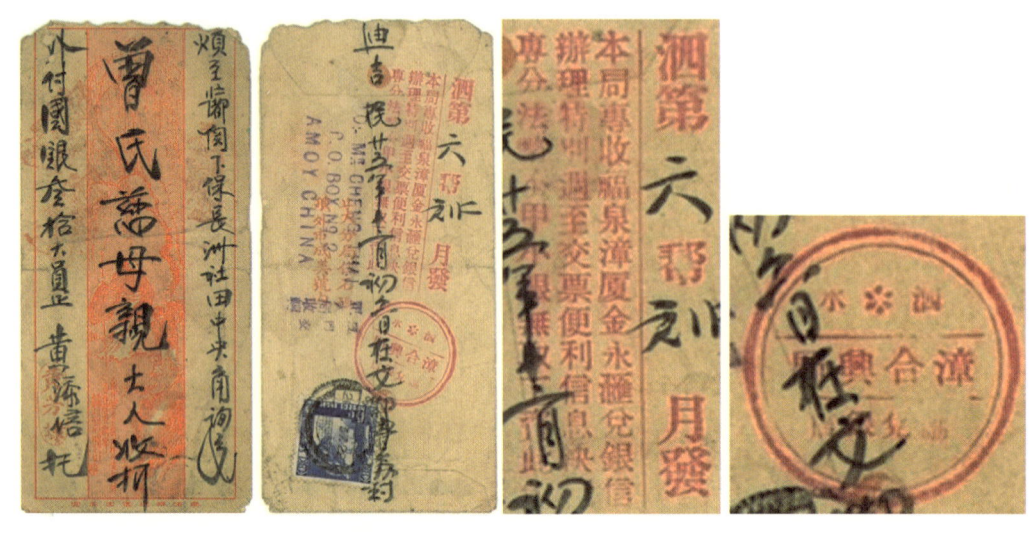

图7　1936年荷属泗水寄漳州侨批封，盖有"泉漳厦金永"文字章　（黄清海　供图）

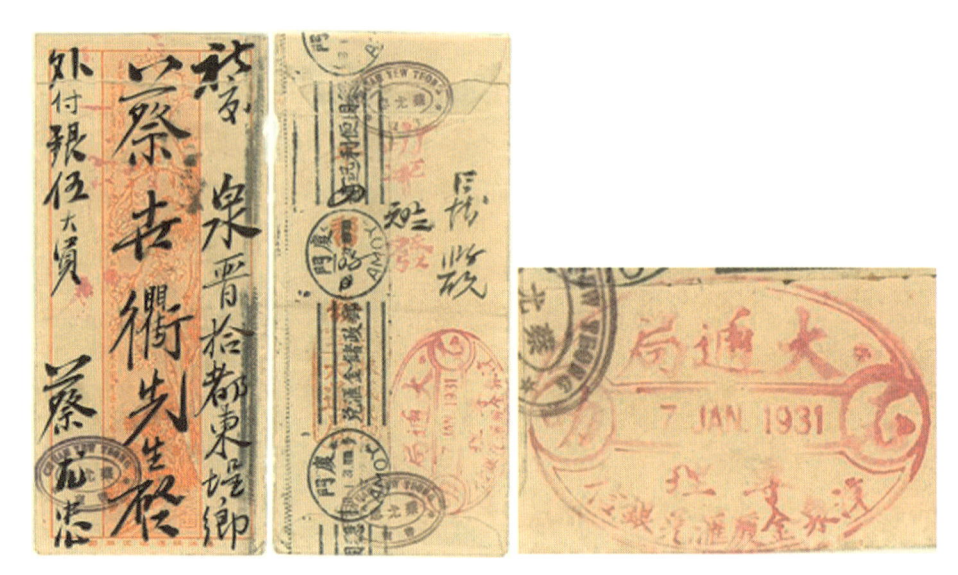

图8　1931年马来亚太平寄晋江侨批封，盖有"漳泉金厦"文字章　（黄清海供图）

特别要注意的是，除了信封保存不少有用信息外，侨批的内信也常常会提及侨乡及侨居地的情况；与金门关系密切的厦漳泉三地的侨批往往也会涉及金门的情况，如1937年9月福建东石郭岑乡寄给马来亚太平埠郭燕趁的回批，就记载了1937年日军占领金门并在晋江、金门两地奸淫烧杀的罪行（图9）；另一封1938年5月由沙捞越古晋刘甫盈寄给他妻子的侨批则记载了金门被日军占领之时，有男女数百金门人被迫渡往沙捞越谋生的情形（图10）。这些都是金

金门侨批与金门学研究

门史、金门学研究难得的史料，侨批内信的价值应引起足够重视。

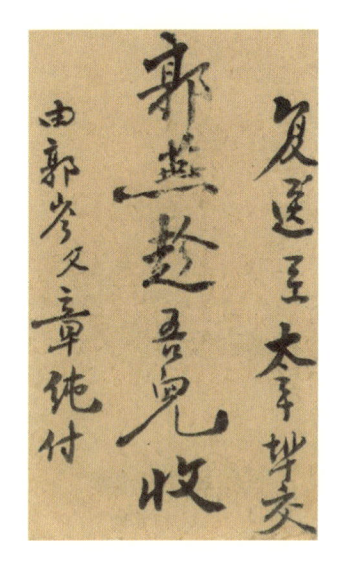

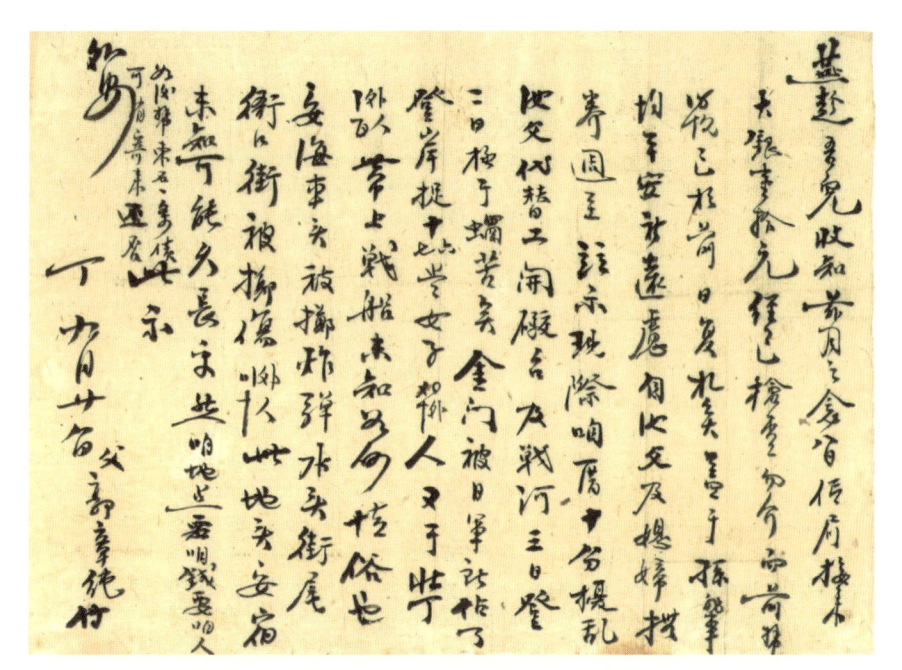

图9　丁(1937)九月廿八日东石郭岑乡郭章纯寄给在马来亚太平儿子郭燕趁的回批

资料来源：载《晋江侨批集成与研究》，北京：九州出版社，2014年，第292～293页；实物收藏于晋江市档案馆。

· 217 ·

| 厦 | 门 | 侨 | 批 |

【信文】

燕趁吾儿收知：

兹月之廿八日信局接来大银壹拾元，经已检查，勿介。而前帮十五元已于前日复札矣。盖于孙辈均平安，祈（勿）远虑。自汝父及媳妇抚养周至，并示现际咱厝十分扰乱，汝父代替工开炮台及战河（壕），三日登（顶）二日，极于蜗苦矣。金门被日军所占了，登岸捉十六七岁女子 40 外（多）人，又于[抓]壮丁 100 外（多）人，带上战船，未知如何情俗也。安海车头（站）被掷炸弹，水头街尾、衙口街被掷伤 30 外（多）人，此地头安宿，未知可能久长乎？然咱地点，要咱钱要咱人，如后帮（今后）东石一条债，可有寄来还否？此示

外安！

丁九月廿八日（1937 年 10 月 31 日） 父郭章纯付

【信文】

李氏内助妆次：

谨启者。查前月一信谅必先接否？内中诸事谅或知矣。夫旧年吩（分）别祖地出洋觅利，虽知利运不到，本年行情土产失败，树枇根祭，越地人数过多。日本占咱金门，现今金门男女数百渡往夷邦觅利，所于金门店头一概用金门人，因致觅生活十分困难，无可奈何，薪水短少，逐月不能多寄，只有按项付寄，以安家庭之费，度日而以（已）。两儿读书必当叫他温习字簿为一。本期之便，外付去国币贰拾大元，到可收入家用。抽出 1 元交伯父，又 1 元交五婶，以为茶粿（果）之须。尚存拾八元以做家费之用。余无别言。在外诸大小一概均安，不免致意。咱厝诸事代笔来知。另者，内助若有回归汝家，汝大嫂桂娘无论如何必须多少余她所费，夫前月廿一经已寄一信请安。汝母康安。

旅安！

另，通知云姆，前被人所欠，现今俱文无块好取。

另者，九仔侄内益必须每每打听，以免与戴绥多话。

夫甫荣（钤"刘甫盈"章）书
廿七年古四月初三日，新历
五月二号（1938 年 5 月 2 日）

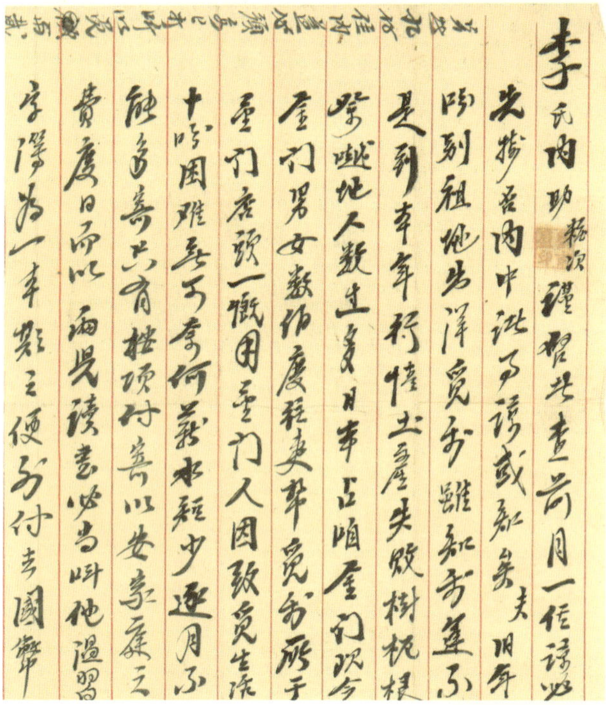

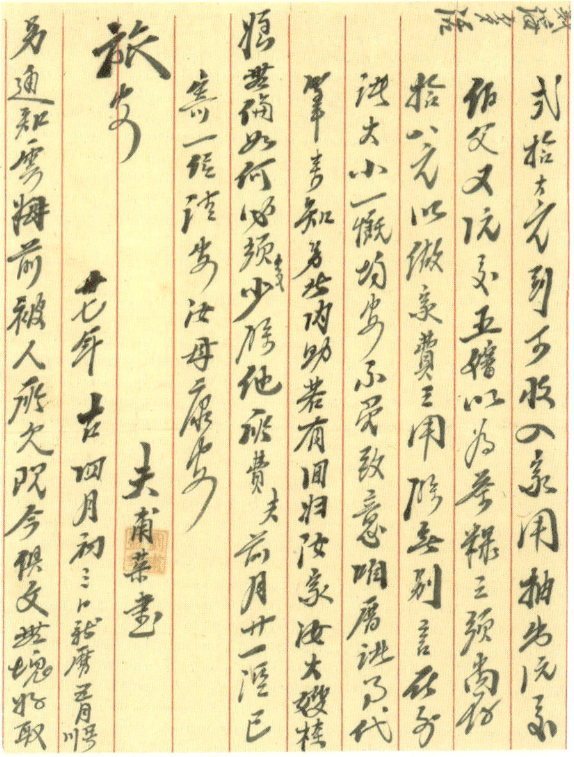

图10　1938年5月沙捞越古晋刘甫盈寄给他妻子的侨批（黄清海供图）

| 厦 | 门 | 侨 | 批 |

  金门侨批是闽南侨批系的重要组成部分,真实记载了海内外金门人往来的历史,是金门史、金门学研究的宝贵史料。但由于诸多原因,留存在金门本地的侨批并不多。我们应通过多种渠道,发动海内外金门人,通过在各地的金门会馆等社团组织收集侨批资料,并建立一个有关金门侨批的资料库,让世人能够由此窥探金门的人文记忆,让金门记忆成为闽南记忆中最具特色的组成部分。

(原载《闽台文化研究》2015年第1期(总第41期),有改动)

厦门侨批业与政府的关系

宋俏梅

西欧资本主义国家从18世纪开始,逐步入侵到东南亚,并大肆开发。中国劳工廉价,最适合做开发者。国内尤其是闽、粤二省沿海地区的人民,为了生计,开始一批批向海外移植。人数一年比一年增多。

出国华侨都不会忘记早年华工被作为"猪仔"拐卖异域的历史。新加坡政府的统计资料显示,1881—1930年这50年内就有500万"猪仔"到新加坡。

一、自由生长:从水客到民信局

出洋的侨胞每年辛劳,节衣缩食,有了积蓄,便想方设法把这些钱寄回家乡。当时并无邮政,也没有银行,且南渡的侨胞绝大多数又是文盲,只能等候同伴或同乡回家,托其将钱款及找人代写的书信一并带回,他们在批面(信封)写上"到送脚力*元",以示酬谢。带信人要南返时,侨眷不再送礼,所谓送顺风之意。

家书抵万金,这份寄托思乡之情的平安家书及侨款是否寄到故乡,往往要等带信款的人再回南洋才有消息。

这种替侨胞带银信回国的生意人,被称为"水客"。水客在国内准备南返时,想要出国、苦于旅途生疏的乡亲,也需依仗他们引导带到南洋。水客因此做了两重生意,所以"水客"又称"客头"。

另一方面,劳工聚集的小商业场所如杂货店等也跟着建立起来,这种杂货店往往牌子老、信用好,华侨在有积蓄时,怕自己滥用或遗失,就将信款先寄存于杂货店,等汇集相当数量时,即由"水客"将钱款和信带回家乡,并取得回音。

而杂货店方面,除向寄款者取得若干报酬外,聪明的还可利用这笔钱款周转做些小生意,从而一举数得。劳工方面也得到极大的方便,有时他们薪水还没领到,恰好杂货店的"水客"要回乡,杂货店又可预先借款,虽然有时要付利息,但在劳工看来,这是很划算和及时的事。

华侨出国日多,足迹遍及东南亚。他们省吃俭用,除了必需的费用外,都寄回故乡赡养眷属。但每次"水客"往返动辄经年,华侨递信寄款,多有不便。在此环境下,有一定资本积累的"水客"及较有远见的富商华侨,将原来的杂货店发展成为向侨胞收取信款的批馆、批局。侨批业雏形形成。

此后海外批局又鉴于每次带回国内之信款,要挨家挨户前往分送颇感困难与不方便,因而在国内建立起自己的分支机构,并根据海外业务的需要,相应地建立起国内民信局。

厦门的民信局多数是华侨开办的。

清末同治十年(1871年),郑顺荣批馆(厦门—安海)成立。

光绪三年(1877年),黄日兴信局及如鸿信局等成立。

这些批馆起先都只承转"水客"收递款业务。如吕宋"水客"王为针所设的王顺兴信局,在其银信业务的信封上印有"客头王为针收交厦门二十四崎脚会文堂代收代发"20个字。

光绪六年(1880年),菲律宾"客头"郭有品(海澄人)在厦门开设"天一信局",30多年里员工增至100多人,分支机构遍及东南亚20多个商阜和闽南各侨乡,是厦门较早的一家专业性批信局。

此外,光绪十六年(1890年)的"陈炳记"及其后的"恒记""美南"等信局也接连在厦门开业。原先兼营侨栈的新顺和、晋利、连春、捷顺安等10余家,也先后从兼营过渡为专营的批信局。

从此,闽南以厦门为中心的侨汇网逐渐形成。其汇款范围包括厦门、金门、同安、南安、永春、德化、海澄、龙溪、漳浦、华安、长泰、云霄、诏安、东山及龙岩等14个县市。批信局的营业额也迅速增加,如天一信局从1921年至1926年,年均收汇业务1000万到1500万银元。1930年至1935年,王顺兴信局每年收送侨汇约100万银元。

当时的转递办法仍然是由海外派专人携信款,交其国内的分支机构或代理商号代为分送。送批工送信款到国内,多数是带回南洋土特产到国内市场出售,而后将所得款充作信款再分送给侨眷,他们代侨胞带回信款除收取费用外,另方面又可获得出售货物的利润,实为一举两得。国内的批信局则按汇款金额收取佣金,最高收到15‰,有的则由海外民信局负责盈亏。

二、相生相克:邮政、金融与侨批业竞合

1842年4月15日,英国在香港开办邮局,1844年起又先后在上海、福州、厦门、广州、汕头等处开办军事邮政代办所。1845年,新加坡已有固定每月一次的邮轮通香港,香港的批信局很快便成为南洋各国和国内批信来往的中转站,沟通了海外与国内的批款传递。1859年11月,法国也在上海开办"中国远征军中央邮局"下辖四个军邮分局,1862年改为上海公共邮局。1863年7月,英国在上海开办商埠邮政——上海工部局书信馆,并于当年扩展到汉口、福州、厦门等几个通商口岸,成立分支机构或邮政代办处。

1873年英国汇丰银行在厦门设立分行。1876年12月11日起,英国当局在新加坡正式开设一个小邮政局,专为民信局收寄银信。当时的华人小邮政局只收寄厦门和汕头两个地区(至1889年才增加收寄广州、诏安等地的银信)。据日本人福田省三的《华侨经济论》统计,1880年至1909年的三十年间,从厦门出境的侨民达200多万人。华人小邮政局的开设对民信局和华侨寄信起了一个促进作用。

近代邮政建立前,中国已存在相当完备的官方和民间并行的两套"邮驿"网络。即专营华侨侨批和侨眷回批(即回信)的批信局和政府官方的邮驿,它们并存并行,相安无事。

1892年(光绪十八年),大清海关邮政局厦门海关成立。1896年,大清邮政正式开办,信件寄递逐渐收归国营。政府对民信局的管理作了规定,即凡有邮局之处,各民信局应向"官局"挂号,作为官局的代理机构。1900年2月(光绪二十六年),厦门邮政局成立,并于当年7月20日在漳州石码设邮政代办所。由于厦门邮政局当时职员仅23人,并对每封信收费达20～30铜钱,乡下则高达200铜钱,且有些偏远乡下邮政也无法通达,华侨虽有一部分将批款通过大清邮政局邮寄,但大多数华侨仍然依赖于民间侨批局。

鉴于当时闽南侨汇量达年2000万元左右,1915年5月20日,中国银行福建分行厦门分号成立,厦门批馆开始兼营汇票生意,规模大的批局与厦门中国银行和香港汇丰银行斡旋,将海外银款尽快兑现并发至侨眷手中,同时利用市面上侨汇间汇水(即汇率)涨落行市,通过银行买卖汇单生意,而中国银行厦门分行也曾在银根紧张时从批局如天一批馆中调拨头寸。

厦 门 侨 批

20世纪30年代初,东南亚各埠和厦门等地相继成立华侨汇兑局同业公会或银信业同业公会,从而扩大了批信业的活动领域,并与英国的汇丰,荷兰的安达,法国的东方汇理,日本银行及中国银行,交通银行,福建省银行等银行建立通汇关系,促进批信业业务的发展。1931年,厦门的批信局一度从60多家猛增至196家。

大清邮政开办后,邮局既是经营邮政业务的盈利组织,又是负责管理的国家行政机构,从而开始对民信局的管控。1926年前,邮政总局宣布经营民信局必须向各所在地邮政局申请,经批准并领有许可经营牌照(即批牌),才能经营民信局。初期申请很方便,后来一年比一年困难。

1928年全国交通会议决定,国内所有民信局,"应于民国十九年(1930年)内一律取消。"

厦门及国内各地侨批局、南洋批局极力反对,分别联名上访,申述侨批网络形成已久,侨眷不论居住城镇或穷乡僻壤、荒村陋巷,不管收款人姓名是否写得明白清楚,批局都能把每一封批款送到侨属手里,而远非邮政、银行所能做到。而批款能否收到,关系到广大侨属的生活来源与生存。

经过据理力争,国民政府最后决定,准予经营国内信件业务的"民信局"延至1934年结束,而经营海外侨批的民信局改名为"批信局",可以继续经营海外侨批业务,但必须向邮政局申请登记,领取执照,才能营业,并"不准收寄普通信件"。

1935年,邮政总局首先取缔了批信局之间的转托业务,批信局来往内地的批信及回批必须汇束成包交给邮局寄递,不得转托其他批信局代寄。在此以前,在没有设立分号的地方,批信局通常都是转托其他局代送信件,各局互相协调派送路线,以减少人力,降低成本。厦门华侨银信业同业公会先后与邮政总局、厦门侨务局和中央侨务委员会交涉,要求允许转托业务。此举势必严重影响国家邮资收入,国家邮政总局根本不会同意,批信局的交涉受挫。

邮政总局起初并没有系统管理和控制批信局的严密法规或制度。直到1935年12月,才制定颁布"批信事务处理办法"(计十四条,以下简称"办法")。这是政府管理侨批市场的一个转折点,它将侨批市场纳入了国家管理范围之内。

"办法"详细规定了批信局执照的管理办法,申领者必须填写申请书,详细写明名称、开设地点、营业人姓名、年龄、籍贯与何处往来营业,有分号者还需写分号名称、地点及代理人姓名、年龄、籍贯,如国内外均有分号者并应分别注明

厦门侨批业与政府的关系

国内外字样,国外分号须注明详细地址,巡视员可以"随时调验","并于执照背后注明调验日期",若停业"应将原领执照缴由该管邮局转呈注销,不得私自转让或顶替"。

邮局通过执照审核,可以随时管理和控制批信局的发展。但侨批业者通过各种公开或私下手段予以规避,如谎报牌号多次领取执照、未设局就预先申请执照进而从事执照转让与买卖,有的甚至直接"疏通"邮政经办人员给予"方便"。虽然新牌照停止申请,但旧牌照仍然有效,即使批信局经理已去世,每年申请时表格中的经理姓名等还是照旧填写。

但总体而言,执照管理还是使批信局受到了一定的限制。

批信局与邮局的最大矛盾是自带信件。一般而言,侨批大致可以归属国际信件一类,因此邮局允许批信局在侨批贴足国际邮资后自行投送。然而,侨眷回信究竟是按国际邮件还是按国内邮件处理,"办法"并未明确规定,因此各地处理方式也不尽相同。厦门邮局规定,回信必须缴纳国内邮资交由邮局寄送,然后由批信局总号从邮局收领寄往国外,否则以走私论处。

此举遭至厦门银信业同业公会强烈抗议,他们援引汕头邮局为例:汕头对有执照的批信局自带信件不加限制,不能自带的可在内地添设分号,只需报请邮局核准转递该号寄往内地的信件。

既有同业可援例,又有民间抗议,福建省邮管局被迫采用汕头邮局的办法,允许批信局自带回信。

省邮局允许批信局缴纳邮资后自行寄递,实际上恢复了已取缔的转托业务,回信逃缴邮资的可能性因而加大,既增加了稽查难度,又减少了邮局的邮资收入,因此遭到厦门邮局强烈反对,"此项(指回批)邮政收入必大受打击,我邮损失殊属不赀"。不过,省邮管局并未理会。

批信局自成为一个行业以来,引起了当时民国政府有关单位,如中华邮政储金汇业局及银行等的嫉妒,他们企图垄断揽收侨汇。但他们也清楚地知道,批信局的收汇优点是他们所不能比拟的。

首先,向批信局汇款的华侨,大都和该批信局有同乡之谊或朋友或事业关系,只要在侨批信封上备注金额,便能把款项与信件同时递达,批信局甚至给汇款者以多种便利,如遇汇款者有缓不济急的时候,批信局往往以"信用"二字无条件代为垫汇,即先代汇款,等送达之后,才向汇款人收款,此即所谓"放账"。其手续简便,和一般银行的繁琐手续,差距很大。

其次,早中期出国的华侨多数是文盲,要写一封家书,往往要到书摊或托识

| 厦 | 门 | 侨 | 批 |

字者代笔,如果到批信局汇款,批信局职员会义务代为书写家信,并赠送信封信笺。批信局的信封信笺都印有各自的商号、名称,并有"投递迅速"、"登门派送"、"专分大洋"、"不收小费"及"竹报平安"等字样,作为各自的宣传广告。而华侨眷属多数在农村,文盲更多,当侨眷接到海外亲人寄来的款项和信件之后,往往要请送批工(后称为派送员)念读来信,同时还请送批工代写回文(即回信)。而邮政部门人员并不提供此项服务。

另外,1936年以前,官方的邮政与金融均未能形成网络,金融机构只在县城和海外国家的主要城市设立,覆盖面有限。而邮政网络,到1940年还有90%以上的乡镇未通邮。他们又有各自的规章制度、办公时间等,很不方便。只有批信局遍设各山区小岛,且不受时间限制。侨胞下工之后,中午、晚上随时可以到批信局寄款写信,批信局又定期或不定期地派专人到各个会馆、娱乐部、同乡会及各大企业内招呼寄款,登门收汇又可欠款,给侨胞极大的方便。

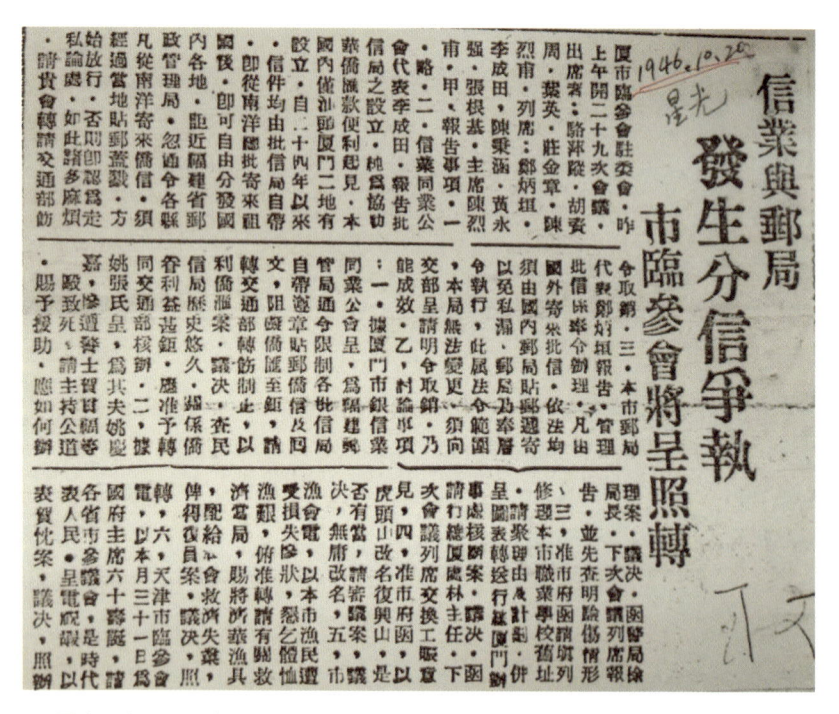

《星光日报》1946年10月20日《信业与邮局发生分信争执》 (洪卜仁提供)

侨批业与邮局的矛盾,随着抗战胜利后信局的大量增加,更加激化。1946年10月20日的《星光日报》报道,争执甚至闹上厦门市临时参议会,甚至邮局函请动用警察强力干预打击。

《江声报》1949年5月18日《民信局运私信 邮局报警取缔》（洪卜仁提供）

三、狃于定章：饱受诟病的战时侨批管理政策

1937年7月，日本发动全面侵华战争。1938年，日寇侵占厦门，侨汇形势急剧变化。一方面，侨批局不少搬迁内地或解散，侨批从业者也纷纷逃难到国统区，侨批因此中断，也迫使泰国及新加坡多家批信局停业。另一方面，邮路不通，海外批信不能向邮政投寄，有先寄出的也被退回。

抗战以前，厦门是福建最大的华侨往来口岸。日军占领厦门后，截断华侨汇款，封锁华侨出入，因此，厦门与华侨关系最紧密的客栈、船头行、信局等，大部分转移至鼓浪屿和泉州营业。抗战初期，海外邮件是由鼓浪屿转泉州解付的，后为争取解付速度，直接寄泉州。

当时侨批很多是随船寄回大陆，再由钱庄等负责兑汇的。厦门沦陷后，市内很多侨批信局一时陷入停顿，厦门邮局则迁往鼓浪屿继续营业。当时的合昌信局，用鼓浪屿亚细亚商行的交通汽船，将侨批运押至嵩屿，再转送泉州投递解付。1938年至1940年期间，厦门、泉州中国银行通过合昌信局民间渠道在东南亚发展代理侨批收汇局180多家，几乎囊括了厦门所有的华侨批款。

| 厦 | 门 | 侨 | 批 |

在沿海各口岸被日寇侵占时,香港以它特殊的地位,在侨批的传递上起着枢纽"中转站"的作用。大量侨批从香港周转回内地。"其时南洋各国批信局的侨汇抵达香港后,通过海陆丰渔船运至汕尾、甲子等地,再从小道转上兴宁,然后才回转揭阳等地"。

为了抗战需要,国民政府调整各方面政策,采取各种措施鼓励华侨汇款和捐赠。而福建邮政管理局"狃于定章",继续严格执行战前政策,受到国内外业者的广泛批评。

厦门批信局先后与厦门侨务局、福建邮政管理局、邮政总局及交通部交涉,要求根据战时情势改变政策,对侨批事宜通融办理,给予便捷:允许侨批贴足国际邮资后由批信局直接自行收发,"允领有部照者,其所在地无论为总分局,胥视该项侨信及回文之实地需要,或批信总分局地失复,应随时进退移动,均得自由对洋径行收发,以期适合战地实际情形,免致侨汇为难。"与此同时,新加坡、马尼拉等地侨批业公会等也对国内僵化的政策提出批评,纷纷致函福建邮政管理局,指出:外国邮局对侨批业予以自由不加限制,"外邮优待而国邮反加严酷,独我国邮政局尚犹拘泥成例,多方挑剔,如统系之不明者便予扣留,沿途不加盖戳者即予科罚",希望福建省及厦门邮局及时调整政策。

由于国内外业者反对,又"值此非常时期,各地状况时有变更,侨汇关系重要",交通部和邮政总局虽然不同意批信局分号直接收发国外信函,但同意适当变通,"暂准在实际需要地方设立总号临时办事处,与总号同样直接收发外洋批信,惟避用分号名义,以符规定,一俟当地情形恢复原状即予撤销"。允许在实际需要的地方设立总号临时办事处,部分满足了侨批业者的要求。

为了抗战需要,随后福建邮政管理局也放宽了对走私的处罚。如晋江文记局分号违法,私自将到马尼拉的回信不经邮局直接寄出被查获,福建邮政管理局只要求该号补贴晋江至厦门国内总包邮资,将所扣回批(即回信)放行,并规定此后走私案件,无论是从晋江的分号直接寄往海外的回信,还是海外直接寄给晋江的批信,在晋江封锁期内只要补贴晋江至厦门的总包邮资即可,"以利侨汇。"此外,回批夹带信件也放宽处理:凡有汇款者,"回批内附装寄同一收信人之侨胞家族及戚属收款附言"的批信毋庸处罚。

不过,福建邮政管理局还是不允许批信局任意收发侨信,以免"藉图节省晋江与鼓浪屿间来往总包应纳之邮资,损害国家对于邮政合法之收入"。

日寇统治厦门时期,金融紊乱,无法管制。发展到后期,批局大部分从事汇水(即汇率)投机,积压批款以进行牟利活动。有批局甚至将批款积压一个月,连海外安南批局也有积压批款的事情发生,他们把侨汇款转做投机生意,囤积居奇,获取高额利润。侨眷损失惨重。当然,混乱时期也有因投机失败而倒闭的批局。

四、兴风作浪:国民政府衰败前的博弈

抗战胜利后,厦门和东南亚各地的交通恢复,一时侨汇激增,闽南各地批信局纷纷迁回厦门复业。

但由于国民政府的腐败,通货膨胀急剧,货币严重贬值。为挽回局势,国民政府不断变换币制。然而越变越糟糕,1946年入秋以后,国内通货恶性膨胀,国民政府于是在1948年发行国币660亿元,相当于抗战前的47倍。物价也随之暴涨,市场商品"早晚时价不同","一日三涨价"。同年8月20日,国民中央银行发行金圆券代替国币流通,以一金圆券等于200万国币比率投放,但不到10个月,金圆券膨胀率更为惊人,发行面额不断攀升,最高面额达50万元,发行总额增加65万倍。华侨批款一斤纸币抵不上一斤大米。

官价汇率与市场汇率相差悬殊,侨汇几乎全部转入黑市。批信局趁通货膨胀之际,经营汇兑、进出口或其他行业,利用侨汇进行投机,从中谋取暴利。他们在香港、上海设立机构,办理黑市套汇收交,承做同业侨汇头寸调拨,买卖期货单等汇兑业务。

南洋各批局多把批款汇至香港套购港币,利用批款转驳的时间差,甚至故意耽搁日子,至国币、金圆券不断贬值之后,再兑付批款,从中牟取暴利。当侨属接到批款时,与汇出时间的比值相差了好几倍。

海外批局还通过自办的银庄与中转批局联络,把外币批款在国内批业界中抛售,高价卖出,再获厚利。侨批传递管道变成投机倒把、欺诈掠夺、黑市交易外汇的暗道,侨批界鱼龙混杂,一片混乱。

所有国外汇回侨款几乎遭到民信局积压,闽省"自太平洋战事发生后,迄今仍全部未予清偿","达数千亿元"。

因物价通涨,侨汇大量积压,侨眷望眼欲穿,等待汇款度日,而汇款姗姗来迟后,物价已高涨数倍,接信人接收到的信款早已贬值,苦不堪言。

由于侨眷激愤,1948年7月,厦门市长黄天爵召见民信局负责人指示:1.调查邮局近月来侨信寄厦情形。2.各民信局应将经收侨信及准备头寸情形分别列表报核。3.如头寸确不足其原因不尽在民信局方面者,应邀有关机关会

商切实可行办法。

《江声报》1948年7月10日《市府查侨汇确数》　（洪卜仁 提供）

不过,尽管市长发话了,政府部门介入,但成效却不彰。5天后,《江声报》报道,侨汇头寸放松了,但"侨汇仍难发清"。

币制崩塌加速货币贬值,同时也为侨批业带来高额利润,造成抗日战争胜利后厦门侨批业的畸形发展。1948年登记营业的头、二盘侨批局117家,比抗日战争前数量最多的1936年的84家还多出33家。

在这一时期里,侨批业利润的主要来源,已由批佣(向委托局按侨汇金额或

厦门侨批业与政府的关系

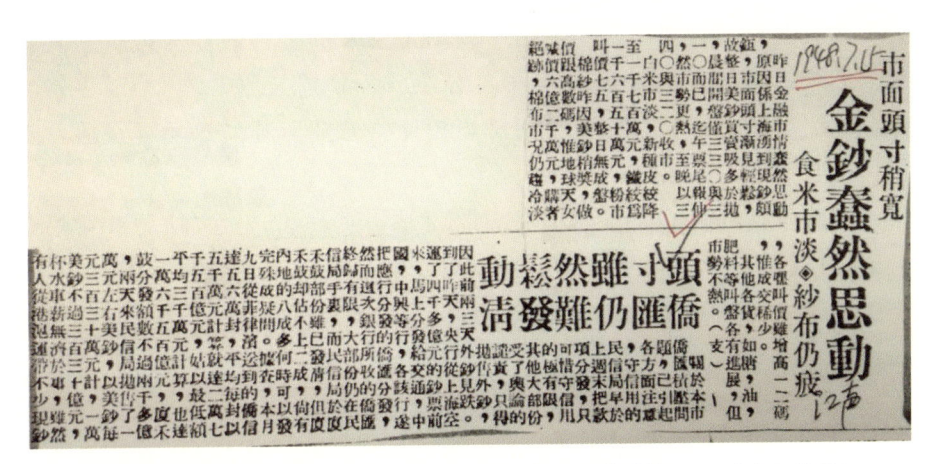

《江声报》1948年7月15日《头寸虽然放松,侨汇仍难发清》　（洪卜仁提供）

侨信件数计收的手续费收入)变为运用侨汇头寸牟取暴利,经营方式也增加了投机性:①积压侨汇,坐收法币贬值之利;②套用侨款,炒买金钞商品;③套压侨汇,经营拆放。在侨汇收汇、调汇和解付方式上,也有了变化:①境外收汇,削价揽收票汇,利用银行存款账户支票代替汇票;②头寸调拨由顺汇改为逆汇,即由国内局视解付侨汇所必需的法币头寸,抛售相应的外汇,轧紧法币头寸,赢得时间;③厦门、香港、上海三角调拨方式盛行,即在港买进申汇,在厦卖出申汇,取得现金解付侨汇,从中获取汇水差益;④口岸承转局与内地解付局之间侨汇头寸调拨,由商业和银行汇兑为主,改为专差送现,尽可能地赢得运用侨款的时间。

1947年以后,华侨携带外钞和买寄外汇汇票回国的日多,迫使侨批业不得不接受外币汇款,1948年冬,厦门侨批业已普遍实行外币解付,起了侨汇保值的作用。

抗战胜利后,批信局与邮局的关系又趋于紧张。战后初期,厦门邮局企图趁机取缔批信局。1946年2月,厦门15家批信局向邮局申请换照。厦门邮局认为,此前邮局一直采取渐进步骤,"以期其自归消灭",后因战争"暂时姑予优容","战事敉平","尽可乘机予以取缔"。

不过邮政总局并未采纳,要求颁发执照,但须"原营业人自行申请换领"。

颁发执照之时,邮局也严厉取缔和打击无照经营的批信局,从而加强对侨批市场的管理。当时厦门没有挂号、私自营业的批信局就有30多家,甚至影响到一些有执照的批信局的业务,为此侨批公会会员还向厦门邮局投诉。然而,这些无照批信局"多悬牌营业","内中则附于已领照之批局作为护符",其收集的批信亦装入有执照的批信局信件内寄递,邮局"按欠资办理"予以警告。但是,这些批信局"一经警告后即将招牌更换照常营业",邮局也无可奈何,"未知尚有何项有效取缔办法"。

邮局与批信局的最大矛盾仍是自带批信。1946年7月,邮局重新限制自带批信,批信局总分号间的批信及回批均应纳足邮资交邮局盖章寄递,不得私自带送。同时,邮局还增加许多繁琐手续,进口批信要在邮局"当面开拆加盖邮戳",总号寄往分号的邮包必须由当地邮局"重行逐一盖戳,作为确系交邮寄递之凭证"。两次开拆并逐一加盖邮戳之后,"凡未经邮局盖戳之批信或回批,无论贴足邮票与否,均不得私行递送或投递",否则概按走私论处。批信局业务因而受到极大影响,寄递速度明显迟缓。

厦门市华侨银信业公会联合菲律宾、新加坡汇业总会及其他社会团体,阻止邮局实施。经过交涉,邮局同意批信局在本地邮局投递界以内自行带送,投递界以外则应全部缴费由邮局寄递,不得擅自派人带送,自带批信也不得"享受总包纳费之利益","其带送人并仅侨批信局总号指定一专人,经相关邮政管理局给正式证明文件(粘贴相片)者为限"。如果批信局在信件抵达处没有分号,则应缴纳邮资后寄往当地邮局作为该局候领邮件,批信局再派人前往当地领取分发,回信由该地邮局寄回批信局总号,不得自带。

1947年,经新加坡汇业总会会长林树彦交涉,邮政总局做出让步,有条件地允许自带分发批信:厦门批信局必须一致要求,由银信业同业公会向邮局提交申请就可以,但公会要"声明担保,决不走私"。邮资改革时,侨信在缴纳89%的双程邮资后可以自带,回批也可自带回总号,自带批信争端才告结束。

历次的邮资改革中,官办邮局与民间批信局既对立又合作,彼此讨价还价,又互相妥协。

鉴于前次邮资改革的巨大争议,邮政总局事先与厦门银信业同业公会商,决定自1947年7月起,邮局取消总包按总重量收费的制度,实行按邮件件数收费,侨信须经邮局点数缴费;邮局也允许国内批信局总分号间的进口批信按件数的20%免纳国内邮资,80%缴纳国内双程邮资后可以自带(实际执行时分别为11%和89%),回批也可自行带回总号,由总号汇成总包交邮局寄往国外。

这改变了过去总分号间的批信与回批必须由邮局寄递的规定。邮局做出收费优惠和允许自带信件的让步,换取批信局方面同意取缔延续多年的总包优惠制。

不过,批信局还是存在不满。1947年,新加坡林树彦回国调查侨汇之际,与福建参政员林道渊一道向邮政总局提出恢复按重量收费制度,并"按七折计算"。不过邮局以"影响邮政经济太巨"为由,不予考虑。此外,邮局也充分利用批信局经营网点为其服务,直接委托他们代售邮票,代理邮政业务,如天一批信局部分分号。

同时,经过重重限制、层层克扣,厦门邮局从侨批业中获得不菲的邮资收入。邮局甚至有70%之收入是来自批信的利润。1948年11月厦门侨汇管制委员会取缔批信局时,邮局密切"注视各批信局动态",主要因为"邮资收入将受锐减"。

而批局增加的费用,终究要落到海外侨胞身上。

邮局与批信局另一矛盾是分号问题。1948年,邮政总局开始限制设立分号,规定国外批信局不得在国内增设分号,只能委托已有执照国内批信局为分号,且仅限于粤闽两省已呈准设立分号之处;国内批信局"不得在国外添设分号",已存在者暂维持现状。

1949年8月,邮政总局又规定批信局更换或添设经理人要受邮局节制,营业人如亡故或其他原因将业务移交他人时,接办人只限于法定继承人。当然由于国民政府统治后期,政权日趋衰败,限制分号及接办人的影响并不太大。

五、合营改制移交:侨批业完成历史使命

1949年新中国成立前夕,社会动荡不安,批信业举棋不定,或迁香港,或停业观望。厦门解放后,人民政府对侨批业实行"团结与管理相结合"政策,1950年3月,经登记核准营业的批信局有72家,同年12月增至91家。

但由于解放初期管理制度尚欠健全,社会上经营进出口业务的行业往往与批信局勾结,从事套汇、买卖金银外币。如华侨汇款到香港后,在香港的批信局分支机构就把侨汇截留,转卖给其他兼营进口的商行,而在本市直接用人民币付给侨属,从中套取外汇。其中以侨兴行最为严重,1949年至1950年初,该行从香港运来美钞约60多万元,在本市及泉州私自收购黄金1200两铸成金条,夹装在出口货内离境。

为加强侨批业的管理,厦门市人民政府于1950年12月专门召开侨汇业座谈会,会议决定每千元侨汇由国家补贴业者手续费12.5元(其后有增减,至结

束时为千分之十），并取消旧邮政牌照。

1951年，章骥、叶肇明、李文陵、张继阳、吴克敬、洪流、丁邨等7人分别代表中国人民银行、中国银行与市侨务局组成侨汇业管理委员会，加强对侨汇的管理整治。1952年"五反"运动以后，侨批业守法观念增强，经营黑市美钞和偷逃国家外汇等现象逐渐杜绝。

侨批业纳入国家管理后，1950年侨汇收汇数占全市同年外汇总收入的76.32%，1951年占81.98%，1952年占81.14%。对沟通本市侨汇，恢复国民经济做出了积极贡献。

为使侨汇业更好地逐步走集体化道路和加速解付工作，1952年由中国银行批准源兴、光大等11家兼营三盘派送业务划分各自的解付地区，并成立晋属联营处和安溪联营处。酝酿成立联营之前各局的特约信差，亦先后停止解付，人员多数归并联营处。联营处在1956年12月撤消，改组为"泉联"。

1957年厦门正式成立侨批派送处，"泉联"驻厦办事处附设在厦门派送处，办理二盘的委解工作。1959年厦门侨批派送处成为全民所有制企业，至1961年因工作关系再退回为集体所有制。两年后在省人民银行领导下，成立福建省侨汇业管理委员会，调整各派送站的人事和经济调拨等。再由省人民银行主持，泉、厦两地签订工作协议书，从而互相监督，互相促进，对提高解付工作和争取侨汇起了一个积极的作用。协议书每年检查修订一次，至"文革"被迫停止。

厦门侨汇工作原来是一家一户，独立经营，分布于市区各角落，银行联系尤感困难。后于1958年提倡合址办公，办公地点分设6处，有德盛段、源兴段、水仙段、十联、七联、五联。这种合址办公，既节省费用，又节省人力，亦可开展互助，同时又便于领导开展工作，对争取侨汇和开展各项工作起了促进作用。

1969年春，为了清理阶级队伍，对侨汇业进行清队，各企业业务全部移交给人民银行革命领导小组负责人，集中在海后路源兴段办公，除留少数人员办理业务外，其他全部集中参加清队学习。至1970年春，又全部迁往禾山江头参加"一打三反"学习班，至年底结束，人员除个别回到业务班外，其他全部到银行创办的工量具厂做工。

1972年中央正式下达文件，侨汇业办理结束。1975年初侨批业人员、业务全部并入海外私人汇款服务处（大集体），年底再奉令转入银行，成为全民所有制企业。因此，在海外私人汇款服务处之前退休的是以集体所有制退休，后者是以全民所有制退休。

国内侨汇业至此正式奉令办理结束。

厦门侨批业与政府的关系

附记

东南亚侨居国政府对民信局的态度

东南亚各国政府对民信局的收汇限制和管理是逐步严格的。

初时侨居地经营民信局比较方便,只要向当地政府申请营业执照,即可挂牌收汇,招揽生意。后来东南亚各国政府设立了邮政、银行,初期对批信传递和金融流通,一定程度上起到了安全、快捷、顺畅和方便的作用,受到了批信业和侨胞的欢迎。

但随着官方对民信局的管控越来越严格,民信局此后甚至被取缔,不得不转入地下状态。

泰国批局在泰未设邮政前,带回国内的信包(批包)自由送上客轮,1883年泰国建立邮政业务之后,由客船寄送的大信包,批馆的代理商行必须按邮政规定,根据邮包重量贴足邮票,经邮局验收合格后才能送上客船。

1928年,泰国重新规定批信必须逐封贴上邮票,才能装成总包寄送。1927年至1932年,泰国侨批款平均每年达3000万铢以上,如此多的钱款,暹罗政府不得不严格管制银行和批局的华侨汇款。1932年泰国政变,新当局定下重税政策,有意限制侨批。1937年暹罗政府颁布银行统制条例,对民办银行做出种种规定与限制,不符合规定的民间银行停业,违反条例的被没收营业执照。政府借此限制资金外流。

但泰国历来对发给民信局经营执照没有限制。直到1981年4月,才停发执照,宣布取缔民信局,泰国的民信局也随之转入地下经营。

印尼自独立以来,就停止发给民信局执照,并加强外汇管制,侨批业者只好转入地下,其调款只能通过贸易商人货物出口时以多报少截留在香港。

1980年,印尼外汇开放,民信局的调款相对比较方便,但政府仍然不发给民信局经营执照,民信局照旧见不得光,处于地下黑暗状态。

越南自独立之后即加强外汇管制,禁止华侨汇款回国,当地批信行业只能暗中将批款带入泰国或香港再转寄国内。

越南政府对经营民信局者既不发执照,且管汇一年比一年严格,外汇管理制度条文中规定一条,即偷逃外汇和私自经营民信局者判处死刑。1960年前后，广东藉一位旅越经营民信局的侨胞被捕，被判死刑，财产没收。又有同安籍一位旅越经营民信局的越侨被捕，坐狱3年，受尽严刑拷打，最后因查无证据而释放，但企业也因此停业破产。

菲律宾自1945年抗战胜利后对民信局发给营业执照，到1951年5月，政府宣布禁止民信局经营，越月即全面进行大搜查。当时被捕者有江南、隆盛等数家，侨汇中断一个多月。最后因查无实据被释放，但数家企业均破产。从此菲律宾的民信局全部转入地下，且经常受到搜查。

新加坡则于1876年就设立华人小邮局，办理民信局邮总包转寄，从我侨胞与国内侨属的通信中获取邮资利润。1877年华人小邮局迁入邮政总局，督办民信局寄往中国信件，对民信局的发展起了一定的促进作用。

20世纪后新加坡政府开始限制批信业务。1919年统制局规定经营民信局者必须申请礼申（即牌照），每年礼申费5元。其对外汇的管制也越来越严苛，1945年军政总部通知各银行称"华侨汇款每月不得超过100元坡币"。1946年3月18日当局又再度颁布"华侨家用汇款每月每人限汇45坡币"，限定寄出批款只为维护侨属生活，不能挪为他用。1947年甚至规定，侨汇只能由政府操办，民间批局不能经营金融流通，后经批业界的坚决反对才取消此一决定。

1948年10月，新外汇统制部又再宣布："凡经营民信局汇款，必须申请批准证（银信经营外汇执照），并纳费A牌每年250元，B牌每年100元，礼申限一年，到期应申请换领。"所谓A牌，是有牌照的民信局可以用邮总包与中国民信局互寄，在申请A牌牌照时，必须缴纳1万元坡币押金；B牌牌照除与A牌同样可以挂牌收汇外，不得与国内互寄邮总包，因此，领B牌的民信局在寄邮总包时必须委托领有A牌的民信局代为转寄代收。

东南亚各国管汇如此严格，为什么民信局还能存在？一方面是侨胞思乡思念家人心切，对民信局的经营活动，既要为之保密，又要暗中保护，从而使其得以生存。另一方面，为了侨批的投寄，侨批业者也动用各种关系，勉力经营，甚至担惊受怕、蒙受损失。

总之，侨批业因社会需求而起，又因社会发展而亡，但其兴衰，与政府关系极大，政策因素决定"其兴也勃焉，其衰也忽焉"。

参考文献

[1]厦门华侨志编委会编：《厦门华侨志》，厦门：鹭江出版社，1991年。

[2]厦门金融志编委会编：《厦门金融志》，厦门：鹭江出版社，1989年。

厦门侨批业与政府的关系

[3]中国银行泉州分行行史编委会编:《闽南侨批史纪述》,厦门:厦门大学出版社,1996年。

[4]厦门总商会、厦门市档案馆编:《厦门市商会档案史资料选编》,厦门:鹭江出版社,1993年。

[5]麦国培:《民国时期邮局办理侨汇(批)之史实》,潮人网,2004年5月18日。

[6]焦建华:《近代国家与市场关系的一个例证分析——以福建侨批业市场与政府邮政竞争为例》,《中国经济问题》2007年第6期。

附录一

厦埠邮差截检信件肆扰送批

—— 洪宪元年驻新加坡总领事胡惟贤致电交通部邮政总局

第贰号

照抄驻新加坡总领事胡惟贤矣来详 洪宪元年三月二十日

为据情详请示遵事据本坡闽商天一汇兑局盈丰汇兑局信隆局全记公司顺德局泉州公司顺和成局源兴局全和兴局正泰美局绵兴茂局发兴局源丰兴局益安局森泰栈汇兑局源兴票局源顺局永泰义记局振和兴局丽泉局万茂局合茂记局永成美合记局泉苑局进发局泉和益和兴局泉隆发局捷昌局源进发局合振局张集源局永珍局天一分局梁永吉局顺成局瑞泰局振安局福美局开顺局杨集茂局共四十一家信公举代表黄琼瑶等来署禀称窃商等在新加坡开设保家信局代人收转银信除银洋另汇外所有信件各包缄封由邮局寄至厦门除厦埠各信分别投送外其余在漳州泉州金门永春所属各县一再由厦门信局分类检

· 238 ·

齊各包總封交郵局轉入內地各信局改拆照信面所書鄉村姓名銀數遞伴分送風雨無阻並隨時守候復信即由局彙帶轉仍交郵局逓寄歷辦有年成為習慣從無郵差干預近來廈埠郵差截檢內地局彙送信之未貼郵票者即以違例論罰且內地郵差每在鄉僻侮擾蓋郵票本貼在總封經各處信局拆開分途投送自無郵票可驗郵局不察無許各信局寄總封查華僑寄銀贍家與捄飢捄火同其迫切按日計程以速為妙函信到家銀即隨之且可立刻作復轉遞來洋以慰僑念今若禁包總封概將散封付郵設內港之船到廈稍遲即趕寄不及勢必待至數目之久而後發遞先到之函件分發未清續到之洋信又多積壓且銀與信向分兩起投送郵差未能如各局彙多而且熟勤而加緊即能按址分送而受者非有信無銀即有銀無信

又不能隨手具復種種窒礙僑情怨憤總之商等但求信息往來之快便，上不奪國家郵政之利權，下不悞僑民銀信之重託，為此懇乞咨請福建巡按使及郵政總局體恤僑情，准予仍照總封投寄，其散封准由局夥分送帶轉，一面嚴禁郵差肆擾，實為德便等情。前來，總領事查本坡僑民工界居多，日積月累寄資贍家，每人月寄數元或數十元，至為煩瑣，通年計算為數何止數百萬。內地金融藉以流轉，凡郵局寄銀手續太繁，不能銀信并發，況地處鄉僻，持票取銀既有攔刼之虞，又多往返之費，向來各由其所親信之信局匯兌，取其為本鄉熟悉之人，即祇留婦孺在家，銀信可以直接交付，如遇無人書復，又可代為繕寫本人，蓋戳為憑，種種便利，實有厚賴，是以數十年來相安無異今郵章并未加嚴而內地郵差往往檢查不貼郵票之信動輒科罰影響所及不免惹起僑民惡感除據情咨請福建巡按使先行嚴禁郵差沿途檢驗騷擾外理合具文詳請

鈞部俯念僑情格外體恤咨商

交通部轉飭郵政司務於國家郵政民間信局兩無妨礙酌量變通內地辦法稍示區別或准其循舊辦理不加檢驗之處伏候

訓示飭遵此詳

交通部邮政总局

照抄驻新加坡总领事胡惟(贤)来详

洪宪元年三月二十二日

为据情详请示遵事。据本坡闽商,天一汇兑局、盈丰汇兑局、信隆局、全记公司、顺德局、泉州公司、顺和成局、源兴局、全和兴局、正泰美局、绵兴茂局、发兴局、源丰兴局、益安局、森泰栈汇兑局、源兴票局、源顺局、永泰义记局、振和兴局、丽泉局、万茂局、合茂泰记局、永成美合记局、泉苑局、进发局、泉和局、益和

厦门侨批业与政府的关系

兴局、泉隆发局、捷昌局、源进发局、合振局、张集源局、永珍局、天一分局、梁永吉局、顺成局、瑞泰局、振安局、福美局、开顺局、扬集茂局共四十一家信局公举代表黄琼瑶等来署禀称，窃商等在新加坡开设保家信局，代人收转银信，除银洋另汇外，所有信件各包总封由邮局寄至厦门。除厦埠各信分别投送外，其余在漳州、泉州、金门、永春所属各县，再由厦门信局分类检齐各包总封，交邮局转入内地各信局收拆。照信面所书乡村、姓名、银数，遣伴分送，风雨无阻，并随时守候，覆信即由局伙带转，仍交邮局径寄。历办有年，成为习惯，从无邮差干预。近来，厦埠邮差截检内地局伙送信带信之未贴邮票者，即以违例论罚，且内地邮差每在乡僻肆扰。盖邮票本贴在总封，经各处信局拆开分途投送自无邮票可验。邮局不察，无许各信局包寄总封。查华侨寄银赡家与救饥救火，同其迫切，按日计程，以速为妙，函信到家，银即随之，且可立刻作复，转递来洋，以慰侨念。今若禁包总封，概将散封付邮，设内港之船，到厦稍迟，即赶寄不及，势必待至数日之久。而后发递先到之函件，分发未清，续到之洋信又多积压。且银与信向分两起投送，邮差未能如各信局伙多而且熟勤，而加紧即能按址分送，而受者非有信无银即有银无信。又不能随手具复，种种窒碍，侨情怨愤。

　　总之，商等但求信息往来之快便，上不夺国家邮政之利权，下不误侨民银信之重托。为此恳乞咨请福建巡按使及邮政总局，体恤侨情，准予仍照总封投寄，其散封准由局伙分送带转，一面严禁邮差肆扰，实为德便。等情前来。总领事查本坡侨民，工界居多，日积月累寄资赡家。每人月寄数元或数十元，至为烦琐，通年计算，为数何止数百万，内地金融藉以流转。凡邮局寄银手续太繁，不能银信并发，况地处乡僻，持票取银既有拦劫之虞，又多往返之费。向来，各由其所亲信之信局汇兑取。其为本乡熟悉之人，即只留妇孺在家，银信可以直接交付。如遇无人书复，又可代为缮写，本人盖戳为凭。种种便利实有厚赖，是以数十年来相安无异。

　　今邮章并未加严，而内地邮差往往检查不贴邮票之信，动辄科罚，影响所及，不免惹起侨民恶感。除据情咨请福建巡按使先行严禁邮差沿途检验骚扰外，理合具文详请钧部俯念侨情，格外体恤。咨商交通部转饬邮政司，务于国家邮政、民间信局两无妨碍，酌量变通内地办法，稍示区别，或准其循旧办理，不加检验之处伏候训示，饬遵此详。

　　（交通部邮政总局公事纸）

　　总封由邮局寄至厦门，再由厦门信局分类检齐各包总封，交邮局转入内地各信局收拆分送，历办有年，成为习惯，从无邮差干预。近来厦埠邮差忽截检内地局伙送

243

信带信之未贴邮票者,即以违例论罚。盖邮票本贴在总封,经各处信局拆开分途投送,自无邮票可验。邮局不察,毋许各信局包寄总封,恳乞咨请福建巡按使及邮政总局体恤侨情,准予照旧办理,一面严禁邮差肆扰等情,详请转咨核办等语前来。查该总领事所称各节,自系为体恤侨情起见,应如何变通办理之处,相应抄录原详,咨行贵部查核办理并见复可也,此咨。

(福建省档案馆提供)

附录二

邮电部函中国人民银行、华侨事务委员会对于菲律宾发到厦门民信局侨汇电报使用密码的意见

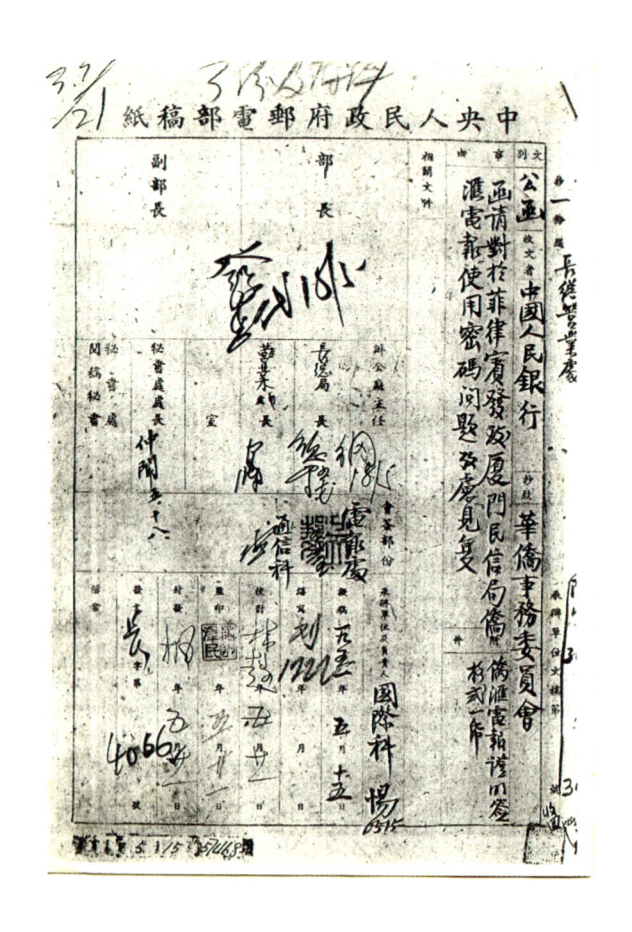

一、我國國內往來的電報,除軍政機關及公營企業所發者外,一般的不許使用密碼。我國與外國往來的電報,除國際政務電報可用任何密碼外,其餘祇許使用國際間流行最廣的幾種公開成語密碼本,以資節省報費。倘用自編密碼,所將電報停發者報費。停送。

二、茲據我部廈門電信局報告:

(一)「接廈門僑批公會函稱:『南洋各殖民地政府對於僑匯之限制封鎖,日趨嚴厲,尤其菲律賓乃美帝直屬附庸國,封鎖僑匯更甚。因此菲地各信局為溝通僑匯,大都採用電匯,並將固定顧客之姓名住址及匯款金額等编列简码，相互约定使用。此举系属乎及封锁之措施，并已将副本呈报厦门中国银行审查有案。该你局特呈上级准许使用，以利侨汇。

(二) 查此种密语侨汇电报（有时明密掺ュ）由菲列滨发致厦门之民信局者，每月约有五六十件，又该公会听称密码副本均已向中国银行存案，经派员调查属实。事关侨汇及侨眷福利问题，在未奉指示以前，暂未予以制止。但查厦地核民信局收到侨汇电报必须以译好电底向厦中国银行作汇入报告及申请拨歀，为填密防止多民信局利用密语电报，作其他取巧或达反之通信起见，经订定"侨汇电报证明签"格式一种，凡菲港等地发致厦门

厦门侨批业与政府的关系

民信局之密语侨汇电报，均由我局在来报底上加贴此签，民信局收到电报及此签后，应于三日内向中国银行申请盖章了证明送还我局。如逾三日未退还，第二次密语来报即不予投送。此项办法，已经派员与中国银行协商同意，惟是否妥当或有其他比较完善办法，仍请核示。

三、我部认为上述侨汇电报内所用代表顾客姓名住址及金额等简码、点厘自编密码性质，照章原未便使用。但如予严格禁止，是否将影响侨汇之争取沟通及侨眷之生活福利，自应深入瞭解，慎重处止应。因此拟请你行就下列各点，表示具体意见。

（甲）菲甘及民信局发致厦门民信局之侨汇电报，是否必须使用上述秘密约定之简码，始能避免封锁，达成任务？

（乙）如果上述侨汇电报确有使用密约简码之必要，我部认为应由我部与你行共同研究订定该项简码之编制方式、使用范围及有效管制办法，密告厦门侨批业同业公会转知各民信局遵照办理，并通知有关之电信机构及银行切实执行。

（丙）你照厦门电信局与中国银行商定之侨汇电报证明签发办法，临时办法，厦门中行对校各民信局交出码电报，负有检查的任务。为重视国家安全与保密起见,在未有统一的管制办法以前,拟请你处电知厦门中国银行认真检查每件电报之内容,並与厦门电信局密切联系,随时注意及追究可疑之电文(侨汇电报译明签绘格式随函附送)。

四、统请查照,改处见复。

(印华凌电新例尚未查阅,若查佳电中尚未绘发,即作业务中文电码改作明语之规定)

| 厦 | 门 | 侨 | 批 |

（文别）公函
（收文者）中国人民银行
（抄致）华侨事务委员会
（事由）函请对于菲律宾发致厦门民信局侨汇电报使用密码问题考虑见复。
（附件）侨汇电报证明签格式一纸
（拟稿）一九五一年五月十五日

一、我国国内往来的电报,除军政机关及公营企业所发者外,一般的不许使用密码。我国与外国往来的电报,除国际政务电报可用任何密码外,其余只许使用国际间流行最广的几种公开成语密码本,以资节省报费。倘用自编密码,即将电报停发停送。

二、兹据我部厦门电信局报告：

（一）接厦门侨批公会函称："南洋各殖民地政府对于侨汇之限制封锁,日趋严厉,尤其菲律宾乃美帝直属附庸国,封锁侨汇更甚。因此菲地各民信局为沟通侨汇,大都采用电汇,并将固定顾客之姓名、住址及汇款金额等编列简码,互相约定使用。此举系属反封锁之措施,并已将副本呈报厦门中国银行审查有案。请你局转呈上级准许使用,以利侨汇。

（2）查此种密语侨汇电报（有时明密掺半）,由菲列（律）宾发至厦门各民信局者,每月约有五六十件,（其中并有半价之书信电报,此类□□□□□□）又该公会所称密码副本均已向中国银行存案,经派员调查属实。事关侨汇及侨眷福利问题,在未奉指示以前,暂未予以制止。但自五月七日起,菲方发来侨汇电报突见减少,据了解系菲政府严禁外汇所致。因此,近日侨汇□□□□□□

（三）查厦地各民信局收到侨汇电报,必须以译好电底向厦门中国银行作汇入报告及申请提款。为慎密防止各民信局利用密语电报作其他取巧或违法之通信起见,经订定"侨汇电报证明签"格式一种（格式附呈）,凡菲港等地发至厦门各民信局之密语侨汇电报,均由我局在来报底上附贴此签,民信局收到电报及此签后,应于三日内向中国银行申请盖章证明送还我局。如逾三日未退还,第二次密语来报即不予投送。此项办法,已经派员与中国银行协商同意,惟是否妥当或有其他比较完善办法,仍请核示。

三、我部认为上述侨汇电报内所用代表顾客姓名、住址及金额等简码,亦属自编密码性质,照章原未便使用。但如予严格禁止,是否将影响侨汇之争取沟通及侨眷之生活福利,自应深入了解,慎重考虑。因此拟请你行就下列各点,表示具体意见：

（甲）菲港等地民信局发至厦门民信局之侨汇电报是否必须使用上述秘密约定之简码，始能避免封锁，达成任务？

（乙）如果上述侨汇电报确有使用密约简码之必要，我部认为应由我部与你行共同研究订定该项简码之编制方式、使用范围及有效管制办法，密告厦门侨批公会转知各民信局遵照，并通知有关之电信机构及银行切实执行。

（丙）依照厦门电信局与中国银行商定之附贴"侨汇电报证明签"临时办法，厦门中行对于各民信局收到之密码电报，负有检查的任务。为重视国家安全与保密起见，在未有统一的管制办法以前，拟请你行电知厦门中国银行认真检查每件电报之内容，并与厦门电信局密切联系，随时注意及追究可疑之电文（侨汇电报证明签格式随函附送）。

（丁）此项电报仍不宜作为书信电，以免妨碍与我国往来之中文电码，可作明语之规定。

四、统请查照考虑见复。

（福建省档案馆提供）

附录三

关于撤销厦市批局自带侨信限制及制止内地邮局搜检侨信致交通部呈

（1946年10月24日）

致酉有秘448号

据厦门市银信业同业公会函称："窃查厦市各批业之创设，具有深长历史，旨在服务海外侨胞、为侨胞图谋汇款之便利及迅速，并以辅佐邮政局对内地各属之偏疆僻壤邮差能力所不及者，批信局则偏有所特长送达。曾忆战前林卓午、周云东两邮务专员抵厦视察邮务，拟取缔各批信局自带侨信，嗣经厦各批信局叩诉下情，并得海外南侨各批局及侨汇机关暨华侨商会电呈交通部并侨务委员会，共同呼吁，得蒙谅解，于1934年底取消各省之普通民信局，独对闽粤（即厦门、汕头）两地民信局,于 1935 年初改称批信局,特许继续存在。同时对海外侨信总包制更改〔为〕菲律宾、缅甸、荷属、越南逐封贴足国际邮资,由各批信局自由带递;至马来亚、星洲方面,则以侨工居多,蒙优待折半总封,亦等于贴足国际邮资,于抵埠时由当地邮局检验后各批信局领出,可以其效率递送侨眷,历经办理无异。即 1935 年 6 月 7 日,复经邮政总局指令 1878/44869 号令、福建邮政管理局以指令第 1919/19784 号转饬各批信局寄递内地批信办法内第一条'来往内地批信及回文,得由批信局自行派人带送',其许可各批信局自带侨信明甚。乃本年 7 月 13 日福建邮管局突通令各批信局以所有侨信及回文,各批局不得自带,否则以走私处罚。伏思南洋各属邮局对照章贴邮侨信,一经总封到达,即由各批局带递,自由通行,绝无例外约束,即现际汕头批信局,亦准其自带侨信传递各方,何以盟邦邮主管局优待华侨批局,极力打开侨汇流通,而自国之邮主管局反处处砍加限制,又何怪乎南侨之呼吁反响？而汕厦批局事同一体,亦未便加以歧视。总括言之,各批信局既具深长历史,内承当局爱护侨界之殷,外受侨胞信赖付托之重,兢兢所业,仅求敏捷迅速以副侨望,一经贴足国际邮资及马来亚总封侨信,到达后即遵章由邮局检验盖戳领出,不论本埠内地,随时分发,以收朝发夕达之效,而免由邮局往返周折,对内地须延缓二三日,此于法规无据,于侨汇前途则裨益非浅。不图厦门重光后,方在招致外汇之秋,而福建邮政管理局乃不计及此,遽以一纸通令发往内地各邮局,限制各批局自带侨信,致令若辈利用机会,在同安、石狮、东石、晋江、安海各地,邮局派员拦途搜检照国贴资之侨胞银信,滥施权威,胁迫勒罚,其中且有罚款名义系邮局,而收款则用局员姓名,似此地方治安、侨汇前途,殷忧曷极,此案经于本会以八"齐"九"元"两电,叩恳交通部谕令邮总局转饬邮管局撤消通令,仍照战前原案办理;并一面制止内地各邮局勿再搜检侨信,合再亟沥情,呈恳钧会转呈交通部,如恳施行,迅下明令饬遵,庶侨汇不至摧残,批业得存生机,实为公便。"等情。

据此,查该会所称各节属实,理合据情呈请钧部准如所请施行,实感公便。
谨呈
　　交通部部长俞

（选自《厦门市商会档案资料选编》）

附录四

关于同安县邮局刁难侨信致交通部邮政管理局代电

（1946年7月12日）

致午文秘字第 251 号

　　交通部邮政管理局公鉴：案据本市银信商业同业公会会员光远内福元安批信局呈称："窃光远内福元安批信局，素营南洋群岛一带华侨银信。只因敝号同安分局屡被该县邮局局长陈明滥用职权，伪称抄录函稿，故意刁难（侨信寄邮之总包封）。查同厦相隔仅一衣带水耳、朝发暮至，交通可称便利。第因该局长藉词抄录，以致稽延时间，举凡侨信之递送，每次到达费时必需三日，盖因每次由厦寄同之总包封侨信，必须先在该局内逐一启封，听凭抄录，方准领出分送；而收文回件，亦要逐封到局报请消号，方准封寄。此仅手续与时间之麻烦，固无大害。抑更有甚者，即6月14日该局突派邮差柯依品等七八人，携带该局长陈明手令，直至敝分局（设在同安新丰布店内）任意搜索，同时被其取去收款收据5纸，并将敝局店伙施文生拘押警局。现在此案已移交同安县司法处依法办理。迨至近间，厦门邮局准许当地各批信局缴纳邮资，自带侨信直接分送。敝局业已照章纳足邮资，自带侨信，直至同安分局依法先行报到请验。不料该局长陈明竟不受理，并复声言今后如厦门总局封来自带之侨信，逐次亦要在局启封听凭抄录登记，即回文各件仍应逐封到局消号，方准总封实贴邮票由彼运送，绝对不许信局自带各等语。查银信业本为侨胞服务，素以敏捷投递为要旨。而同安邮局反以种种之刁难，而致迁延时日，侨眷待款望眼成穿。间或因此而沦于沟壑或趋入歧途者，比比皆是。溯自太平洋发生战争以还，侨汇断绝三年有余，各地侨眷均陷于饥寒交迫之地。今幸抗战胜利，失地收复，水陆交通畅行无阻，侨汇亦因此始能通达，信局业务亦得蹶而复振。敝局不幸屡次受同安邮局长陈明之刁难，甚且拘掳店伙，企图勒索，似此显系破坏银信业之进行，而置饥馑交迫之侨眷于死地。为此理合呈请一致声援，转函交通部邮政管理局，对于同安邮局长陈明非法行为，予以严厉取缔，以维侨汇而障同业，实感德便。"等情。据此，查该会员所称属实，同安邮局长陈明刁难侨信递送，违法搜查商店，拘捕人民，相应电请查照，依法究办，并饬切实保障华侨银行商业，以维侨汇，仍盼赐复。

厦门市商会理事长　严　焰

（选自《厦门市商会档案资料选编》）

厦门侨批业公会

宋俏梅

19世纪上半叶,一些较为富裕的"水客"或侨商,开设了专门为侨批服务的机构——侨批局。

随着侨汇业务的发展,厦门侨批局组织规模也有了扩大,企业内部分工也日趋细化,如天一信局在1921—1926年间,每年收汇业务都在1000万至1500万银元左右,国内分支机构7处,雇用职工100余人,国内联号及委托局分布在南洋20多个商埠。在上海自设代理庄,在香港自设转拨侨汇分局,兼营汇兑业务,规模之大,最为突出。

一、银信业同业公会成立,为华人及业者争取利益

初期厦门侨批局各行其是,业务分散,没有组织。约在1920年间,由业务发展规模最大的天一信局负责人杨水生,出面组织厦门民信局公会。但当时公会组织涣散,从未开过一次会。

20世纪30年代初,东南亚各埠等地相继成立华侨汇兑局同业公会或银信业同业公会,从而扩大了批信业的活动领域。

1930年8月10日,此前天一信局早已衰落,厦门银信业同业公会进行改组,由会长制改为主席制,主席杨显甫(另一说为林世品),会址水仙路,后移至大元路11号。

银信业公会扩大了批信业的活动领域,并与英国的汇丰、荷兰的安达、法国的东方汇理、日本银行以及中国银行、交通银行、福建省银行等建立通汇关系,促进批信业业务的发展。

| 厦 | 门 | 侨 | 批 |

　　1931年,厦门批信局一度从60多家猛增至196家。即使在抗战初期,据1936年7月统计,厦门银信业同业公会会员还有76家。

　　银信业同业公会的成立,对侨批业内部进行了协调管理,矫正营业中的弊病,保障公会侨胞银信及增进同业的公共利益,并对带批款送递遭受盗劫损失,制定了解决与赔偿办法,维护了侨属利益。公会以集体的力量应付来自外部环境的干扰,以整体华人社会的利益,与各级监管机关的不合理干预进行交涉。

　　1935年,邮政总局取缔了批信局之间的转托业务,批信局来往内地的批信及回批必须汇束成包交给邮局寄递,不得转托其他批信局代寄。在此以前,在没有设立分号的地方,批信局通常都是转托其他局代送信件,各局互相协调派送路线,以减少人力,降低成本。

　　厦门银信业同业公会因此先后与邮政总局、厦门侨务局和中央侨务委员会交涉,要求允许转托业务。然而国家邮政总局认为此举严重影响邮资收入,并未同意。银信业同业公会的交涉因此受挫。

　　一般而言,侨批大致可以归属国际信件一类,因此邮局允许批信局在侨批贴足国际邮资后自行投送。然而,侨眷回信究竟是按国际邮件还是按国内邮件处理,1935年12月邮政总局制定颁布的"批信事务处理办法"并未明确规定,因此各地处理方式也不尽相同。厦门邮局规定,回信必须缴纳国内邮资交由邮局寄送,然后由批信局总号从邮局收领寄往国外,否则以走私论处。

　　此举遭至厦门银信业同业公会的强烈抗议,他们援引汕头邮局为例:汕头对有执照的批信局自带信件不加限制,不能自带的可在内地添设分号,只需报请邮局核准转递该号寄往内地的信件。

　　在银信业同业公会的抗议下,福建省邮管局被迫采用汕头邮局的办法,允许批信局自带回信。这实际上恢复了已取缔的转托业务,回信逃缴邮资的可能性因而加大,增加了稽查难度,因此遭到厦门邮局强烈反对:"此项(指回批)邮政收入必大受打击,我邮损失殊属不资"。不过,省邮管局并未理会。厦门银信业同业公会的斗争取得成效。

　　抗战爆发后,厦门银信业同业公会仍由杨显甫(另一说为:林世品)任主席,银信业公会勉强维持。后因主席出洋,改选苏其昌充任公会主席,苏其昌又于1937年12月前赴菲律宾,又改推陈天放继任。

　　厦门银信业公会与中国其他同业公会一样,在战争的风暴中摇摇晃晃。1938年3月6日,银信业公会召开选举大会,厦门市国民党党部派黄仲光指导,市政府派吴雅林监选,会员代表29人参加,此时主席已换为薛有概。会上选举

厦门侨批业公会

薛有概、李成田、林绍裘、林鼎铭、陈文波、张懋修等为执行委员,雷宜良、陈攀登等为候补执行委员。

在抗战期间,厦门银信业公会与各界同仇敌忾,积极劝募抗日筹款。据1937年8月厦门报载:公会成员李成田、林国樑等向同业劝募,计有大元、远裕、顺记、建南、和盛等号各捐五十元,其余二三十元不等。认捐者共有二十二家,累逾千元。

从抗战爆发到鹭岛沦陷,厦门的信局多数停业,留下来的批信局也仅留一二人办理侨信转接工作。一方面,侨批局不少搬迁内地或解散,侨批从业人员也纷纷逃难到国统区,侨批因此中断,也迫使泰国及新加坡多家批信局歇业。另一方面,邮路不通,海外批信不能向邮政投寄,有先寄出的也被退回。

当时厦门68家批信局避往鼓浪屿公共租界勉强营业,建南、大生、江南、远裕、慎德、源兴、和盛等信局则迁往泉州。初期海外邮是由鼓浪屿转泉州解付的,后为争取解付速度,直接寄泉州。太平洋战争爆发后,侨批随而中断,信业局被迫停业,侨眷的经济来源亦告断绝。

为了抗战需要,南京国民政府调整各方面政策,采取各种措施鼓励华侨汇款和捐赠。而厦门邮局"狃于定章",继续严格执行战前政策,厦门银信业公会为此先后与厦门侨务局、福建邮政管理局、邮政总局及交通部交涉,要求根据战时情势改变政策,对侨批事宜通融办理,给予便捷:允许侨批贴足国际邮资后由批信局直接自行收发,"允领有部照者,其所在地无论为总分局,胥视该项侨信及回文之实地需要,或批信总分局地失复,应随时进退移动,均得自由对洋径行收发,以期适合战地实际情形,免致侨汇为难。"

与此同时,新加坡、马尼拉等地侨批业公会等也对国内僵化的政策提出批评,纷纷致函厦门邮局,说明外国邮局对侨批业予以自由不加限制,"外邮优待而国邮反加严酷,独我国邮政局尚犹拘泥成例,多方挑剔,如统系之不明者便予扣留,沿途不加盖戳者即予科罚",希望福建省及厦门邮局及时调整政策。

由于厦门银信业公会的多方争取及国内外业者的反对,又值非常时期,交通部和邮政总局虽然不同意批信局分号直接收发国外信函,但同意适当变通,允许在实际需要的地方设立总号临时办事处,部分满足了侨批业者的要求。

抗战胜利后,百废待兴,良莠混杂。侨汇贯通后,各种批信局水涨船高,扶摇而上。厦门邮局严厉取缔和打击无照经营的批信局,企图取缔批信局,"以期其自归消灭"。当时厦门没有挂号、私自营业的批信局就有30多家,甚至影响到一些有执照的批信局的业务。银信业公会会员多次向厦门邮局投诉。然而,这些无照批信局"多悬牌营业","内中则附于已领照之批局作为护符","一经警告后即将招牌更换照常营业",简直防不胜防。

1946年7月,邮局重新限制自带批信,批信局总分号间的批信及回批均应纳足邮资交邮局盖章寄递,不得私自带送,同时还增加许多繁琐手续,批信局业务因而受到极大影响。

厦门市银信业公会为此联合菲律宾、新加坡汇业总会及其他社会团体,经过交涉,邮局同意批信局在本地邮局投递界以内自行带送,投递界以外则应全部缴费由邮局寄递,不得擅自派人带送,自带批信也不得"享受总包纳费之利益"。如果批信局在信件抵达处没有分号,则应缴纳邮资后寄往当地邮局作为该局候领邮件,批信局再派人前往当地领取分发,回信由该地邮局寄回批信局总号,不得自带。

1947年,经新加坡汇业总会会长林树彦交涉,邮政总局做出让步,有条件地允许自带分发批信:由银信业同业公会向邮局提交申请就可以,但公会要"声明担保,决不走私"。邮资改革时,侨信在缴纳89%的双程邮资后可以自带,回批(即回信)也可自带回总号。至此自带批信争端才告结束。

抗战胜利后,民信局相继复业,一片欣欣景象。民信局业者由陈镜辉出面,恢复厦门银信业公会,设理事9人,监事3人,候补理事4人,候补监事1人。陈镜辉被选为理事长,李成田、张懋修为常务理事。此时厦门经营银信局者有52家,最盛时达82家。后因陈镜辉所经营的业务非银信业,陈自行辞职,不久由李成田继任,直至新中国成立。

表1　1882—1949年厦门批信局数量统计表

年份	厦门数量	鼓浪屿数量
1882—1891	23	
1892—1901	30	
1902—1911	20	
1912—1921	64	
1922—1930	60	
1931	196	
1932	177	
1933	174	
1934	135	

续表

年份	厦门数量	鼓浪屿数量
1935	140	
1936	116	
1937	114	
1938	26	68
1940	4	70
1941	3	69
1942	5	65
1943	4	64
1944	3	64
1945	7	50
1946	63	18
1947	76	18
1948	86	13
1949	89	9

表2 厦门市银信公会银信业务概况调查表（1946年12月）

名称	地址	资本额（万元）	营业额（万元）	开设或倒闭年月	近年来变动大略情形
建南	镇邦路12号	10	400	民17年9月	民27年撤退35年复业
和丰	海后路24号	30	400	民19年2月	民27年撤退35年复业
崇成	海后路38号	10	400	民19年2月	民27年撤退35年复业
万泰	海后路38号	10	100	民21年1月	民27年撤退35年复业
南方	海后路19号	10	100	民23年5月	民27年撤退35年复业
远裕	鹭江道90号	10	100	民23年5月	民27年撤退35年复业
轮山	鹭江道146号	10	100	民20年6月	民27年撤退35年复业
汉昌	升平路25号	10	50	民23年3月	民27年撤退35年复业
江南	升平路6号	10	100	民22年7月	民27年撤退35年复业
友联	升平路4号	10	100	民26年5月	民27年撤退35年复业

续表

名称	地址	资本额（万元）	营业额（万元）	开设或倒闭年月	近年来变动大略情形
林金记	水仙路13号	10	100	民15年6月	民27年撤退35年复业
林和泰	横竹路18号	10	100	民15年7月	民27年撤退35年复业
新永兴	升平路25号	10	100	民10年9月	民27年撤退35年复业
太平洋	海后路13号	10	100	新设立	民35年新设立
华南	镇邦路53号	20	100		民27年撤退35年复业
振安	开禾路127号	10	100	民24年10月	民27年撤退35年复业
建隆	人和路70号	10	100	新设立	民35年新设立
公方	大同路511号	10	100	民15年2月	民27年撤退35年复业
侨通	鹭江道92号	50	400	新设立	民35年新设立
民兴	海后路41号	10	100	民2年5月	民27年撤退35年复业
骆协成	海后路41号	10	100	民10年5月	民27年撤退35年复业
正大	人和路51号	10	200	民18年9月	民27年撤退35年复业
金南	开元路163号	10	100	民23年4月	民27年撤退35年复业
全安	中山路294号	10	100	新设立	民35年新设立
华通联兴	钓仔路32号	10	100	民15年2月	民27年撤退35年复业
慎德	河仔墘70号	10	100	民19年2月	民27年撤退35年复业
源兴	海后路48号	20	200	民19年2月	民27年撤退35年复业
瑞记	大元路	10	100	民16年3月	民27年撤退35年复业
建东	大元路	10	100	新设	民35年开业
谦记	担水巷	10	100	民19年5月	民27年撤退35年复业
信义安	升平路2号	10	100	民22年7月	民27年撤退35年复业
同兴	人和路70号	10	100	民19年9月	民27年撤退35年复业
金义隆	开元路163号	10	100	民23年4月	民27年撤退35年复业
和记	人和路82号	10	100	民19年6月	民27年撤退35年复业
荣记	人和路82号	10	100	新设	民35年开业
庆丰协和	海后路41号	10	100	新设	民35年开业

附注：该表资本额系民35年3月资金。

表3　厦门市民信局调查表(1948年4月)

名称	成立年月	负责人	开设地点	经营侨汇情形
华南	1946复业	林志达	镇邦路53	代收什局信件
和丰	同上	林德昌	海后路24	代理新加坡信件
振成	同上	许厚坤	古营路25	同上
瑞记	同上	林万载	大元路13	代收什局信件
德盛	同上	陈本傅	中山路267	同上
大有	同上	林鼎铭	升平路16	代理菲利宾信件
南鲤	同上	洪肇元	升平路17	同上
时盛	同上	陈永谅	升平路19	同上
汉昌	同上	李祖永	升平路19	同上
源兴	同上	李成田	海后路50	代收什局信件
正大	同上	郭尚霖	人和路51	代理新加坡等埠信件
和记	同上	吴迪述	人和路81	代理什局信件
同兴	同上	范毓辉	人和路70	代理菲律宾信件
林和泰	同上	林本良	横竹路18	代理新加坡等埠信件
慎德	同上	黄世英	河仔墘70	同上
大生	同上	施性利	开禾路101	代理菲律宾信件
远裕	同上	曾琼霖	鹭江道90	代理新加坡信件
骆协成	同上	骆佳森	海后路41	代理新加坡等埠信件
民兴	同上	骆水法	同上	同上
华通	同上	刘铭两	钓仔路32	同上
福安	同上	卓福才	中山路410	同上
新永兴	同上	陈云竹	升平路25	同上
源信昌	同上	陈世誉	开元路	同上
南方	同上	刘西井	镇邦路108	同上
金南	同上	陈智恒	开元路163	同上
金义隆	同上	许允潜	同上	代理杂局信件
轮山	同上	黄有志	鹭江道476	代理新加坡等埠信件
建隆	同上	吴道长	人和路90	代理菲律宾等埠信件

续表

名称	成立年月	负责人	开设地点	经营侨汇情形
崇成	同上	李光辉	海后路38	代理杂局信件
建兴	同上	曾文托	新路街29	代理菲律宾信件
振安	同上	白华荣	开禾路127	代理新加坡信件
荣源	1946年复业	许文森	开禾路127	代理杂局信件
文记	同上	曾文轨	洪本部33	同上
铭记	同上	吴廷振	中山路	同上
公方	同上	苏孝亲	大同路511	代理新加坡信件
江南	同上	柯子壳	升平路6	代理菲律宾信件
友联	同上	陈琼瑶	升平路2	同上
信义安	同上	施至钗	同上	同上
侨联	同上	柯孝昌	升平路	同上
建东	同上	庄思明	大元路23	代理新加坡等埠信件
荣记	同上	吴迪胜		同上
侨通	1947年复业	林敬懋	鹭江道92	代理菲律宾信件
谦记	同上	许谋鎔	担水巷	同上
震华	同上	黄奕龙	镇邦路9	同上
安全	同上	吴游	中山路307	同上
岭记	同上	吴诸葛	同上	同上

备考：①代收"杂局"者系指国外无直接通汇信局而系受国内信局委托代转发信件。②"成立日期"均系抗战胜利后复业。

二、新中国侨批业通过公会联营同发展

1947年以后，华侨携带外钞和买寄外汇汇票回国的增多，迫使侨批业不得不接受外币汇款。1948年冬，厦门侨批业已普遍实行外币解付，起了侨汇保值的作用。

侨批业经营方式的变化，也促使组织机构有所变化。主要有以下两个方面：

1.头盘局和香港中转局的发展。国外局为便于亲自指挥，纷纷在国内和香

厦门侨批业公会

港自设机构,查报行情,指挥调拨,经营汇兑,办理收汇,香港局中转侨批作用越来越重要。1948年厦门专营和兼营的头盘局有75家,其中兼营汇兑业务的有:建南、中国、达华、金淘、江南、新亚、光大、南兴、岭记、侨通、源兴、大生、正大等局,都在港设有机构或代理机构。

2."一条鞭"机构组织盛行。侨批业为赢得更多的套用侨汇时间,而又不致影响回信退寄速度,普遍在侨汇集中的侨乡,自设派送机构和特约信差,昼夜赶工,尽可能地缩短解付过程。据《华东邮政管理局批信局工作概况》1949年统计,1948年福建全省批信局分支机构达1282家,多数是内地侨乡的分支派送机构。

新中国成立前,政权面临更迭,厦门侨批业寥若星辰,基本停业。1949年11月间,海上交通初次打开,侨批首次涌到。当时复业者64家,新开者2家,共计66家。旧银信公会理事长李成田已在解放前离去,但银信业公会仍由其源兴信局负责。

1949年11月22日下午,为商讨第二批侨汇到厦后的业务问题,中国银行在林和泰信局召开民信局旧公会负责人座谈会,到会人员有中国银行章骥经理及民信局负责人12人,主要讨论几点问题:即第一次侨汇批信局均已送达华侨手中,第二次侨信汇到后,各信局应当遵照人民政府规定之处理侨汇办法,向中国银行兑换人民币;印尼、马来亚、新加坡等地通汇情形,如何转香港,由港币转美金,汇牌价变化,免使侨眷吃亏的办法;侨汇管理能否变通,民信局旧公会负责人请求人民政府成立合法的外汇交易所,解决侨汇问题及进出口商问题;原币存款使用存据有不方便之处,中国银行要求各信局坚持使用人民币,普遍推广人民币,说明原币存款只属过渡问题。会议要求不管是否银信业公会会员,均需清理登记。

新政府的执行力很强,1950年3月间,厦门中国银行办理侨批业正式登记,获准者计86家,实际营业者71家,侨批业会务视需要临时产生委员会办理。

5个月后,在厦门市工商业联合会领导下,银信业公会进行整组,成立厦门市侨批业同业公会筹备委员会,由工商联聘任筹委11人,下分组织、财务、业务、文教、总务等5股,主任委员李择中,副主任委员李斯默、黄焕祖。后筹委黄焕祖、施性泉、黄起文、吴金生等先后离职,经工商联选聘,蔡维遐、李少初、谢俊卿、林铁成等4人接任。到1950年年底,侨批业同业公会会员中实际营业的有70家,后余63家(其中3家申请停业),为便利会务推行,依地区划分6个小组,

263

各组推选正副组长各一人,负责办理会务工作。

当时公会会员入会手续为:

1. 入会手续:会员开业,须依法向中国银行及工商局申请登记。入会手续简单,填申请书,取得一家商号保证,经筹委会审查,会员大会通过,便可取得会员资格。

2. 会员资本额:因经营侨汇,抽取批工,一般资本额很少。最多者为二亿六千七百余万元,最低者仅有一百万元左右,全途总资本额统计起来在九亿元左右即可。

3. 收费标准:过去收取会费分为5级征收,至1951年4月改订按照营业额收费(以一万元为基数),每月会费约在叁佰万元左右,收支约可平衡。

中华人民共和国成立后,在人民政府的推动下,厦门信业局开始从独立解付侨汇发展到联营组织。如为了搞好安溪侨汇解付工作,厦门各信局原拟组织全面联营,但部分信局仍信赖于私人关系,彼此间互相利用、互为通气。因此,解放初期即由源兴、正大、崇成、南通和记、全裕、侨通、侨源、远裕等八家发起,共同组织部分联营,由信局公会协助指导。1951年公会派员前往安溪成立私私联营的安溪第一派送联营处,利用人民银行的便利,领取侨汇款,使侨汇迅速到达侨眷手中。同时信局公会纠正了过去安溪侨汇的半赊欠的恶习,杜绝了派送员索取茶资的陋俗。

由于吸收安溪联营工作的经验,1952年厦门信业局公会又推动组织泉州联营(包括泉州,晋江,南安,惠安等地侨汇的联合解付),设"晋属第一侨汇派送联营处",并于各重要地区设立分处。

侨批业自身的组织形式也不断改组。1953年进行三盘局和特别批差、临时批差的全面整顿。1957年1月,全市经营三盘的批信局改组为集体所有制企业,成立"厦门侨汇联合派送处",1970年更名为"厦门侨汇服务处",与全市头、二盘局合署办公,在业务上仍保持分散收汇,独立核算。1974年又改"厦门侨汇服务处"为"厦门海外私人汇款服务处"。1975年全市侨批业办理结束,其业务移交厦门中国银行"海外汇款服务处",从业人员转为全民所有制。年底,"海外私人汇款服务处"并入中国人民银行厦门市支行国外部(中国银行),成为该行国外部的一个部门。1976年,成立厦门侨批业清理小组,对各侨批局资产负债进行全面清理,办理股东退股。

自此,厦门侨批业划上句号。

厦门侨批业公会

表4　1950—1958年厦门市侨批局开业数量增减情况表

年份	数量	年份	数量
1950	72	1955	52
1951	67	1956	50
1952	58	1957	49
1953	54	1958	48
1954	53		

表5　厦门市银信商业同业公会理监事（抗战胜利后）

职务	姓名	职务	姓名	职务	姓名
理事长	陈镜辉	常务理事	李成田	常务理事	张懋修
理事	施澄清	理事	吴迪述	理事	林志达
理事	陈本铭	理事	林德昌	理事	卢胜泉
监事	许文森	监事	郭尚霖	监事	白荣华
候补理事	曾文轨	候补理事	李光辉	候补理事	黄之刚
候补理事	骆佳森	候补监事	范毓辉		

参考文献

[1]厦门华侨志编委会编：《厦门华侨志》，厦门：鹭江出版社，1991年。

[2]厦门金融志编委会编：《厦门金融志》，厦门：鹭江出版社，1989年。

[3]中国银行泉州分行行史编委会编：《闽南侨批史纪述》，厦门：厦门大学出版社，1996年。

[4]厦门总商会、厦门市档案馆编：《厦门市商会档案史资料选编》，厦门：鹭江出版社，1993年。

[5]麦国培：《民国时期邮局办理侨汇（批）之史实》，潮人网，2004年5月18日。

[6]焦建华：《近代国家与市场关系的一个例证分析——以福建侨批业市场与政府邮政竞争为例》，《中国经济问题》2007年第6期。

| 厦 | 门 | 侨 | 批 |

厦门侨批工会

叶胜伟

厦门解放后,厦门侨批业成立了新的工会,因材料所限,笔者未能确定该行业工会的成立时间,推测大致的时间点应该在 1951 年至 1952 年间。《厦门市侨汇业调查报告(1951 年)》称:新中国成立后各批信局所雇用职工多数参加工会组织。该报告所称的工会,应是各批信局的工会组织。据《厦门日报》报道,1951 年 1 月底,厦门市财政金融业工会为提高所属侨批业职工学习情绪,特筹备组设侨批业职工学委会。此消息显示,1951 年年初,厦门市财政金融业工会已经成立,但侨批业工会还未筹组。1952 年 10 月,厦门侨批工会首次在厦门日报中被提及:"厦门侨批工会成立了互助储金会,侨批工会会员接近百分之百参加"。

搜索 20 世纪五六十年代的《厦门日报》,从相关报道中可见新中国成立后厦门侨批业职工的薪资有所提高,权益受到保护,而且在成立工会后,职工的福利待遇有了保证,工会开展的文体活动,在全市各工会中是比较突出的,值得为之记上一笔。

一

解放前,侨批业的职工主要靠两条腿,在侨乡奔波送批送侨汇,工资微薄,处于社会底层。侨批工不仅收入低,而且在送批途中于穷乡僻壤有时还会遇到土匪强盗,稍有不慎即命丧黄泉。侨批业资本家李少初就曾回忆说,解放前有一年,他的批信局派了信差去送侨汇,半路碰上土匪截击,四五位信差被打死,侨汇被抢走。李少初说:"那时每次信差出门,心就吊起了,直到信差回来,心才

厦门侨批工会

安定下来。"(见《厦门日报》1956年1月20日《向社会主义投资——访侨批业李少初先生》)

在新社会,社会稳定,治安良好,侨批工的人身安全有了保障,工人阶级的政治地位得到提高,社会经济收入也随之社会发展、经济建设逐步提高。《厦门市侨汇业调查报告(1951年)》称:新中国成立后各批信局所雇用职工因多数参加工会组织,工作较为固定,一般生活亦较有保障,不致因与资方发生意见而被停止雇用。比较各批信局所雇用人数,以源兴14人为最多,崇成、光大、正大次之,南兴、南通和记又次之,而以大中、侨源、鸿华、南友、华兴、兴源、锦记、中南、新南等家为最少。

1951年年底,本市工商界自我检查工会法执行情况,改善职工劳动条件。据《厦门日报》1951年12月28日报道,侨批业如益群、福美二信局表示自1951年起将以全部利润10%作为职工福利金。骆协成信局决定自1952年起将30%的利润作为工人福利金。1952年年初,因为侨批业整体营业情况较好,经劳资协商,侨批业者照前一年的标准向工人发放了年终双薪和奖金。

二

为了更进一步发挥职工兄弟的友爱精神,用互助的方式来解决相互间的困难,1952年9月市总工会劳保福利部配合本市人民银行协助各基层工会、工会小组建立职工互助储金会的组织。正大信局工会小组在侨批业中第一个建立了互助储金会。次月,厦门侨批工会成立了互助储金会,侨批工会会员接近百分之百参加。侨批工会和人民银行签订"职工小额贷款"合同,职工遇到生活上临时困难,可向互助会申请贷款。实行一段时间后,工会发现借贷不便,即简化手续,遇到紧急需要的会员,上午提出申请,下午便可领到贷款了。不到一年,侨批职工互助储金会借出及介绍向银行贷款计达一千万元,解决了39人次会员在生育、家属医药费或生活上周转等需要的困难。侨批工会的经验,经厦门日报报道,向全市推广。

1952年,厦门市人民保险公司开办职工团体人身保险业务,切实解决了一些受到意外伤害或不幸死亡的职工及其家属的经济生活问题。据《厦门日报》的报道,侨批工会等单位不幸死亡的职工,其身后各种问题因此得到解决。正大信局代经理陈子德,是参加侨批业职工团体人身保险的一个,病逝当天上午即报知保险公司厦门市支公司,该公司随即派员前往了解和验视,并向死者家属深致慰问,四天后即将赔付保险金一千万元交给死者家属,并向其进行节约丧葬费教育。死者家属领到赔付保险金后极为感动,即将款存入本市人民银行,作为今后家庭生活费用,并说:"要好好抚养教育儿女,将来为人民服务。"

  1953年3月及之后,厦门个别批信局连续发生房屋坍塌事故,造成侨批工及家属受伤。市侨批工人唐秀珊、黄魁元分别写信给《厦门日报》,建议有关部门对各公私房屋进行一次检查,该拆的或该修建的,以避免发生类似的不幸事故。信中说,在新路街105号的南友信局后进二楼,因楼梁腐烂,楼板突然陷落。一人手足被压断,另一人被压得吐血。光彩街38号发生房屋倒塌事件,侨批工人林德水一家受伤。大中信局的房子,黄厝巷进入丁仔墓巷子内的右侧墙摇摇欲坠。侨批职工就业内员工事故伤害向报社反映问题,呼吁重视危房抢修,表现出侨批业职工富有社会责任感,引起报社的重视,编辑部特意刊发来信,并加了编者按,希望"各有关部门加以重视,并考虑读者的建议,做出适当的处理,使人民群众的居住安全获得保障"。

  侨批工林德水一家受伤后,侨批工会主任叶启顺、福利委员唐秀珊闻悉,都到他家里去慰问。当天晚上基层工会民主改革补课大会后,到会工人一致通过了以一百万元救济林德水的决定。隔天,工人们还替林德水代买米、锅等日常生活物品,体现出友爱团结的精神。此事在当时被传为佳话。

  除了关心本地侨批职工的生活,市侨批业还发扬"一方有难八方支援"的精神,积极参与社会公益,1956年9月泉州侨乡受水灾侵袭,厦门市侨批业获悉后,即由该业主任谢俊卿等组织慰问队,并携带慰问金一千二百元,前往泉州侨乡慰问受灾困难的归侨、侨眷。泉州丰洲侨眷反映说:"新社会的侨批业,在灾害面前不但没缓发侨汇牟利,还冒着大风暴雨分送汇款,灾后又组织慰问队到我们这里慰问,使我们感到无限的温暖。"

三

  侨批工会为维护职工权益,促进服务水平提升,还积极建言献策,甚至公开批评有关部门惰政不作为。1953年9月3日,市侨批工会主席唐秀珊写信给《厦门日报》,称:厦门中国银行于5月底设立一个"意见箱",挂在侨批工会入门正面显眼的墙上。意见箱的左右旁写"做到件件有交代,做到件件有答复";箱的正面写"开箱时间每天下午五时正"。可是这个意见箱挂在壁上差不多三个月了,不知道职工兄弟投了多少意见书在里面,该行没有来过问一次。到底是该行把这个意见箱忘记了呢？或是负责管理的同志不负责？如此的官僚主义，真是太不应该。希望中国银行领导予以检查纠正。批评信见报后，中国银行厦门分行给报社答复，称曾开过十二三次。报社编辑部觉得与原批评有出入，即转询唐秀珊。唐认为银行没有认真检查。后来报社再与该行领导联系，经深入了解，始知是负责管理"意见箱"的人采取"应付检讨"的错误态度，"不老实地将启开设在进出口工会意见箱的次数混说是启开设在侨批业工会意见箱的次数"。中国银行厦门分行为此在报纸上作了检讨。

四

新中国成立之时，全国5.5亿人口中有4亿多都是文盲，文盲率高达80%。就厦门送批工整体而言，文化水平并不高，为了提高自身文化素质，提升服务水准，他们参加了全国范围的扫除文盲运动。

1951年1月底，厦门市财政金融业工会为提高所属侨批业职工学习情绪，特筹备组设侨批业职工学委会。在筹备期间，各侨批局职工均踊跃参加，共达人数109人。学委会设于侨批业公会，主任黄东山、副主任黄钟彬负责。

侨批职工的扫盲学习热情是比较高的，上述南友信局楼板陷落事故，就是因为侨批业职工曾文涵等七人在那里集中学习代数、物理，教师在黑板上解释"乘法捷径"计算法时，有六位同学一齐拥上黑板前求教，因楼梁腐烂，经不起集中压重，造成楼板陷落伤人事故。1953年8月23日的《厦门日报》曾刊登一封读者来信《"狂舞"松懈了劳动纪律》，写信人黄增基是一个侨批工人，兼负责市职工第五速成识字班辅导员，因为爱跳舞，时常缺席。后来认识到自己的错误，写信到报社做自我批评。这两件事情，侧面反映了当时侨批工人对扫盲识字的热情和重视。

五

侨批业工会成立后，文体活动丰富多彩，展现出侨批职工多才多艺的风采。《厦门日报》的消息显示，当时侨批工会先后成立了戏剧队、工人业余剧团、工人业余京剧团，深入侨乡、街道、工厂，为侨眷和群众带去文化食粮，并在厦门市的群众文艺会演中获奖，展现不俗的实力。

《厦门日报》有关报道摘录如下：

| 厦 | 门 | 侨 | 批 |

  1953年2月，本市侨批工会组织了一个五六十人的戏剧队，经常配合着各个中心运动，在街头和联欢会上演出方言歌剧，如"新事要新办"和"婚姻要自由"，准备参加本市的春节文娱会演。

  1953年9月，市侨批工会职工为配合普选，利用业余时间排演了"两个世景不相同"的方言乡调小歌剧。

  1955年9月，市工人俱乐部扩大、整修，侨批工会会员在新场所演出"雷雨夜"和"桃花搭渡"两个独幕歌剧。"雷雨夜"是描述渔民智擒特务的故事。

  1956年春节，厦门市举行首届工人业余文艺会演。侨批工会成立工人业余剧团，排练好几个民间形式的短剧，舞蹈《跳鼓》获演出三等奖。

  1956年3月25日《厦门日报》《市职工业余文艺活动蓬勃发展》一文中提到：侨批工会的业余剧团在这几年来，经常开展活动，他们结合中心运动深入到工地、农村、前沿演出达四十多次。他们表演的"桃花搭渡"、"摃球"、"跳鼓"等民间戏剧、舞蹈，获得观众好评。

  1956年5月，市工会举行第三届会员代表大会，侨批工会业余剧团和工人业余京剧团赶排新节目，在会议期间为代表演出。

  1956年9月，厦门市侨批工会业余剧团排演话剧"朋友与敌人"、民间古典小戏"双推磨"、泉州民间音乐"十音"等三个新节目。其中"朋友与敌人"、"十音"准备分别参加市工人音乐会演和市首届话剧观摩演出。同年国庆文娱活动，侨批工会在工人俱乐部演出"十音"等优秀民间音乐节目。

  1957年2月，为推动基层工会文娱活动，市工人俱乐部编印《职工文艺创作材料》，收入工人创作的一些较好的演唱材料如芗剧、说唱、相声、民间小演唱等，发给各产业工会业余剧团。侨批工会的节目也被收录其中。

  1957年全市春节群众业余文艺观摩会演，侨批工会推出富有地方色彩的节目"十音合奏"。会演奖励了经常开展业余文艺活动和贯彻群众业余文艺活动方针较有成绩的七个单位，侨批工会业余剧团是其中之一。

  1957年3月，由本市侨批、搬运等单位的说书员，组织起宣传先进生产者先进事迹的工人说书组，下厂说书宣传。

  1957年4月，侨批工会业余剧团赴泉州、惠安为侨眷慰问演出。

  1957年11月2日，为庆祝十月社会主义革命四十周年，厦门大学新旧侨生在举行了联欢晚会。侨批业演员参加，演出了"拉洋片"。

  1958年初，厦门市首届群众业余曲艺观摩会演得奖者名单公布，侨批工会等三个单位获得音乐伴奏奖。

厦门侨批工会

1958年5月,本市侨批业侨乡宣传访问队,到晋江、龙溪、海澄、漳州、东山等县市,慰问归侨侨眷。访问队二十三人,在访问中单为侨户演出宣传侨务政策和民间小戏就有二十四次,观众达四万多人。

1959年7月,侨批业侨乡访问文艺宣传队到郊区钟宅、殿前、集美、浒井、高浦、灌口、鼎美、霞阳、海沧、江头十处,为归侨、侨眷演出。随带节目有地方小戏"仙女游侨乡"、方言歌剧"春到侨乡"、"节约鲜花开"、"不如归去",小演唱"人民公社好"等,还有民间小戏"出奔"、"赏花"、民间舞蹈"打蚌舞",以及相声、幻术。

1959年2月,市职工业余文艺创作会演,侨批代表队的方言歌剧"黄金可爱,社会主义更可爱"获创作二等奖,随后参加全市文艺大会演。

1959年2月全市音乐曲艺会演,侨批职工业余剧团的演唱"三朵光荣花"获得三等演出奖。

1959年侨批业文艺宣传队从9月中旬开始连续3个月先后在本市各街头、同安城关、马巷等二十多个地点就演出了二十八场,观众达三万四千多人次。

1960年9—10月,侨批剧团成员每周二次辅导中华人民公社侨属文艺队,排练了东北民歌"四个老婆婆"、"公社真正好"、相声"反排华"、越剧清唱"草桥结拜"等节目。

1960年11月,侨批业余剧团开展文艺宣传活动,自编了打花鼓、彩球舞、说唱、相声等文艺节目,在本市各街头以及思明、文安、中华公社各大小会议上演出,还深入到钢铁厂、铁合金厂、耐火材料厂、华侨大厦等五十多个地点进行宣传慰问演出,受到群众欢迎。

该剧团还排练新戏,省梨园剧团还特派老导演许世才,老演员施织、许淑美等前来辅导排练梨园传统剧目陈三五娘中"留伞"一段。

1962年2月迎新年,侨批业余剧团积极排练《睇灯》这出梨园戏折子戏,准备在节日演出。

1962年5月市侨批业余剧团,侨乡访问文艺队,最近深入同安城关、汀溪、马巷、刘五店、东园等九个重点侨乡,进行访问演出。他们带去不少新近排练的节目,其中有方言歌剧《新婚之夜》,小演唱《祝寿》,说唱《歌颂侨代会》,拉洋片《黄金万走私落网记》,还有几个梨园折戏和民间小戏。

1962年9月厦门市开展卫生突击运动,侨批业等单位宣传队赶编快板、短剧等节目,上街进行宣传。

1962年10月,省梨园戏实验剧团的艺人,帮助市侨批业余剧团排演侨乡人民喜欢的新戏《义童算账》。这出戏是梨园传统剧目《刘永》的一折。

1963年元宵,厦门市文化馆举行灯展。中国银行华侨服务部和厦门市侨批业合制的大型走马灯受到了观众的欢迎。这盏灯约有一人高,两人合抱不拢。灯上画着"高举三面红旗奋勇前进"等内容的八幅图画。

1963年市区群众业余文艺观摩演出颁奖大会,侨批业余剧团高甲小演唱"拜年祝寿"获得大会演出奖。

1963年5月,本市侨批业益群段职工,运用小演唱、快板、清唱等文艺形式节目,利用侨眷读报组读报后的时间,进行演出。

厦门市中国银行华侨服务部、侨批业组织宣传服务队、文艺演出队十个人,带了近二十个节目,从1964年1月至4月,先后在市区、郊区、同安县三十五个地点巡回演出,观众近三万人。

1965年厦门举行盛大春节游园晚会,市侨批等单位演出了十多个小型多样的文艺节目不断博得了观众的热烈掌声。

1965年9月,侨批工会等单位的业余文艺队下乡,分别到郊区以及同安的一些公社和农林场演出。

六

侨批工会职工的文艺才能,在全市各种文艺演出中崭露头角,引起了《厦门日报》的注意,1957年2月5日刊发报道《侨批工会业余剧团——职工家属成为职业演员,女职工调永定得奖感谢栽培》,报道说:

> 侨批工会业余剧团是一个比较好的职工业余剧团。这个剧团成立以来,一直坚持着"业余、自愿、为生产服务"的原则,真正做到"自唱自乐,自我教育,教育群众"的要求。
>
> 剧团前身是剧队,成立于1952年10月间,四年来参加活动的男职工达四十二人,女职工和家属达二十七人,共演出大小节目四十一个,包括歌剧、话剧、快板、相声、谐剧、民间舞蹈、民间小戏、幻术等,曾参加过省慰问团,并在工人俱乐部、工地、前沿等五十二个地方演出二百零七次,广播九次,录音一次,演出的节目多数都具有一定教育意义。如"五反"后演出"在工人阶级监督下";在贯彻婚姻法运动中演出了"儿女亲事"、"婚姻要自由";在普选运动中演出"两个世景不相同";"九三"对敌斗争宣传中演出"我们一定要解放台湾";参加省慰问团演出"桃花搭渡"、"新局长到来之

前"、"出奔"等等。"桃花搭渡"、"跳鼓"等节目去年参加市工人文艺会演获得到演出奖,十一位演职员获得到个人奖。在演出当中,培养了男演员三十人,女演员二十多人。职工家属陈亚玉初参加该剧团什么都不懂,培训后竟当上了"桃花"角色,去年参加工人会演获得到演员个人奖,最近被漳州实验剧团吸收去当职业演员。女职工江金桂,参加剧团不久,即学会当话剧、歌剧等重要角色,她表演"雷雨夜"的岩青嫂亦获得到市工人演员奖;她去年分配到永定县百货公司工作,今年她参加县元旦会演亦获得演员奖,最近她曾写信回来说,她得奖与剧团的培养分不开。

这个剧团最近排练自己创作的"外币"相声,泉州民间音乐"十音",民间舞蹈"打花鼓"以及其他民间小戏如"管甫送"等准备参加春节市工人文艺会演。

1959年2月28日《厦门日报》刊发《一个受侨眷欢迎的业余剧团》称赞侨批工会业余剧团的创作水准。报道说:

侨批工会业余剧团1952年10月成立六年多来,根据业余剧团的特点,密切配合本行业的业务,编写排演各种剧目带到侨乡去向广大归侨侨眷演出。六年多来,他们一共演出了大小节目一百二十三个,其中单他们自己创作的节目就有五十二个,对于一个业余剧团来说,这样的成绩不能不说是相当难得的。

剧团的这种大胆创作精神不是一开始就有的。开始的时候,他们也曾苦于找不到适合演给归侨侨眷看的剧目,想自己创作,总觉得水平低,创作不容易,不敢大胆落笔。所排节目都是从泉州找来的。1956年那年,剧团在文化部门的指教下,创作了第一个作品"外币"(相声),创作后经不断修改补充,参加市工人会演,获得了创作奖和演出奖。从此以后,创作的门径就打开了,学会了相声、快板、活报剧、拉洋片、话剧、谐剧、幻术等文艺形式十数余种。基本上做到有中心运动就有创作节目,演到哪里,就把那里的新人新事搬上舞台。经常是早上访问收集材料,下午编写排练,晚上演出,宣传效果很大。如水宁有一位侨眷施玉霜积极带头兑售黄金去投资,剧团访问了解后,立即写成"施玉霜售黄金"小演唱节目在晚上演出。一位七十多岁的侨眷卢乌梅看后说:"施玉霜能做到,我也能做到。"说完就立刻回家和媳妇研究,不等天亮就把金饰四件拿去兑售投资。

剧团的演职员体会到自己的光荣职责,个个爱剧团如家,贯彻勤俭办剧团精神,发扬了艰苦朴素的美德。有时剧团下乡访问演出,全部人马只有十多个，而要演出的节目却有二十多个，而且还要保证做到"访问、演出、学习"三不误，日间要学习、访问、排练、跑路，晚上要演出。任务虽艰巨，但大家始终表现得轻松愉快。如女演员郑雪娥，一个人要做好几个角色，每天晚上都要扮演老角、青年角、时装角、古装角，但她总是愉快的工作。负责总务工作的陈成标，不但要负责食宿、采买、搬运服装道具，还要参加访问和后台工作，每晚比别人睡得迟，次日又比别人起得早。剧团里年纪最大的许礼宽同志已五十多岁，他负责吹笛，工作很吃力，但始终不怕难、不叫苦。剧团成员对节约是非常重视的，虽然剧团经费充裕，但他们从不因此而讲究排场，要添置服装道具，都经再三考虑，非要迫切需要而适合多项用途的才添置。在用品保管方面也很小心，尽量不使污损。

这个剧团一直坚持着"业余自愿、群众服务"的原则，除在本市街头、郊区、文化宫、工厂、工地等地演出外，还深入到晋江、龙溪等一百多个侨乡演出，达到了自我教育，教育群众的目的，成为一支有力的形象教育武器。

七

新中国成立后的一段时间，厦门侨批业职工的体育活动，《厦门日报》也多有报道：

1952年10月，厦门市举行第二届人民体育运动大会，侨批职工组队参加男子排球、足球比赛，足球队一路战胜海关队、邮局队。

1954年3月，本市税务局工会和店员工会为增强体质、密切联系，特举行篮、排球友谊赛。参加比赛的有进出口、五金、绸布、药业、百货、纱布、侨批、六途及税工等单位。

1956年11月，侨批工会的乒乓球队进入全市职工乒乓球赛决赛。

1959年4月，厦门银行系统举行1959年春季田径运动大会，侨批业的运动员也参加比赛。

1959年11月14日《厦门日报》就"开展群众性体育活动，为劳动生产服务"刊发评论《道理何在？》，文中提到："厦门人民银行……因时因地因人制宜地开展体育活动，附近没有场所，就到海滨公园去活动；附近没有球场，就到远一些的侨批球场去。"由此可见，当时厦门侨批业有自己的球场，供职工开展体育锻炼。

厦门侨批工会

通过对《厦门日报》有关厦门侨批工会的新闻报道的梳理，不难看出，20世纪五六十年代厦门侨批工会履行了工会的四项基本职能：参与职能、维护职能、建设职能、教育职能，在全市各行业工会中是比较活跃的。"文化大革命"期间，《厦门日报》停刊，直至1979年复刊，所以在此期间有关厦门市侨批工会的报道付之阙如。可以推断的是，由于"文化大革命"对中国社会全方位的冲击，厦门市侨批业和侨批工会受到的影响是较大的，至于厦门市侨批工会何时谢幕，时间应该是在1975年或1976年。1975年，厦门市四五十家侨批局统一合并，一百多位侨批工作人员除留十多人在"侨汇服务处"工作外，其余都转到"工量具厂"工作。据《厦门侨批业简史》透露，第二年厦门侨批业清理小组成立，对各侨批局资产负债进行全面清理，办理股东退股。历时百余年的厦门侨批业至此宣告结束，厦门侨批工会也就无所附丽。

厦 | 门 | 侨 | 批

天一信局的前半世与后半生

洪卜仁

郭有品创办的天一信局，是福建省开办较早的侨批馆之一。在清末民初以其注重信誉、管理严格、汇率规范、服务周到的良好口碑蜚声海内外，赢得了广大华侨、侨眷的信赖，在其鼎盛时期，分支机构遍布东南亚华侨聚居区及国内东南沿海主要城市，其总局自龙溪县流传乡迁入厦门寮仔后水仙宫街。

厦门水仙宫街天一总局的图片，刊载于20世纪20年代初菲律宾一本体育杂志的广告插页，因原册不完整，杂志具体出版日期不明。天一信局倒闭后，厦门中国银行在其原址建楼，成为新的行址。

（洪卜仁 提供）

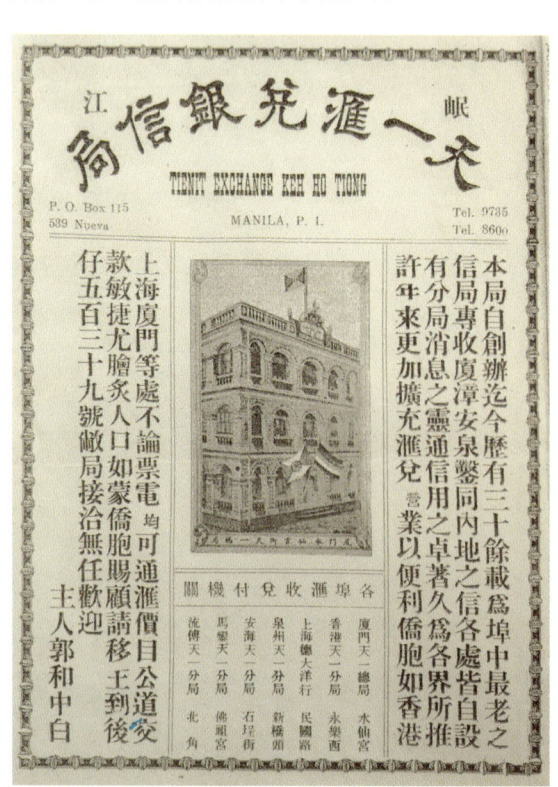

天一信局的前半世与后半生

然而,就是这个一度叱咤东南亚与闽南、风头一时无两的侨批业巨头,却于民国十七年(1928年)1月18日以"突然停业"、"刁倒华侨款项"的丑闻,见诸闽南和南洋报刊,引起众怒,咒骂之声,随处可闻。目前学术界的文章对其辉煌业绩的记述甚多,而对其倒闭的原因及其恶劣影响均鲜有着墨。本文将天一信局的历史分为前半世和后半生,对其辉煌的前半世从略,而试图从现今所能接触到的有限资料详其后半生,希望藉此补充遗漏的部分史实,并进一步对天一信局的倒闭风波有较全面的探究。

从天一批郊到天一信局

清光绪六年(1880年)郭有品与其族侄郭奕周在家乡漳州府龙溪县二十八都流传社合资创办(后归股于郭有品)漳州第一家侨批馆——天一批郊,主要经营吕宋与闽南地区之间的银信汇兑业务[①]。

光绪十八年(1892年),天一批郊改称天一批信局,以厦门为总局。光绪二十二年(1896年),郭有品向大清厦门一等邮局注册为郭有品天一信局,业务蒸蒸日上。光绪二十七年(1901年)三月二十四日(5月12日),郭有品在厦门探望好友时染病逝世,天一信局由其子郭和中、郭诚中继承,在漳州流传社建造规模宏大的天一总局(后改为流传分局)。数年间,天一总局业务锐增,到宣统三年(1911年)大清邮政与海关分离时,天一信局所属分局已达28家。

民国元年(1912年),郭有品天一信局改为郭有品天一汇兑银信局,分设信汇部和批馆。因一些侨批馆盗用天一信局商号,天一信局遂统一启用郭有品天一汇兑银信局账本和郭有品天一银信局印戳、天一局信封,1921年又启用统一的新账本和查信单。其海外分局扩张到菲律宾的苏洛、怡口六岸、甲眘育,马来亚的槟榔屿、马六甲、吡叻,荷属东印度(今印尼)的井里汶、巴达维亚(今雅加达)、垄川(今三宝垄)、泗水、巨港、万隆,暹罗(今泰国)的曼谷、通卡(今宋卡),安南(今越南)的把车(今巴知)、西贡(今胡志明市),开里,实叻(今新加坡)和缅甸的仰光,国内则发展了漳州、浮宫、泉州、永春、同安马銮、金门6个分局。

民国四年(1915年)5月20日,中国银行福建省分行厦门分号成立,天一信局开始兼营汇票生意,资金更为雄厚,所收汇款也大多整批购买中国银行的汇

[①] 另据《泉州侨批业史料》记载,郭有品系新加坡有名客头,天一信局先设总局于新加坡,并在马来亚各大埠设分局,嗣在国内陆续设分支机构于漳州、石码、厦门、泉州、安海、石狮等地。

| 厦 | 门 | 侨 | 批 |

> **郭有品天一滙兑银信局紧要广告**
>
> 敬启者
>
> 自开办迄今已阅三十多载，南洋各岛均设分局及代理店，银信来往快捷信用昭著，早为惠顾诸君所洞鉴，至於内地一切办法悉仍旧规，兢兢遵守罔敢少懈。
>
> 如派伙送信随到随分专交大银，不取泄资。
>
> 不支邮费，此皆不能托人转寄，尤不准批伙代批。
>
> 家回信一日也不独自设之分局皆然，即金门马巷同安安溪永春粤头诸代理店亦莫不然。近且精益求精，对於批家之利益靡不悉心究察，以副诸君之雅意，乃有以财副随同批伙代写回信，相毁者闻之殊为骇异，敝局
>
> 请各乡
>
> 请各赏
>
> 敬
>
> **本局送信定章**
> ● 送到批家
> ● 专交大银
> ● 无取工资
> ● 不支邮费
> ● 不代写回信

天一信局出手阔绰，在《暨南杂志》第十一册中的广告篇幅占一整页。
（见《民国珍稀短刊断刊》福建卷五，第217页　洪卜仁提供）

票寄回国内，再分发到侨眷手中，至民国九年（1920年）达到最高峰——4400万元。宣统三年（1911年）至民国十年（1921年），天一信局增设马来亚的吉隆坡、柬埔寨的金塔（今金边）和上海、港尾等4个分局。据统计，光绪三十一年（1905

天一信局的前半世与后半生

年)至宣统三年(1911年)福建华侨汇款共14342万元,年均2049万元;民国元年(1912年)至民国九年(1920年)共16338万元,年均1815万元。天一信局在激烈的行业竞争中一骑绝尘,仅荷属东印度(今印尼)的泗水分局每月就收汇折抵国内大洋约5万银元;天一信局在这一时期每年的侨汇总额有数百万元,民国十年(1921年)至民国十五年(1926年)更是达到1000万~1500万银元之多,占闽南侨汇的近三分之二。宣统三年(1911年)至民国十三年(1924年),天一信局曾一度雇用职员556名,其中国内163名,国外393名。天一信局以"信誉第一、便民为上"的经营理念,成为闽南众多侨批馆中的翘楚,可谓如日中天。

民国十年(1921年)后,东南亚地区通货膨胀,经济不景气使侨商的经济收入大不如前,归国华侨日益增多,侨汇减少,外加同行的激烈竞争,天一信局的利润开始下滑。屋漏偏逢连夜雨,民国十二年(1923年),新加坡邮政局废除侨批包封并提高邮资;民国十四年(1925年),中华邮政总局又照会海峡殖民地总邮务局,将邮资再增加一倍;民国十六年(1927年),有传闻说中国银行准备改组为国际汇兑银行。形势朝着政府限制侨批馆、与侨批馆争利的方向发展,天一信局自然难以置身事外。加上此时福建由北洋军阀统治,横征暴敛、滥发纸币以支付庞大的军费支出,天一信局时常遭到军政勒借,香港、吕宋分局也出现了严重亏损。最终,天一信局于民国十七年(1928年)1月宣布停业,在厦门水仙宫街的天一总局房产卖给中国银行厦门分行,并将分局房产转卖以弥补亏空。天一信局的停业曾引起闽南金融界的短期波动。

信局年关停业　拖累中外汇户

民国十七年(1928年)1月18日,天一信局突然宣告停业,支兑汇票、收寄信件的业务也随之终止。当天是农历十二月廿六日,为送神日(农历十二月廿四日)刚过的年关,家家户户正准备迎春庆新,许多侨眷侨属更是翘首期盼远在南洋的华侨汇款,以便过年。天一信局的停业,是因为其严重亏损导致银根紧缺,往来银信皆无法交付——换言之,即是南洋华侨辛苦积攒的血汗钱、侨属急需的过年费以及各商行的往来资金都随着天一信局的倒闭而为之一空。

由于天一信局业务庞大,一倒闭,社会影响面必然极广,这在当时的本地报章中均能得到印证。如民国十七年(1928年)1月19日的《思明日报》即报道:

| 厦 | 门 | 侨 | 批 |

"该局欠人人欠甚巨","各汇户家属年关需款,盼望甚切,无从支领,最感苦痛"①;同年《厦门大事杂志》也记载:"凡有付银信者,受累不浅"。事件甚至引发美国驻厦门领事馆的关注。该馆副领事米伯恩在《1928年1月驻厦领馆辖区内事件总汇》的报告中提到:"春节期间唯一严重之倒闭事件,为一中国信行之倒闭;据报乃因其马尼拉分局人员误用钱款,欠帐百万所致"②。

厦门天一总局宣布停业之后,新加坡天一局立刻于1月19日、1月28日、1月30日、2月1日在《南洋商报》,2月1日在《新国民日报》刊登紧要启事,声明新加坡天一局与厦门天一总局"原属来往交易",后者仅代理前者"电汇、票汇、银信诸手续而已,并无其他关系";同时表示已将汇兑、银信业务交予厦门洪本部源裕行代理,凡向该局"投寄银信及汇票等项",不论是事件发生前后、数额多少,新加坡天一局都将"负完全责任,妥为交付"③。为了安定广大侨胞,新加坡天一局还力邀新加坡中华总商会登报证明,附于该启事之后:

查厦门天一局系郭和中兄弟承其先人遗业,叻坡天一局系黄琼瑶君所独创,彼此交接均系代收代交,并非合资性质、有连带亏毻之关系……④

据前述启事所称,郭和中致电海外天一各分号,称"该号因银根紧迫,暂时停止",待"整理就绪"后,"当即电告"。然而,暂停营业并没有换来积极有效的补救措施,反而演变成了天一信局的彻底倒闭。

历史总有相似之处。回顾郭有品时代,他押运侨汇的船只翻沉覆海,登岸后便变卖自家田产,悉数将款项赔还汇户,因此立下了诚信美名。然而到天一总局倒闭时,其后代经营者郭和中兄弟的处理方式却与其先人大相径庭,导致后来福建省军政高层也介入此事。

---

① 转引自《厦门警鎝》纪闻,第1期,1928年。
② Records of The Department of State Relating to Internal Affairs of China,1910—1929,Roll81,893.00 Political Reports:Summary of Events and Conditions in the Amoy Consular District during January,1928.
③ 《星洲天一局紧要启事》,《南洋商报》1928年1月19日、1月28日、1月30日、2月1日;《新国民日报》1928年2月1日。
④ 《总商会证明叻坡天一局接收银信汇兑之妥稳》,《南洋商报》1928年1月19日、1月28日、1月30日、2月1日。

天一信局的前半世与后半生

刁倒财款　民间军政齐追讨

　　天一信局倒闭后,《新国民日报》登载郭和中委托律师陈李樑清理账目,限一个月之内"报明存案"。新加坡天一局为此在《南洋商报》连续三天刊登紧要广告,请汇户按照各自不同的情况处理所欠款项:在厦门天一总局倒闭前已经汇到厦门、尚未支领的侨批,由厦门天一总局"报告律师,以备存案";尚未汇往厦门的侨批,限14天之内携票到新加坡天一局"报明签字,以备查核"①。但半年多后的民国十七年(1928年)8月15日,新加坡天一局除了已向厦门天一总局索回"被压未分之客信"和"未交之客票"外,被其所欠的款项仍在交涉②。厦门天一信局倒闭数月,经营者虽表态将清理账户,却迟迟未还欠账,此事引起福建省侨务委员会的关注。民国十七年(1928年)6月,福建省侨务委员会致信当时的闽南军政大员、国民革命军独立第四师师长张贞:要求张氏根据调查郭有品天一汇兑局产业筹备委员会议决案,把厦门天一总局"历年账簿全部提出",并将"历年置业册提出","毋须郭和中亲取,因郭和中尚有其弟郭诚中、其侄郭尚本,均系该局重要分子,尽可着其将簿据提出,免致被其兔脱";至于坊间"盛传郭尚本欲辇巨金赴漳四出运动释放乃叔和中等"一事,敦请张贞"勿予释放"。厦门天一总局倒闭后,其暗中转让部分财产,私相授受,调查郭有品天一局产业委员会议请军方查封天一局相关产业,同时抄录了一份天一信局向厦门总商会报告的产业清单③:

---

　　① 《星洲天一局广告》,《南洋商报》1928年2月7日—9日。
　　② 《新加坡黄琼瑶天一局广告》,《南洋商报》1928年8月15日。
　　③ 《请标封天一局产业　侨委会两致第四师函》,《南洋商报·祖国要闻·福建》1928年8月3日。

在厦门部分	在漳州流传社部分
厦门银行股份 10000 元、自来水公司股份 1000 元（存在匿报，待查）、九六公债票 10000 元（尚有匿报，待查）、外海滩三皮 1890 元、电灯公司股份 1250 元、亭仔下雨泰成（笔者注：应为南泰成）店一座、布袋街永福堂一座、关帝庙前志昌号一座、鼓浪屿三丘田柏原一座、镇邦街东明店一座、港仔口东方一座、番仔街谦吉一座、五崎脚土海藻一座、广仔井黄文灿一座、水仙宫全华号、广源、寄阔（未租）、金记、天一、电报局、马康然及全部器具	厝进带洋楼一座、北楼一座花园水池假山粟仓、小店仔、南郊北郊田四石、五头仓园田一石、吴西园田七石半、南畔园仔田二石七斗半、岑都社田一石半、洲头社田一石一斗、杨厝社田一石半、曾溪洋田一石、大新园田二石半、旧洲田二石半、新八角三石半、田外社田二石一斗半、玉江社田六石、江东实业公司股份 18250 元

6月11日，张贞派特务营营长率部到漳州流传社拘捕郭和中、郭用中兄弟①。7月31日，独立第四师覆函福建省侨务委员会，称此事"原关刑律"，该师"缉拘审理"郭氏兄弟等人"纯系激于义愤"，请侨委会立即在厦漳两地组织"登记机关，另定期限通知债权人到厦登记汇报"并组织人员调查厦门天一总局产业，"以清手续"②。海内外债权者在厦门天一信局倒闭后也多次向福建省侨务委员会"提控该局非法之行为"，指出早在其倒闭之前，就已"囊括海外各信局巨款"，"假造收据蒙混寄户，存心诈欺，无可掩饰"，倒闭后"对有势者折还八至九成不等，而于平民零星汇款，竟拖延不理"；认为天一信局的行为"不独诈欺取财，抑复仗势凌弱，行同劫掠"，请求福建省侨务委员会"转达海内外债权人，限一个月以内，列明款目，送部登记，一面组织清理债务团体查没该奸商豪劣产业，妥筹抵债办法，以儆枭强而伸公理"③。

9月7日，福建省侨务委员会将7月16日至7月31日登记的天一总局债权者名单送请独立第四师核查。据该份名单显示，登记的175名债权者中，被拖欠大量银款者不少，其中有个人汇户，如黄协裕，被欠24133元；白长玉，被欠5445.38元；蒋自然，被欠5300元；潘恒前，被欠2500元等；有商会组织，如泗水

---

① 《四师办理天一债案已告一段落 查出匿报在卅万元以上 拍卖产业摊还各债权者 责令两郭前往南洋清理》，《思明日报》1928年12月28日。
② 《天一债权在厦设登记机关 四师复侨委会函》，《南洋商报》1928年8月1日。
③ 《侨务公报》1928年第23期。

天一信局的前半世与后半生

中华总商会,被欠15738元;亦有许多商行,如仰光永发兴,被欠9077.85元,其余许多债权人被欠千元到5元不等①。有些欠款虽然是小数目,但考虑当时的购买力及社会商业环境,实属债权人不小的经济损失。

民国十七年(1928年)9月25日下午两点半,天一局债权人假福建省侨务委员会②大礼堂③召开大会,到会者55人,推举薛一震为主席,决定成立债权团。据统计,大会成立时已在福州、漳州、厦门各债权机关④登记的债权人有600多户⑤;除福州办事处登记外,欠款总额为617980.254元,扣去重复登记部分,总欠款为50余万元,并有84户寄来12000余元逾期登记欠款。会上,调查郭有品天一汇兑局产业筹备委员会代表洪文淦痛斥郭氏兄弟,指其在报纸上宣称清理账目一事实为欺骗,并揭露郭氏于当年3月在厦门商会拒绝其提出的出示账目的要求,洪文淦于是在厦门向法院起诉;此后南洋各债权人怨声四起,纷纷写信致电向福建省侨务委员会及独立第四师师部提出控告。大会通过了《郭有品天一局债权委员会组织规条》,并选举郭龙术、洪文淦、郭北星、庄温谟、邱廑兢、邱子文、陈子德为委员会委员;9月27日,洪文淦在郭有品天一局债权委员会第一次会议上当选为主席⑥。

郭有品天一局债权团委员会虽然成立,但厦门天一信局所欠的债务一直到两年之后的民国十九年(1930年)下半年仍未开始清偿。原因除了债务人郭和中及其亲属被羁押外,又有双方对于赔偿的数额有较大争议。协商还债及赔偿一事由郭有品天一局债权委员会、债务人代表以及公亲(调解人)洪晓春(时任厦门总商会会长)、马厥猷(南洋侨领)、蔡雨郸三人共议,最后于当年7月7日议成还款条件:债务人郭和中等偿还欠款总额的25%(折两成半),交由调解人转交福建省侨务委员会并会同郭有品天一局债权团委员会分还给各债权人,共分三期偿清,第一期还10%,于7月22日前还清;第二期还5%,于10月22日前还清;第三期还5%,于年底还清;剩余5%的款项立"兴隆单";调解人担保债务人不得逃避,若有此行为由调解人交出债务人并移送法办;债务人被查封的财产,于前两期还清后"双方函请法院启封,交由公亲拍卖",所得用于偿还第三

---

① 《天一局债权表 侨委会送四师函》,《南洋时报》1928年9月8日。
② 《天一局债权团大会》,《南洋商报》1928年10月17日。
③ 《侨委会关于天一债权事》,《南洋时报·国内要闻·福建》1928年11月19日。
④ 《天一局债权大会》,《南洋商报》1928年10月17日。
⑤ 《侨委会关于天一债权事》,《南洋时报·国内要闻·福建》1928年11月19日。
⑥ 《天一局债权团大会》,《南洋商报》1928年10月17日。

期款项;赔偿郭有品天一局债权团委员会的八千元损失费,限郭和中释放后20天内交清的钱款由调解人洪晓春、马厥猷分别垫付2750元、4250元,丁永庆"立商店凭条"负责剩余的1000元在两星期内交清①。至此,天一信局刁倒款项一事的赔偿处理才开始出现实质性进展。

赔偿协议达成后,天一信局债务人是否按约还款,还至何时,因材料有限,目前仍不得而知。惟达成还款协定后,郭有品天一局债权团委员会于民国十九年(1930年)7月21日首期还款即将到期之时致信洪晓春、马厥猷、蔡雨邨等三位调解人催促还款。7月24日,洪、马、蔡三人覆函表示郭氏兄弟于7月20日方被准许保释,请求以保释之日为起始日再订还款期限②。此后查无更多相关资料。

天一信局倒闭的前因及后果

至于天一信局倒闭的原因,史学界众说纷纭:有军政勒借说、滥发山(本)票说、滥炒外汇说和滥营糖业说。根据目前可见的材料,综合当年《思明日报》等报刊所载③以及美国驻厦门领事馆的文件④所述,"海外(马

九龙江北溪入海口处当年"天一信局"的专用码头 (《厦门日报》提供)

---

① 《郭有品天一局债权团委员会启事》,《民钟日报》1930年7月8日。
② 《郭有品天一局债权团委员会启事》,《民钟日报》1930年8月5日。
③ "近因小吕宋南洋各埠商业不佳,大受影响。又外埠分局滥营糖业,亏累尤多,以致金融窘迫恐慌,宣告歇业",《思明日报》1928年1月19日(待查),转引自《厦门警镛》纪闻,第一期,1928年;"厦门天一局为闽南华侨大信局,本日歇闭,为业糖亏累数十万元",《厦门大事杂志》1928年。
④ Records of The Department of State Relating to Internal Affairs of China,1910—1929,Roll81,893.00 Political Reports:Summary of Events and Conditions in the Amoy Consular District during January,1928.

天一信局的前半世与后半生

尼拉)部门滥营糖业"导致投资失败应为天一信局倒闭的直接原因。

其实,除了"军政勒借说",其他原因的推测,都直指天一信局滥发山票从事投机。这也符合当时的历史背景。民国七年(1918年)后,福建军阀混战,地方治安不靖,闽南侨批业以避免侨批被劫为由,竞相发行山票解付、套取侨汇,从事投机生意。民国九年(1920年)至民国二十五年(1936年),闽南侨汇业因滥发山票、经营投机而倒闭或改组至少24家以上。投机资本越大,风险越大。号称"埠中钱业巨擘"的天一信局不管是炒汇还是滥营糖业,最终招致倾覆,利用山票套取巨额侨汇进行投机,应该是不争的事实。

天一信局投机失败,损失90多万元,信局倒闭,国内外职工全部失业,倒账达50万元,给华侨、侨眷带来巨大损失,一部分归侨侨眷因此倾家荡产。天一信局破产,犹如晴空霹雳,不仅在厦门及其周边引发社会震荡,也极大地震动东南亚华侨社会,地域影响是广大的。

天一信局的历史意义在于其完成了侨批递送从走单帮(水客)的初级、原始形式向专业化、企业化商业经营模式的转型,以及以厦门口岸为中心、面向东南亚华侨社区和国内侨乡的双扇形跨国公司运营结构,建立起一整套批银揽收、承转交接、委托分解及资金头寸调拨的合理化运营机制,确保批银流转的效率,为侨批经营奠定了基本范式。纵观天一信局的历史,中前期因诚信经营而发展壮大,后期却因做投机生意而迅速崩溃,最终落得欠人钱款、拖累汇户的结局,教训是深刻的。

天一信局倒闭,民间有"阴谋论",指其早有预谋,第二代经营者早就做好了金蝉脱壳的准备。此说的逻辑是:民国六年(1917年),菲律宾的天一信局由郭有品儿子接管,易名南兴信局;同年,漳州的天一信局也改称南兴信局。天一信局倒闭后,职员各自组织侨批馆,先后易帜为正大、大通、民生。如果说正大、大通、民生的改换门庭是为了规避天一信局倒闭所产生的不良社会影响,阻止可能带来的晕轮效应影响其经营,尚且情有可原的话;那么天一信局未倒闭前素以信誉良好著称,菲律宾、漳州的天一分局早早弃金字招牌改换门庭又该如何解释?

天一信局倾覆后,还有一个启人疑窦的说法:曾有文章称,天一信局倒闭后仍每年给予漳州流传小学2400银元作为办学经费。若此事为真,为何天一有银根存底,却不先偿还曾经信赖其声誉的各汇户损失?支持教育固然是好事,然而对客户负责更是一家金融机构的首要职责。由此不得不令人对天一信局后期的经营方式和信誉度再生疑义。

| 厦 | 门 | 侨 | 批 |

碍于资料缺乏,本文仅从现存文献资料中还原厦门天一信局倒闭后鲜为人知的情况,在填补历史的同时,也为现代商业经营者提供一前车之鉴。

附 录

旧报纸还原"天一信局"倒闭真相

曾是厦名气颇大的钱庄

本报讯(文/图 记者 郭睿 陈冬) 年关将至,家家户户忙着添置年货,好一番热闹景象。不过,本周在厦门东渡旧货市场上出现的一份旧报纸,却把时间拨回88年前,一个厦门数百户华侨家庭没钱过年的冬天。

这是一份民国十七年十二月二十八日发行的《思明报》。在它发黄的纸上有篇名为《天一债案已告一段落》的报道,披露了"天一信局"突然倒闭背后的欺诈行为。

"天一信局"创办于清末,鼎盛于民初,为漳、泉、厦旅居东南亚数以百计的华侨和侨眷投递银信服务,信誉卓著,名扬海内外。

这张旧报纸很快被送到厦门文史专家洪卜仁手中。3 年前,洪老曾以《还历史以真实——以"天一信局"倒闭前后事实为例》开讲座,谈到很多人只知道"天一信局"的风光,很少有人知道它后期的投机倒把,应该用史料还原历史真相。而这张由收藏家陈亚元在旧货市场淘到的报纸,就成了解那段历史的珍贵史料。

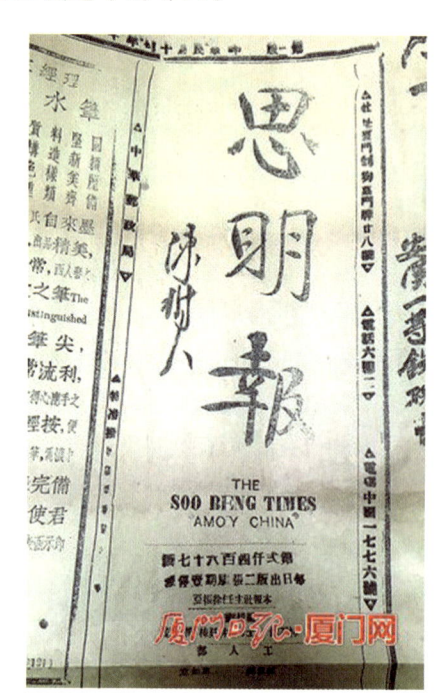

天一信局的前半世与后半生

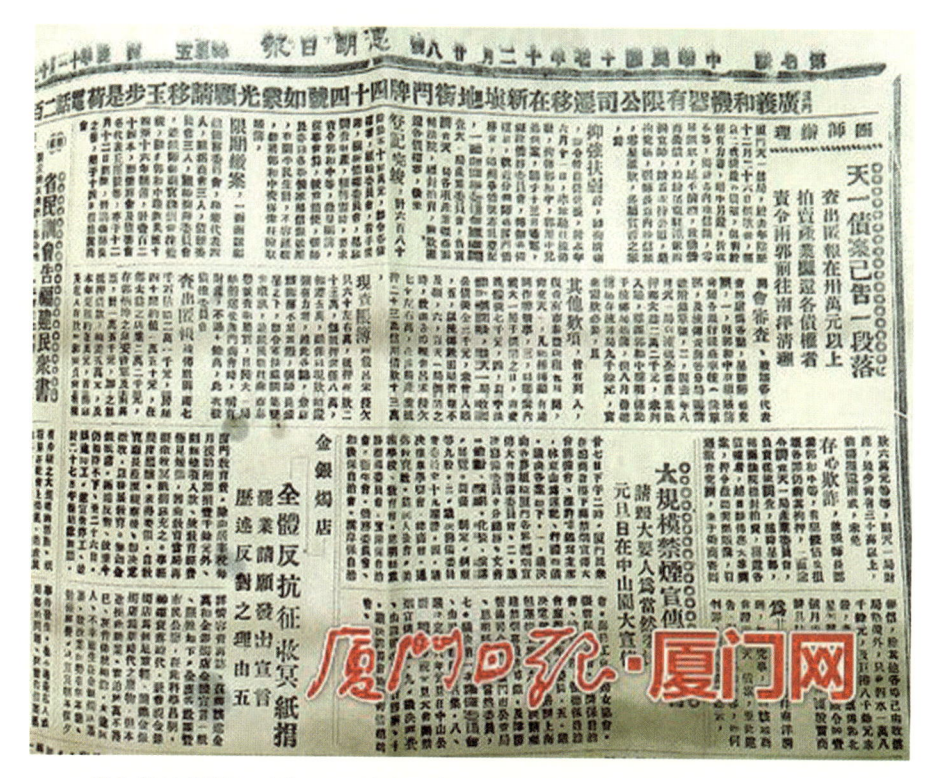

当年的《思明报》刊发《天一债案已告一段落》的报道，披露"天一信局"突然倒闭背后的欺诈行为。

"天一信局"曾是钱业巨擘

100多年前，大量闽南人出洋前往东南亚谋生，华侨几乎都是靠"侨批"传递平安音信、寄血汗钱回家。1880年，漳州人郭有品在故乡流传社创办起了"天一批郊"，为旅居东南亚的华侨和侨眷投递银信服务。1896年，"天一批郊"登记注册为"郭有品天一信局"，规模越来越大。1901年，第一代经营者郭有品过世后，"天一信局"由其子郭和中、郭诚中继承，总部亦由漳州迁至当年厦门最繁华的地带——寮仔后水仙宫街。

洪老说，"天一信局"创办之初信誉卓著，鼎盛时期其海内外信汇交兑机构一度遍布东南亚各国及我国沿海主要城市。位于厦门的"天一信局"总部还被称为"埠中钱业巨擘"。

可是，当时如日中天的天一信局，却突然于1928年1月18日宣告停业，支

· 287 ·

兑汇票、收寄信件的业务亦随之停止。当天正是农历十二月廿六,为"送神日"刚过的年关,家家户户正在准备迎春庆新,许多华侨家庭更是翘首等待着南洋华侨汇钱回家以作过年家用。

资金因信局倒闭而蒸发一空

信局的突然停业乃至随之而来的倒闭,是因严重亏损导致的"银根紧缺"。洪老告诉记者,这件事导致的直接结果是,南洋华侨辛苦积攒的血汗钱、侨属急需的过年钱,以及各商行的往来资金,都随着"天一信局"的关门而蒸发一空。

对于"天一信局"严重亏损的原因,洪老通过史料分析认为,应该是后期经营者投机倒把所致。在此次新发现的《天一债案已告一段落》报道中,"存心欺诈"的描述也印证了这种分析。这篇报道还透露,事发后"天一信局"还存在匿报资产等现象,对赔偿态度消极。

"所以我们现在谈'天一信局'的时候不能片面,要用历史的观点看到它前半生的贡献,但也应该尊重历史还原它后半生的不光彩。"洪老说,纵观"天一信局"的历史,中前期因"诚信"而发展壮大,后期却因做投机生意而迅速崩溃,最后以欠人钱款拖累汇户的"失信"为结局,实在引人唏嘘。他希望"天一信局"的故事能让今日营商者以史为鉴,以诚信安身立命。

(原载 2016 年 2 月 4 日《厦门日报》)

附:书稿交厦大出版社排印时,又发现一张 1928 年 11 月 19 日出版的新加坡《南洋时报》剪报《侨委会关于天一债权事》,特以补录。

天一信局的前半世与后半生

| 厦 | 门 | 侨 | 批 |

老厦门侨批业轶闻

何无痕

海外华侨靠侨批向家人传递平安音讯、寄血汗钱赡家,光绪年及其之后,主要仰赖民信局。由于侨汇解付是现款派送,必然会被土匪、强盗觊觎,遭受抢劫。在军阀混战,中国社会最动乱的时期,即1918年前后,曾有侨乡群众自发保护信差侨乡送批的美谈。但在解放前,厦门民信局的困窘,安全是一大问题。

1956年1月20日,厦门侨批业资本家李少初在厦门日报回忆起解放前的经营情形,称那时真是"天乌、地乌、人面也乌",为了赚几个钱,天天要和伪邮政局、伪税务局、伪银行等敲榨机构打交道。解送侨汇时还提心吊胆。解放前有一年,他的批信局派了信差去送侨汇,半路碰上土匪的截击,四五位信差被打死,侨汇被抢走,职工丧了性命,企业赔了钱。他说:"那时每次信差出门,心就吊起了,直到信差回来,心才安定。"

的确,解放前的报纸上,匪徒猖狂,汇款被劫,信差被杀的新闻屡屡传来,频频见报。1928年三美信局在晋江安海设分局时,信差许到马坪一带派送信款被抢灭尸。因不知在何地被劫,当地政府只能报请存案罢了。但信差的妻子不时到安海信局嚎哭,活要见人死要见尸。后经侦查,在重赏之下才找到凶手。这样的结果,在当时已经能勉强称得上是安慰,毕竟,大部分案件多在报案之后便没有下文。

1932年12月24的《申报》中《厦民信局水客中途被劫》报道了厦门捷顺安民信局水客20日在坐车途中,被劫走现金三万余元,均为华侨汇寄,家中年关所需费用;1935年4月2日的《江声报》以《昨磁街路头又劫两信局》为题报道了匪徒的恶行,一个"又"字,点出了信局被劫的频繁程度。

据1963年厦门侨批业者黄渊泽回顾,侨批业被"抢怕了",每逢派送旺季时

老厦门侨批业轶闻

节,尤以除夕的年饭,非等到全部派送人员回店不可,即使深夜十二时也在等,否则,是不能安心吃下"围炉饭"的。解放前先后被杀害的信差有四十多人,由于当时的信局是私营,虽然对被杀害信差家庭有所抚恤,但也微不足道。

新加坡《中兴日报》1948年4月12日刊载厦门市银信工会呼吁同业捐恤的倡议。事情的原委是当年3月1日起邮局要上调邮资,文记信局"电嘱"送批工魏文汉"速返厦市,俾免受邮资之膨胀"。魏文汉搭乘"中兴"轮从晋江安海赶赴厦门,不料遇上土匪持枪抢劫,"中兴"轮翻覆,魏文汉中弹身亡。厦门银信工会出面为其年迈老母膝下幼儿等遗属抚恤募款,并联系新加坡福建侨汇业公会,呼吁同业"共恻其悲惨,赐予资助"(见上图,洪卜仁提供)。

因侨批、侨汇联系海外,这类恶性案件通常都会引起海外反应。1949年2月,晋江某信局老板被绑票幸得脱险,菲律宾民信局公会发电文,要求政府派员护送侨区汇票,在护送措施未实施前侨汇停止汇入。该决定一时影响了厦门众多侨批局的正常经营。

除了安全问题,民信局最头疼的是国民政府对它并不待见,一直想取缔。民信局只能见招拆招,游走法律边缘。民国十七年(1928年),国民政府要求"至二十三年底,各民信局应依限期内一律结束营业"。之后,邮政总局年年要

· 291 ·

厦 | 门 | 侨 | 批

求各地查禁止民信局,1933年年底,邮政总局发通知,分离民信局和侨批局两种业态,经营国内银信的被称为民信局而加以取缔,专门经营海外侨汇汇入的被称为侨批局,第二年起不允许新设。为了应对,有的侨批局没有牌照,只能借用或租用同行的牌照,用别人的名义寄邮包,贿赂收买邮政相关经办人员。这无疑又相应地增加了侨批业的经营成本。此后,邮政管理部门提高邮资、查处侨信"走私",处处为难侨批业。

面对邮政管理部门的"围剿",民信局还要应付各项苛捐杂税和社会上各方势力的派捐,可谓明捐暗抢双管齐下,民信局业者难以应付,叫苦不迭。

1946年5月8日厦门报章的一则报道,就从侧面反映出了信局经营的困局——厦门银信商业同业公会的侨汇先是被泉州邮局检查员借故扣留,导致该会会员大生号侨汇延迟分发,随后又在晋江第三区林埔乡遇到歹徒抢劫,实在是雪上加霜。

在这样困窘的情况下,有些经营规模比较大的民信局,则找关系聘请有社会势力和政治背景的人担当经理,作其保护伞方得维持生存。一些势单力薄的信局则倒闭,不仅资本亏损殆尽,还要清理债务,不少业者无力应付,直接"跑路"。信局倒闭的新闻,在20世纪三十年代的社会新闻上频频"露脸":1932年12月28的《江声报》报道捷鸿信局倒闭,负债达到两万余元;1935年3月2日报道新泰批局面临倒闭;1937年3月16日,□□信局(注:旧报字迹模糊不清,不便臆测)倒闭,当事人避不出面,负债总额达到九万余元;1938年1月1日的《江声报》报道光远信局歇业……

信局的困窘,有外界因素,也有内部问题。谢俊卿从1936年起担任侨批业资方代理人,据他1956年1月在《厦门日报》回忆,在旧社会,侨批业海外局向侨胞收汇,先一次运用"三角汇"赚一笔钱,汇入国内,头、二盘局又套购外钞投机倒把,再赚一笔钱。"碰到侨眷来问,我们就以'帮单未到'或'票根未到'抵塞过去,直到利用侨汇赚钱目的达到了,才把汇款解送给侨眷。我们是集体这样做的,并规定要统一这样,以免泄漏这个'机密'。"他说,当年义昌信局、江南信局曾不按照这个规定办事,被全业抵制。

侨批业套汇倒汇,是有较高的汇率风险的,且汇率受外资银行操纵,稍有不慎,批款就打了水漂。此外,侨批业竞相发行山票解付批款,以套取侨汇,从事投机生意的做法,更加重了经营风险。1920年至1936年,闽南侨汇业因滥发山票、经营投机而倒闭或改组至少24家以上。厦门侨批业就有两家著名的批局倒在这上面。

老厦门侨批业轶闻

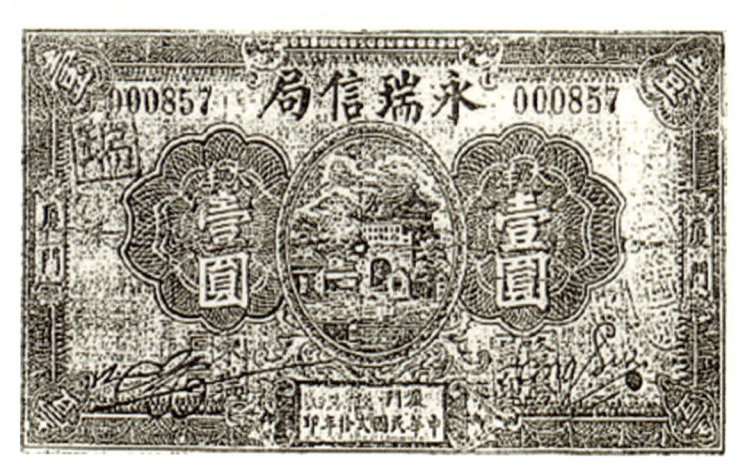

厦门永瑞信局 1 元钱庄票（陈亚元 提供）

曾在泉州侨批业独占鳌头，被称为"闽南第一家"的锦昌号，前身为厦门三美信局的泉州分局。根据当事者回忆，1920 年匪患频出，三美信局在派送山区的侨汇时，改用信局出的信用票，俗名"山单"，每派送侨汇一百元，只付现金十元，搭配山单九十元，以防途中匪劫大额现金。因为信用票可以挂失，向信局支领时要有铺保，票中印有"人单两认，接手取保"字样，即使匪徒抢走后也无法直接支取。如此一来，信局手中就存留了大量侨汇，可挪作他用。此做法当时各信局纷纷效仿，在侨批业中盛行一时。但到了 1933 年，三美信局渐渐不注意经营，各股东争相侵款，以致被侵款项数达万元，难以收回，同时三美信局兼营客栈，为旅客代垫船费及栈费，谓之放债，旅客如无法还钱，就要去函催讨。该局滥放懒收，任旅客拖欠，越欠越多，最终周转不灵，只得倒闭。1937 年 2 月 2 日的《江声报》以《昨夜信业局讨论清理三美》为题，报道厦门市银信业公会召开执委会议，就清理三美信局债务问题进行讨论。

民国十七年十二月二十八日发行的《思明报》，有篇名为《天一债案已告一段落》的报道，披露了"天一信局"突然倒闭背后的欺诈行为。1880 年，漳州人郭有品在故乡流传村创办起了"天一批郊"，为旅居东南亚的华侨和侨眷投递银信。1896 年，"天一批郊"登记注册为"郭有品天一信局"，规模越来越大。1901 年，第一代经营者郭有品过世后，"天一信局"由其子郭和中、郭诚中继承，总部亦由漳州迁至当年厦门最繁华的地带——寮仔后水仙宫。"天一信局"创办之初信誉卓著，鼎盛时期其海内外信汇交兑机构一度遍布东南亚各国及我国沿海主要城市，位于厦门的"天一信局"总部还被称为"埠中钱业巨擘"。但如日中天

· 293 ·

的天一信局,却突然于 1928 年 1 月 18 日宣告停业。当天正是农历十二月廿六,为"送神日"刚过的年关,家家户户正在准备迎春庆新,许多华侨家庭更是翘首等待着南洋华侨汇钱回家以作过年家用。因此,"天一信局"的关门,影响巨大。《天一债案已告一段落》透露,"天一信局"严重亏损的原因,与"存心欺诈"有着密切的关系。信局的突然停业乃至随之而来的倒闭,是因严重亏损导致的"银根紧缺"。罪魁祸首就是山票——天一信局利用山票投机失败,损失 90 多万元,倒账 50 万元。

解放前厦门侨批业的困窘,反映的是当局社会管理、金融管理的失能,暴露出社会的腐败。解决侨批业的困境,需要社会的巨大变革。事实证明,侨批业发展的窘困,在解放初期就被新体制一扫而空。

新中国厦门侨批业的起落
——扒梳新中国厦门侨批业的新闻报道（一）

叶胜伟

解放初的重要任务：打破封锁，沟通侨汇

中华人民共和国诞生前夕，1949年9月底，中国人民政治协商会议第一届全体会议通过了《共同纲领》，其中第三十七条规定："人民政府应采取必要的办法，便利侨汇服务侨胞。"但是，新中国成立初期，美国等西方国家对我进行封锁，并联合一些国家对中国禁运物资、限制侨汇。1949年10月17日厦门解放，处在对台前线的厦门，台湾当局对厦门港出海口进行封锁，对厦门市区进行扫射轰炸，导致厦门市面萧条。为尽快恢复厦门经济，厦门侨批业者在党和政府的领导下开展反封锁、反禁运的斗争。

侨批的畅通直接关系到厦门的经济稳定与发展。厦门市人民政府积极支持侨批业的发展来突破封锁。在百业待兴、工作异常繁忙之际，市政府于1949年11月5日，利用晚上的时间召开民信局座谈会，讨论沟通侨汇以解决侨胞生活、投资生产事业事宜，各民信局负责人踊跃发言，对沟通侨汇提出不少意见和建议。市长梁灵光通报了政府对侨汇政策与民信局的态度，他的"演说全文"刊登在第二天的《厦门日报》上。我们从其讲话内容，可以看出在那个特殊的历史时期，共产党及人民政府对侨批、侨汇作用的认识，以及管理侨批业的思路。

梁灵光说：侨汇对福建尤其是闽南的经济是有着极重要的作用，闽南有几百万人口依靠侨汇维持生活，如侨汇停顿，侨眷生活一定困难，同时一定影响经济的繁荣。其次厦门是入超的口岸，侨汇可以补偿贸易上的差额。今后我们要发展生产，华侨投资无疑是重要的资金来源。所以沟通侨汇是目前重要工作之

· 295 ·

| 厦 | 门 | 侨 | 批 |

一、军管会与政府非常重视。

梁灵光对侨批业在沟通侨汇方面的作用给予肯定。他说,民信局为华侨服务历史很久,不但对华侨有密切的联系,而且对沟通侨汇有相当的成绩与贡献。目前我们对民信局采取团结合作的方针,实行公私兼顾的政策,但另一方面也要加以适当的管理。政府要保护正当营业的民信局,但对于少数的积压侨汇从事投机的民信局,我们要加以管理、改造甚至予以取缔。关于民信局的管理办法:第一,民信局应向政府指定机构进行登记,因为这才能使政府了解与进行帮助。第二,中国银行为政府指定管理外汇与进行外汇经营的专业银行,各民信局收到各地的侨汇,应将其交给中国银行。至于解付就由中国银行按当时的牌价折付人民币,或以原币存款办理亦可。第三,民信局应按期向银行报告侨汇收解情形及数字。中国银行予以一定的手续费,但遇必要时,中国银行可对民信局进行检查。

据《厦门金融志》记载:1949 年 8 月 15 日在北京召开全国华侨眷属福利会议,要求贯彻"便利侨汇,服务侨胞"、"外汇归公,利益归私"等政策。1949 年冬全省重点侨区中国银行会议召开,明确提出对侨汇业采取"团结与管理相结合"的政策。12 月起,根据华东区外汇管理暂行办法规定,侨汇业所收外汇须一律缴售国家银行。因此,梁灵光的上述讲话,完全是对当时侨汇、侨批业政策的准确解读。

关于沟通侨汇,梁灵光谈了有几个具体问题:第一、中国银行在香港以及南洋主要城市将设立或指定专门机构来接收各地民信局之侨汇。其次,因过去侨汇来时数量较多,如支出大量头寸,往往引起市场波动。这在目前福建内外交通没有全部恢复前,物资调节尚存在一定困难,更有发生的可能。因此鼓励民信局及侨胞尽量带回经贸易局许可的物资,鼓励侨眷采取原币存款与折实储蓄办法。

军管会财经部负责人在会上提议:"过去大家是代侨属写信送信,今后应加上一个任务,即组织侨属存款。"因为 1949 年 8 月 15 日在北京召开的全国华侨眷属福利会议,要求侨汇业同心协力扩大收汇业务。由此,新中国初期的侨批业经营范围,新增了"组织侨眷原币或折实存款"的内容。

作为侨批民信局的主管部门,厦门市中国银行已于 10 月 24 日经接管后复业。据报载,在复业大会上,中国人民银行厦门分行王有成行长指出,中国银行的业务主要是管理与经营外汇,厦门侨汇占全国 40%,"今后我们要好好引导侨资回国,从事经济建设"。

新中国厦门侨批业的起落

1949年11月11日《厦门日报》发布厦门市中国银行兼经理章骥签署的"侨字第一号"通告:"中国人民解放军华东军区厦门市军事管制委员会令:为便利侨汇之沟通及了解经营上项业务之侨批业实际情况起见,凡经营侨汇之批局(不论过去已否领取邮局执照),一律限于五日内向本行办理申报"。据《厦门日报》报道,通告发出后第一天,前往该行办理申报之侨批业就有45家,5天共有58家申报,计有:鸿美、五洲、昌元、三春、瑞芳、源兴、南通和记、福美、鸿华、壁丰、新永兴、林和泰、友联、德盛、新记、同兴、建兴、达华、正中、大罗、永安崇成、荣记、南兴、骆协成、和盛、太平洋、群众、正大、太平、和兴、瑞记、恒利、荣源、信立、建东、丰成、江南、大生、新亚、谦记、仰昌、信义安、大中、侨通、源大、岭记、联兴、南大、大通、林金记、义昌、金陶、慎德、得来、汉昌、丰盛、南丰、集成、大华、建隆、时盛、大德、益群、永辉、光大、建昌、江通、永瑞、侨联、永和祥、福安、集裕、兴源、苏公方、大有、福通、庆泰、和昌、利华、联胜、铭记、建和、捷鸿发、华成等八十五家。仅领登记单而未办清手续者计有南侨、远裕、宗成、友和、民兴、信源昌、大德、南生、振中、德美、华南、同泰、轮正、振成、敬记、和源、侨川、益通、文正、万元、建安、双醒、南华等22家。

中国银行发布"侨字第一号"通告的当天,《厦门日报》宣布:新中国成立后首批侨汇汇抵厦门。中国银行为照顾侨眷利益,特分函各侨批局,当接到侨汇时应遵守规章,将汇款交给中国银行。解付时,由中国银行按当日的牌价折付人民币,或以原币存款办法处理。

距市政府召开民信局座谈会不到10天,为加强与各民信局业务联系,厦门中国银行11月14日召开民信局二次座谈会,讨论:"一、以前由少数人组成的民信局公会,组织不健全,不能代表全体民信局,目前需要筹备一个暂行公会的组织。二、"永兴"轮带来两万多封侨信,有若干技术上的问题亟待解决。三、侨汇已到,各民信局应作一统计向中行申报。四、未办理登记手续的民信局,应尽速办理。"

各民信局负责人相继发言,赞成成立公会,称"民信局有很多新开的也有很多停业的,公会当然应当重新整顿。新公会成立可解决很多问题,如取缔黑市等等,所以这种机构不特应当成立而且应当健全"。

我们从《厦门日报》对座谈会的报道《侨信款已到,民信局业务将展开》可得知,解放初,厦门民信局"有很多新开的也有很多停业的"。

此外,座谈会明确:"民信局是为两方面服务的:一、为国家人民服务,使侨汇回国投资生产。二、为华侨服务,便利华侨,不多削剥,仅取适当的利润。"座谈会还确定9项具体问题,如手续费按各民信局侨款百分之一计算等。

1949年11月下旬,第二批侨信汇抵厦后,中国银行又假林和泰信局,召开民信局旧公会负责人座谈会,商讨侨汇业务问题。根据《厦门日报》的报道,"第一次侨信到后分发上没有什么困难,差不多都已送达侨眷",说明厦门的民信局业务恢复情况良好。座谈会还透露"最近'和乐'轮可能由港来厦,亦可能有侨信汇款",显示海内外侨批、侨汇沟通正陆陆续续恢复。

果然,《厦门日报》于当月27日刊发消息《中国银行汇兑业务已发展》,称:本市中国银行自11月5日开始办理汇兑以来,业务日益开展。至11月20日止,半个月内,汇出人民币共计78077797元,其中汇往泉州者最多,大半系民信局汇往泉州解侨汇的,计67395000元,占百分之86.3%,其余汇往福州、温州、宁波、上海、南京、杭州。

1949年12月10日,厦门市中国银行决定,为鼓励民信局代解侨汇,信局解付侨汇将付予贴补费:凡民信局解付侨汇可予贴补手续费千分之十,并规定如由指定银行转解者,该项贴补费由中国银行核给转解之指定银行,各民信局可迳向经转之指定银行领取。

1949年12月14日,《厦门日报》报道《侨汇宣告沟通——星荷等属信局一致表示拥护政府正确侨汇政策》,称:停顿了数月的星、荷、暹、缅等属侨汇,已宣告沟通。最近华侨自新加坡、三宝垄、吧城巨港、孟加锡、棉兰、泰国、仰光等地寄出的银信数百封,均已克服了各种困难,先后转厦。其款项绝大部分是以原币汇出。报道提醒侨眷特别留意,目前国内经济还没有十分稳定,政府为保障华侨利益,便利侨胞汇款回国,特许华侨用外币汇款(如美金、港币、叻币等),国内银行照支取当日的外汇牌价折付人民币。"这个外汇牌价,是随时根据实际情况调整,非常合理公平,且比外币牌价高。"

厦门侨汇畅通后,厦门市人民银行12月17日宣布,为了照顾侨属利益及便利存储,委托厦门中国银行代办折实储蓄业务,侨属收到中国银行汇款后,即可随时转存折实储蓄。20日,《厦门日报》又刊发消息,称侨汇已告沟通,侨汇正源源汇入,"但由于大多数华侨在海外折合人民币汇回国内,致使起汇日期与解付日期外汇牌价不同,引起信局与侨眷纠纷。为避免今后此种纠纷的继续发生,中国银行特许侨胞一律以原币托解为原则汇回,国内银行照支取当日的外汇牌价折付人民币或作原币存款和折实储蓄存款,以符合政府对保障华侨利益的政策,便于侨汇之沟通。"

1949年12月21日是银行结息休业的日子,《厦门日报》报道:为不耽误侨

新中国厦门侨批业的起落

眷收款的时间,中国银行仍照常办理侨汇。原因是"第二批菲岛侨信已经到达本市"。

厦门市军管会副主任黄星火在本市第一届各界人民代表会上,作两个半月接管工作报告时强调:努力沟通侨汇的具体办法是动员民信局继续进行侨汇业务,委托银行帮助收汇。中国银行办理侨汇,历次的更动牌价,主要是照顾侨民利益,开始时牌价太低,侨属曾一度受到影响,后来调整了,并规定了原币存款、原币通知书、原币汇兑,鼓励原币寄汇等有利于侨民、便利于民信局的措施。至目前为止(1949年年底),由解放前9月份的602件侨信,上升为11月份的15391件,约为9月份的27倍,现汇入侨汇已达60万元美金。

1950年1月底,厦门中行委托厦门邮局代为解付未设中行机构地方的侨汇,《厦门日报》的消息亦显示新加坡寄来的侨汇也抵达我市。

1950年2月1日,"中行通讯组"投书厦门日报,称:旧历年关已届,侨汇步入旺月,连日港轮接踵抵埠,运来侨信数批。外汇纷纷从香港经由指定银行汇入缴存中国银行,仅上月30日与31日即有港汇589546元,又美汇11500元……小部分汇换人民币解付,另有一些存于侨批局原币存户内,这些侨汇主要来自新加坡,其次是印尼及香港,向来居侨汇首位的菲律宾,现在汇入数字,反而非常渺小,主要原因是菲政府在去年12月9日统制外汇后,当地批业申请营业尚未批准,大批侨信汇款,无法收缴所致。

至1950年1月19日,中国银行伦敦分行、香港分行、新加坡分行及所属吉隆坡、槟榔屿两经理处,加尔各答经理处及所属仰光、孟买、喀拉基、大港分理处等行处,已宣布效忠人民政府,愿意服从北京总管理处领导。厦门中行即向上列联行联系工作,且自2月6日起奉命与港、星两分行进行通汇。

1950年2月旧历年关将届,侨汇大批涌到,厦门中行统计上旬签发侨汇原币存单六千余笔,侨汇已突破港汇三百万元的纪录。南洋各地中行,已纷纷与国内直接通汇。

民信局增加:解汇政策调整,政府贴补利润

侨批顺利抵达,侨汇沟通,厦门市中行改订代解侨汇贴补费,千分之十的贴补费自1950年元旦起,分为贴补国外收汇行局千分之二点五,国内解款行局千分之七点五。

1950年元月15日,福建省人民政府公布施行"福建省侨汇暂行处理办法"

· 299 ·

| 厦 | 门 | 侨 | 批 |

及"福建省管理侨汇业暂行办法",厦门中行随后召开第三次侨批业(民信局)座谈会,解释两个暂行办法。《厦门日报》的新闻指出,座谈会坦承:"过去几批侨汇,侨胞损失在百分之五十以上,这即信局与银行努力不够所致"。会议要求:今后各局应转达国外各联局,侨汇一定要以原币汇回,否则将影响侨汇输入,国家蒙受损失,信局营业也不能发展。

解放初,新中国的社会、经济还未完全稳定,人民币币值波动,特别是厦门处于对敌前线,"匪特造谣,奸商操纵"造成"物价暴涨,市场混乱"。尽管厦门银信等同业公会表示坚决拥护人民币,建议政府禁止银元美钞在市面上流通(见1949年11月25日《厦门日报》第一版《百货等五同业座谈 表示坚决拥护人民币》),但一些侨批业者利用外汇黑市的波动,进行投机买卖。1949年11月18日厦门竟发生一起侨批业者因买卖外汇失败、无法周转而自杀的案件。香港新亚信局厦门代理人杨遵威,挪用新亚信局拟在厦设信局的筹备基金及该局汇厦侨款,在黑市进行套买外汇。当月中旬,外汇黑市开始升涨,由一比八千人民币升至一比一万一千时,杨认为有机可投,乃图将其外汇抛售,当他正在抛出之际,黑市外汇突涨至一万七千之高峰,因难以周转,亏累很大,此时香港新亚信局催迫其速分发侨款,无法应付。加上其将外钞一万元非法存入中南银行,经人民银行查出,心虚畏罪。且肺病复发,吐血不止,因而在本市担水巷四十九号谦记信局三楼服毒自杀(见1949年11月29日《厦门日报》第一版《投机者的下场!》)。

《厦门金融志》对这一时期的情况是这样描述的:"当时侨汇业对人民政府的工商业政策认识不一,有的不敢公开申请登记,就乘市场物价波动,人民币币值尚未稳定的时机,继续经营外币和金银实物汇款,逃避外汇管理,同时大量收作人民币汇款,损害国家和侨眷的利益。"

《厦门华侨志》则这样写道:由于解放初管理制度尚欠健全,社会上经营进出口业务的行业往往与批信局勾结,从事套汇、买卖金银外币。如华侨汇款到香港后,在香港的批信局分支机构就把侨汇截留,转卖给其他兼营进口的商行,而在本市直接用人民币付给侨属,从中套取外汇。其中以侨兴行最为严重,1949年至1950年1—2月间,该行从香港运来美钞约60多万元,在本市及泉州私自收购黄金1200两铸成金条,夹装在出口货内离境。

侨批业是政府稳定金融的一个抓手。厦门日报1950年1月31日转载1月23日福建日报《关于侨胞汇款的几个问题》一文,文中专门解释了人民政府对侨批业的态度:

新中国厦门侨批业的起落

为了维护侨胞侨眷的利益,人民政府对侨批不是打击的。只要与人民大众的利益不相抵触,是允许侨批业合法经营的。事实上,除了为保障侨胞侨眷的利益、或减免国家外汇的损失,而对不法的侨批业随时检查,惩处违法行为等以外,对于为人民服务的侨批业,是以保障其合法的利润来让他们进行营业的。

首先是为了海外侨批等头寸调拨上的方便起见,政府分别特约了在海外有分支机构的私营行庄作为特约指定银行或指定银行,以便于过渡期侨批业侨汇头寸的调拨。

其次,国家还对侨批业补贴利润。如福建省侨汇暂行处理办法第四条:"侨汇由指定银行自行解付者,由中国银行贴给手续费千分之十;其非自行解付者,于外汇移存中国银行时,由中国银行贴给手续费千分之二.五,办理解款之银行或侨汇业得千分之七.五;其经由上海各指定银行托中国银行转汇者同。"又其第五条末了:"侨汇业解付侨汇应得手续费;除按第四条办法办理外,其因送达远途,汇款费用较巨时,得按实际情形,经公会协议后,呈请当地中国银行酌予贴补之。"

人民政府……对守法的侨批业进行团结,但对不法的侨批业则以全民利益为出发点,毫不容情地展开斗争。

根据福建省管理侨批业暂行办法的规定,自"暂行办法"公布日1950年1月15日起办理侨批业登记。《厦门日报》报道称,"至2月14日止,一个月本市侨批业前往中国银行登记申请营业者共有97家,经该行慎密审查后,并转请本市中国人民银行核准,工作现已全部完成批准营业者计共林和泰、南侨建设公司等86家。"而前一年的11月16日,向厦门中行报备的民信局仅58家。由此可见,厦门的民信局在解放不到半年的时间里,迅速增加。依《厦门日报》的消息,获批的民信局都是"(一)信用卓著者。(二)在国内外有分支联号及具有相当的经营能力。(三)遵守人民政府所颁布的政策法令及侨汇管理条例,以及积极为侨胞服务"。

而且,除了传统的业务,民信局还获得办理侨汇的临时资质。上述86家民信局2月26日获颁厦门市人民银行所签发的办理侨汇临时营业许可证。

关于这个时期侨批业经营者的数量,《厦门华侨志》称:"1950年3月,经登记核准营业的批信局有72家,同年12月增至91家。"而《厦门金融志》和《厦门市邮电志》则表述为:1950年3月全市申请登记的侨汇业97家,经核准营业的86家,实际营业的有81家。1950年冬,重新核准营业的91家,因中途业务不振等原因申请停业者外,实际营业的有71家。《厦门金融志》和《厦门市邮电志》并都附表详列。以上三本志书,厦门侨批业经营者的统计数字与厦门日报的报道虽有异同,但都体现出这段时间侨批局的数量是在增加。

解放后四个月,从侨汇源源抵厦的情况来看,侨汇基本上是步入正轨,政府对侨汇的基本态度是在"公私兼顾"的原则下,使侨胞的利益与国家的利益及侨批业的合法正当利益取得一致,即侨胞获得实际购买力的保障与汇款的便利,国家获得外汇,侨批局获得合法正当的利润。

《厦门日报》对解放后4个月厦门的侨批、侨汇概况进行总结,将其分为三个阶段:

第一个阶段是从1949年厦门刚解放时(10月17日)到同年11月14日第一批抵厦侨信止。在这时期由于水陆交通与邮运均未恢复,国外信局对解放后的厦门情况未能真正了解;侨汇的管理机构虽已建立但还不健全,代理关系亦未建立,侨汇的途径还没有正式沟通。这时首批抵厦的侨信,固然是试探性质的(侨汇数字甚微),但却起了积极沟通侨汇的重大作用。

第二阶段是1949年11月中旬到年终前后。在这个时期政府召集了三次的民信局座谈会,详尽地说明人民政府对侨汇的态度和政策;海外代理机构的建立以及侨汇通知书(即侨汇原币存单的前身)的解决,不仅便利侨汇和起到保值的作用,同样也解决了正当的民信局的某些困难。

第三阶段即1950年1月15日福建省政府颁布"福建省侨汇暂行处理办法"与"福建省管理侨汇业暂行办法"一直到1950年2月中旬止。在这期间的主要特点是福建省政府有关侨汇二个文件的颁布,中国银行已在国外建立了自己的直接机构,及增加三个代理机构,签发了侨汇原币存单,比之前的侨汇通知书更臻于完善。中国银行已与福建省邮政管理局订妥合约代解全省侨信汇款及原币存兑业务,另凡无中行的地方,如同安、鼓浪屿、海澄,人民银行可完全负责办理,这种代理机构计有77处。这个阶段侨汇获得了显著的进展。

《厦门日报》分析称:至中国银行开出的侨汇存单可以看到,美汇增长有限,而港汇到1950年2月上旬却是1949年底的四倍。原币存单则达1949年底的十三倍。另从进出口上计算,入超占三分之二的数字均有赖侨汇的抵销。

福建省侨汇暂行处理办法第八条规定:为便利侨眷,本省中国银行得以"侨汇原币存单"解付侨汇。贯穿于新侨汇政策的"侨汇原币存单",除了便利侨汇和保值的积极作用外,对正当的民信局来说也是得到一层保障和便利于解送。报道透露:民信局除其应得的正当合法利润外,中行还付给与千分之七点五的

新中国厦门侨批业的起落

手续费,三个月来中行计共付出了(包括指定银行之移存外汇手续费)二亿余万元之多的手续费。

1950年4月4日的《厦门日报》刊发《论侨汇原币存单》,其中就此项政策有利于侨批局的正当经营做了论述。文章说,随着侨汇保值问题获得妥善的解决,华侨改变了观望态度,购汇日益踊跃,大大帮助侨批局正当业务的开展。生意蒸蒸日上,一方面是业务增加,另方面是成本相对减轻。中行关于新中国成立后侨批局逐月经解侨汇比较表,就显示侨汇业的业务是在突飞猛进中。

侨批业经解侨汇比较表

(1949年11月为基数一〇〇)

1949.11	1949.12	1950.1	1950.2	1950.3
一〇〇	二八一	四一九	八〇七	九五一

文章进一步指出:侨批局以存单解付侨汇,携带轻便,省却点钞搬运的麻烦,提高派送速度,同时又节省了一大笔运送现金的费用,更可减少解送途中的种种危险性。该存单办法摘要中虽然规定不得挂失,但兑换时须有经解侨批局和受款人的背书,比之携带现金总算多了一重保险。本市某侨批局曾于上月初在派送途中遇匪截劫,结果是在原单上找到了线索。而在以人民币折付时,因派送过程中牌价调整与收款人所发生的纠纷,甚至退汇等现象也跟着消灭了。总之侨汇存单的签发,对于侨批局不论在业务的增进上,手续的简化上,以及节约方面都有很大的裨益。

尽管新的侨汇政策,使得侨批业迅速得到恢复、发展,但其中一些不肖业者套汇的做法,使侨眷受损,破坏新中国金融的稳定,因此政府在调整汇率、增订侨汇优待牌价的基础上,出台一系列政策,对侨批业加以规范。

厦门军管会副主任黄星火在两个半月接管工作报告批评民信局说,由于广大地区解放不久,匪徒尚未肃清,金银外币仍在作祟,又因干部少,金融机构未普遍建立,人民币尚未能顺利下乡。部分侨属不愿接收人民币,而民信局为了获取更大利润,以人民币汇进,使侨属吃亏,致政府照顾侨民利益的原币存款、原币寄汇、原币通知书等措施均失掉效用,这也大大妨碍了侨汇的大量继续汇入。

《厦门日报》在对解放后4个月厦门的侨批、侨汇概况进行总结时,也对民信局套汇,剥削侨属进行了分析。文章说,人民政府为了便利侨汇,保障侨胞获得实际购买力和免受国内外牌价变动的影响,力促华侨原币汇款。但由于海外侨胞对人民政府这一政策了解得不够,在1950年1月份的侨汇总数中还仍有22％是以人民币汇回,在这22％中,菲律宾汇回者占70％以上,菲律宾头二帮以本币汇回,从而使侨胞遭受惊人的损失和剥削。

文章举例说,国外结汇价格系按1949年10月28日一美元折本币3500元,第二次是在12月8日以一美元折合本币7700元;但到国内后,中行在11月16日是以5500元及12月22日的16500元的牌价挂出。国外结汇与中行解付的差额,就是侨胞的损失部分。

有鉴于此,从1950年3月1日起,侨批业经办人民币汇款,中国银行止付手续费,并拒绝此项汇款以原币转汇。只有原币汇款,才可以享受贴给手续费千分之七点五。

《厦门日报》在发布此条消息时指出:目前仍有些侨批业,保留伪法币时期所养成的投机作风与暴利思想,虽经再三劝勉,始终不肯改变,继续专做人民币汇款,从汇程中捞取非法利润。在这种情况下,人民政府为了保障侨胞的利益给予及时的制止是完全必要与正确的。中国银行止付人民币汇款的手续费与拒绝以原币转汇,是贯彻保障国家与侨胞利益的积极行动,同样也符合了照顾正当侨批业的基本精神。

1950年7月初,随着轮船进港,侨汇来量激增。厦门中行签发的原币存单,7月3日计发出320张,4日增为1400张,至5日则突增为11900张,突破1950年5月15日的8100张之最高纪录。

同时中国银行为着进一步保障侨胞利益,便利汇款,7月3日开始签发新印侨汇原币存单。

1950年9月起,厦门中行对侨批业经解人民币侨汇,恢复贴给手续费千分之七点五,对解付内地委托者,亦给予免费优待。

此项政策的解释是:该行前为鼓励原币汇款,保障侨汇购买力,自本年3月1日起取消人民币侨汇的手续费,以示限制,这在当时人民币币值不稳的情况下是完全必要的。现在人民币的币值已经基本稳定并逐渐提高,人民币汇款对侨胞是有利的,为适应新的形势,该行已从鼓励原币汇款改变为"人民币""原币"两便的办法,由汇款人或侨批业自由选择。配合恢复人民币汇款手续费的贴给,与转汇免费优待的措施,对侨批业无疑是利好。

1950年9月21日《厦门日报》以《市中行订预结外汇办法,照顾侨批业合法经营利益》为题,称:随着外币不断贬值和人民币币值的日益稳定,"人民币汇

新中国厦门侨批业的起落

款"的侨汇方式,符合侨汇保值的基本原则,获得侨胞的欢迎。在中国银行开始贴给侨批业经办人民币侨汇手续费之后,侨汇更有明显的增进。唯侨批业经办该项汇款,往往因汇价趋低而影响利润,特别在海运未臻通畅,汇程延长的现况下。厦门中行为切实照顾民信局合法经营利益,便利侨汇,特订定"侨批业预结外汇"办法,使侨批业经办人民币侨汇时,不因汇程中汇价降低而受影响。即自21日起,在海外侨信或委托书未到达前,可凭该委托局之电报或其他证明,申请预先以当日牌价兑成人民币结售,转存该行人民币"备抵侨汇专户"。俟侨信或其他委托书到达,办妥汇入报告与销汇手续后,提款解付。

1950年11月中旬,又有一个有利于侨批业的政策利好公布。市中国银行"鉴于帝国主义货币日趋跌价,人民币日益稳定,为求保障侨眷的利益和减少侨眷兑换原币存单的麻烦起见",并进一步兼顾民信局与指定银行承做人民币侨汇之正当利润,特规定"人民币侨汇暂行办法",通知各侨汇业查照办理。该项办法允许指定银行,凡结售人民币侨汇之外汇,得按汇出日之牌价折算。其具体内容为:(一)汇款人不愿原币汇款,可请汇款银行按汇款日牌价先折成人民币汇出,取款时,应照原折人民币金额提取,不论价涨落,均不得请求变更;(二)民信局经收人民币侨汇,委托指定银行、国外代理行转汇时,同样可照第一条规定,以委托转汇日牌价折合人民币汇入;(三)不论电信票汇均可照汇,金额亦无限制;(四)汇出时,根据当日中央人民政府全国外汇统一牌价折合;(五)付款行以不接受退汇为原则;如收款人有正当理由,须经申请,并经核准后,方得退汇;(六)退汇时,暂按原汇率折退外汇。

这项政策受到了厦门侨批业公会的响应,《厦门日报》1950年12月1日报道:

> 本市侨批业公会在中国银行便利侨眷的号召下,特在第十次临时会员大会上通过了:先从鼓、厦、禾三处一律采用原币折合人民币解付的提案,并经该会筹委会议定自十二月一日起实行。该会会员合昌信局首先响应公会的决定,已自上周起带头推行原币折合人民币派送侨汇的办法,获得了侨眷们的普遍欢迎,其他会员信局也都在积极准备中。

到了当月月底,本市安溪属慎德信局等7家民信局决定由1951年元旦起,在安溪县一律以本币解交客户,并在原信加盖小戳标明日期及牌价,借昭信守。侨批公会已分函厦门市中国银行及安溪县人民政府查照。

以人民币解付侨汇,其历史背景可见《厦门日报》1951年1月15日《论中国银行应举办侨汇人民币存单等分发侨汇》一文。文中说:

305

| 厦 | 门 | 侨 | 批 |

  前年厦门解放初期,人民币尚未普遍下乡,第一批侨汇到达厦市,因为物价波动,侨眷蒙受了一些损失。中国银行面对当时情况,为了便利侨汇,保障侨眷利益,举办了原币汇款和原币存单解付侨汇的办法,使侨胞汇款回国,不致在解送过程中遭受牌价变动的损失。

  可是自从去年3月份起,全国财经情况开始好转,物价下跌,五月份起趋于稳定。相反的,帝国主义国家经济日趋恶化,尤其是美帝在发动了侵朝战争之后,物价猛涨。如以3月底物价为标准,厦门批发物价下跌了29%,而去年(至12月上旬止)美帝物价则上涨了40.59%(根据莫特氏物价指数)。表现在我人民币与美元比价上,美汇牌价由4月3日的41000元下跌至12月底的27360元,约跌33.27%,港币、菲币跌价尤甚。现美帝泥足愈陷愈深,今后帝国主义经济情况势必一天比一天坏下去,而我国经济情况将一天比一天好起来,影响所及,原币存单不但失掉了保值作用,相反的,由于美元港币本身购买力的下跌,反带给侨眷以损失,所以原币存单在去年3月份以前,充分尽了侨汇保值作用,从4到6月底就已完成了它的历史任务,从7月份到现在,已成为侨汇工作的负担,侨胞并招致若干损失。因此,为了保障侨胞侨眷利益,亟应推行人民币汇款,或原币汇入折合人民币解送。

  文章还说:现在侨汇情况与去年上期略有不同,去年上期侨汇尚在沟通阶段,加上当时全国财经情况尚未好转,所有侨汇都纯系按月赡家费性质。去年下期以后,特别是国际情势紧张以后,侨汇逐渐增加,其中一部分已是属于存款备用的储蓄汇款性质。文章建议争取国内外侨批业的合作,推行人民币汇款,及侨汇人民币存单或侨汇保本保值存单分发侨汇。

  当日的《厦门日报》,在另一篇文章中也分析道:

  拿原币汇款来说,海外各地民信汇程,一般均半月左右,在这十几天的过程中,随时都存在着因牌价下降而受损失的可能,特别是本市尚处在敌人封锁的情况下,对外交通极不正常,民信汇程有时要延长一个月以至一月以上,这样侨眷所受损失就要更多。以本月7日丰中轮运来的侨信为例,菲律宾民信原币汇款,有在去年12月15日委托汇出的,当时美汇牌价为31000元,但侨信到埠时,牌价已挂低为24900元,一笔普通50元美金的侨汇,就相差人民币305000元。新加坡的原币汇款有在去年11月27日委托汇出的,当时的港汇牌价是4750元,但侨信到埠时,牌价已降为4200元,一笔普通的港汇80元港币侨汇,相差人民币44000元,因帝国主

新中国厦门侨批业的起落

义货币贬值所给予侨胞的损失是太大了。

要开展人民币汇款,或原币汇款折付人民币,首先要解决侨汇业的问题,因为在外汇牌价趋低的时候,人民币侨汇对于侨汇业的经营是不利的。中国银行根据兼顾的原则,在9月中旬订定了预结外汇的暂行办法,以保障侨汇业的合法利润。并商请人民银行,免费承侨批业转发各地侨汇之人民币头寸,使侨汇业减少解途的风险和现金运送费的负担。最近又进一步制定直接人民币侨汇办法,海外侨批业或银行,按照当日全国统一外汇牌价,揽收人民币汇款,即日可以向当地中国银行按同样比率,折合人民币汇入国内,切实保障了合法利润,不受汇程长短与牌价下降之任何影响。

通过这一系列便利侨批、指定银行的办法,和厦门中行业务部门及合昌信局带头推动,人民币侨汇已经获得迅速的开展。根据中行统计,去年9月之人民币侨汇占侨汇总数11.24%,至12月份已增加至22.79%;而本月上旬,竟跃升为46%,同一时期原币存单的签发数,则逐渐在减少,从占侨汇总数62%降至15.6%。

文章坦承,在推行人民币汇款和原币汇款折付人民币的过程中,侨批业尚存在一些困难:如中行海外机构不够普遍,或因当地管汇条例的限制,侨汇业无法普遍采用直接人民币汇款办法,因此在汇程中因牌价下跌而影响利润甚至产生若干亏损的可能性仍然存在;原币存款折付人民币,适逢牌价挂低时,侨眷与侨批之间,往往引起纠纷;侨批业运解现金技术上尚有困难。

针对上述这些问题,文章开出几条"药方":中行海外机构不够普遍,侨汇业可以采取先买后售的办法来补救,目前侨汇大部分是从香港转驳,海外各地侨批局,可先把外汇头寸调交香港代理局,向当地中行折合人民币汇入国内(买入),然后按照同一汇价,向侨胞揽收汇款(售出),这样就完全可以避免因汇程中牌价变动而影响成本。目前海外侨批经营尚普遍存在垫款的习惯,对于资金周转难免有不灵的现象,则应尽量采用电汇方式,以缩短汇程提高周转速度,或通过各种贷款方式来克服。以人民币折付原币汇款只是由原币汇款过渡到人民币汇款的一种暂时办法,适逢牌价挂低而引起批差或批局与侨眷的纠纷,应该以更积极地争取人民币汇款迅速开展来求得根本解决,唯在原币汇款仍然部分存在的时候,除了中行规定各侨批局,应在侨信或收条上面加盖结汇日期及牌价以资证明外,并得依据该行按照目前侨批外汇调拨之实际情况所规定之"侨批业经办侨汇应于接到委托之三日内结汇分发"这一条例,来确正侨批业所应负的责任,合理解决这些纠纷。侨批方面应加强与海外联号的联系,尽量争取海外头寸及时汇入,能够在汇信到达时即能分发,以避免纠纷的产生。

文章最后写道:开展人民币汇款成为目前侨汇工作中极重要的一环,也是各经办侨汇银行、侨批局的主要任务,更是它发展自身业务唯一的方向。困难是有的,但这是完全可以克服的,国内外经办侨汇的银行和侨批业,应该更紧密地团结在国家银行的周围,为争取人民币侨汇更广泛、更迅速地开展而努力。

自1950年9月起推行人民币侨汇和倡导原币汇款折付人民币,至1951年3月,在合昌、侨通、慎德等信局积极带头推动下,首先在厦门、禾山、鼓浪屿及安溪,实行原币侨汇不用存单,悉改以本币折付,并推广到其他地区。合昌信局从1951年2月起,做到完全不用存单分发。1951年春节后,厦门中行接泉州行转来乡间侨眷反映,要求厦门的侨批局以后分发侨款,不要再用存单,以免收到存单入城兑换不便,并受牌价下降的损失。为慎重起见,3月19日厦市侨批业举行座谈会,就原币存单有无继续签发必要的问题,进行讨论。结果一致认为:本币币值日益提高,侨眷要求以人民币解付是正确的。以后分发侨汇不必再向中行签领存单。据报载,22日,根据侨眷要求与侨批业意见,厦门中行从善如流,停止签发原币存单。

侨汇政策的这一系列调整,对沟通厦门侨汇起了积极作用。据《厦门金融志》记载:国民经济恢复时期,侨汇业收汇数占本市同期侨汇总收入的比重是:1950年占76.32％,1951年占81.98％,1952年占81.14％,1953年至1960年占75％以上。《厦门华侨志》也提供了相应的数据:根据中国银行厦门分行统计,1950年至1952年的3年间,进入厦门的侨汇共计8455万美元,占同期全市外汇总收入的93.6％,占福建省侨汇总收入的63.4％,相当于厦门1950至1961年的12年中对资本主义国家出口创汇的5.5倍。

侨批业关张:社会发展,大势所趋

侨批业的业务范围,无外乎送批、解汇。解放后,厦门邮局在城乡建立网点,一些侨批通过邮局的途径分发。据《厦门邮电志》记载:1950年1月,福建邮政管理局与中国银行福州分行签订代理解付全省侨汇业务的合约,福州、厦门两地邮局被指定为侨汇分发局。1950年3月,厦门市邮政局设置侨汇组,与中国银行厦门支行订立委解侨汇合约,还先后与侨通、林和泰、源兴、光大、通裕、大中、荣源、荣记等82家信局订立合约解付侨汇。手续费按头、二盘局7.5‰,三盘局6.5‰,大额侨汇按3‰计费;合昌信局(即中国银行)一律以5‰

新中国厦门侨批业的起落

计算。从1950年3月至9月上旬止,市邮政局代解侨汇达7493145美元。1956年底,中国银行具备自行解送侨汇条件,把委托邮电局代付侨汇业务收归自行解送。此后,厦门邮电局不再办理代解侨汇业务,侨汇分发局也随之撤销。

为了缓解送批业务萎缩的颓势,部分民信局私运批信,但屡被邮局制止、课罚。1950年4月21日,《厦门日报》披露:本市民信局私运批信、于平信中夹带已成惯事,解放后本市邮局对批信走私特严加注意,计自一月到本月初一段时间中,陆续查出批信走私共十一次,其中较大者:进口方面如二月十一日发现菲律宾五洲批信局,由永兴轮私运予厦门苏公方批信局批信二〇九封。出口方面,如2月22日,由厦门苏公方批信局寄回马尼拉国际航空平信四件内夹带回批一一四件。该消息乐观断言:违犯邮政规章之批信局,经适当的课罚与警告,已不敢重犯,走私情形因而渐少。但时隔20多天即当年5月15日,《厦门日报》又以"私带信件情况严重,邮局特成立缉私组,缉获南通和记等大批走私信"为题,报道:

> 本市三、四月份进出口批信及民信走私情形颇为严重,市邮局曾为此成立缉私组,配合公安机关进行有计划的缉私工作,两月来计缉获进出口批信走私信件八八一件,科罚违约金一〇四七〇〇〇元,纳邮费四七二〇九〇〇元;民信走私七六四一件,纳邮费二〇八七四八二〇元。出口走私有"南通和记"二一七件、"苏公方"一一四件、"正大"三四件、"瑞安"二一件、"兴源"一五件、"慎德"一八件、"仰昌"一四件、"金裕"五件、"顺记"三件、"南日"四件。进口走私菲五州信局(厦苏公方)二〇九件、厦"泉鸿飞"九一件、香港"合成"(厦源兴)八〇件、香港"怡和元"(厦有利)二九件、香港"吴弈华"(厦恒记)二五件。

随着社会的发展,邮局向境内所有用户持续提供邮政服务,满足基本通信需求的普遍服务(universal postal service),逐渐有了强有力的物质基础,因此,民信局的送批业务也就逐渐萎缩。

至于侨汇方面,由于解放后实行外汇管制,侨汇纳入银行管理,侨批业也顺理成章地划归中国银行管辖。为加强侨汇业的管理,1951年由厦门人民银行、中国银行、侨务局等单位组成侨汇业管理委员会。1952年在全国资本主义工商业中开展"五反"运动后,侨汇业守法观念增强,侨汇黑市匿迹,侨汇业纳入国家管理的轨道。

1953年,政务院公布"关于解放前银钱业未清偿存款给付办法",解决包含侨汇业等金融机构的历史遗留问题。据《厦门日报》报道,我市解放前存款清理

厦 门 侨 批

委员会于3月1日、4日分别召开本市侨批业（包括已停业钱庄）资方及职工大会，具体帮助与督导侨批业清理未解付侨汇的工作。会后，侨批业劳资双方决定由劳资双方共7人组成侨批业清理小组，负责督导清理工作。各信局于18日起分别进行办理登记工作。"侨胞、侨眷有关未解侨汇的登记清偿问题，可直接向原汇款的民信局和升平路金融业公会办理。至于停业之行庄，各存户可径向原存款行庄接洽登记清偿。"4月17日，厦门侨批业委托有关组织代办漳州、泉州一带侨眷登记。厦门侨批工在分发侨信时，也在侨批上加盖清偿侨汇通知的戳记，进行宣传，促使有关侨眷及时登记。至当年6月，清理登记工作结束，仅厦门一处，就登记了三百多笔。仍在经营的民信局自6月24日开始给付。已倒闭的民信局，侨批业清理小组亦进行调查研究，追查关系，尽量做到使登记人都能够得到清偿。据《厦门华侨志》提供的数据："本市侨批小组所辖各民信局及已停业的私营行庄，也清偿未解侨汇452笔，计人民币6.26万多元。"

侨批业遗留的"尾巴"问题处理完毕后，1957年的社会主义改造时期，侨批业"全行业已经进入社会主义"。

从1950年起，厦门侨批局的数量逐年下降。由1950年的72家减为1957年49家，从业人员和职工人数由1950年的490人减至255人。国家对侨批业人员采取"包下来"的政策，1957年一年中就为困难侨批局安排了多余职工83人到银行和侨汇派送处工作。侨批业各侨批局也精简机构，减少开支，采取合址办公和开展互助协作等形式。

据《厦门金融志》记载：解放后，厦门侨批业的经营主体和组织架构，也在不断变化中。厦门侨汇业的三盘业务于1951年开始组织解付联营。1957年1月厦门三盘机构改造为集体所有制企业，成立"厦门侨汇联合派送处"（简称"厦联"）。厦门侨汇业在内地的特约和临时信差，从1953年开始陆续整顿妥善安排。至1957年，批局侨汇通过联合派送机构解付。1970年"厦门侨汇联合派送处"更名为"厦门侨汇服务处"，全市头、二盘局与"厦门侨汇服务处"合址办公。1971年抽调侨汇业的部分人员和资金创办集体所有制的"厦门市工量具厂"。1974年"厦门市侨汇服务处"更名为"厦门海外私人汇款服务处"。

由于国内邮政和银行的普遍设立，侨乡交通治安日趋良好，侨眷文化水平日益提高，国内侨批业的便利侨汇和服务侨胞的特殊作用逐渐为邮政和银行服务所代替。1975年1月起，厦门地区侨汇业务一律由厦门中国银行接办，在该行附设"海外汇款服务处"，专门办理海外同业委托解付的华侨汇款，原"厦门海外私人汇款服务处"撤销。对原有的人员，符合银行职工条件的，吸收为中国银

新中国厦门侨批业的起落

行职工,符合退休条件的,按国家有关规定办理。《厦门侨批业简史》透露,1976年厦门侨批业清理小组成立,对各侨批局资产负债进行全面清理,办理股东退股。至此,历时百余年的厦门侨批业宣告结束。

因《厦门日报》1970年至1979年停刊,这一时期有关侨批业的报道阙如。改革开放初期,侨批人又在社会经济活动中出现,《厦门日报》随即做了报道。

1979年7月,厦门中行召开座谈会,请原侨批业、侨资银行部分退休人员共商改进侨汇工作的办法,争取更多侨汇支援四化建设。厦门日报社的记者写道:"参加座谈会的人员对侨汇工作都具有丰富的经验,其中不少人在海外侨批业中有一定的影响。他们大多数人虽然已经退休,但仍就如何改进侨汇工作,多争取侨汇等问题积极献计献策。他们还建议设立原侨批业、侨资银行人员活动场所,交流开展工作情况和经验,集思广益,互相促进。"

1979年10月,中国银行厦门支行成立侨情研究小组,第二年春节便邀请香港侨汇业业务交流团前来进行业务交流,"从而恢复了原来的感情和内外业务关系"。1983年2月23日《厦门日报》报道说:侨情研究小组成立之后三年,一面热情接待回国观光探亲的海外同业,一面向海外发出二百多封信函,宣传祖国的建设成就和侨务、侨汇政策,使原来一些中断多年或准备停业的海外侨批业务得到恢复和发展。他们通过原有业务关系,热心为侨眷寻找中断联系的海外亲人,查找的十九户已有五户取得联系和通汇。

一些老侨批人为增加国家侨汇收入,继续贡献力量。《厦门日报》1981年1月10日报道称,自1974年以来,厦门侨汇收入连续七年增汇,1980年侨汇收入比历史上最高年份的1979年增加五十三万多美元,创造历史最高纪录。消息将此成绩,归功于"党的侨务、侨汇政策进一步得到贯彻落实,调动了原私营侨批信局负责人办理侨汇业务的积极性,消除了尚有的一部分侨眷、侨属对收汇的思想顾虑"等等。

1984年,厦门成为经济特区,为了"把厦门经济特区办得更快些更好些",《厦门日报》特开辟"特区探索"栏目,刊登中外人士以及读者对特区经济建设的建议和意见,9月16日,一署名"试金石"的作者"建议恢复私营侨批业"。文章不长,特辑录如下:

> 私营侨批业,是我国特有的一种行业,有百余年的历史,五十年代初期还存在。它在沟通侨胞和侨属之间的联系起了很大的作用。本市原有的私营侨批业,有三十余家。西方各国没有侨批业,但有财务公司之类的金融业。

| 厦 | 门 | 侨 | 批 |

  自从私营侨批业消失后,侨眷得不到海外亲人的原批(信)文,侨胞也不能及时得到回批,因而影响海内外之间的联系和侨汇的增长。随着厦门经济特区范围扩大,我省将实行"更开放、更优惠"政策,可以考虑恢复私营侨批业活动,充分发挥海外揽汇局和国内侨批业的作用,服务侨胞,便利侨汇,沟通侨情,给银行来个"补遗拾缺",是有利于国计民生有利于特区建设的。

以上建议,最终没有下文,主要是因为随着改革开放和社会经济的发展,银行服务网点不断增加,邮局服务网络不断延伸,普遍服务成为邮政企业的义务,且人们的文化水平提高,再加上国内外通邮通汇的渠道和便利性大幅提升,侨批业提供的送批、代书、解汇、揽储等业务,已经被更为便捷的银行和邮局所替代。不可避免的,侨批业注定要走进历史,成为绝响。一个行业的关张,是有其历史宿命的,终归形势比人强。

不断提升的侨批服务
——扒梳新中国厦门侨批业的新闻报道（二）

叶胜伟

　　侨批积压是解放前侨批业被华侨、侨眷诟病最严重的一个服务问题。做侨批业资方代理人已有二十年的谢俊卿,1956年1月16日曾在《厦门日报》上揭露:在旧社会,侨批业的经营作风是层层积压、层层剥削,不管侨眷的死活。海外局向侨胞收汇,先一次运用"三角汇"赚一笔钱,汇入国内,头、二盘局又套购外钞投机倒把,再赚一笔钱。碰到侨眷来问,我们就以"帮单未到"或"票根未到"抵塞过去,直到利用侨汇赚钱目的达到了,才把汇款解送给侨眷。我们是集体这样做的,并规定要统一这样,以免泄漏这个"机密"。如义昌信局就曾经不按照这个规定办事被全业处罚金,江南信局受到全业抵制。再如侨汇由解送员去分发,又被解送员积压,或者向侨眷需索"茶资"。

　　每年的三个时段:春节过年、农历七月普渡、冬至祭祖,是侨眷热切盼望侨汇接济的时候,特别是春节,许多侨眷就等着侨批侨汇到来过年。这个时候,也是侨批大量涌进,民信局最忙碌的节点。一些不肖业者借口送批不及,乘机截留侨汇,挪作他用。像天一信局,竟然在年前收揽大批侨批和侨汇后的腊月二十四,无预警宣布倒闭,置侨眷生计于不顾。新中国成立后,人民政府清偿解放前未解付的侨汇,就发现有些信局竟然还有很多未解付的票据。

　　解放后,人民政府关切侨眷日常生活的稳定,采取措施督促侨批业改进经营,处罚故意积压侨汇的民信局。同时,通过行业内工会进行教育,于侨批旺季实行同业互助,在报章上正面宣传优秀侨批工的先进事迹,促进这一问题的有效解决。

| 厦 | 门 | 侨 | 批 |

及时送批,保证侨眷生活稳定

作为侨批业的主管机关,厦门中行在解放后前三年"为使侨眷能按期及迅速收到侨汇,在海外汇款方式上创办了'约期汇款'与'节简电汇'。同时在各侨乡建立了侨汇解付网,达到了便利与迅速的要求;另一方面在团结与教育的方针下说明了外汇归公、利益归私的精神,使侨批业正确地认识了发展的前途,提高其经营信心。并帮助其组织了各地区业务调研小组,分析各地侨汇情况,消除侨汇障碍,保持了侨汇的通畅。"(1952年10月17日厦门日报《厦门中国银行三年来外汇工作的成就》)

厦门中行还加大力度处理积压侨汇的民信局,纠正行业风气,以儆效尤。1950年6月2日《厦门日报》曾刊发消息,报道了厦门中行对一起侨汇积压案件的处理,震慑了整个侨批业。

南安诗山蓬华乡侨眷郭成谦,有位胞兄在荷属望加锡的多利多利埠经商,1949年7月曾自寄及代四位同乡寄回国内的银信共五封,载明美金一百六十五元,由该埠某信局寄交本市永和祥信局,永和祥接到后于9月11日转交正中信局解付,谁知该信局竟不顾信用,存心延压。此时郭成谦不但自己没有收到汇款,托寄款项的四家侨眷反而疑心他冒领侵吞了款项,使他蒙上了不白之冤。他曾亲自三次从南安来厦查询,却被正中信局一再敷衍搪塞,几经交涉后才取得两笔汇款美金百元。其余三笔,该信局后来竟诿称永和祥信局与其债务没有清结,要拿它来抵补,叫郭直接找早已停业的永和祥信局算账,蓄意抵赖不付。在这种情况下,郭成谦实在忍无可忍,迫不得已于5月底分别向本市中行、华侨联合会和人民法院提出控诉。

中国银行接到控诉后次日上午,即派外汇管理股同志着手彻查;下午召集双方当事人当面对质。正中信局负责人起初犹图狡辩,经中行教育后才坦白检讨,承认错误。除答应照解其余三笔汇款外,并赔偿收款人历次来厦交涉所耗用的旅杂费及汇款的利息、法院诉讼费等共一百四十三万四百四十一元。本市负有管理民信局任务的中国银行,姑念该信局初犯,责令其登报悔过及保证以后不再发生类似情事。

1951年,厦门中行接受海外侨胞告发,又对一起积压侨汇的投诉案进行处理,处罚相当严厉。据当年4月4日《厦门日报》报道:

市中国银行最近接到海外侨胞告发海外某信局于上年4月14日,托

不断提升的侨批服务

厦门正中信局分发陈庆英寄交陈清其之侨信,外付港汇200元,被延至8月31日始行交付,积压近四个月,要求代为追究赔偿损失。

经该行调查正中信局系于上年5月2日收到该信,当日转托厦门荣源信局,由该局再交白水营之代理源太号代,源太号利用此款经营商业,因而积压。查该号代解侨汇一贯有积压行为,如上年5月间积压荣源托解白水营陈其福侨款一笔将近二个半月,曾经中行加以教育,此次故态复萌,足见作风恶劣,除再进行必要的教育外,并责成其按下列办法赔偿侨眷损失:(一)上年5月2日(正中信局收到侨信日期)港汇牌价每元合人民币6000元,8月31日(源太号交款日期)港汇每元合人民币4950元,前后每元差1050元,应赔偿港汇200元之牌价损失21万元;(二)港汇200元,以5月2日牌价6000元,折合人民币120万元,再按市联合放款处放款月利率四分算赔,延付四个月之利息计人民币192000元,以上二项共赔人民币402000元。

这种积压事件的连续发生,固然是由于源太号经营不法,而荣源信局在经营业务上也犯了对侨胞责任心不强的毛病,经过中行的帮助启发,荣源信局进行检讨:(一)认为该号系几十年的老朋友,信用可靠,没有问题,过分重视私人感情,也就没有向代理局进行必要的检查和督促;(二)对侨胞服务的精神不够,该局未能接受上次源太号积压陈其福侨款的教训,而进一步去积极检查该号代解其他笔侨汇的情况,而仅消极地停止对该号委托,致使积压行为继续产生。荣源保证以后绝对不再有类似的情况发生。

中行为了消灭这种积压汇款的恶习,更进一步服务侨胞与侨眷,密切联系维护侨眷利益,已将荣源信局的教训在侨批座谈会上传达,使侨批业能够提高警惕及时进行对各代理局的检查和督促,改善经营,及时纠正内地代理局及信差的不法行为;同时希望侨眷对积压侨汇的不法行为进行检举揭发,促使不法的侨批代理号和信差更快地走上一正轨,真正服务侨胞侨眷。

1951年8月底,市侨批业成立华侨服务委员会,选出吴源俊、吴登书等十五人为委员,组织"侨眷访问队",向侨眷宣传政府的护侨政策,建立服务监督反馈制度。

1953年10月9日,《厦门日报》报道了益群信局职工为侨眷服务的事迹,报道称益群信局只有三个工人,解放后在党及工会教育下,觉悟不断提高,热情负责地为侨眷服务。并且,内部很团结,又能团结资方,积极搞好生产。因此,该

厦 门 侨 批

店业务逐年扩大。为了争取提早把侨信送到侨眷手里,炊事员陈八镇,一日除了煮好三餐饭菜,还帮助做业务工作,如抄信、分送侨信等。会计陈汉荣也兼做业务工作。他们还利用生产空闲时间,将地址不详细无法送达的侨信,耐心地与以往的侨批底簿核对,将死信救活。如当年7月底有一封侨信,信封上只写"泉州交胡目收",他们核查侨批底簿后,发现半年前曾送过信给该收信人,他是住在"泉州东门外圣茂乡";8月间又一封只写"漳州交吴水璞收"的侨信,同样在簿里找出收信人的详细地址是在"漳州中山西路七十九号"。

侨批业公私合营后,厦门的民信局为不让侨汇积压,开展互助。1956年2月3日《厦门日报》报道称:临近春节,是侨批业最繁忙的时候,为了把侨汇及时送到侨眷手里,全业职工和资方人员在完成本局工作以后,又主动去援助业务更忙的局。像三春信局李善承、江南信局经理柯子壳等,到益群信局互助,使该局的侨信都能及时发出。1月26日南友信局有侨汇一千多笔,南丰信局有三百多笔,照这二家的人力是不能做到当天发出的。因为互助,其他信局的职工到南丰信局、南友信局帮助领批、抄批和发批,使一千多家侨眷提早一天收到汇款。泉属侨批联营处工作最忙,各局也出动职工和资方人员去帮忙,减少了差错现象,对银行的结算时间也提早了半点钟(半小时)。

1957年1月25日,《厦门日报》以"让侨眷、侨生过好春节——银行、侨批派送员及时送侨汇"为题,报道厦门市中国银行及侨批业的侨汇派送员自动延长工作时间,不使一笔侨汇积压过夜,有时派送到晚上九时,工作量比平常增加好几倍。

遇到地址不明的侨批,信局通过厦门市公安局住址查询处的工作人员查索和调询,总能把侨信和侨汇送到了主人的手里。1960年4月29日,厦门日报就报道了这样一件事例,当年1月份,一笔从南洋寄来的侨批,收款人写的是杨爱玉。按照信上的地址,派送员三番五次查访,找了一个多月,没有下落。送到厦门市公安局住址查询处来时,已是将临春节了。查询处的同志经过查阅,发现有位杨爱玉住在局口街。他们立即前往访问,果然那笔侨汇的主人正是这位杨爱玉。就在春节前夕,杨爱玉接到了亲人的侨汇。

即使是在炮火连天的1954年"九三"炮击金门、1958年"八二三"炮战的日子里,侨批工仍在前线冒着炮火,坚持把侨批侨汇送到侨眷手里。1956年全市侨批业评出23个先进工作者,就有一个在炮火中送侨批侨汇的派送员周添进。《厦门日报》1961年11月28日就曾报道过一位叫应富财的侨批工,骑车往曾塔乡分发侨汇,由于打炮过后不久,呛人的火药味和浓烟,还弥漫着道路和村庄。

不断提升的侨批服务

他不得已弃车步行,走进村庄,见到屋里空无一人,就向民兵打听,到村民疏散躲避的一个个山洞向人们打听侨眷的去向,把侨汇送到侨眷手里。

市侨批派送处自1959年成立以来,为使侨汇迅速派送,在鼓浪屿和海沧两地增设派送机构,并充实了集美和同安、马巷等地派送站的力量。他们实现了"侨汇随到随送、哪里有侨汇就送到那里,当天侨汇当天送完"的目标。年底和春节期间,侨汇、侨信比平常数量增加很多,该处人员全力以赴,进行派送。地区偏远的同安、马巷的侨汇,采取专人送批的办法,当天侨汇当晚送达。除夕晚上,市区派送组的派送员把当晚的侨汇立即送给侨眷。(见《厦门日报》1963年3月3日《侨批派送处热诚为归侨、侨眷服务》)

当然,侨批业中的压汇、套汇等现象,在新社会中也有发现。1958年年初,厦门市曾举办"反革命和刑事犯罪证展览会",其中展出以何家涵为首的走私套汇集团套取侨汇的罪状。这个集团设地下信局,利用国家照顾优待华侨的机会,有组织有计划地以黑市价格向华侨揽收侨汇,并运用这些黑汇款在国外购买大批贵重货物,冒称归侨自用物品,骗取免税优待放行,回国后将货物出售,以人民币抵解所套黑汇。因走私套汇,侨眷有的少收侨汇,有的被积压迟收侨汇,有的根本收不到侨汇。同安有一位侨眷的老翁久病沉重,海外亲儿汇出港币一千元要给他父亲治病。一般侨汇款十天左右就能收到,但这笔款给姓何的不法分子套去走私,迟迟没有交给他。三个月后这位侨眷才收到人民币八十元,其余的侨汇,直到他翁亲死了,还没有下落。经过侨批业职工的检举,和许多侨眷的揭发对证,主犯何家涵被依法逮捕。(见《厦门日报》1958年1月25日《不让一个走私套汇分子漏网!》)

救"瞎信",力争封封有着落

"瞎信"的指地址、收信人不明,让送批工抓瞎的侨批。解放前,《江声报》等报纸,经常刊登信局的"侨信待领"启事,来解决这个问题。解放后的《厦门日报》也曾有这类的启事发布,但据笔者搜索,总共只有5次,瞎信不到十封。应该说,解放后厦门侨批业的服务水准提升,是这个问题得到解决的一大因素。

1961年9月10日的《厦门日报》,曾刊登一则"奇闻",说的就是侨批工送"瞎信"的奇遇。文章说,派送员骆庆隆拿到一封没有门牌号的汇款信:"厦门市笔山路,黄蕊收",凭经验先到派出所户籍室查询。可是,出乎意料,查来查去没有这个人。第二天就是除夕了,骆庆隆怕收款人等得很焦急,挨家挨户探询笔山路的归侨、侨眷,希望他们能提供线索。从中午找到傍晚,还是没有着落。骆庆隆转到中华路,去找一位他熟悉的侨眷杨含治问问。一进门,杨含治正一边切肉,一边和身旁一位老大娘谈话。骆庆隆找人心切,劈头就问:"你认识一位侨眷名叫黄蕊吗?"杨含治指了指旁边的老太太说:"黄蕊就是我妈。"骆庆隆真不敢相信自己的耳朵,但仔细一查对,果然是要找的人,一时,双方都喜出望外。原来,黄蕊是南安人,她来厦门找女儿以前,曾写信到海外,要儿子把侨汇寄到厦门来,想不到儿子把尾箭巷错写成笔山路,好在碰到了这位全心全意为侨胞服务的派送员,才使黄蕊能在年前收到儿子的汇款。

1961年11月28日,送批工骆庆隆又一次登上《厦门日报》。在《侨眷的知心人——记厦门侨汇派送处的派送员》的通讯中写道:有一次,骆庆隆拿到一封侨批,信封上写着:"交同安西门外过母刘开初"。他几乎走遍同安城关,还是找不到一个叫"过母"的地方和名叫"刘开初"的人。他请教过邮递员,向许多侨眷打听,还是问不出个名堂。但他不想把这封带着海外华侨思亲的信退回去,决定继续试投。他利用分发侨汇的时间,向侨眷打听。最后,他从一个烟杂店的老人口里,听说同安北门外有个小小的地方名叫"鸡母窠",他想,闽南话"鸡"和"过"相似,这位华侨会不会把"鸡"错为"过",还漏了个"窠"。他问明了"鸡母窠"的方向,挨家挨户访问,终于把这封信准确地投给收信人。

据《厦门日报》报道,厦门侨批派送处1959年成立四年,共解决"瞎批"839封。

延伸服务,代书寻人慰侨心

1956年10月中旬,厦门市侨批业实行义务代写侨信,受到归侨、侨眷的欢迎。归侨、侨眷纷纷到各信局托写,非常满意。

1957年9月18日,厦门人民银行侨管科谢炳树、贾承炳曾在《厦门日报》上透露:厦门侨批业不仅"提高派送速度,泉州、石狮、安海及其附近地区,速度普遍比原来提早半天至一天,南安偏僻地区由八九天缩短至三四天。而且还组织力量为侨属服务,据不完全统计,去年各信局为侨眷代写信三千多件,为侨眷联系恢复侨汇三千多件,并为侨眷解决一些困难问题。许多侨眷反映:只有新社会,侨批业才是真正为侨胞侨眷服务。"

上面提到的《厦门日报》通讯《侨眷的知心人——记厦门侨批派送处的派送员》,其中就有这方面的事例:厦门侨批派送处的派送员骆佳伦在前线公社前埔

不断提升的侨批服务

村,按照信封上的地址找到了收款人黄蜜。黄大娘收到侨批和侨汇,很想马上写个回信,寄给海外亲人。可是她不识字。骆佳伦主动提出代写书信。他文化水平不高,还有很多字识不透,写信有困难。但他还是提起笔,把大娘口述的话写下,不懂的字就空下来,准备回去请教人家以后填上去。他写完了信,再念一遍给大娘听,避免遗漏和差错。这封本来不能当天寄出的回信,也跟大批回信一起,当天送往海外。骆佳伦说:"我们已经有百分之九十五以上的侨汇,做到当天把钱发到侨眷手里,当天把回信寄出去。

为侨眷代书回信,除了中文外,还发展到代书外文回批。1962年11月25日,《厦门日报》报道了厦门市侨批业在大中路79号,设义务代译代写外文服务处:三轮车工人林再发的叔叔以前在马来亚,十多年没通讯,他托人代写了好几封信,都如石沉大海,这次听说成立了译写服务处,连忙前去托译。信发出不久,立刻接到回信,林再发喜出望外。

除了代书,新中国的厦门侨批业还开办为侨眷寻亲的服务项目。《厦门日报》有记录最早开展这一服务的是厦门市侨批业在前线、灌口、海沧公社成立三个侨乡服务组。1959年7月,他们提供的服务项目有:义务代书侨信回文,并接受侨眷委托,寻访海外亲友,协助沟通侨汇和委托国内投资储蓄本息的存取等事项。后来,此项服务在厦门侨批业中逐步推开。

1961年9月10日的《厦门日报》,就报道了一则温馨的新闻。侨批业职工谢玉辉在一次访问侨眷中,听说复兴路37号侨眷温桃在南洋的儿子已十五年没有音讯,便决心帮温桃查找。他分别发信查询温桃在南洋的远亲近友,了解到温桃的儿子在十多年前已从原址迁居到三百里外的某地当教员。谢玉辉再通过海外关系跟踪寻觅,终于使温桃和儿子恢复联系。当温桃接到儿子十五年来的第一封侨批和一笔侨汇时,高兴得热泪盈眶。

文中还提到:有一位姓洪的侨眷,和海外的丈夫原来感情不错,可是不知何故,1957年间丈夫突然没有音讯了。这位侨眷一再去信没有得到答复,便猜测丈夫另有新欢,心里又气又急。侨批业黄运生知道了这个情况后,马上想方设法拜托海外的亲友代为查询,终于弄清了真相。原来,这位侨眷的丈夫对国内情况不够了解,轻信谣言,对妻子有误解,再加上妻子后来寄去的信,由于气愤,出言过重,他便索性不再来信。黄运生摸清情况后,一面写信请海外的亲友代为解释,一面耐心地说服这位侨眷,要她主动去信消除误会,并多多向丈夫介绍家乡的新人新事新面貌;还建议她和女儿合摄一张照片寄给丈夫,以增进双方的感情。黄运生的努力没有白费,这对夫妇终于重归于好,信件来往如前。

| 厦 | 门 | 侨 | 批 |

　　侨汇派送人员还处处关心侨眷生活,宣传政府的华侨政策。他们发现侨眷有什么困难,能帮助解决的马上帮助解决;自己不能解决的,也及时填写"侨眷意见反映卡",送给有关部门处理。中山路侨眷苏搬的房子在本市遭受台风袭击时受到损失,派送员将这情况反映给建筑部门,很快就帮助他把房子修好。

　　据《厦门日报》报道,厦门侨批派送处成立后的四年,协助联系中断户共4400余户次,沟通汇款1400余户次,协助侨户解决了生活上的一些困难。在指导写好侨信和代书工作中,他们还协助侨户解决家庭纠纷,消除婆媳间的隔阂,以及解决国内外侨胞、侨眷之间的误解,恢复了汇款。

　　可惜的是,随之而来的"文化大革命",严重冲击侨务政策,中断了侨批、侨汇派送工作,直至1976年粉碎"四人帮"后,落实党的侨务侨汇政策,从政治上团结了华侨侨眷,激发了他们的爱国热情和爱乡观念,进一步消除了对汇寄和接受侨汇的疑虑,调动了侨批侨汇往来的积极性。然而,这时厦门侨批业已经退出历史舞台,送侨信、解侨汇的工作,主角换成了厦门市邮政局和中国银行厦门分行。

侨批业与政治运动
——扒梳新中国厦门侨批业的新闻报道（三）

叶胜伟

厦门侨批业从解放后至1976年全行业结束历史使命，和这一时期其他行业一样，被各种政治运动裹挟着，尽管经历风浪，但新中国的侨批工作者作为海外华侨和国内侨眷联系的桥梁，不负使命，积极投身社会变革和社会运动，为安定侨眷生活、维持社会稳定、促进社会发展和经济建设做出了贡献，历史应该为他们记上一笔。

中央侨务领导两次讲话，显示厦门侨批地位重要

1949年10月16日厦门解放，百废待兴。为抚平侨眷情绪，维持侨批、侨汇往来渠道畅通，厦门侨批业短时间恢复营业，客观上为维护社会稳定起到了一定的作用。政权更迭，形势变化，侨批、侨汇出现一些新动向、新问题。据《厦门日报》报道，1949年12月26日，厦门邮局在召开联席会议讨论新中国成立后第一个元旦的庆祝事宜中，即讨论决定菲律宾侨批航空费如何收取的问题，表明当时厦门侨批业不仅拥护新政权的建立，投入生产经营活动，而且根据形势的变化，探讨、调整业务。

1950年元旦，中央人民政府华侨事务委员会主任何香凝向海外华侨广播讲演，就提到厦门的侨批业。在厦门日报刊发的讲演稿中，何香凝指出：

> 亲爱的侨胞们！你们虽身在海外，与国内同胞还是休戚相关的，国内侨眷靠海外的接济，维持生活。华侨终岁勤劳，日夜所希望的第一件事是家乡的安宁与进步。现在我们可以告诉你们：在侨眷集中地区，我们要用各种办法，保护地方秩序，保障侨眷生活。同时我们准备想办法把侨汇办

好,使来自海外的侨眷给养,便利迅速地送到侨眷手里。现在中国银行和人民银行,在粤闽解放以后,全力注意办好侨汇。在汕头、厦门、广州等市,也准备先设立华侨服务站,把侨汇工作做好。中央人民政府华侨事务委员会正在研究有利于华侨的适合实际的侨汇条例。我们必须根据新民主主义的经济政策,和共同纲领中的规定,要达到公私兼顾和便利侨汇的目的。我们要照顾侨眷的利益,并由政府的银行机关很好地管理和指导华侨的民信局、汇兑批局和银信局等等的业务。所以我们希望海外华侨,国内侨眷,和国内外的侨批局,都一致团结在人民政府的周围,通力合作,共同把侨汇办好,这是安定侨眷生活的必要措置。

何香凝在讲话中,确立了新中国的侨汇政策和民信局、汇兑批局和银信局的业务管理机关,不仅给华侨、侨眷送上了"定心丸",也为侨批业的生存和发展指明了方向。

1950年4月10日,中央华侨事务委员会副主任委员庄希泉在北京人民广播电台就侨汇问题进行解释,再次提到侨批、侨汇重要的集散地——厦门,《厦门日报》于当年5月28日全文刊登。

庄希泉是福建厦门人,在海内外华人华侨界享有崇高声誉,是新中国侨务工作主要领导人之一。庄希泉的广播讲话,距其离开新加坡回国仅四个月,因此对海外侨胞的期盼和国内侨眷的要求详细回应、解释。他指出,人民政府指定中国银行负起全责,办理侨汇,并且议订了许多补救办法,使侨胞们汇来的钱,能够保存原币的价值,减少受物价涨落的影响。庄希泉详细解释了四种办法:原币汇款、侨汇存单、侨汇原币存款、折实存款。他承诺:"以上各条,对于侨汇的保值,对于兑换的便利,对于存款的保障,皆一一有了解决,而且要时时刻刻做到敏周到捷,侨眷假如有觉得不完善的地方,随时提出意见,供政府当局参考,以期逐步改良,务使侨眷们受到真正的利益为止。"

庄希泉还特地补充提及:不论是广州、福州、汕头、厦门等中国银行,都可以办理以原币汇款的各种优待办法,交到收款人的手里。

庄希泉最后更向侨批局进一言:中国银行是指定办理侨汇的银行,但为了便利侨胞起见,中国银行也同样给侨批局有为侨胞服务的机会,去办理侨汇。它抱着诚恳的态度,采取扶助、合作的措施,希望侨批局亦忠诚地为侨胞服务,做到侨汇归公,利润归私,自觉、主动、负起建设新中国的责任。

侨批业与政治运动

侨批工作者进入社会政治生活领域

1950年7月15日厦门市工商联筹会为健全工商业界基层组织,决定即日起开始整理旧公会工作,侨批业等二十四途被列为首批整理的公会,为成立新公会做准备,"以便协助政府推行政令"。20日,厦门工商联筹会分别召开侨批等八个行业整理组织动员大会,着重说明改造旧公会的意义、人选、标准及产生方式,并传达新公会的组织章程及整个原则,"打破不必要的顾虑"。

当年8月17日,厦门市侨批商业公会筹委会召开成立大会。出席会员四十六人,主席黄焕祖报告整组工作经过并说明公筹会今后的任务:(一)加紧筹备工作,正式成立公会。(二)向同业及海外侨胞传达政府政策政令,反映同业及海外侨胞的意见与政府采择。(三)尽最大努力去争取侨汇。(四)改善业务、利便侨眷。工商联筹会主任蔡衍吉说明该会名称把银信改为侨批是完全符合实际情况。希望该业同仁顾名思义,为沟通侨汇,传达侨讯而努力。

1950年10月23日,市工商联筹会召开大会,动员选举工商界代表出席厦门市人民代表会议。根据各行业对国家经济建设和社会民生的重要性,以及各行业户数和代表性决定普选的代表名额分配,侨批等二十个行业确定各选举一名代表,"代表人选的标准:主要视其与同业群众之联系如何,以及对本业或工商界的贡献大小,是否了解政策等"。由此,厦门侨批业工作者正式进入社会政治生活领域,参政议政。

即使在政治运动此起彼落的1955年、1956年,侨批业作为厦门市一个重要的工商业,其业者在参政议政方面也享有一定的发言权。1956年10月27日在厦门市政协第三次全体会议上,市政协委员、侨批业者谢俊卿就改进侨批业的工作作大会发言,"对政府部门工作中存在的缺点大胆提出批评,并提出改进工作的建议"。1957年5月中共厦门市委召开民主党派座谈会,为党内整风征求意见。据《厦门日报》报道,谢俊卿批评市委统战部"不该统前不统后"。谢俊卿说:侨批业有它的特殊性,社会主义改造以后还有很多问题。但是,统战部统前不统后,改造以后就不管了。希望以后能像过去一样,多开一些座谈会。《厦门日报》还刊登谢俊卿的大胆言论:"本省从来就有很多人出国谋生。特别是闽南,依山靠水,地少人多。现在,仍可让那些愿意到南洋的人出国,不用担心他们出去后会流离失所。希望公安部门在批准出国时,手续简化、及时一些。"

| 厦 | 门 | 侨 | 批 |

支援抗美援朝,侨批业贡献大

1950年10月,中国人民志愿军赴朝作战,拉开了抗美援朝战争的序幕。在抗美援朝战争中,志愿军得到了全国人民的全力支持。彼时,中华人民共和国刚刚诞生,经济饱受战乱摧残,市场尚未稳定,各项事业百废待兴,财力、物力极度紧缺。在当时财政尚不充裕的情况下,国家采取了强有力的增收节支措施,全社会开展增产节约运动,多缴税,多做贡献。

1950年11月4日,厦门市税局、工商联筹会召开大会,举行所得税缴款竞赛给奖。侨批业获得所得税缴款竞赛优胜第二名,时任市长梁灵光亲自授予优胜锦旗。

当年底,厦门市工商联宣传动员各行业健全会计制度,踊跃缴纳税收。据报道,"侨批业对健全会计制度亦具莫大决心,并要求举办短期会计讲学班"。为纠正侨批局内部账务混乱,明确与划一会计制度,便利管理,厦门市中行自第二年元月起,即积极推动侨批业整顿与健全会计的工作,根据侨批业业务的特点,管汇工作的需要,以及各局会计人员的业务水平,首先草拟侨批局会计章则,俾侨批局作为处理账务的依据。经由该公会反复讨论与研究,认为尚合实际,为帮助各会计人员提高技术,确保这一制度的贯彻,1951年4月,侨批公筹会在厦门市中行的配合下,组织侨批局会计短期(三个月)学习班,全体学员102人。

1950年12月17日,《厦门日报》刊发《全市工商界团结起来,为实现五项爱国公约而奋斗!——工商界各行业代表书面谈话》,侨批业公筹会主任委员李择中代表侨批业以"争取侨汇、充裕侨区物资供应"为题,表达"厦门侨批业站在对帝国主义经济斗争最前线,应该坚守岗位,大力争取侨汇,并充裕侨区物资供应,切实实践五项公约,为保卫世界和平而斗争"的态度。

1951年,为响应国家"增强国防建设、稳定金融物价"的号召,在本市各行业起依法纳税带头作用,2月13日侨批业第十一次筹委会通过"集体纳税"决议。三天的功夫,即把填缴款书、收税款等一切纳税手续准备完毕。《厦门日报》大篇幅报道了侨批业这一盛举:17日上午十时,66家会员齐集在侨批业公会门口,由二面鲜红的国旗前导,新华铜乐队领头,在震耳的爆竹声中,侨批业集体纳税的行列从人和路出发,举着一幅幅红布条,上书"贯彻爱国公约"、"纳税是抗美援朝保家卫国的实际行动"、"不漏税、不欠税"等标语,途经海后路、中

侨批业与政治运动

山路、思明路、大同路,然后到升平路银行缴纳一月份春季营业税税款。此举吸引了市民的注意,做了一次游行宣传。沿途很多商号都放起鞭炮,表示支持。队伍路经税务局,税务局门口早挂起"欢迎侨批业集体纳税"的巨幅红布,该局工作同志除放鞭炮外,并以香烟招待。

《厦门日报》评论道:侨批业营业税是以自报查帐方式征收的,过去该业在历次缴纳税款时,均能积极踊跃,按期缴纳,没有拖欠。这次,他们又发动全途集体缴纳,这种模范的爱国行动,是整个工商界的光荣,是值得其他各业效法的!

在侨批业带头实行集体报缴税收后,厦门各行业相继响应,时隔一个月,就有四十余行业集体缴纳春季一、二月份营业税。

据《厦门日报》报道,1951年4月在厦门市一届四次人民代表会上,副市长张维兹作《四个月来维持生产工作情况及今后任务的报告》,透露中央颁布的新贸易政策,准侨批业兼营进口物资,以活跃市场。受此政策鼓舞,次月市侨批业公筹会各会员集体储蓄,以具体行动支持抗美援朝。侨批业公会各会员于3月份集体把领得折实公债的本息转存一个月期双保储蓄存款,4月份虽已到期,但5月又把双保储蓄存款的本息,再予转存长期的有奖储蓄和定额储蓄。有些会员除了原存的本息全部转存外,还再加凑一部份款,一次预缴全年的奖储。

但是,在贯彻《爱国公约》,集体缴纳失业工人救济金方面,侨批公会因动作迟缓,有拖欠行为,6月7日被《厦门日报》点名。然而事过三天,《厦门日报》即在头版以大标题《开展捐献飞机大炮运动,侨批业公会捐献亿余元,并向全市各行业提出挑战》,让厦门侨批业再次引发全市瞩目。报道说,为响应抗美援朝总会号召捐献飞机大炮运动,本市侨批业公筹会61会员计捐献人民币一亿零三十五万元,其中以源兴号捐献八百万元为最多。侨批公会决定向全市各兄弟行业作爱国运动的挑战。《爱国捐献挑战书》全文如下:

本市各兄弟行业:

我们坚决响应抗美援朝总会六月一日的号召,开展捐献飞机大炮运动。为了表示我们高度的爱国热情,我们除了捐献一亿零三十五万元,购置武器支援朝鲜前线外,并决定积极冲破帝国主义的封锁,大力争取侨汇,为侨胞侨眷服务,以充裕国家财政。我们相信全市各行业对这一爱国运动,必能热烈地继起响应,特向你们作友谊的挑战!

侨批业公筹会启

侨批商业公筹会的挑战书公布后,厦门工商界各公筹会(组)纷纷应战,认

厦 | 门 | 侨 | 批

捐数此起彼伏。至7月初旬,十六个行业共捐献五亿九千零五十五万九千八百元,楼屋一座。在随后的抗美援朝飞机大炮捐献活动中,又是侨批业公筹会缴交捐款最及时,获得表扬。本市民盟盟员王忠诗先后认捐了四百八十万元,是民盟盟员中捐献最多的一位。他所经营的建兴信局,亦依侨批业的决议,长期捐献营业手续费百分之二十,至完成侨批业的捐献目标二亿五千万元为止。至9月份,全市工商业界七十三行业(包括鼓浪屿、禾山等分会)认捐数额已达五十亿零四千六百九十九万元,超额完成捐献三架战斗机。厦门工商联筹会还向福州市工商界发出爱国缴款挑战书。市工商联筹会主任蔡衍吉,在初步总结厦门工商界爱国捐献运动时坦承,运动的开头很沉闷,幸有侨批、国际贸易业带头挑战,大大激发了工商业者的爱国热情。在中等途行业中,侨批业带头提出认捐二亿五千万元,推动了新药、参药、五金等业完成认捐数额。厦门市商务局局长张继阳1951年9月18日在厦门人民广播电台播讲工商界爱国捐献事迹时,赞扬侨批业将捐献运动和增产节约紧紧结合。他举例说侨批业的南通和记经理吴元俊、李少初先生,决定半年中节约个人开支二百多万元,推动全业各商号的经理普遍节约,增加捐献三千余万元,又推动各股东也实行节约,再增加捐献二千余万元。

  当年10月17日市侨批公筹会已完成捐献缴款90%,益群信局经理蔡维遥,除了已于前日带头交清全部献款外,又自动增献五十万元。荣成、和记也各增加献款五十万元。源兴增加二十五万元。源兴、南通、和记等三家信局保证在三日内全部交清献款尾数。侨批公筹会决定,在当月25日人民志愿军出国一周年以前完成全部献款缴库的任务,并向未完成献款的各兄弟行业挑战。在侨批业的推动下,厦门市工商界决定于10月25日以前完成三架战斗机缴款任务,争取当月底全部缴清捐献款。

  应该说,厦门侨批业公筹会在这一捐献活动中,爱国不落人后,率先起意,积极认捐、提前缴款,掀起了巨大的波澜,成为全市爱国运动的典范。

  除了爱国捐款事迹屡上报端,侨批业一抗美援朝宣传创意,也登上报纸。据1951年6月25日《厦门日报》报道,侨批公筹会会员为要扩大抗美援朝宣传,印发二万张漫画、标语。这些漫画、标语被附贴在侨信背后,广泛地散发到侨乡的每个角落。

侨批业与政治运动

历经政治运动，侨批业多是先进典型

如同支持抗美援朝，厦门侨批业在解放后至社会主义改造的历次政治运动中，在全市工商业里头是比较积极的。我们从那个时期的《厦门日报》的新闻报道中，可以看出侨批业屡次被作为先进典型，见诸报章。如1950年掀起的各行业签订《爱国业务公约》支持抗美援朝，到了1953年年中，厦门侨批业仍旧作为先进典型，率先进行《爱国业务公约》的检查修订。

1951年7月1日，厦门市各民主党派各界人民欢庆中共建党三十周年。在庆祝大会上，侨批业公会代表保证响应中国银行党支部的号召，不做黑市。随后，市侨批业作为典型，接受市工商联筹会检查爱国业务公约履行情况。检查结果称："执行爱国业务公约的模范全裕局历次缴交税款都很踊跃，此次税务局填发1950年所得税单漏填缴款日期，该局接到后翌日即备齐税款缴交；在争取侨汇方面，也由小型局发展为中型局。其他如义昌、鲤安、建和、荣记、得丰等都有具体事实表现，提出表扬。对违犯公约的会员如五洲局，对争取侨汇无信心，以致劳资关系不够协调。源兴锦记在本市无固定户口，经常回内地去，影响侨汇分发，经大家提出批评后，他们也作自我检讨。"（见1951年7月12日《厦门日报》第一版《本市工商联筹会检查侨批业爱国业务公约》）

1950年12月22日，中央人民政府政务院财政经济委员会公布了私营企业重估财产调整资本办法，所有的帐外财产要全部入帐，令全国各城市遵照执行。厦门因为工商业的困难较多，延到第二年10月底才决定先在侨批等十五个行业中实行重估。

1952年年初，侨批业重估财产的工作进展顺利，有帐外财产的业者踊跃申报账外财产入账，在全市工商业中"表现最为突出"。如源兴信局经理李少初将账外财产黄金条十五两、黄金块七两、白银一五三元、菲币一千六百九十二元、荷盾二千四百六十元、港币二十元、白细布卅四匹、美球元斜十八匹、锚标副号阴丹士林布十八匹；和投资国外港币三万七千元，被欠港币五万四千六百二十三元六角三分等大批账外财产，都申报入账。友联信局经理颜金陈也申报了一亿余元现金的账外财产，处理入账。正大信局经理陈朝基申报出大批账外财产，计赤金条廿一两二钱六分四，港币七十七元二角，美钞十五元，黑粉一一九八市斤，中央肥皂四十四件又十四条，药水肥皂廿四件又廿九块，在石码楼屋一座（另一座业权未决定）。崇成信局也申报出账外财产圈纸五百七十八件，报纸

| 厦 | 门 | 侨 | 批 |

八令,毛边纸七十二刀,格纸六十刀。碧峰信局则报出账外财产茶叶十件,重四百八十斤。(见1952年1月12日《厦门日报》第四版《三典型行业申报账外财产总额已达五十五亿 第二期侨批等业也继续报出很多》)

  1951年底,"三反五反"运动展开。1952年年初,工商界重估财产和"三反五反"运动结合起来,"侨批业是经营侨汇的,却有布匹、茶叶、烟纸等账外存货"等问题被一再提出。一方面,侨批业者积极配合政府,自查自估自报,如侨批业以前多兼营旅栈,家具特别多,于是自己创造方法,选择较新的、半新旧的、旧的三家旅店为典型,请木匠依据市评审会公布的重估标准进行估价,然后各家结合典型自估,及时申报。另一方面,政府也发动信局店员揭发检举。某信局的职员黄祖定、王膺泉,曾帮同资方做过黑汇(利用外汇走私)。单他们检举的黑汇就高达37000余元美金(折人民币时价约七亿余元),国家损失一亿元以上。大生侨批行被揭发于1950年,不管敌机对内地轰炸如何频繁,经理施性泉依旧要工人去内地分发黑汇美钞。工人提出:"人会炸死的",施却说:"人炸死不要紧,只要美钞别失少就是了。"另外,一些不法侨批业者迫于压力,也向政府坦白。如1952年2月28日《厦门日报》报道"市二次工商界五反坦白检举大会",不法资本家的坦白:"侨批崇成行与进出口福友行的不法资本家林秉旦、李斯默,用送钱、请吃饭等手段,勾引干部;在中国银行、海关、邮电局等机关内安下几十个进攻据点,有计划地盗窃关于外汇与贸易情报,从事走私漏邮,投机倒把。""三反五反"运动,致使部分侨批业高级职员以退股的形式和不法业者划清界限。一些业者也灰心丧气,"侨批业新南信局经理曾文才不愿做资产阶级,希望店早垮,除去这不光荣的称号",后经教育,"才认识了资产阶级只要去除'五毒',合法地经营,还有前途,于是经营有了信心。"

  侨批等二十三个行业基层工会,在"五反"运动中整顿了组织。"三反五反"运动,也揪出了贪污、挪用侨批等行业失业工人救济金的市失业工人救济处干部吴振科。

  "三反五反"运动之后,工商界又"反不良倾向",侨批业的偷税漏税问题被摆在桌面上,要求学习教育后自查补报,迅速纠正。1955年4月,为坚决执行国务院关于保护侨汇政策的命令,侨批工会和公会被要求制订出学习计划。"经过学习,侨批业资方表示要端正作风,严格遵守国家关于保护侨汇政策的法令。最近他们将要订立业务经营计划,努力为华侨侨眷服务。"侨批业个别资本家因侵犯侨汇所有权,被厦门市侨务局和中国银行处理。

  紧接着,1956年的公私合营和社会主义改造,侨批业先是受到削弱。据报

侨批业与政治运动

载,1955年1月,侨批业等行业的部分职工共有119人,在社会主义改造中被吸收,统一调配至百货、医药、食品、畜产、木材等专业公司工作。1956年初,本市17个行业申请公私合营,"普遍要求接受社会主义改造"。1956年1月15日的《厦门日报》这样写道:1951年没有一个资本家同意实行公私合营的侨批业,经几年来的事实教育,认识走国家资本主义道路的好处,这次,全体资本家自动提出公私合营的要求。"一批资本家在社会主义前景鼓舞下,纷纷将账外资财投入企业",这其中就有侨批业的工商业者,自动将自己的存款、借给企业的垫款,转入企业作资金。侨批业南丰信局资本家吴开元老夫妇"认为社会主义要到了,财产留给子孙也没有用",他的妻子便将留存多年要给儿子的二两黄金投入企业。侨批业资本家李少初和店中同业研究后,除了决定要将存在国外的资金四万六千九百七十元调回投入企业外,又将个人积蓄等六千六百多元投入企业,并动员同店股东将店中两年来盈余两万元投入企业。市金融公会副主任委员、益群信局经理蔡维遑也表示要将自己的有价证券三千三百元及1955年所得盈余全部认购今年公债投入企业,争取本年度业务较去年增加10%。

1957年"反右"斗争全民大辩论阶段,在辩驳有关"外行不能领导内行"的"右派言论"时,侨批业在解放后各方面的发展和工作的改善也被提出来,"驳斥右派分子污蔑侨批工作搞不好的谰言"。(详见1957年9月18日《厦门日报》第一版《投入反右派斗争　参加全民大辩论》)

1958年3月5日,本市工商界举行工商界加速自我改造誓师大会,提出全市工商业者要争取在三年内改造成为自食其力的劳动者,并向福州、漳州、泉州、南平等四个市的工商界挑战。侨批等二十个行业和工商青年、工商家属的代表向中共厦门市委献自我改造的决心书。黄渊泽代表侨批业私方人员在大会上发言,表示要努力认购公债,保证提前完成缴款任务;要深入侨乡,更好地为侨胞侨眷服务;要积极参加当前的"双反"运动,检查浪费现象和右倾保守思想。

1959年3月厦门市举行第五次侨眷归侨代表大会,奖励了厦门侨批业的侨务工作委员会,表扬其"几年来在贯彻侨务政策、发动侨眷归侨积极参加各项运动、团结国外华侨,鼓励华侨参加祖国社会主义建设等方面做出了显著成绩"。蔡维遑等侨批业者当选市侨联第五届委员会成员。

此后至《厦门日报》1969年停刊,再无侨批业参与政治运动的报道见诸报端。

| 厦 | 门 | 侨 | 批 |

附　录

厦门新闻媒体有关侨批的最新报道

见字如面之侨批系列报道

　　见字如晤。刚刚过去的中秋佳节,也是思念远在异乡的亲人之时。飘飘摇摇,历经时日——海外华侨用一纸薄薄的书信,串连起相隔千里的浓浓血亲。虽然巴掌大的信封已然泛黄,圆珠笔字迹也晕开颜色,95岁的海沧新垵村居民张翠琴,依然将它们当"宝贝",小心翼翼地收纳在纸盒中。这些信件,有个统一的名字,叫侨批。

　　闽南话中,"信"即为"批"。百年前,华侨先辈"下南洋",他们寄往国内含有汇款的书信,就是侨批。长久以来,侨批所承载的,不仅是华侨眷恋乡土的情感,还有它们给家庭、国家带来的物质支持。

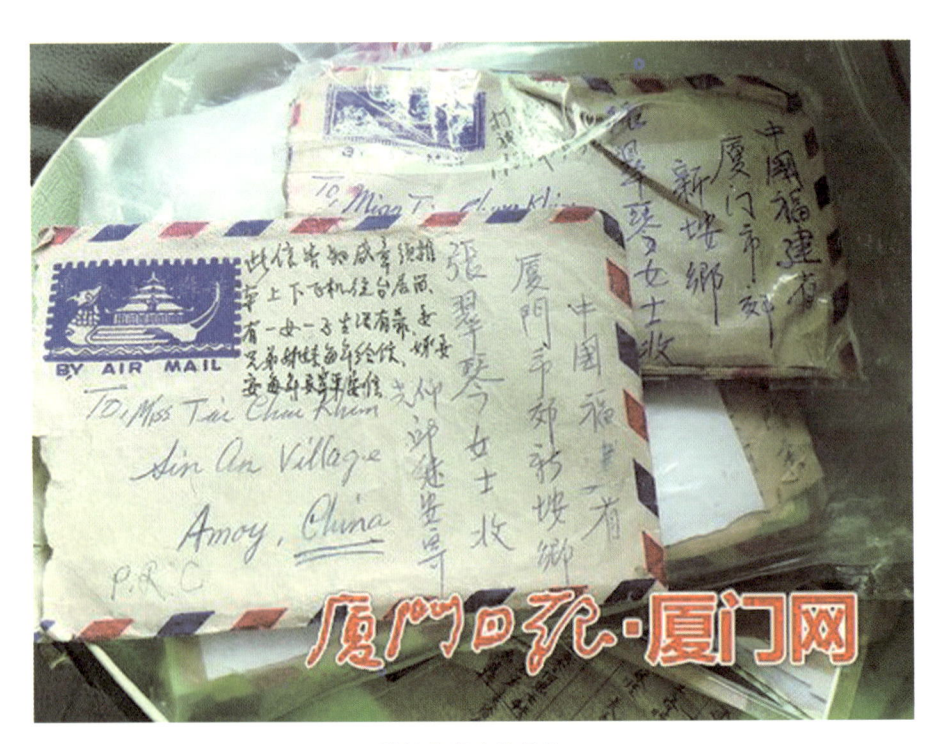

邱继安寄来的侨批

侨批业与政治运动

薄薄的侨批串起浓浓的亲情

95岁海沧居民张翠琴讲述她珍藏的侨批背后的故事

《厦门日报》2017年10月9日

文/图 本报记者 罗子泓 通讯员/邱忠仁

背井离乡 身负养家重任

"我远在千里外,家乡家中的事情我不能亲身来照料你们,这令我真难过……你们一切的情形都要让我知道,好歹我都要知道,我需要刺激,才会发奋。"

——兄安 草 1951年1月2日 夜 于仰光家中

20世纪30年代,出洋创业的父亲因生意失败,携家带口从菲律宾返回中国。这其中,就包括了年仅9岁的小姑娘,张翠琴。

父亲不久病逝。为养活一家大小,张翠琴的大姐不得不回到菲律宾,而过继给

张翠琴拿着照片,回忆大哥的故事

舅舅的大哥邱继安也前往缅甸谋生。"哥哥出门时只有十四五岁,初中都没毕业。"张翠琴说,此后,书信成了兄妹俩互通的桥梁。

如果说家书是道平安的"定心丸",汇款则扮演者"粮票"、"油票"乃至"布票"的角色。"新中国成立后,哥哥每次都能寄至少几十元。"张翠琴说,那时,每人每月伙食费不过4元。

遥寄家书 心系兄妹故土

"看了你们的照片,我很欣慰,大小看来都很健康……我们兄弟姊妹这份亲情

厦 门 侨 批

很厚,我很喜欢去回忆。但愿天长地久,大家长命,什么时候再欢聚一堂。"

——兄安 草 1971年6月10日 清晨二时

张翠琴珍藏的几十封侨批中,有一张照片:青年梳油头,手持尤克里里,意气风发地站在海边。这是邱继安附在信中的照片。不论工作多么繁忙,一年之中,他一定会寄来一封家书。

父母身体情况如何,工作生活顺利与否……家事再琐碎,写于纸上,都是眷恋故土的深情;生活再辛酸,邱继安也只是草草带过,不会详述。带着家人们的期许,他埋头工作,努力赚钱。

每有亲邻朋友,或是送信的"水客"捎带侨批在大街小巷中分发,能读书会写字的张翠琴都变身"炙手红人",帮大家念信件、写回批。

回忆起写回批的场景,张翠琴也是印象颇深:"用油灯照明,灯丝比火柴还短。我写到哪儿,灯就必须跟到哪儿,否则,实在太暗了。"就连不用桌凳,找个地方随便靠着就能写字的习惯,她也一直保留到现在。

互相接济 见证手足情深

"我的无事忙是局外人无法了解的,家人大小众多,很复杂,我事事都得用心照顾,心情非常困扰。想寄封信,心情总静不下来,环境也是一个大原因……"

——兄继安 草 1999年6月7日 深夜

20世纪九十年代,国内经济向好,邱继安的生活却遇窘境。张翠琴没有再收到汇款,反之,她召集兄弟姐妹出力,宽慰兄长。"寄了三次钱,每次几万缅甸元,就算能帮哥哥周转生意也好。"张翠琴说。

第三次收悉钱款后,邱继安照例回了封信,这也是张翠琴收到的、来自大哥的最后一封家书。半个多世纪中,这对兄妹只见过两次面;侨批,一直是维系血亲的重要纽带。今年,张翠琴的孙子前往缅甸才得知,邱继安逝于2014年。

时至今日,张翠琴还是会翻阅侨批。这份用纸笔维系的亲情,用时代写成的故事,也将随着侨批的保留,绵延不断地被流传,被更多人所知晓。

侨批业与政治运动

从家书中"认识"父亲

72岁的陈强坪从未见过父亲，
只能从珍藏的侨批中拼凑出对父亲的印象

《厦门日报》2017年10月10日

文/本报记者 陈露露 通讯员 林红萍 供图/陈强坪

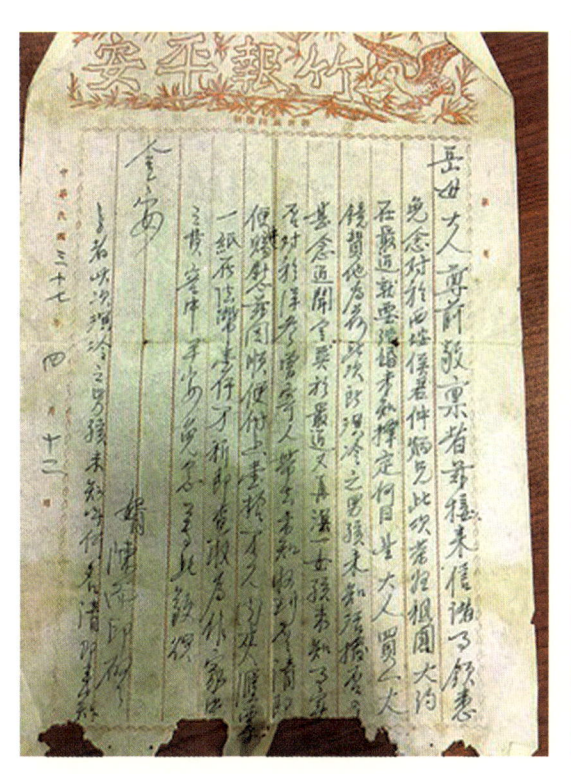

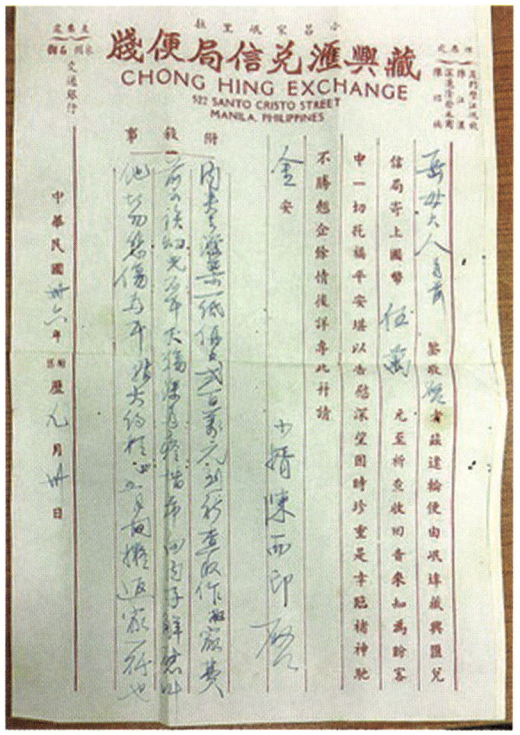

陈而印的旧照及他写给岳母的家书。

· 333 ·

| 厦 | 门 | 侨 | 批 |

几张泛黄的老照片，几纸在岁月的"啃食"下已略显残破的侨批，是72岁的陈强坪对父亲唯一的印象，他从未见过父亲。曾经，母亲细细地保存着父亲写给她的每一封家书，但这些信件，在母亲身故后已尽毁。成年后的陈强坪，曾在家里翻箱倒柜寻找关于父亲的印迹，却也只找到了三封父亲寄给岳母，也就是他外婆的侨批。他小心翼翼地将它们保存，从这些侨批的字里行间去感受亲情的温度，去领悟父亲对家、对母亲的深情。

昨日，本报发起"见字如面之侨批系列报道"，家住莲顺社区的陈强坪看到报道后感慨万千，也跟记者分享了他珍藏的侨批。

父亲的汇款让一家人衣食无忧

"内夹汇票一纸值二百万元（法币）到祈查收作为家费……知幼儿天殇深感疼惜。希向内子解慰叫他切勿悲伤过度。婿大约于四五月间返家。"

——小婿陈而印启

陈强坪的老家在晋江，那是著名的侨乡。如他这般的侨属，数不甚数。从小，他早已习惯了身边的小伙伴们都没有父亲的陪伴，早已见惯了侨属们守着宅子，望眼欲穿地等候着亲人的音信。

陈强坪的父亲和母亲早年都读过私塾，20世纪30年代，迫于生计，父亲南下菲律宾谋生，母亲带着孩子在娘家生活。陈强坪曾听舅舅提起，父亲和母亲曾育有一子，幼年不幸夭折。后来抱养了一个，也不幸早夭，陈强坪排行老三，也是抱养的。信中提及的，就是父母的长子。

父亲的汇款，让一家人衣食无忧。在陈强坪记忆中，母亲热善好施，经常接济有困难的乡邻。在母亲和外婆的照顾下，他的童年也算过得无忧无虑。

父亲给我外婆的信言辞很恭敬

"岳母大人尊前敬禀者：……日前尤原君回国婿曾寄他菲币一百元欲建小孩之费……寒衣亦购便待有妥人回国自当寄下……客中托福平安免介。大人玉体请自宜珍重为要，余言后禀……"

——婿陈而印启

陈强坪说："母亲有三个姐妹，还有兄弟。但父亲每次往家中汇款，多是汇给我外婆，而不是单独汇给母亲，足见他对母亲娘家人的照拂。"陈强坪回忆道："我大伯母还曾为此开玩笑地'责怪'父亲偏心——'什么好东西都往丈母娘家里送，鲜少念及哥哥家'。因为我父亲有三个兄弟，大伯长兄如父，是他辛勤打渔培养自己的几个弟弟读书习字的。"

陈强坪的外婆没有读过书，每次收到信，都是找他母亲或舅舅帮忙看。但

334

侨批业与政治运动

父亲还是执意单独给岳母写信，而不是托母亲带话，且信中字迹工整，尊称岳母为"岳母大人"，言语间也极为恭敬。

父亲逝世后母亲也悲痛离世

"西垵侯君仲炳雄此次荣归祖国大约在最近就要结婚，未知择定何日？望大人买2大镜贺他。近闻金英近日……洋参曾寄人带去不知收到否？顺便附上十万元内夹汇票……"

——婿陈而印启

信中提到的金英，就是陈强坪的母亲。陈强坪说，父亲更多的家书，是写给母亲的。厚厚的一沓家书，垒起来有二三十厘米。母亲总是小心地保存在箱子里。他虽未读过，却懂得父母的情深。因为若干年后，当得知那薄薄的家书再也不会从远方飘来时，一向坚强的母亲竟一病不起——因时局动荡，父亲难以归国，最终客死他乡。母亲惊闻噩耗，悲痛成疾，在陈强坪13岁时就过世了。

陈强坪仔细地珍藏着仅留的几封侨批，那寥寥几页家书，提及的几件家事，拼凑起了他对父亲的印象，也让他读懂了父亲对家的牵挂。

我从未见过父亲　他的家书却影响了我一生

年逾八旬的王景星晒出珍藏的侨批，
分享他与父亲间的点滴故事

《厦门日报》2017年10月11日

文/图　本报记者　廖闽玮

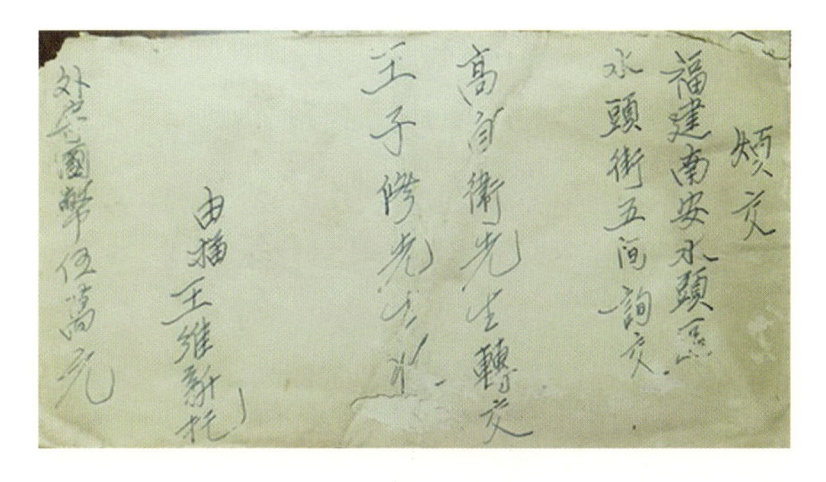

335

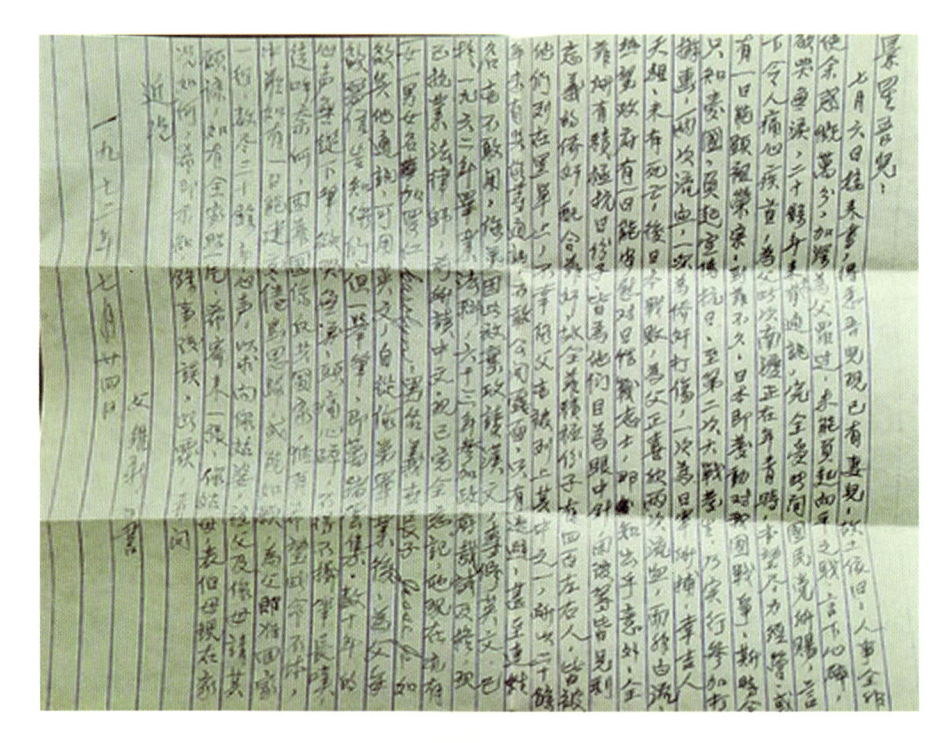

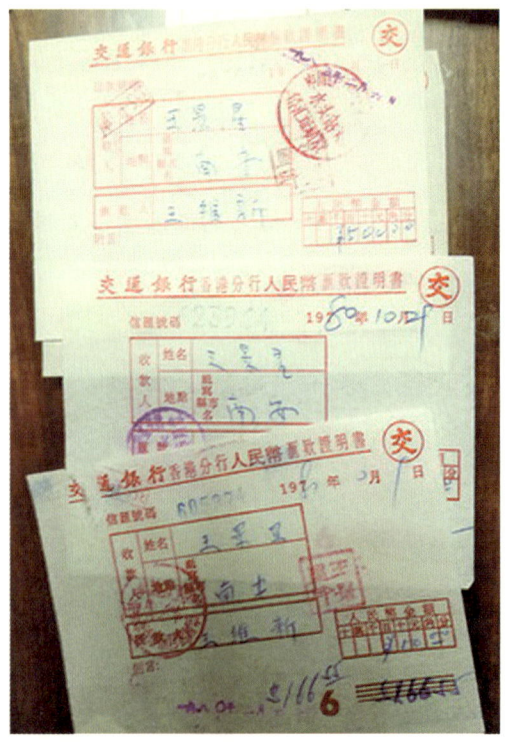

王景星珍藏着父亲寄来的侨批、汇款的单据。

侨批业与政治运动

"至于家父身世,我未来到这个世界,他就离乡背井远渡南洋。父子从无见面,一些情况只能从祖父和姑婆口中知悉,或从信件了解一部分……"这是王景星在七十岁那年出版的作品集《七秩忆集》中,对于父亲的描写。

"对我而言,父亲可谓'死而复生'了两次。"如今已经年逾八旬的王景星,在看到本报"见字如面之侨批系列报道"后,感慨万千,也拿出珍藏的侨批,与记者分享他与父亲间的点滴故事。

妻子怀胎刚一月　就奔赴菲律宾参加革命

"高自卫先生转交王子修(王景星祖父)先生收。由描(即菲律宾描戈律市)王维新托外寄国币五万元。"

——王维新

对王景星而言,父亲的第一次"死而复生"在抗战胜利后,根据王景星的记忆,约是1946年。

"我父亲名叫王康楼,字维新。1935年,我母亲刚怀我一个月,他就去菲律宾了。我祖父和母亲告诉我,他去参加革命了。"王景星说,"但我从不觉得自己是没有父亲的孩子,因为父亲和家里常有书信往来,关心我们,并给家里寄钱、寄相片。"

王景星说,父亲是华侨组织"抗日救国会"的执行委员。可惜,这一时期的信件由于时间久远,已全部遗失了。不久后,由于日军进攻菲律宾,王维新加入游击队与日寇作战,遂与家中失联。

"我5岁半时,母亲去世,当时祖父写了好多封信给父亲,均未得到回复。我们认为他肯定是牺牲了。"王景星说。不想,抗战胜利后,王景星与祖父忽然又收到了父亲这封来信。"当时我已经十多岁了,得知父亲没死,高兴坏了。"王景星说,随后三四年,父亲与家中恢复了通信,可天意弄人,通信在1950年再次中断。

父亲一直想叶落归根　却终没能实现心愿

"中菲如有一日能建交,倦鸟思归,或能如愿,为父即将回家一行,数尽三十余年心声,以求向你姑婆、祖父及你母请其原谅。"

——王维新写于1972年

王维新第二次"死而复生"是在1972年。

王景星说,1950年前后,父亲再次与家中失联。"1951年,我祖父去世,我给父亲写了好几封信,均石沉大海。我心想,这次父亲是真的不在了。"

直到1972年,王景星的一个老乡前往菲律宾,意外遇见了王维新,通过老

337

| 厦 | 门 | 侨 | 批 |

乡牵线，父子俩才恢复通信。这一时期的侨批，王景星保存了足有十来张。1972年7月24日，父亲复联后的首封来信，王景星尤为珍视。王维新在信中详述自己在菲律宾参加革命的经历，并说到对儿子的想念："数十年的心声，无从下笔，欲哭无泪，头疼心碎"，也说起落叶归根的渴望。可惜，老人直至1984年去世也没能实现心愿。

"我父亲因历史原因，要归国不仅手续繁琐，且要花费巨款。"王景星说："而我当时家境也不好，无钱出国去看望父亲，甚为遗憾。"直到2008年，王景星才前往菲律宾为父亲扫了一次墓，稍解心中遗憾。

"我一生虽无见过父面，但他的革命生涯和爱国救国精神却影响了我一生，让我做一个坚强、勇敢、爱国的人。"王景星说，他仔细珍藏着父亲留下的珍贵墨迹，并将这些侨批部分内容辑入自己的作品集中，以昭后人。

南洋亲人的汇款支撑起一个家
68岁的王金华分享侨批背后的亲情故事

《厦门日报》2017年10月12日
文/本报记者 邓宁 图/王金华 提供

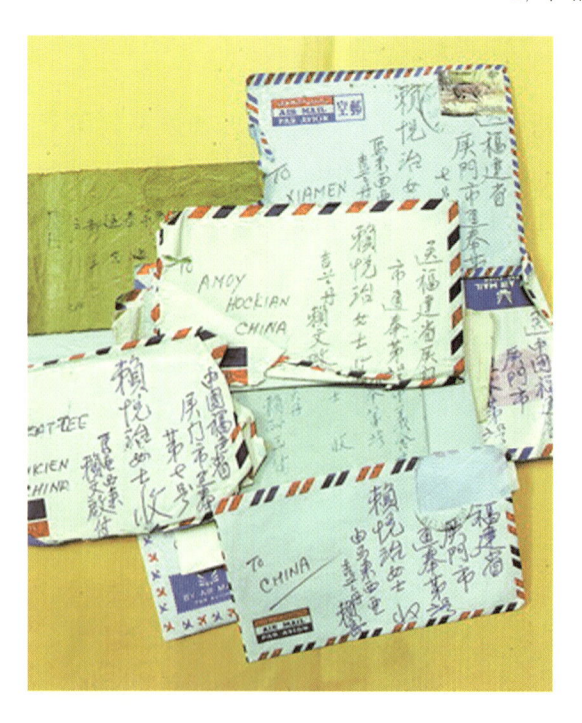

王金华珍藏的侨批。

侨批业与政治运动

1991年王金华(后排左1)的舅舅(第二排左)和王金华一家人的合影 （第二排右为王金华母亲）。

父亲早年病故，母亲没有工作，靠着南洋亲人的物资资助，王金华姐弟顺利度过艰涩童年，长大成人。十三张税款单，二十五张汇款通知单，三十多封侨批，摩挲着母亲留下来的物证，记忆将王金华拉回五十多年前，那些靠书信往来寄托亲情的岁月。

每隔两三个月　就有"惊喜"送达

"时间过得很快，匆匆一年又是过去了。去年底妹因搬迁居住，故无写信去问候。今年春节，少卿叔来拜年，谈起寄信，他顺寄两百港币给您，并向您问候。"

——妹　淑鸳　1980年9月29日寄自星洲

20世纪六七十年代，每隔两三个月，王金华家中就会迎来一位特殊的客人。有时白昼，有时黑夜，背着绿色斜挎包的邮差总会带着让全家人盼望的惊喜不期而至。"当母亲拿出个人印章，盖在凭证上后，邮差就会从斜挎包里拿出一个信封，这里面就装着舅舅从马来西亚、婶婶从新加坡汇来的生活费。"六十八岁王金华说，儿时的记忆镌刻在心里，直到现在还会时时想起……

每年春节前几天，王金华和家人也总能收到一笔汇款。"这时，母亲会带着我们去中山路建成百货公司买鞋、买袜子，去同英布店裁布做衣服。"

| 厦 | 门 | 侨 | 批 |

父亲去世那年，王金华不满七岁，他感慨道，海外汇款支撑起这个有九个孩子的大家庭。

舅舅的每封来信　母亲都要找人念上好几遍

"去年寄去的汇款已有收到就好了，弟在这两年记忆力也差。大概是年龄的关系。兼之店务，家事也要费心。在去年汇款后，竟忘记写信通知你，收到你的来信，我才想起来。"

——弟文启　书于1981年

南洋亲人的汇款点亮了王金华的童年生活，而同汇款前后到来的侨批，更是连接起了母亲和舅舅远隔重洋的亲情。1935年，王金华年仅十五岁的舅舅离乡，只身前往马来西亚谋生。此后，来往书信，就承载起了姐弟俩跨越半个世纪的思念。

"弟弟在信里诉说着他乡境况，姐姐回复叮嘱照顾好身体。"王金华说，母亲不识字，但舅舅的每封来信，她都要找人念上好几遍。回信时，依然是找人代笔。待孩子们长大些后，这项任务就由年长的子女来完成。

"一遍遍拿出来，又一遍遍悉心折好，侨批就是母亲的珍宝。"王金华说，除了汇款之外，舅舅还寄来了不少生活用品。尽管字迹早已斑驳模糊，但王金华还是在珍藏了几十年的缴税单上辨认出鱼肝油、手表、盐金枣、服装、胶鞋等记录。

半个多世纪后重逢　母亲泪流满面

"近来因政府在乡村设立收购站，故店铺生意几乎停顿，现时的生活是靠诸子来负担，若有机会弟或者回国一次，此外祝新春快乐！"

——弟文启　书于1991年

"姐弟俩的通信一直延续到20世纪90年代母亲去世后才停止。"王金华说，因为搬家等缘故，家里保留下的侨批只剩下三十多封。

1991年，王金华步入古稀之年的舅舅从马来西亚回厦探亲。分别半个多世纪的亲人，终于有机会再次相见。那一次，王金华的舅舅同三世同堂的姐姐一家留下了一张珍贵合影。

离别时，年华豆蔻；归来后，已是霜染鬓华。二十六年前的场景，依然停留在王金华内心深处："母亲泪流满面，握紧舅舅的手，一遍又一遍呼喊着他的名字……"

侨批业与政治运动

常在除夕夜送侨批　赶不及自家团圆饭
原厦门侨批派送处工作人员因本报报道聚首，讲述往事

《厦门日报》2017年10月17日
文/图　本报记者　邬秀君

曾经的侨批派送员老哥仨再次相聚。
（左：林清溪，中：李斯新，右：骆佳伦）

李斯新收藏的侨批资料

· 341 ·

| 厦 | 门 | 侨 | 批 |

一封封侨批,不仅传递着侨胞与国内亲人彼此的思念,更是承载着国内亲人对汇款的期待,在特殊的年代,那可是一家赖以生存的救命钱。侨批远渡重洋,再送至侨属手中,这背后,有着一群特殊人物的功劳。他们是联系侨胞与侨属的"纽带"、"桥梁",他们有一个特殊的名字——侨批派送员。

在特殊的年代,他们送侨批,如送鸡毛信,不管刮风下雨,还是除夕夜,将海外华侨的思念送到侨属身边;更是如雪中送炭,如期将一笔笔海外汇款交付侨属手中,这是侨属翘首以盼的生活费。

近日,原厦门侨批派送处三位侨批派送员,向记者回忆并讲述了当年派送侨批的往事。

因本报系列报道　老同事再相聚

"如果不是这次厦门日报的'见字如面之侨批'系列报道,我们几乎很难再相聚一次。"上周六下午,在原厦门侨批派送处主任李斯新家里,包括86岁的李斯新、87岁的骆佳伦、73岁的林清溪以及71岁的郑健辉四人,多年之后再次聚在一起,讲述派送侨批的往事。

这场相聚的发起人是郑健辉,原厦门侨批派送处的业务员。看到本报报道后,她便琢磨着要将侨批派送员的故事呈现给读者。得知记者要采访,她便联系老同事们,于是有了这次相聚。"李主任也做过侨批派送员,目前厦门岛内仅存的派送员就李斯新、林清溪和我三个了。"骆佳伦说。

对于当年厦门侨批派送处的情况,郑健辉记忆依旧清晰:当年海后路60—62号的两层小楼便是派送处的办公地点,一楼给派送员用,二楼则是行政办公人员的办公地点。据李斯新回忆,于1956年成立的厦门侨批派送处,当时的工作人员有七十几人,而侨批派送员则有十二人。

不管多难多辛苦　都要在当天送达

"20世纪六十年代的时候,厦门郊区有两个派送员派送侨批,鼓浪屿有三人负责,而当时的市区则有七个派送员,一般一个公社一个派送员负责。"对于当年派送员的分配情况,李斯新依旧记忆清晰。而说到当时派送工作,可以用"苦"来形容。

当时火车站一带,再远一些到江头、禾山都是农村,很多路都是土路。一旦到冬天,特别是碰到雨天,简直泥泞难行。"下雨天不是人骑车,而是车骑人。"李斯新笑着说。

"春节前是派送的旺季,但经常碰到雨天。"林清溪说,为了保护侨批,他都会将邮包裹在胸前的棉袄里,"背部总会淋湿,邮包却很好地保护起来了"。冬

侨批业与政治运动

天难御寒雨,夏天又要遭受炙热大地"烤脚"。"那时物资匮乏,有时连鞋都没有,夏天去鼓浪屿送侨批,光着脚走在柏油路上,很烫。"林清溪说。

"不管多难,都要在当天送达,毕竟很多人都等着这笔钱啊。"李斯新说。甚至在除夕,侨批量最多的时候,派送员也必须当天送达,甚至都没法和家人吃团圆饭。

帮侨属联系海外亲人　巧妙处理"特殊情况"

侨批派送员不仅给侨属送侨批,有文化的派送员还会帮侨属写回信。

骆佳伦说起一件往事。当年家住何厝社中街的一位何姓侨属,得知一位亲人在菲律宾,便委托骆佳伦代写信。就这样,远在菲律宾的华侨便和自己的亲人建立了联系,不仅联络了感情,生活也得到了改善。

此外,派送员还要巧妙处理一些"特殊情况"。"有些侨属妯娌关系不好,可能嫂子家和海外的亲人有联系,有侨批收,叔叔家没有和亲人联系上,没侨批可收。"李斯新说,"而派送员要是帮叔叔家联系上了海外亲人,收到侨批,就不能和嫂子家说,以免发生矛盾。"此外,还有这种情况:早年定了亲,后来男子远去海外,女子嫁人,但双方难忘旧情,男方坚持给女方寄侨批。为避免给女方造成困扰,派送员还会偷偷地将女方拉到偏僻处,将侨批交给女方。

从不收受侨属感谢　侨属把他们当亲人

每当从派送员手里接过一封封家信和一笔笔钱时,侨属无疑就多了一份对派送员的信赖和感情。派送员不仅是"信使",更像是侨属的"半个亲人"。

林清溪记得一件事:当时他经常给鼓浪屿皮鞋厂的厂长送侨批。厂长看他没鞋穿,要免收手工费给他做一双鞋。"知道我不会白要她的东西,这位厂长就说,我只收你材料费,不收手工费。"林清溪回忆说。"当时侨属对派送员确实很好,毕竟派送员送来的都是好消息。"林清溪说。

尽管侨属都非常喜欢和信赖派送员,但这些派送员有一个职业准则便是:不在侨属家吃饭,不接受侨属赠送物品或钱财。

林清溪回忆,他曾给寨上一位何姓侨属送侨批,家属看他在外吃凉饭,硬是抢过饭帮忙拿去加热。当林清溪吃热饭的时候,发现饭里加了一个鸡蛋。林清溪说这样不行,便坚持给了这位侨属鸡蛋的钱。

| 厦 | 门 | 侨 | 批 |

厦门文博研究员何丙仲：

海外来信"很传统" 因为华侨眷念中国文化

《厦门日报》2017年10月19日

文/图 本报记者 陈露露

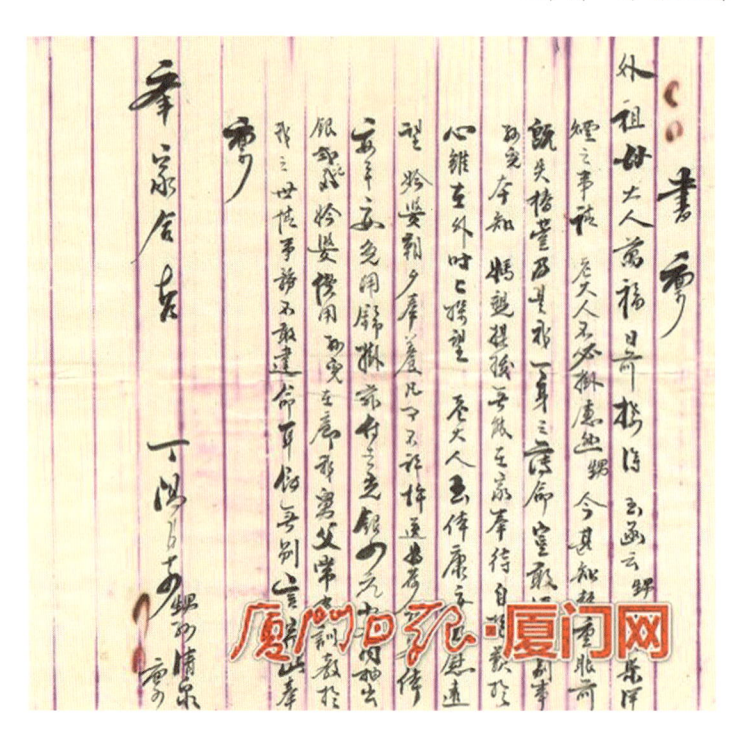

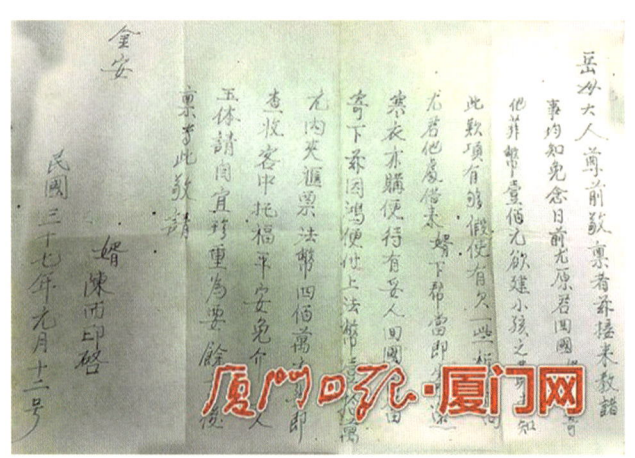

格式和文字都充满美感的侨批。（资料图）

侨批业与政治运动

"尊敬的双亲大人敬启""外祖母大人万福""大人玉体请自宜珍重为要""余言后禀"……从这次报道的侨批家书中,无论书信格式、还是行文,我们都可以看到其中的文字之美。以前的人写信,都有哪些讲究、规矩?这样充满美感的行文,在现今社会是否还适用?为此,本报记者采访了厦门文博研究员何丙仲。

华侨大多受过传统文化熏陶

何丙仲表示,中国的书信往来已有几千年的历史,书信在古时称为尺牍。虽然有些侨批可能是华侨请人代书的,但不可否认的是,华侨大多受过传统文化的熏陶。所以侨批家书中也流露出浓浓的传统气息。

何丙仲翻看自己收藏的尺牍。

多年来研究鼓浪屿历史的何丙仲以鼓浪屿为例:"鼓浪屿上以前有许多教会学校,但许多华侨子弟仍会到私塾中去接受传统文化的教育。当时他们非常尊崇的一本书,就是《幼学琼林》。这是非常经典的儿童启蒙读物。而侨批中所体现的对长辈亲友如何称呼、如何问安等,在此书中大多都能找到。"何丙仲表示,侨批中保留和继承了这些传统,恰恰体现了华侨离开家乡后,对中国文化的眷恋。虽是简单几句约定俗成的"客套话",却处处流露出了他们浓郁的中华文化情怀。

旧时书信的格式和规范不少

素有写信习惯的何丙仲,也与记者分享了他小时候给海外父母写信的一段经历。"我们家写信也有许多的规矩。例如给父亲写信,当时是从右往左竖着书写,文中只要写到'父亲大人',无论那一行字是否已经写满,都需要另起一行,且升高一格。这种传统,称为'抬头';而提到自己,'儿'或'男',字体都要比正文略小,且居右。"何丙仲说。再回看此次报道的侨批,陈而印写给岳母大人的信,也是如此。文中一旦提到"婿"字,字体都偏小,且居右。

此外,何丙仲还列举了一些以前的人写信时,约定俗成的一些格式和规范。例如,信的开头,对自己双亲要尊称"双亲大人",称谓后面,往往要跟着敬语(或称为"提称语"),对父母要用"膝下",对长辈用"尊前",致书师长,曰函丈;致书

345

女子,称曰妆次、芳鉴等。此外,为表示对他人的尊敬,还经常在名字后面用"大鉴""尊鉴""澄览"等敬语。

信末写信之人一般还会写"顿首""拜禀"等启禀语。落款则在自己名字前用"专启者"等谦卑的字眼,最后附上祝福的话,例如"文祺、时祺(祺,吉祥的意思)、金安等。"

许多"客套话" 现今仍适用

也许有人会说,这样"文绉绉"且充满"繁文缛节"的书信体,也就是以前的人才会用。其实不然,许多传统书信中的常用字眼,现今仍适用。

"现代人写信,也大致会依照'称呼、问候语、正文、祝颂语、署名和日期'等格式来书写。和古代的书信体很相近,只是稍作简化。"何丙仲表示,虽然古今书信在行文习惯中会有许多不同,但其实也有许多被沿用了下来。即便没有出现在书信中,也在其他场合中常见。例如,古人称自己父亲为"父亲大人",母亲为"母亲大人",称对方双亲为"令尊""令堂",称自己子女为"吾儿""吾女""小犬",称他人妻为"尊夫人",称他人女儿为"令嫒",这些用词在一些比较正式、隆重的场合,人们相互介绍、寒暄的时候也会用到。

此外,信件开头称谓后的提称语,在邀请函中也常能见到。例如台鉴、台启等。信末问安的话,也古今通用。例如"金安""万福"等,人们在祝福、贺寿的时候也时常会用。

那些感人的文字 是伯父对亲人的思念

《厦门日报》2017年10月26日

文/图 本报记者 陈露露 通讯员 陈俊雄

见到记者,82岁的颜荣华小心翼翼地打开一个塑料袋,里面有几封泛黄的侨批和几张已被岁月磨花了的老照片。其中有几张侨批,还是复印件。"时间太久了,我偶尔会拿起来看,怕拿着拿着,纸就破了。"他说。每念及马来西亚的亲人,家住海沧青礁村的颜荣华总是充满遗憾:"伯父过世后,我们就断了联系,也不知道他们过得怎么样?"

至今珍藏着伯父的照片

颜荣华告诉记者,他的祖上,在数百年前便已有人下南洋。后辈中陆续有人前往。到了他父亲那一辈,念及故乡还有家宅等产业,父亲18岁时便独自一人回乡管理家业。

侨批业与政治运动

父亲有几位兄弟姐妹,颜荣华并不太清楚。只知父亲和伯父感情甚笃。常有书信往来。颜荣华至今仍珍藏着一张老照片,是他祖父、伯伯和父亲的合影。"这是父亲当年回国时带在身边的。"颜荣华说。相片中的人,早已看不清模样,上面覆盖着一层玻璃,颜荣华用最传统的方式保护着它。此外,伯父还曾寄来他子孙的照片,颜荣华也悉数珍藏。

颜荣华珍藏的侨批和照片

伯父汇款　助我家渡过难关

原本,因为有产业,加上父亲教书所得,家中生活,还算殷实。但20世纪五六十年代,颜荣华家中发生变故,和南洋亲人通信的"传统",传到了颜荣华身上。第一次给伯父写信时,他仅是一个15岁的少年。信中,他谈及家中变故,讲述生活的艰辛。不久后,伯父就给他回了信。伯父亲切地唤他"贤侄"。当时,马来西亚处于动荡期,伯父在马来西亚的家业仅能艰难维系,但伯父还是给家中汇了数十元港币。

此后,每隔一段时间,颜荣华便能收到来自伯父的汇款。当时颜荣华家全靠伯父的接济艰难为生。颜荣华每念及此,就颇为感动。"伯父家人丁兴旺,要负担一家子的开支,本就颇为不易,却还顾念着家乡亲人。"

伯父还常向他说起马来西亚家中的情况。生病、搬家……事无巨细。还常常提起,想回乡见贤侄之面。

后代失去联系　颇感遗憾

1981年年中,颜荣华收到来自马来西亚的最后一封信。这次寄信的,不是他的伯父,而是他的堂弟,也就是伯父的次子。信中,堂弟告诉他伯父过世的消息,希望他不要悲哀和难过。

堂弟在信中还抱歉地说,他中文写得不好,望兄长原谅。颜荣华由此想到,

347

| 厦 | 门 | 侨 | 批 |

因为他不会英文,以前伯父与他通信,都会随信件寄来一个信封,上面已经填好了伯父在马来西亚的英文地址,颜荣华只要写好信件装入信封,就可以寄出。小小举动,足见伯父对他的照拂和体贴。想到此,颜荣华更是悲从中来。

颜荣华回信给堂弟,希望以后多多往来。可那封信寄出后,竟再无回音。"不知是不是堂弟家搬迁了。"颜荣华说。这些年,每次听说有人要去马来西亚,他就赶紧写信,托人带去,但每次都如石沉大海。让他颇为遗憾。"不知南洋的亲人们是否安好?"摩挲着老照片,颜荣华的眼眶已有些湿润。

【书信摘要】

荣华贤侄:

余自前年生病入丁州中央医院五十天,医好要返甘马挽(马来西亚地名),但小女雅美及儿孙辈不肯余返挽,恐无人看顾。余感于儿孙辈有此孝心,因此全家于去年十月搬来丁加奴(马来西亚地名)……余思回故里与侄共乐家园。但千里路遥,且体弱两手清风。北望故国老泪交流。未知何时能见贤侄之面。其贤孙婚事余甚欢喜……"

——愚伯逢瑞

荣华兄:

当接到这封信时,望兄不要悲哀和难过。家父在 1981 年 7 月 16 日晚上 7 时安息了……因为弟华文写得不好,望兄多指教和原谅……望兄接到信快给弟回信,免弟想念,敬请兄全家平安。

——弟雅祥

两封家书相隔 20 多年 写满了相思与苦楚

《厦门日报》2017 年 10 月 27 日

文/图 本报记者 罗子泓

同样的主人公,不同年代,不同故事。两封侨批,跨越二十余年时间,传递着源源不断的温情与思念。作为家书,它们承载的不仅是历史,更诉说着夫妻几十年如一日的恩爱与分隔的苦楚。

近日,闽南文化研究会理事卢志明与我们分享了朋友转交给他的两封较为特殊的侨批,并从信件措辞、书信内容以及时代背景等方面进行了解读。

侨批业与政治运动

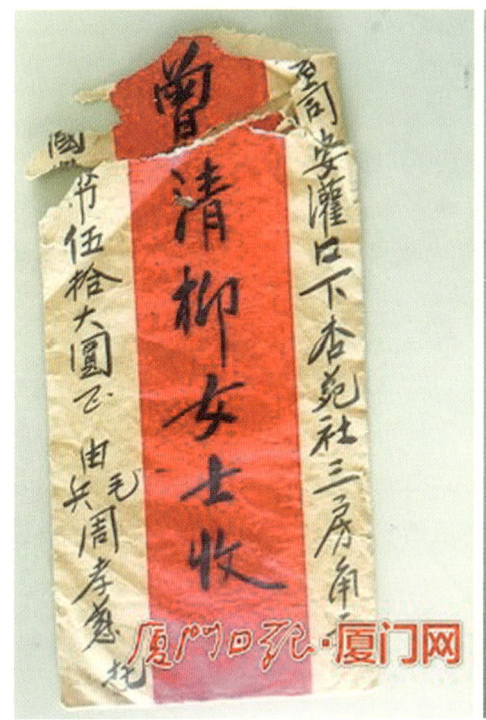

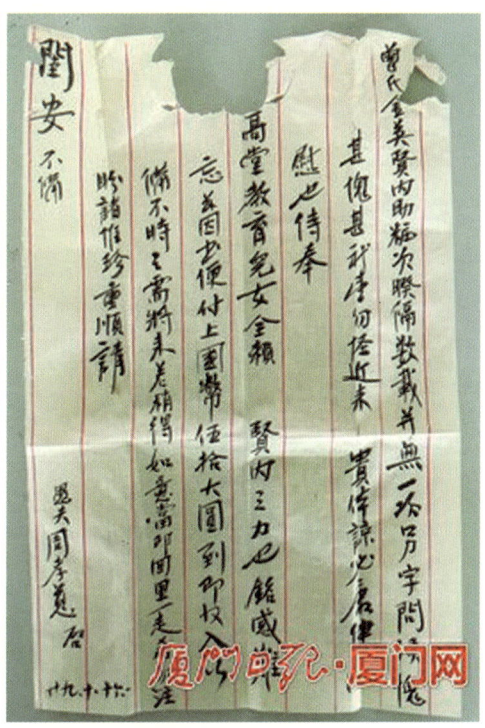

卢志明代好友保管的周孝慈寄给曾清柳的侨批。

侨批的由来：

为更好地保存和研究　好友在出国前转交

侨批故事的男主人公，名为周孝慈，只身在南洋一个叫"毛兵"的地方打拼；女主人公，是曾清柳，住在灌口下杏苑社——随着时代更迭，这两封侨批的收藏者，也在20世纪八十年代发生了变化。

"第一波'出国热'时，我的朋友举家迁往国外。"卢志明口中的朋友，便是这两封侨批的原主人，周氏家族成员。原主人为了让侨批完整保存，不至于损坏或丢失，知道卢志明对于闽南文化有一定的兴趣和研究，便在出国前将侨批交给了他，并向他诉说这两封侨批背后的故事，希望用另一种方式留存这份记忆。

讲述过程中，卢志明小心翼翼地按照折痕打开侨批，而后，又将它们整整齐齐地收进塑料封套中。

"这是丈夫在二十多年前后，分别写给妻子的书信。"卢志明说，两封侨批之所以特殊，就在于它们能形成对比——从书写工具、言语措辞、内容等方面的变化来看，它们既是中国传统文化的体现，也是家庭惦念、夫妻守望过程中，流露

· 349 ·

厦 | 门 | 侨 | 批

出的一批深情。

第一封侨批：
专门写给辛劳的妻子　字里行间饱含情愫

1940年，周孝慈下南洋不久。而这封侨批，是他第一次专门给妻子写信。

"曾氏金英贤内助妆次"书信开头，丈夫并未直呼妻子姓名，反倒是用她的字"金英"，以及"贤内助"、"妆次"等敬语作为称呼。深受传统文化影响，格式措辞中，周孝慈对曾清柳的尊重一览无余。

"华侨下南洋前，有些会先娶妻，多一份对家的留恋。"卢志明说，丈夫在外打拼，"华侨嫂"们便自然而然地承担起了打理家庭的责任——照料老人，教育孩子……正是因为意识到了妻子的不易，平日里，多给长辈写信的周孝慈也给妻子寄来了侨批。侨批上寥寥一百多个毛笔字，饱含对她的思念与感激。

与此同时，周孝慈还许下承诺：待工作顺利，收入足够之后，自己将当即返乡。

当然，侨批不仅是书信，还有"汇款"功能——此番，周孝慈给曾清柳寄了50大圆，以备不时之需。"这笔数额非常大。"卢志明解释说，它大抵是一个家庭一年的生活费。

第二封侨批：
想要团聚却无盘缠　只能用书信诉苦衷

然而，二十多年过去，周孝慈未能兑现当年书信中的承诺。

或许是曾清柳的回批中，透露出了想要前往南洋陪伴丈夫的意愿，1961年，漂泊他乡的周孝慈在侨批中吐露苦衷："汝有意南渡，是愚夫所累。但是南渡之手续费将近七八百元，现身边全无积蓄，实无办法。"

心意相通，却只能在隔洋相望，这是那个时代，诸多华侨心中难以言说的酸楚。妻子在这头孤孤单单，丈夫在那里也是孑然一身。看到曾清柳苦闷，专情的周孝慈将责任揽在自己身上，他劝慰妻子：不要听信他人闲言碎语，自己的情意始终不变，也一定会慢慢想办法回到家乡。

另外，"家庭和睦"在周孝慈看来也至关重要——信件中，他告知妻子，若是因为与家中成员不和想要下南洋，则一定要在回批中说明，以免烦闷和担忧。

时光流逝，虽然文言文的墨迹散开，被圆珠笔和半白话所替代，但侨批内容依旧深沉。故事的最后，我们并不知道相敬如宾的夫妻二人有否团圆，可他们之间越发浓厚的恩爱之情，却随侨批永远保留了下来。

侨批业与政治运动

【书信摘要】

"睽隔数载,并无一次另字问候,愧甚愧甚……侍奉高堂、教育儿女,全赖贤内助之力也,铭感难忘……"

——愚夫周孝慈 书 廿九、十、十六

(廿九为"民国"二十九年,即一九四零年)

"据云,汝孤寒二三十年,此是愚夫经已明白。因我不才,不能上进,以致贤妻苦闷。但是我在外亦是孤孤单单,经过二三十年,对于另设家室此是无事生有,未知此语从何而来?况愚夫在外二十几年,我心实无转变,更兼日夜思念家乡,愤不得即刻回家为快。总而言之,皆因无资所致。"

——愚夫周孝慈 书 一九六一、十、廿一

从四十年前侨批中 我读懂爷爷的中国心

《厦门日报》2017年11月3日

文/图 本报记者 廖闽玮

"我爷爷在马来西亚,和我们家人一直有书信往来,不过很多已经不见了。上次整理家务,意外找到这一封,很是感慨。"祖籍同安的陈端阳,在看到本报发起的"见字如面之侨批系列报道"后,回忆起过去的事,思绪万千,也拿出四十年前的侨批,与本报记者分享了自己爷爷的故事。

【爱国】

从马来西亚归国参与抗战

"溯自七七抗战军兴,当其时我年廿九,自念国家兴亡匹夫有责,是故同年十一月十二日统领槟城华侨救伤队回国参战。"

——陈少明写于一九七七年七月十日

陈端阳虽然仅与祖父陈少明见过一面,却对祖父的生平非常了解。"我爷爷毕业于陈嘉庚先生创办的集美航海学院,18岁就已是同安同龙小学的校长,还和嘉庚先生合过影。"陈端阳家里还收藏着祖父与陈嘉庚先生的合影。

"20世纪二三十年代,我祖父就下南洋到马来西亚槟城创业谋生,在'七七事变'爆发后,祖父毅然和爱国华侨们回国参加抗战。"陈端阳说:"祖父当时在马来西亚已经成家,安顿好家人后,义无反顾回国参战。"

抗战胜利后,因为家人俱在马来西亚,已经三十七八岁的陈少明又回到了槟城,不过与陈端阳父亲之间的通信从未断过。

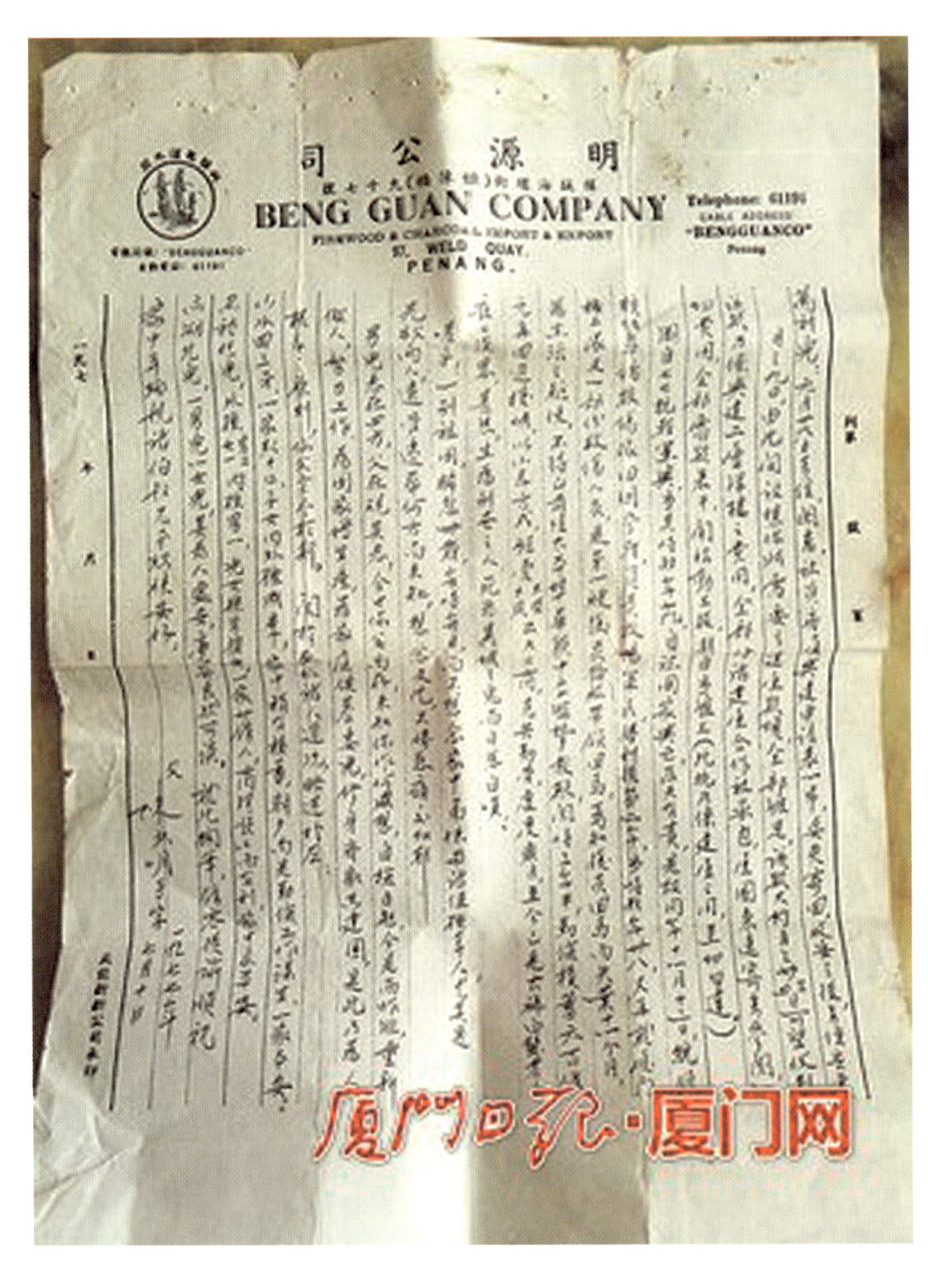

陈少明从马来西亚寄回的家书

【思乡】

临终前惦记着落叶归根

"虚度岁月,至今已是古稀白发老人,夜夜深思,甚恐'生为别世之人,死为异域之鬼',而自悲自叹。"

——陈少明写于一九七七年七月十日

"我父亲当时为什么没有和祖父一起出国呢?"谈起这个问题,陈少明笑着说:"一是因为父亲当时在集美求学,还未完成学业。二是老辈人的想法,出去闯总要'留条根'在国内,否则与祖国的联系就断了。"

不过,父子间每月都会通信。"当时条件落后,信件都靠乡村邮递员送到家里。每次邮递员上门,家人都非常兴奋。"陈端阳说,祖父还不时寄钱来补贴家用,在他的资助下,家人在老家盖起了四栋小楼。

不过,祖父晚年渐渐生出落叶归根的心思。1977 年,陈少明到香港做生意,特意拐道去了广州。当时,年仅 8 岁的陈端阳随着父亲和家中十多个亲戚都去广州和陈少明相会。这次见面,就是一直深刻印在陈端阳脑海中的,他与祖父的唯一一次见面。

陈端阳微笑着回忆:"祖父见到我,非常亲切地抱着我,让我写字给他看,还说我写得好,奖励了我一支圆珠笔。"

令陈端阳感到十分遗憾的是,1983 年陈少明和家人商议,过完 1984 年的春节就回国定居,可惜当年农历九月十九,祖父突发疾病去世了,没能实现落叶归根的夙愿。陈端阳说:"祖父对祖国深切的爱,对我产生非常大的影响。他虽人在异乡,但长期关心、资助家里,鼓励后辈,在我心中地位不可动摇。"

395 封家书横跨 64 载 装满南洋亲人的思念

《厦门日报》2017 年 11 月 3 日
文/图 本报记者 邬秀君

整整齐齐五大本,一封封侨批,像标本一样被张贴保存起来。这些侨批最早为 1938 年所写,直至 2002 年 1 月 29 日最后一封(侨批银信合一的功能虽在 20 世纪 70 年代中期之后发生了改变,但侨批的文化内质仍然在延伸)。时间跨度 64 年,整整 395 封侨批,它们不仅仅是时代的见证,更是一个家族三代人亲情、乡情的记录。

这些侨批的拥有者名为孙吉龙,是集美孙厝人。在他眼中,这些侨批堪比传家宝。这些侨批多为孙吉龙在新加坡的三位伯父以及外祖父母所寄,而这其中又以其大伯父孙生元所寄最多。

| 厦 | 门 | 侨 | 批 |

孙吉龙在翻阅侨批。

兄弟情深　一个多月寄一次侨批

"况我年近古稀。惟汝为念。若愚在世,一年将有多少银项付回接济及帮助。倘不幸,一旦不在人间。至后代子孙,为何。愚不敢断言也……"

——孙生元写于20世纪六七十年代

孙吉龙的父亲孙抛狮兄弟共四人,孙吉龙的大伯父孙生元在上个世纪20年代去新加坡,随后其他兄弟三人也过去。"因父亲是家中老幺,且闽南人有不能丢掉祖业的传统,于是父亲1948年回到老家。"孙吉龙说。

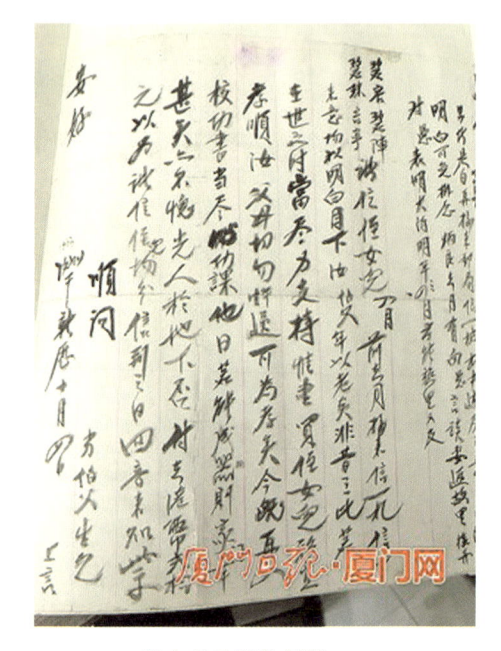

孙吉龙珍藏的侨批

侨批业与政治运动

回老家后,孙抛狮为重整家业,将积蓄消耗得差不多了。孙吉龙说,大伯父一个多月就寄一次侨批回来,平均每次汇来200多港币,在当时兑换40元左右的人民币。当时一个大学毕业生月工资才30多元。"当时我们家条件确实不算差。"孙吉龙说。

"新中国成立后,大伯父总共回来三次。"孙吉龙印象最深的是1958年大伯父第一次回来。"宗亲和乡邻都过来看望我大伯,一天下来家里没断人。"孙吉龙说。"别人都走了,父亲和大伯父还在聊,一直畅聊到天亮。

孙生元一直保留着给弟弟寄侨批的习惯,直至他去世。

关爱晚辈　鼓励侄女勤学上进

"碧容既好学,理应励其升学,亦免被碧容之所失望也,每年学费及零用钱若干元如何主裁,回息未知,顺便付去港币八十元,至期收入,临书匆匆,不尽欲言当此达……"

——孙生元写于1964年

"碧容是我大姐,信中这段话,是当时大姐要升初中时,大伯父来信给我父亲的建议。"当时女孩子都是下学很早,出来帮家里赚工分或做工贴补家用,姐姐学习很好,考上了灌口中学,在大伯父支持下读了中学。"孙吉龙说,大伯父还包揽了学费。

但对于晚辈们的不合理要求,孙生元也会果断说不。"记得有一次我找人写信给大伯父表达了想要一块手表的愿望。"孙吉龙说。但这次的要求并未如愿。"大伯父来信说手表是奢侈品,小孩子不应该要,教育我们要懂得节俭。"孙吉龙说。尽管如此,孙生元还是给童年的晚辈们提供了丰富多样的文具,让很多贫穷的孩子羡慕不已。

堂伯交代子孙　世代都要回厦看看
黄献政晒南洋家书,讲述两地绵延不断的亲情

《厦门日报》2017年11月10日
文/本报记者　邓宁　供图/黄献政

【书信摘要】

献政叔:

　　至于阿勇弟的病情,家父十分关心。他请您将他与姑婆寄在您处的钱存入

|　厦　|　门　|　侨　|　批　|

银行,然后按月给七叔公人民币一百元,请他老人家多关照与指导阿勇弟,希望阿勇弟不日能自立。家父也请您转告建设叔请他多照顾阿勇弟,对阿勇弟要有耐心,别再打他了。请代为问候五婶婆、三位叔叔、婶婶及献政婶。

侄女　品华　1994.8.5

黄献政珍藏的外汇兑换券。

侨批业与政治运动

最近这几天,69岁的黄献政带着一岁多的小孙子刚从新加坡探亲回来。其实,这已经是黄献政不下四十趟前往新加坡了。而黄家人往返厦门、新加坡的亲情之旅,也开启了三十多年。

近日,在位于思明区海晟花园的家中,黄献政向本报记者展示了他珍藏多年的家书、汇款单、外汇兑换券。

延续了三十多年的探亲之旅

回忆起亲人的盛情款待,对新加坡再熟悉不过的黄献政依然很感动。"堂哥、堂弟家轮流住,亲人们排着队邀请,带我们尝美食、看风光。"

其实,黄家往来于厦门、新加坡两地的亲情互动远不止这些。"几位侄儿大学毕业后,都在新加坡亲戚的公司里找到了不错的岗位。"黄献政介绍,起始于1984年至今,三十多年的岁月里,新加坡的亲人每年都会回古宅村小住一阵,最高纪录是一下来了23个人。而古宅村的亲人也分成好几拨,年年都去新加坡探亲。

弥留之际嘱托后人要回厦门

1973年,古宅村来了一位特殊的到访者。"远在新加坡的堂伯冲破重重阻力,只身一人回来了。堂伯此行的目的只有一个,就是祭拜我的祖父。"回忆起这段往事,黄献政心潮澎湃,"堂伯幼时痛失双亲,祖父在新加坡时将他培育成才,并帮助他建家立业。"

那次,黄献政的堂伯在家乡住了一个多月。临别前,号啕大哭。"堂伯抓住父亲的手,说他还会再回来……"翌年,黄献政的堂伯患病,于1982在新加坡病逝。"弥留之际,堂伯一再交代子孙,世世代代都要回厦门,去古宅村看看祖屋,祭拜祖先。"

1984年,为完成父亲的遗愿,黄献政的堂兄首次踏上了古宅村的热土。"自此以后,堂兄每年都会在六一儿童节前后回来,带着要捐赠给古宅村小学的学习用品,糖果饼干……"黄献政说。

一次次向家乡提供物资资助

清末民初,黄献政的祖父与两位兄长一道抵达马来西亚谋生。在建筑行业打拼多年后,黄献政的祖父成为当地颇有名望的企业家,也是创建华侨银行的股东之一。"1949年初,祖父将产业交给家人打理,带着父母和我,回到了黄家世代繁衍的古宅村。"

在20世纪五六十年代的困难时期,古宅村黄家人的日子艰难而拮据。黄献政远在新加坡的堂伯开始往家乡汇钱。"1958年,台风摧毁了古宅村的祖屋,得知此事后,伯父很快回信,并寄来了一笔资助建房的新币。"

每隔几个月,内附照片的家书就会翩然而至。"堂伯通过货轮一次次邮寄物资,大米、盐巴、咸猪肉、椰子油、花生……"黄献政说,那时大家都不富裕,只要东西一到,母亲就会拿出一些,分给街坊邻居。至今,黄献政仍记得他童年时印象最深刻的一幕"一到年根,我就会在村口等。邮递员的身影一出现,我就知道,今年的春节又有着落了。"

本报侨批报道引侨胞共鸣

受访侨属说,海外亲人看了报道后,对家族历史和中华根脉有了更深的认识

《厦门日报》2017 年 10 月 20 日

本组文/图　本报记者　邓宁　廖闽玮　罗子泓　陈露露　见习记者　徐晓

陈强坪珍藏起关于父亲的报道。

张翠琴一遍遍地看本报侨批报道。

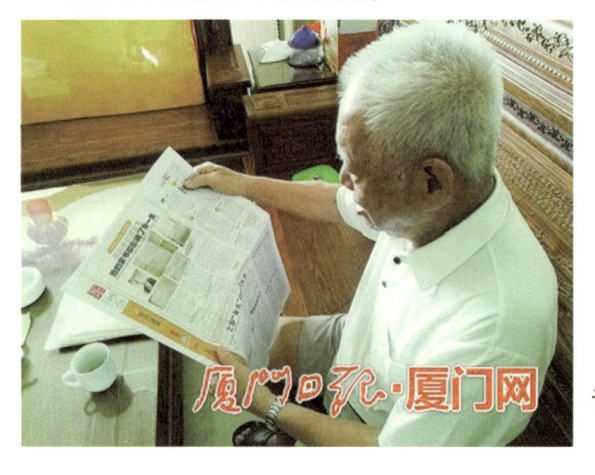

王景星看了报道后,想起许多关于父亲的事。

侨批业与政治运动

王金华翻看本报微信关于侨批的报道。

从上周开始,每天早上拿到厦门日报,家住文屏路、68岁的王金华总要把有关侨批的报道看上好几遍。10月12日,本报展示了王金华珍藏了50多年的侨批和家书,讲述了他们姐弟靠着南洋亲人的资助,顺利长大成人的感人亲情。当王金华把本报报道发到家人微信群时,这个有着39位成员、遍布厦门和新加坡的大家庭沸腾了……

这几日,本报记者陆续回访几位受访的侨属,他们中的每一位,都把本报相关报道细心地珍藏起来。他们说,要留给更多的后辈看。

把报道发朋友圈　海外亲人留言感慨

王金华把本报报道的侨批家书故事,发到了微信朋友圈。一位远在新加坡的侄儿当即留言:"这些家信一定要收好,下次我到厦门要看。"另一位在新加坡的侄儿中文虽不熟练,但仍通过网络给厦门的亲人写下了很长一段感慨:"为什么家族里的长辈们要互相匡扶接济,这个问题我想了很久,终于找到答案。从前如果没有大伯从中国寄货物到新加坡给我老爸做生意,我老妈也无力寄东西回厦门。在以前,长兄的责任就是要照顾到整个家族,晚辈要继续这种好的传承,并一代一代传下去。"

"与侨批有关的报道,我每期都能看上好几遍。一个家族的历史,两代人的悲欢往事,值得被铭记!"王金华将本报"见字如面之侨批系列报道"按日期逐一整理,悉心叠好再收藏起来。他说,要把这些溢满浓浓亲情的珍贵资料,留给南

| 厦 | 门 | 侨 | 批 |

洋的亲人。

看着报道 又想起诸多有关父亲的往事

"这几日我又想起了许多小时候的事。那时的我鲜少问及父亲,如今翻出这些旧信件,才读懂了父亲在菲律宾的不易,读懂了父亲对家的眷恋。"72岁的陈强坪说,父亲在菲律宾过世,因种种原因,他一直没能到菲律宾为他扫墓。"看过报纸后,我儿子对我说,'爸爸,找机会咱们把爷爷的骨灰带回来吧,和奶奶合葬在一起。'"陈强坪也希望,能早一点带父亲回家。

坐在家里的沙发上,年过八旬的王景星认真地阅读厦门日报,在字里行间还认真做上批注。"你们关于我父亲的报道写得很好,我还想多买几份珍藏!"王景星忍不住又回忆起有关父亲的往事:"我父亲当年接到任务,立即奔赴菲律宾抗日,那时我母亲才怀着我7个月。父亲在菲律宾宣传抗日救国,在游击战中还光荣负伤两次。"王景星一直为父亲感到骄傲。过几日,他要去参加校友聚会,想把报纸带去给校友们看看。

本报报道 让更多后辈"认识"南洋亲人

陈强坪说,自己父亲的事,他鲜少跟晚辈细说。如今,报纸上刊登了父亲的照片,还有父亲从菲律宾寄来的信件,让家中晚辈对他父亲有了直观的印象。"堂侄子盯着报纸看了一遍又一遍,动情地说'原来堂叔公长这个样子'。"

早些年间,新垵村里有许多华侨,侨批不算稀罕之物,老物件也逐渐不被年轻人熟知。这次本报系列报道推出后,侨批所承载的历史,所携带的故事,融入了更多人心中,不再是老辈们的"独家记忆"。记者再次见到新垵村95岁的张翠琴时,她轻轻抚摸着本报报道上,她兄长从缅甸寄回的个人照。张翠琴说,平日里,这些"老故事"是少有机会和子孙们细细道来的。报道刊出后,大家竟"口口相传":"我堂侄女看到报道后,跟我妹妹讲,我妹妹又来告诉我。"

在张翠琴看来,报道不单意味着家族情缘,也有利于对传统建筑的保护:当年华侨寄回来的钱,修建了村里大部分民房和大大小小的祖祠。有了华侨、侨批的故事作为基础,人们也将越来越重视传统建筑的修缮和保护。

侨批业与政治运动

"你们的侨批报道我要编入《厦门侨批》"
文史专家洪卜仁称赞本报的策划助力厦门侨史研究

《厦门日报》2017年11月10日

文/图 本报记者 罗子泓

洪卜仁翻看本报侨批相关报道。

今年10月,本报推出的"见字如面之侨批"系列报道,既有市民将家中侨批找出,细数家族故事,寄托思念之情;又有送信人回忆送批岁月,感叹责任与艰辛;更有侨批收藏家讲述信局兴起落没,文史专家解读书信时代历史背景和文化内涵。

侨批系列报道见报后,不仅读者反响强烈,也引起了"厦门活字典"——本土文史专家洪卜仁老先生的关注。目前,由思明区侨联委托洪老主编的《厦门侨批》已进入定稿阶段,洪老透露,征得本报同意,他拟将系列报道的内容收入《厦门侨批》一书。

系列报道引起侨批研究者关注

"读了你们的侨批报道,我很惊喜,所以一直关注。"洪老说,还有其他侨批研究者也向他推荐了这个系列报道。厦门日报的连续报道,为侨批的广泛搜集、深入研究起到了促进作用。

被称为"世界记忆"和"文化遗产"的侨批,其研究早已受到全国诸多侨乡的重视。大约十年前，潮州、汕头等地开设侨批博物馆；这几年，漳州、泉州等地均有研究侨批、信局的书籍出版。作为曾经的福建华侨出入境主要门户、侨批集散中心，厦门在侨批史上的地位不容忽视。厦门日报的连续报道，无疑对厦门侨批文化研究起到了助力作用。洪老说，侨批真实地再现了海上丝绸之路的一段历史。他希望，报社记者能够为厦门侨批文化研究挖掘出更多的内容，提供更丰富的成果，留住这份"乡愁"。

侨批是侨批文化的中心和精髓

历史已然过去，定格成为记忆；侨批情缘鲜活，始终跃动在心中。

在洪老看来，侨批是侨批文化的中心和精髓。华侨远走他乡后，大洋两头的工作、生活、经济状况，全凭一纸书信传递。侨批蕴含纲常伦理、家国情怀、忠义孝悌的中华传统文化，是中华传统文化海外辐射、延绵不绝的历史文化物证。

再溯侨批历史，重现侨批故事，不仅是要让市民们触摸历史，更是要让大家不忘根、不忘本，传承华侨心系祖国、故土、家庭的情怀和拼搏向上的精神。洪老说，他作为一个读者的理解，这就是厦门日报展开侨批系列报道的主旨。

洪老还表示，侨批文化在一定程度上也能为"一带一路"做出贡献。当时华侨有的"落叶归根"回到祖国，也有"落地生根"定居侨居国。现如今，不少东南亚华人来华寻根，侨批便成为这份血缘宗亲最好的佐证。"一带一路"沿线国家华人和国内宗亲的联系密切，也能促进国家间的经济文化交流。

将把厦门日报报道收入书中

采访过程中，洪老还对思明区侨联委托自己主编的新书《厦门侨批》，进行了"亮点"介绍。该书，由原市委常委、市委统战部部长黄菱作序，并得到了市侨联的支持。编撰过程中，作者和编者力求发掘新材料、突出新内容。曾担任中国银行福建省分行行长的陈石、厦门市档案局吴仰荣处长等专家学者，参与其中。书中对于厦门沦陷时侨批业的情况进行了较为详尽的解读，材料丰富；新中国成立后的情况，也进行了着重编写。"再加入厦门日报有关厦门侨批的系列报道，新书的内容将更加丰富。"洪老说，这是厦门日报对厦门文史事业的贡献。该书预计今年年底和市民见面。

侨批业与政治运动

一箱侨批述说大半世纪的思念

翔安七旬老人珍藏500多封侨批，
里面写满家人"见字如面"的跨国牵挂

海西晨报记者　洪丽敏

洪允举经常翻看珍藏的侨批。（记者　洪丽敏　摄）

在翔安新店下后滨社区，除了有棵远近闻名的900多岁古榕树，还有一栋精雕细琢的燕尾红砖古厝。这座古厝是社区里唯一一栋建筑精美的侨房，精雕的墙饰、木刻的门楣、漆花的房梁至今保存完整。这座侨房的由来，还得从侨房的主人洪允举那珍藏了一箱子的侨批说起。

看到这些侨批　就仿佛听到哥哥说话

昨日，今年75岁的洪允举打开了一箱珍藏的侨批，也打开了记忆的话匣子。洪允举说，这些侨批有500多封，信封大小不一，如1960年以前的侨批大概只有iPhone5S大，而改革开放后的侨批就是现在常见的信封大小。此外，越南和美国寄回来的信封、信纸格式也各不相同，美国的信封有一张A4纸那么大。

在洪允举珍藏的侨批中，记者看到，很多侨批的信封已泛黄，但信封上用毛笔写的字迹依然娟秀清晰。洪允举打开了一封70年前从越南寄回来的侨批，是洪允举的哥哥洪松栢写信给父亲洪志双报平安的。信的字里行间交代了四

· 363 ·

| 厦 | 门 | 侨 | 批 |

件事,一是问候家人平安;二是写了此次寄回来的钱数;三是问询了上一次的汇款是否悉数全收;四是近期亲人会回乡探亲的事宜。在信封左边,写着"付贰拾萬元"的字样,左下方写着寄信人"洪松栢付"。

"以前的人写信很遵循格式,也很有感情,真的就是见字如面,每个字都蕴含了思念之情。"洪允举说,每次看这些信,就仿佛听到哥哥说话,尽管他从未见过洪松栢,但这种亲人间的牵挂通过书信就能真切地感受到,洪松栢寄回来的信没有一封是不带汇款的,真切流露了离家打拼的洪松栢与留在家中的亲人之间难舍的亲情。

除了珍藏侨批,洪允举也亲手写回批。1958年,在集美中学读初中的洪允举每个月都会回家乡两次,每次回家,家门口都挤满了等待写信的人。"因为当时村里读书的人少,加上我们村是侨乡,几乎家家户户都有人在南洋,他们的亲人写信回来,我就帮他们回信。"洪允举说,写信内容大多是报平安的,也有告知家里生小孩、结婚等大事。经他代笔的信有上千封,一直到2000年通讯发达了才没写。

无论赚多赚少　哥哥都往家里写信寄钱

"这座侨房就是我哥哥洪松栢寄钱回来给我父亲盖的,到1955年分四次总共寄了四万多港币。"洪允举说,1928年,年仅15岁的洪松栢独自从厦门岛搭乘轮船到越南西贡,一开始以收酒瓶子、开打铁铺谋生,后来逐渐站稳了脚跟,开起了典当铺。

"无论赚多赚少,每个月我哥哥都会往家里写信、寄钱。"洪允举说,他是1942年出生的,当时洪松栢已经在越南定居了,此后的岁月里,洪松栢因为身体等各种原因没有回到家乡,洪允举只有通过书信来往知道有个"长兄如父"的哥哥。

"我的哥哥养了我父亲的后半生,养了我的前半生。"洪允举说,1951年之前,洪松栢寄钱供家里花销,筹建房子。1951年父亲过世后,洪松栢就承担起父亲的责任,供洪允举读书。从小学到高中毕业,哥哥每个月都会给他寄一百块港币(当时约42元人民币)。据洪允举了解,当时的县长,一个月工资也才一百块钱港币,一个老师一个月的工资才30斤大米和四五块人民币,所以当时学校的老师还会找他借钱周转。

洪松栢从越南移居美国后,还经常写信回家,得知洪允举的女儿要出嫁了,还寄钱回来帮忙添置嫁妆。"家乡的大事他都知道,至今我们和哥哥在美国的亲人也都保持着联系,只是现在通信发达了,这些侨批也就成了历史。"

侨批业与政治运动

后来,洪松栢在美国过世后,兄弟情深的洪允举通过亲人寄回来的照片,专程请画匠给哥哥画了张遗像,并工整地写上了哥哥的生平事迹作为纪念,而那些珍藏多年的侨批,至今依然能带给洪允举见字如面的思念与温暖。

(原载《海西晨报》2017年9月26日A05版,略有改动)

《一箱侨批述说大半世纪的思念》后续

印尼知名渔港竟有古同安习俗

厦门文史专家洪卜仁从旧侨批中找到新线索,
再次印证翔安下后滨人的足迹

海西晨报记者 洪丽敏

洪卜仁(左)到洪允举家寻找侨批资料。(记者洪丽敏 摄)

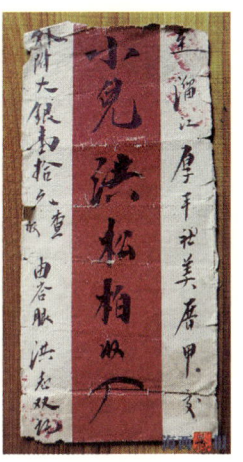

洪允举的父亲洪志双在1927年之前寄回家乡的侨批,信封上写着"由峇眼洪志双记(寄)至浔江厚平社"。(洪丽敏翻拍)

本报9月26日A5版见报的《一箱侨批述说大半世纪的思念》,讲述了翔安下后滨社区七旬老人洪允举珍藏了近500封侨批。该报道引起了厦门文史专家洪卜仁先生的关注。近日,洪卜仁专程赶赴翔安下后滨社区洪允举的家中了解侨批中的故事。从上百封侨批及部分老照片中,洪卜仁发现了一些新线索,这对核实、丰富厦门华侨历史资料有着重要意义。

侨批里记录了时局变化

闽南话把"信"叫作"批","侨批"即旅居海外的华侨华人与家乡亲朋好友的书信往来。翔安下后滨社区七旬老人洪允举的家中珍藏的侨批,大部分都是洪允举的哥哥洪松栢从海外寄回家乡的平安信。侨批字里行间有见字如面的问候,也包含了旅居国的时局变化、近期家人活动事宜等诸多信息。

洪卜仁仔细翻阅侨批里的内容,一封洪松栢于1946年7月5日从越南寄回家乡的信件,引起了他的注意,"这封信里写着'奈因自战事和平以汐,法越冲突,兄亦受相当损失,是故不能同帮回归',写的就是当时法越冲突期间,越南华侨生活的变故。"洪卜仁说,侨批里写的家长里短往往最能反映出侨居国的时局变化。

洪允举补充说,当时哥哥洪松栢在越南西贡白手起家,开了三家当铺,受当时法越冲突的影响,生意确实损失很多,但哥哥每个月寄回来的钱却没有因此减少,给了他和父亲富足的生活。

另外,洪允举珍藏的一张老照片显示,洪允举的嫂子在美国过世后,家人在她的墓碑上镌刻了"福建同安县和平村"(下后滨社区曾叫和平村)的地名。这个细节让洪卜仁十分感慨:"以前海外华侨虽身居海外,却心系家乡故土,即使百年之后无法落叶归根,还以这样的方式来表明自己的出身,足见深厚的思乡之情,很令人感动。"

印证了下后滨人的足迹

洪卜仁说,"下后滨是著名的侨乡,公元1878年清朝年间,下后滨人洪尔魁、洪尔城、洪思报等18位村民乘木船到吕宋岛一带打渔,后辗转泰国谋生,再流落到印尼峇眼亚比(现译:巴干亚比)生活。目前峇眼亚比有两万多人都是下后滨人的后代,很多人都讲同安话,逢年过节还保留着古同安的习俗。"此次从洪允举的侨批中,再一次证明了到印尼峇眼亚比开埠的就是下后滨人。洪卜仁发现一封信封上写着"由峇眼洪志双记(寄)至浏江厚平社"的侨批,这封信是洪允举的父亲洪志双在1927年之前寄回家乡的。

洪允举说,在1910年至1927年的十年时间里,他的父亲到印尼峇眼亚比港讨海谋生。"厚平社"就是下后滨的旧称,当时印尼峇眼亚比出海口淤泥堆积、无人居住,但渔产丰富,下后滨人到了那里之后继续从事讨海的生计,把下后滨的纪府王爷信仰、送王船等习俗带到了峇眼亚比。

侨批业与政治运动

洪卜仁认为："如今,印尼峇眼亚比已经成为世界知名渔港,两地的下后滨人应多加强联谊。厦门侨史界也应加深对这方面的研究,保留这段重要的侨史。"

据洪卜仁介绍,目前由他主编的《厦门侨批》《厦门华侨纪事》这两本书已经到了收尾工作。此次到洪允举家中收集到的有关侨批、厦门侨史的一些真实事迹,都将作为这两本书的素材,编入其中。预计2018年元旦,这两本书就能与读者见面,为完善重要的厦门华侨历史出一份力。

(原载《海西晨报》2017年11月5日A07版,略有改动)

| 厦 | 门 | 侨 | 批 |

侨批业者话侨批

我所知道的厦门侨批业

陈金烈（口述）

侨批业全国只有四个省份有：分别是广东、广西、福建、浙江。解放前，福建只有厦门、福州侨批有头盘，解放后泉州、石狮才有头盘。侨批最早从水客发展而来，由单一的帮华侨带钱带信，变为一个行业。

侨批业有几个突出特点：①可以赊账，让侨批信局代垫侨汇，解决部分困难华侨的寄汇问题；②凭着侨眷回信，华侨再付邮资；③派送员与侨眷关系密切，了解侨情。每一个乡村都有派送员，派送员对侨眷家庭人数、子女情况、生活状态都能一一道来。

有一个笑话，一个侨眷丈夫在海外，她对于丈夫什么时候会汇款来心中有数，等差不多日子到了的时候，就天天在家门前等，远远看到派送员来，就把狗赶走。派送员到家门口，为了不让公婆知道丈夫究竟寄了多少钱来，她拉着派送员到房间里说话。在过去男女授受不亲的时代，女性侨眷在家人都在场的情况下，仍然拉着派送员到房间内，也说明了派送员和侨眷的关系密切。而有些侨眷会专门煮点心给派送员吃。

日本投降后，市面上有法币、金圆券、银元券、"关金"，所以侨批业派送侨汇使用的货币也五花八门，甚至派美金的也有。法币贬值严重，派送侨汇用麻袋装钱，一捆一捆的钱捆好后就不再计算，把侨汇运到外地就要用麻袋装，有些来

侨批业者话侨批

领取的侨眷用米斗来载钱。解放后,派送人民币和侨汇券,一些特殊商品要使用侨汇券才能购买。

厦门最大的侨批局,大概有三家:一是侨通;二是源兴信局,在海后路;三是光大。

解放后,中国与东南亚国家无建交,甚至对立严重,不能直接通汇,海外侨汇管制严厉,经营侨汇属于非法,很多国家对侨汇经营者处罚严苛,坐牢甚至枪毙,所以当时在海外经营侨批业还需要从业人员有一颗爱国心。我家当时在菲律宾经营侨批,有一本密码簿,从国内发密码过来,国外信局根据密码簿解读信件。一份侨批要剪开成三份,寄款人、收款人、金额写在三张不同的纸上,都用密码书写,寄到厦门后三份拼为一封完整侨批。解放后,侨批很少附信,信件基本用电报传送。

解放后,在没有外汇管理局的情况下,政府把外汇管理委托给中国银行,中国银行成立侨汇管理科,在业务上管理侨汇。侨批局在组织上属于工商业,由工商联里的侨批业公会(位于升平路)领导,张明溪曾经担任侨批公会秘书长。华美信局的洪丁淇(编者注:应为五洲信局的洪津淇),解放前是地下党,利用侨批局掩护身份,解放后被安排在中国银行担任副经理。

侨汇是国家的外汇,所以国家很重视侨批业,其他工商业改造是公私合营,而对于侨批业则提出"外汇归公,利润归私",仍然是私人经营。经过一段时间后,中国银行才对侨批业实行联合办公,有的五家联合在一起,有的七家联合在一起,有的三家联合在一起。

当时我们厦门的侨批业在中国银行的领导下,对于怎样做好工作提出自己的口号:"服务侨胞,便利侨汇"。当时侨汇最多在厦门,在厦门我们组织派送处。那时,侨汇送达侨汇大站(泉州、石狮也有大站),我们就依靠公共汽车运送侨汇,但是公共汽车到了下午5点就停运了,我们为了让侨汇快速送到侨眷手中,就自己买了摩托车,连夜把侨汇送到泉州、石狮,工作人员晚上整理好侨汇第二天一早就可以派送了。有一次台风天,派送员夜晚送件,没看见路上桥梁断了,连人带车一起掉入河中,受伤昏迷在医院几个月后,虽然大家在医院轮流照顾,但还是殉职了。

我们派送处还组织宣传队到各个侨乡进行宣传,主要宣传内容有:一是侨务政策;二是争取侨汇;三是沟通断汇户,争取恢复侨汇,所以深受断汇户的感谢。当时条件艰苦,到各个乡镇进行宣传没有旅馆住,就在学校打地铺,其中有一位宣传骨干,是表演的女主角,叫做王雪如,刚生完孩子还带着孩子一起下乡演出。

　　当年侨批业经常为侨眷代书,由于工作人员水平参差不齐,于是我们就组织一个组编写一个代书范本,印给每一个从业人员,还把国内侨汇政策、国内情况一起放入册子,指导从业人员进行宣传。解放后国家对侨批业充分重视,而且侨批从业人员对侨眷的服务也提高到了一个相当高的水平。

　　改革开放后,最后的侨批改造,每年利润还是归私人,把股本还给老板,侨批全部从业人员,包括资方和劳方全部归入人民银行,开办工厂让侨批业人员转业劳动、炼钢、种地等。我当年也去炼钢,有一次事故差点遭遇危险。

　　我是1946泉州毕业后来到厦门,在解放后进入侨批业。1959年我第一次到香港,但没有定居,一直在为海内外侨汇沟通奔走,直到1964年才在香港住下。我个人作为侨批业的代表在1959年9月接到通知,到北京参加国庆观礼。这是我一生中的一个荣耀。

(魏婧　记录)

附　录

五次赴京国庆观礼的信局老板

——厦门侨批人物陈金烈小传

　　陈金烈,厦门侨批业的传奇人物。

　　20世纪五六十年代,他是厦门"璧丰信局"的经营者。1959年,年仅29岁的他,因为经营侨批业绩突出,被选为特邀代表,光荣地出席了中华人民共和国建国十周年大典,与党和国家领导人、各条战线的英雄模范一起,登上了天安门观礼台。1989年、1994年、1999年、2005年他应邀赴京参加国庆观礼,成为香港同胞中享有5次参加国庆盛典殊荣的少数企业家之一。

　　1995年,陈金烈任厦门市政协副主席,为建国以来厦门市政协首位当选副主席的港澳委员;他还是首批"厦门市荣誉市民"。

　　陈金烈1930年出生在福建晋江市深沪镇后山村,父亲早年飘洋过海到菲律宾谋生,留下陈金烈在家读书。父亲回乡探亲时,爆发太平洋战争,断了外出的海路。

　　初中毕业后,成绩优异的陈金烈随父母来到厦门,先是考入厦门双十中学,一年后转到省立厦门中学。为了生计,陈金烈的父亲在厦门开小客栈,同时设

侨批业者话侨批

信局兼营侨批业。解放后不久,父亲因病去世,尚未完成学业的陈金烈接手了父亲"璧丰信局"的侨批业务。当时在闽南侨批业中,陈金烈父亲在南洋一带人缘好,信用高,"璧丰信局"因此业务旺,影响大。

中国和平统一促进会主办的《统一论坛》杂志曾载文《陈金烈:一位世纪老人的爱国情怀》,讲述陈金烈秉承父亲热诚、信用、负责的精神,经营侨批勤勉守信、认真负责,比父亲做得更出色,深受华侨及其国内侨眷的信赖,业绩和影响日增。文中写道:一次,从国外带回来的侨汇剩下一笔找不到受主,因为地址不详,人名雷同又多,无法投递。这笔款项只有100港币,有人主张退回,有人主张搁置。主张搁置的理由是,款项的数目并不大,不太要紧,人家迟早会来催讨的,到时弄清地址、姓名后再送也不迟。当时担任业务经理的陈金烈不同意退汇,也不同意搁置。他认为,侨汇不应该分数目的大小,不管钱多钱少应该一视同仁。可能小数目的款项还更要紧,说明汇款人的手头拮据,这样还不得不汇款,说明家里急等着用钱,因此必须想办法把汇款赶紧送到侨眷的手里。他们研究随钱一起寄来的侨批,通过信件里面的一句话,找到了收款侨眷,终于把一封无法投送的"死批"救活了。

虽然那时的陈金烈只有20岁,但"璧丰信局"在他的带领下,越做越大,信誉也越来越高。他在侨批业内始终保持着较低的利润率,为侨胞侨眷分忧,表现出强烈的社会责任感,因此二十几岁就被选为厦门侨批业同业公会会长。

20世纪六十年代,"璧丰信局"参加银行领导的联营处,他作为联营处的负责人,工作更加积极,经常奔波于闽南侨乡。每到一个侨村,陈金烈都要登门拜访侨户,听取他们的意见。他常常找在海外有影响力的归侨侨属促膝谈心,做他们的思想工作,让他们向海外亲属反馈新中国的真实情况。自己亲人的话当然是可信的,许多有名望的华侨就是在陈金烈做好其亲属的思想工作后,从国外寄钱回来帮助建造房屋、修桥补路、援建学校等公益事业。

陈金烈1954年在厦门加入了中国民主建国会,担任金融支部的主任委员,同时也是厦门的人大代表。抗美援朝期间,有的国家对中国实行金融封锁,华侨往国内汇钱没有直接的渠道,只能通过香港转道国内。当时菲律宾对这个行业管理非常严格,不允许经营对中国的侨汇业务。1959年,有一笔20万元从菲律宾途经香港寄往厦门的侨汇,被香港的中转人挪作他用,没有及时将钱转回国内。陈金烈奉命赴香港处理这笔款项。后来,为了避免出现转汇回国内的侨批业务再次出现这样卡壳的情况,1964年他就直接到香港负责侨批业务。在香港,侨批业务归中国银行管理。侨批业务的佣金非常微薄,内地生活水平低，靠佣金尚能生活，但是到香港后，生活十分艰难。1966年，陈金烈开始了第二次创业，侨批业继续坚持做的同时，开始经营对菲律宾的转口贸易，主要经营化工原料兼做电子电器。改革开放后，他成为内地塑料行业出口贸易的总代理。随着业务的逐步发展，他的汛年国际集团由于经营有方，管理严格，已经发展成为香港商界的佼佼者。

商业的成功，人品、人格、声誉等方面的珍贵品质，使陈金烈迅速成长为香港商界有影响力的爱国侨领，著名的爱国企业家、社会活动家。他曾是第九届全国政协委员、全国侨联常委、福建省侨联副主席、中国民主建国会第六、七届中央委员，担任过香港厦门联谊总会理事长，香港华侨华人总会副理事长，香港福建社团联会等社团领导人。现任民建中央对外联络委员会顾问，中国和平统一促进会常务理事，香港汛年国际集团董事长。

（何无痕　整理）

回忆侨批业的几点服务工作

黄渊泽

侨批业是由水客服务演变而成为的一个行业，至今已有一百多年的历史。侨批业是为侨胞、侨眷服务的，沟通内外信息，保障侨眷生活作用，既是反限制斗争的"桥头堡"，又是为国家争取和积累外汇资金的行业。解放后，党对这个行业极为重视，采取一系列的"维持保护、长期利用"政策，在厦门市人民银行和中国银行的直接领导下，对行业予以关怀、照顾、支持，制定一系列的比较有规范的制度，如规定对外收取佣金（即手续费）6.5‰、对内领取国家补贴手续费10%实施以后，使侨批业在业务上起了一个有史未有的飞跃，并取得了广大侨胞和侨眷的信任和爱戴。

成绩的取得，是党对这个行业贯彻政策的正确性。应该指出，侨批业同仁在争取侨汇上，也运用诸多办法，使侨胞汇款放心，侨眷收款方便，且收费合理。这对当时侨汇的增加是起了大大的促进作用。回忆当时的服务工作，综述有以下几种：

一、派送工作

侨批业是露天金融业。解放前社会治安不好，抢劫时有发生。派送员在派送侨汇均需携带现钞，数十年来，被劫杀的派送员据不完全统计达四十多人。

侨批业者话侨批

因此，每逢派送旺季时节，尤以除夕的年饭，非等到全部派送人员回店不可，即使深夜十二时也在等，否则，是不能安心吃下"围炉饭"的，真是使人忧心惶惶的一件事。

后来派送机构为安全起见，解付侨汇改为送"凭条支"（当时称山票），这种做法虽有便于派送安全，但个别机构将这部分资金运用于其他活动，有利也有弊。

解放后，政局稳定，治安良好，这是给侨批业派送工作创造了一个极好的条件。虽仍保持登门派送，但侨批业脱去不安全的"惊衣"，不再担心被抢。侨批业既送现金又送家书，派送员多数有一定的文化程度，在派送侨汇中侨眷要回信，派送员又要代为写回信，使侨胞及时了解家中情景。所谓"家书值万金"，一笔侨汇收到，侨眷欢喜；一封回批，侨胞收到也欢喜，正如人们所说"一笔侨汇两头喜"。侨批业的派送员是非常吃苦耐劳的，有的派送员为了保护好回文收据，不给雨水淋湿，宁愿自己被雨淋透。当时管委会规定，在派送中，不能拿小费，不能吃侨眷的点心和茶水。这条规定，派送员都能很好地贯彻，但对喝侨眷茶水的规定，派送员提出意见，领导认为合理，及时取消。侨批业的派送员长期与钱打交道，解放后从未发现有侵吞、冒领等问题。其辛勤劳动、无私奉献的高尚品质是非常难能可贵的。

二、派送速度

解放前派送时间一般是7～8天，解放后在党和政府以及各地区的有关单位，如邮电、长途汽车站、银行、侨务局等的关怀支持下，使侨汇在重点侨区派送时间大大缩短，从收汇到厦门站至回文或收据寄出，仅用三天时间，突破历史以来的最快速度。

为了保证这个派送时间速度，侨批业是不受8小时工作时间的限制，随到随办，什么时间来，什么时间办，从无留侨汇过夜。尤以七月及年关两个侨汇旺季，侨批业都是加班加点工作，有时还连续工作几个昼夜不息，从无怨言，也不图报，一心保证侨汇畅达，及早送到侨眷手中。这种辛勤劳动为侨胞和侨眷服务精神是十分可嘉的。

侨批业不仅在企业内部分秒必争加速派送时间，在对外争取有关单位支持，运用各种交通工具也做了不少工作，这样对派送时间起了保证作用。

厦门各信局办完解付手续后，即马不停蹄地寄长途汽车前往，来不及的就派专人乘摩托车专程送往泉州，再由交通差连夜送到各派送站。这样大大缩短邮程时间，也避免侨汇耽搁过夜。在银行方面，不管时间早晚，只要事先电话通知,即随时准备所需款额的侨汇,及时方便提款。由于侨批业全体工作人员的努力以及有关单位的支持配合,使侨批业的派送时间突破有史以来的速度,不是平易得来,而是经一番艰辛的历程。

三、加强宣传,争取投资储蓄

在城市的侨批业经常与各公社、居委会联系,每星期均派人到侨眷比较集中的居委会组织侨眷读报,同时宣传党和政府各时期方针政策以及各时期的侨务侨汇政策和有关投资储蓄等等。不仅如此,还特别组织一支几十人的宣传队伍,下乡宣传有关各项政策,每年都有一二或二三次下乡宣传演出,剧目均是自编、自导、自演。由于剧目的内容都是各时期的侨务侨汇政策,如"早汇早安全,多汇多保障""南洋钱,唐山福"等等,深受侨眷的欢迎。同时,各信局经常组织人员下乡访问,每年有成百人次深入侨乡访问,并争取为中断户解决复汇,因此争取投资、储蓄的数目非常可观,既为国家争取更多的外汇资金,又为侨眷多争取一部家费以外的积蓄,诚公私两利。对海外各地的宣传,侨批业是经常把国内各时期的方针政策采用书信方式向外报导,有关《鹭风报》及其他可以寄出海外的宣传品,均通过香港以每份五十元港币托航空小姐带到各侨居地。由于当时东南亚各国限汇严紧,因此均采取各种形式向外宣传,使海外侨胞能及时了解家乡情况,侨批业也因而受到侨胞的爱戴与支持。

侨批业在整个经营运作中,始终贯穿为国家积累外汇资金,宣传国家各时期的方针政策,为侨胞、侨眷服务的宗旨,因此在解放后至1974年侨批业奉令办理结束前后三十左右年当中,侨批业得到广大侨胞、侨眷的赞誉,同时受到中央和各有关部门的表扬。1963年以后,厦门侨批业人员连续数年得到分期、分批,晋京参加国庆观礼、接受中央首长接见,这是党和政府给予侨批业极高的荣誉(编者注:黄渊泽老先生也是受邀晋京参加国庆观礼的侨批业代表之一)。

我在五洲信局从事地下党经济工作

洪津淇

1946年,中共闽江工委所属的学校工作委员会挺进鹭岛,建立了党组织。11月,党组织决定我从厦门东方出版社(新知书店厦门分号的化名)转移到厦门五洲信局建立新据点,重要任务之一,是从事经济工作,为党筹措经费。

侨批业者话侨批

厦门五洲信局,是菲律宾"五洲商业"的分号,设于大同路511号,主要是递送华侨家书、解付侨汇(邮政局特许华侨信件民营专递,俗称民信局或侨批局),兼营侨栈(接待归侨、侨眷的旅社)和商业。我父亲是菲律宾五洲商业的股东,抗日战争胜利后,回厦筹建这个信局,兼任经理。这个企业规模虽小,但综合经营,可为地下党进行经济工作提供多种有利条件。侨批、侨栈行业,具有鲜明的地域和宗族色彩,客户中很多是宗亲、戚友。我以资方从业人员的身份,身处这种环境,得到很好的掩护。初始我是担任会计,并协助父亲处理店务。不久,诸股东一致认为我少年老成,有经营管理能力,就决定让我父亲返回岷里拉(马尼拉),加强总店经营力量,由我代行厦门经理的职责。我掌握了经营权,为地下党开展各项秘密工作就更为便利。

如何以五洲信局为依托,开辟经济工作,首先要妥善处理与企业股东的关系。根据党的新民主主义经济政策,对民族工商业的正常经营权益,应予保障,因此应采取合作两利的原则。为了地下党能长期安全利用这个据点,也应当如此。我一方面遵守职责,团结依靠企业职工,搞好经营管理,从增进企业的效益中,取得个人的薪酬和红利;另一方面,利用企业的相关条件,进行职外自营,谋求收益。由于党组织的具体领导和支持,马克思经济理论和党的政策的指导,企业职工和侨胞侨眷(含五洲的股东)的爱护帮助,两年多的时间,利用这个经济据点,共为地下党筹得经费折合黄金50两左右(不含临撤离厦门时提取我父亲的一笔私人存款)。同时,也安全完成其他的任务(如接待党内同志、秘密运送大量革命书刊等)。通过实践学习,初步掌握一些理论、政策和业务基础知识,也为解放后参加接管城市,从事外汇管理等经济工作作了准备。

植根于爱国侨胞侨眷之中,是开展工作的基础。侨批、侨栈属于服务性行业,我组织全店职工,努力提高服务质量,迅速准确递送侨信、解付汇款、代书回信;热情接待出入境侨胞,当好向导、协助办理各项手续及购物等事务;代办置业、保存款项、代管侨房及其他委托事项。通过这一系列服务,取得侨胞、侨眷的信赖,加深乡谊。他们中的绝大多数对国民党政府贪污腐败、欺压勒索侨胞、侨眷以及反动统治下恶性通货膨胀、民不聊生的现象都十分愤慨,与他们相处,政治上有不少共同语言,情感也就更融洽。五洲信局业务逐步得到巩固和发展,对地下党的经济工作也创造了有利的条件。一些关系比较密切的客户和我个人的宗亲戚友,返抵侨居地后,或每逢旧历年终,都依俗例给我来信问候,并馈赠一点汇款(俗称"探批")致谢。这一部分积少成多,成为党的一项重要的收入。我还先后向侨胞借用他们在市区的侨房共4处,名义上作为个人宿舍或书房,实际上是党的秘密据点,隐藏党的大批革命书刊和文件,供同志联络及开会,有时也供同志们转移时临时住宿。这些秘密活动分散隐蔽在广大侨胞之中,避免五洲信局这个经济据点的色彩过于显露。

我的职务薪金和红利,是党的一项基本的经济来源。而为了多得红利,就必须千方百计让企业增盈。1948年五洲信局在业务逐步扩展以后,经过总店同意,迁址到开禾路44号,扩大营业场所,增加客房,更新设备,改善住宿条件。同时,在解付侨汇的中心点、我的老家南安华美村开设一家商店,经营百货,也作为派送侨汇的常驻机构,便利侨属的咨询联系。解放前,厦门是闽南的交通枢纽,侨乡的经济收入和商品供应,绝大部分由厦门口岸输入,货币和商品是同一流向。所以将应解付的侨汇资金,采购商品到侨区销售,对充分运用资金、节约押运现钞费用、满足客户的商品需求等方面,有显著的综合效益。当年总店给我的红利增至300美元(当时黄金的市值每两约36美元)。我没有家庭负担,生活也很俭朴,历年薪酬所得大部分都转作党的经费。

利用五洲信局暂时闲置的资金套买套卖外币、黄金,是自营创收的最有利途径。我们信局在营运中,经常保持一定数额备兑侨汇的头寸,和客户为支付各项用途的暂存款,均可利用。套购金融商品,最易适时变现归垫,且操作简便,个人单来独往,避人耳目,不易曝光。国民党自全面发动内战以后,陷入不治的政治经济危机中,恶性通货膨胀导致物价一日数涨,工商企业的正常经营蒙受惨重祸害。资金每一次周转,货币量徒增,而实物量剧减,虚盈实亏,企业日益枯萎。于是,囤积居奇,投机倒把应运而生,大同路金铺林立,镇邦路钱庄一条街,成为金融投机的地下交易所、黄牛炒买炒卖外币的市集。国民党法币的趋势是不断贬值,套入外币无疑可以保值盈利,但市场运行受多种因素的制约,尤其是投机集团的操纵,呈现起落的波浪曲线,有时空穴来风,捏造一个谣传,就瞬时把盘势翻转。我借用的是短期资金,回旋弹性很小,又没有负亏的承受能力,步入高风险的市场,必须特别谨慎,依靠科学的理论作指导,掌握决定市场走势的基本政治经济因素,适时入市获利,但也难免多次失手。1948年8月,国民党妄图挽救金融残局,继续欺骗人民,掠夺财富,抛出"金圆券",规定300万元法币兑换1元金圆券,并规定4比1美元的汇率,重申严禁外币在市上交易。人们一时未察底里,抱有幻想,行市暂时被镇住。我们认定国民党的反动统治即将被彻底推翻,在金融货币方面,不论更换何种花样,都逃不了贬值消亡的命运。我抓住时机,充分调动资金并签发一批五洲信局的本票,替代现金兑付较大额的侨汇,增添套购外币的数额。由此而产生柜面支付紧张的现象,

侨批业者话侨批

经多方筹措加以缓解。坚持了两个月,市场终于突破官定汇率,宣告金圆券开始贬值。这是我为企业(包括一部分自营)创收最多的一役。

城工部厦门市委的财务支出,主要用于大量购买香港发行的革命书刊(其中一部分输送给省委城工部领导机构,后来因失去联系,大部分留在厦门党组织作为学习宣传之用,也赠送一部分给闽西南、闽中等兄弟组织)。此外,也用于支付厦门市委的宣传费用、市委领导成员上下联系的交通旅费(含省委城工部负责人林白来厦门工作的部分费用)、部分脱产的市委领导成员的生活费等。

1949年4月,由于原闽浙赣省委错误处理城工部事件,厦门市委被迫停止活动。市委领导成员撤离厦门,取道香港,准备北上解放区,找党中央请求处理。但此行是否能顺利,很难预期,现存经费显然不敷应付这种局面,必须另谋补充。事关整个组织的前途命运,且迫在眉睫,反复思索,苦无良策。最后我只好借口要赴外省升学,从我父亲在五洲信局的私人存款账户中提出500美元应急,至安抵北平后,才寄信去菲律宾向父亲禀明实情,恳请原谅。我办完撤离的一些后勤工作和公私两方面的移交,最后一批在5月初乘轮船到香港,偕同先到港的同志,乘海轮到天津转北平,向党中央组织部汇报情况,提出申诉意见,请求党审查。在中组部的亲切关怀下,安排我们回福建工作,编入供给制待遇,并发给旅费。我们自己所筹的经费,扣除厦门到香港、香港到天津的全程旅费和生活费,又购买了一批解放区较紧缺的西药,尚有剩余。从此时起中组部已供给了我们的生活费和旅差费,我们就把全部结余(约360美元)连同西药悉数缴交中组部。至此,决算收支平衡,公私分明。

在党组织的关怀下,我们一行数人更加兴奋地踏上新的征程,从北平南下上海向华东局报到;又由华东局介绍到苏州中共福建省委(代号南下纵队),随军回师厦门,投入新的战斗。

(摘自中共厦门市委党史研究室编:《风雨征程——城工部厦门地下党的史料与回忆》,海峡文艺出版社1999年版,题目为编者重拟)

| 厦 | 门 | 侨 | 批 |

厦门侨批藏家剪影

侨批让他爱上厦门文史

——侨批收藏家叶建伟小记

熟悉叶建伟的人都知道,他是个不折不扣的"邮票迷",从1944年,他就开始集邮,数十年担任厦门邮协的常务理事。

那么,这位邮票迷是怎么迷上侨批的呢?原来,叶建伟在邮票上的专业很受同行认可,曾经担任过厦门集邮协会邮票展览组的副组长,别人做专题展览,他负责指导帮忙。2011年,在厦门集邮协会召开的理事会会议上,有一位理事员说厦门从来没有侨批的专题展览,他想做个侨批展,要老叶给出出主意。

侨批?对于叶建伟而言,这词太陌生了。"在此之前,我对侨批几乎毫无了解。"叶建伟坦言。不过,叶建伟想,既然自己担此职,就得有所为,"我自己都不了解的东西,怎么帮别人出主意,给指导呢。"叶建伟决定从头学起,从图书馆借来一本又一本关于侨批的书籍,埋头"啃书"。

最后,虽然展览由于那位理事收集不到足够的侨批而未能办成,但一个关于侨批的新世界,就这么在叶建伟面前展开了。越了解侨批,叶建伟越好奇,也越感兴趣。

在他看来,收藏侨批与邮票,是两种不同性质的收藏,"收藏邮票时,你会注重它的图案和设计、印刷水平,再根据不同主题、不同种类进行专题收藏。"可侨

厦门侨批藏家剪影

批呢，它乍看就是平平无奇的一张纸，关键的是，在这张纸背后的故事。

叶建伟回忆，自己最初收藏侨批时并没有太多头绪，只要在古玩市场里看到侨批，他便买下，但没多久，他就意识到这种收藏没有意义，"我决定只收藏厦门本土的侨批。"但不少有价值的侨批，早已被人打包买走，这让叶建伟有些心灰意冷。

直到有一天，在逛古玩市场时，叶建伟无意间发现一批华侨银行的票据，其中就有不少厦门当时各大民信局的票据，这个发现让他心中一动："侨批的收藏，并不仅仅局限于侨批本身，凡是与侨批相关的资料，都有价值。"

叶建伟将这批民信局的票据打包买回家，一张张查看上面的信息，前往图书馆大海捞针，在历史资料里寻找相关的线索，"从这批票据中，我开始搜集厦门侨批馆的馆名，背景资料，渐渐入了行。"

可以说，从这一天起，叶建伟正式从一个"邮票迷"转型了，但他并不是从此成为一个"侨批迷"，而是侨批成为了一座桥梁，搭建他与厦门的文史联系。他决定，从收集银行票据入手，挖掘背后与之相关的侨批背景故事，这也是叶建伟收藏侨批的目的所在。

打开叶建伟的侨批收藏就会发现，他的每张银行票据里都有故事，许多相关信息的小纸片一同附在收藏中。如在一则落款写有"杨氏乡务"的票据中，就附带了与之相关的历史故事：当时海沧外出南洋的华侨们成立了同乡会组织，名为"杨植德堂"，经过数年时间，这个组织渐渐发展，经济力量不断壮大。这张票据，便是他们将钱款从南洋汇往海沧同乡会，助力开展乡务的记录。叶建伟告诉记者，这正是华侨们爱乡爱国的证明，"在他们有能力回报社会后，第一个念头就是帮助家乡建设。"

而一张写有"邱新祥"的银行票据，揭开的又是另一个关于华侨的故事。叶建伟查询资料后发现，他是新垵人，青年时前往缅甸打工谋生，做过多种生计，最后经营大米、盐业致富，成为仰光华人中颇有影响的人物，还是陈嘉庚的好友。致富后，他心系家乡，为家乡修桥铺路，这张票据便记录着他通过侨批回馈家乡的故事。

迷上侨批和侨批相关的收藏品后，老叶天天泡图书馆，极具耐心。就像在拼图，他通过票据上的一个名字，一个地址，找出越来越多侨批、侨批馆的信息。在这过程中，他也倾注了自己越来越多的情感，他被华侨爱国、爱乡、爱亲人的情怀所打动，也对厦门文史产生了更多浓厚的兴趣，他曾从侨批上的一个电话，找到了中山路上曾有一家挪威领事馆，这一发现得到了厦门文史专家的高度

| 厦 | 门 | 侨 | 批 |

肯定。

如今,叶建伟82岁了,不过他的侨批收藏之路,还将继续,"侨批为我打开了一扇大门,我要一直走进去挖宝。"

(何无痕)

盼厦门能有座侨批博物馆

——侨批收藏家陈亚元小记

20世纪80年代,陈亚元收藏钱币,举办过个人钱币展。也正是这场展览,为陈亚元的收藏之路带来了转折。"有藏友跟我说,钱币收藏,特色还不够鲜明。"那什么才是具有闽南特色的收藏呢?厦门印迹的侨批,一下击中了陈亚元的心。现在,侨批被列入世界记忆遗产,证明陈亚元当年的选择非常有眼光。

为了收藏到品相好、带有不同邮戳的侨批,二十多年来,陈亚元常常天不亮就光顾东渡、万寿,甚至是漳州、泉州的古玩市场"淘宝"。有时,为了一封侨批,他还会不惜重金。2006年,陈亚元花费3000元,购入了一封盖有"天一信局"邮戳字样的侨批。那时,厦门城镇单位职工的平均月工资,也不过2000多元。陈亚元说,因为它"炙手可热"——天一信局曾是中国历史上规模最大的信局。"有时这也不是用金钱可以衡量的,这是在收藏一段段特殊年代厦门与华侨的历史。"陈亚元说。

陈亚元现任福建省收藏家协会厦门分会副会长。他在1990年开始收藏侨批,靠的是"近水楼台先得月"。厦门作为省内侨批分流的中转站,为陈亚元收藏侨批提供了一定便利。陈亚元透露,据福建省档案馆编《福建华侨档案史料》记载,鼎盛时期,厦门的信局多达176家,占福建省总数约75%。

不过,收藏最初,陈亚元对侨批这个特殊的历史产物其实并不熟悉,他的标准便是有盖戳的,品相好的,都收。于是,他相当"大手笔",凡是整个家族海外寄来的,有信局盖戳的,他都整批收藏,动辄花费上万元。其中,一封菲律宾侨领李清泉寄给外祖母的家信,是陈亚元最珍贵的藏品。现在,陈亚元拥有500多封、来自不同国家的侨批。年份最早的是1911年,年份最晚的一封,则是1991年从新加坡寄往国内。透过这一叠叠侨批,可以看到作为侨乡之城的厦门与全世界华侨血脉相连的往事,也可以看到许多厦门先辈们在外拼搏,对家

厦门侨批藏家剪影

乡、对亲人的热爱和思念。

在收藏界,侨批算是"小众"收藏,为了在收藏侨批时能有更多认识,陈亚元开始"啃书",凡是关于侨批的书,他都买来读,有不懂的,还去咨询自己的专家朋友。久了,大伙儿都知道陈亚元在收藏侨批,也会自觉帮他留意,发现"宝贝"时就通知他。慢慢地,对于侨批,他产生了越来越多丰富的感情,"每一封侨批,背后都是一段故事。"陈亚元说,如今他已经收藏了七大本厚厚的文件夹,信里有人想念外婆,问她是否身体安康;有人提及支援孙中山革命;有人牵挂日军占领下的家人;有人感叹在外打拼的不易……

在陈亚元的收藏品中,有一封侨批的主人很特殊,他叫做黄开物,出生于州府同安县锦宅村(现属漳州台商开发区角美镇锦宅村),20多岁到马尼拉,是一位布业商人,后加入菲律宾的同盟会,支持辛亥革命,任中国同盟会小吕宋分会机关报《公理报》的撰稿人。在辛亥革命的过程中,黄开物从外国通讯社的电稿里较早知道国内的情况,第一时间通过侨批将消息传回国内,让国内的革命者能掌握到最新动向,谋定而后动。他还募集款项支援国内的武装斗争。陈亚元说,收藏到黄开物的侨批纯属偶然,"当时我是一大批买,但细细看下来,却发现里面藏着这么件宝贝"。

不过,陈亚元收藏的这封侨批,却与辛亥革命无关。卸下烽火岁月的故事,战火之外,这位铁血汉子,在这封侨批中流露出了普通人的一面,这是他的家信——他给太太汇了三元大洋,并在信里提及赚钱不容易,交代她要好好生活:"凡事务必宽怀,切勿急性……尚愿玉体随时自爱为要"。

陈亚元说,他的侨批收藏,还将一直继续下去,而他现在最大的心愿,就是有朝一日,厦门能成立一个侨批博物馆,珍藏起那个特殊年代的柔情记忆。

(何无痕)

侨批的背后,写满故事的历史

——侨批收藏家洪明章小记

在鼓浪屿福建路62号,有一座特殊的博物馆,名为"百年鼓浪屿"。在这个博物馆中,许许多多饱含岁月气息的老物件,记载着这座小岛的独特经历,展现了鼓浪屿风光之外的另一种人文之美。

厦 | 门 | 侨 | 批

博物馆的主人叫洪明章,他是台湾屏东人,原本在台湾从事旅游业,2000年来到厦门后,就一发而不可收拾地喜欢上了鼓浪屿。现在,他在鼓浪屿开办了3家私人博物馆,展示自己从废弃旧物、故纸堆里淘来的藏品。

洪明章说,"百年鼓浪屿"博物馆内藏有上万件与鼓浪屿有关的老物件,这些展品按类别分区,有领事馆区、瓷器区、侨批区、鼓浪屿商业区、洋人卧室、洋人俱乐部、照相馆、鼓浪屿名人区、鼓浪屿文教史区、鼓浪屿宗教区等等。

其中,在侨批区展览的侨批,便深深刻有华侨文化的烙印,将鼓浪屿的人文历史,用另一种方式娓娓道来。"除了来鼓浪屿看风景,这里还是中国古代海洋文化和近代中西交流的标本,是中国步入近代化历程的缩影,本土文化、华侨文化在这里汇聚包容,如果把这些历史文化的因素忽略,那就太可惜了。""百年鼓浪屿"博物馆当然不会落下对当年鼓浪屿侨批局所代理侨批的收集。

"其实,说侨批是信,那还不够确切,它还兼具信和汇款单的功能。"说起侨批,洪明章娓娓道来,他随手拿一张写着"慈母亲大人启,外附国银壹拾大元"字样的侨批件封面:"从这张侨批可以看出,这不仅是一份家书,也是一张汇款单,一位海外华侨的孝心表露无遗。"在他的侨批收藏中,还有别人写给陈嘉庚的侨批,"侨批的背后,是华侨在南洋打拼的那段岁月,也是一段写满着故事的历史。"洪明章说。

(何无痕)

厦门侨批业大事记

叶建伟

- 1871年,厦门和安海郑顺荣批馆开设,是由文书(官方文件)递交而开设的民信局,之后,兼收一些侨信款项。
- 1873年,大英帝国驻北京大使和香港当局共同磋商决定,于1876年12月15日,由星马英殖民政府开设华人小邮局两所,分别在新加坡中街81号和槟城美芝律52号,督办民信局往中国之民信。对水客所收批信给予总包邮寄的优惠。开始只收寄厦门、汕头两地,1889年增加寄往广州、诏安两地的银信。
- 1877年,永春坑园华侨黄日兴在厦门创办黄日兴信局。
- 1896年,大清邮政局成立后,民信局纳入邮政局的管辖,应赴邮政局挂号,领取执据为凭。民信局的邮件要封成总包,经邮局转交运送,不准自由携带。
- 1897年2月,厦门邮务总局成立。
- 1898年,菲律宾水客海澄人郭有品,在厦门开设天一信局。
- 1911年5月1日,厦门邮政局从海关分立出来,成为独立机构。
- 1913年,中国邮政加入万国邮联,但国际邮件仍由外国邮局经收经发。
- 1915年5月20日,中国银行厦门分号在港仔口源昌旧址正式开业。厦门侨批馆开始兼营汇票生意。
- 1917年9月,香港中国银行开业,从此打破了华侨国际汇兑长期由外商银行独揽的局面。
- 1918年5月1日,厦门辟为国际邮件互换局,与香港、菲律宾、西贡、新加坡、槟榔屿、仰光直封邮件,发往东南亚各地的邮件都可直封轮船载运。
- 1918年以后,本省军阀混战,治安不宁,闽南地区的民信局为避免遭匪劫,发行一种类似本票或钞票的"山票"解付侨汇。

● 1919年3月10日,中国银行厦门分号改称厦门支行,1921年9月21日,中国银行福建分行移设厦门,厦门支行即行取消。

● 1920年,中华邮政局允许民信局总包邮寄,计重贴资,但不准自由携带。

● 1920年,厦门民信局公会设立,由天一信局负责人杨水生出面组织。

● 1922年11月12日,闽军总司令、漳厦护军使臧致平旧部起事,市面恐慌,中国银行闽行避移鼓浪屿福建路151号租屋营业。1923年7月9日迁往大宫口下25号自置行屋营业。1931年4月7日,迁回厦门水仙路11号新址营业。同年11—12月,在福州、厦门设立的英国、法国、日本的"客邮"相继关闭。厦门列为与日本互换邮件的互换局。

● 1923年到1925年间,邮政总局两次要求国外殖民政府取消总包邮寄制。经过国内外侨批业力争,新、马地区总包邮寄制得以保留,但邮资增价;菲律宾、越南、印尼等地区于1924年左右,陆续取消总包邮寄制。

● 1928年1月19日,厦门天一信局因利用"山票"投机失败,损失90多万元而倒闭,且倒欠50万元左右,使华侨遭受重大损失。厦门金融市场大受影响,数家大钱庄相继歇业。市商会召开执监委会议,讨论维持办法。

● 1928年,中央银行成立,中国银行不再执行国家银行职能,改组为政府特许的国际汇兑银行,业务方向也随之转移,由国内业务趋向于国外业务。同年,中华邮政总局派巡员林卓午到厦门主持改革事项,限令各信局切实登记,遵守邮章,专收华侨银信,不得兼收国内民信。

● 1930年8月10日,厦门银信业同业公会改组,主席杨显甫,会址水仙路,后迁大元路11号。据1936年7月统计,会员有76名。同年,邮局宣布:回文中不许夹带他人信件,如被查获,第一次警告,第二次罚款,第三次吊销民信局执照。

● 1932年11月,中国银行总经理张嘉璈偕同香港与厦门两分行经理赴新加坡考察侨汇情况,并协助和丰、华商、华侨三银行合并为华侨银行,委托华侨银行为当地代理银行。

● 1933年底,交通部邮政总局指令国内民信局于1934年底停止营业。而专营国外华侨银信及收寄华侨家属回批者,定名批信局,准予通融继续营业,但不得兼收国内信件。自1934年起,邮局不再核发新执照。

● 1935年12月,邮政总局颁发《批信事物处理办法》共14条,详细规定了

厦门侨批业大事记

批信局的申请换照、营业、违章处罚办法。同年,邮政储金汇兑局成立,并于1937年开始筹办侨汇业务。1938年交通部派员往南洋各银行、信局接洽招揽侨汇。

● 1936年6月15日,中国银行新加坡分行开业,厦门分行经理黄伯权兼新加坡分行经理。

● 1936年12月,三美汇兑局倒闭,金融界损失甚巨。

● 1937年4月1日,中国银行厦门分行承顶合昌信局牌号,收发侨批,正式办理民信汇款业务。

● 1937年9月1日,中国银行厦门分行撤移至鼓浪屿营业。同时,华侨银行移至鼓浪屿营业。

● 1938年3月6日,银信业公会召开选举大会,会员代表29人参加,选举薛有概为主席,薛有概、李成田、林绍裘、林鼎铭、陈文波、张懋修等为执行委员,雷宜良、陈攀登等为候补执行委员。

● 1938年底,华侨银行与中国邮政合作,由中国邮政储金汇兑局代理华侨银行的侨批业务。

● 1938年7月,中国银行厦门分行经营的合昌信局总局迁移泉州,附设在泉州支行内,鼓浪屿设合昌信局分局,附设在中国银行鼓浪屿办事处内。

● 1938年8月3日,中国银行鼓浪屿办事处致厦门第一等邮局函:查合昌信局办理解送侨汇信款事,其总局设在敝行内,目前仍照常办公外,并在晋江、永春设有分局,均附设在晋江、永春中国银行内……如寄鼓浪屿合昌信局收,即投送敝行收转,寄晋江合昌信局即递转晋江中国银行收,寄永春合昌信局,即转永春中国银行收。

● 1938年,厦门邮局开始承办代解侨汇业务,同年五月厦门沦陷后,厦门第一等邮局迁鼓浪屿营业,人员减少,加上抗战时期海上船运受阻,代解侨汇业务停顿。

● 1938年8月,福建邮区开办侨汇业务,先后与马来西亚华侨银行、菲律宾中菲汇兑信托局、曼谷马丽丰金银公司、香港信行公司等订立合约。

● 1938年8月,晋江邮局辟为国际邮件互换局。

● 1938年9月14日,鼓浪屿合昌信局致鼓浪屿邮政局主管函:……查敝号从前领邮牌营业,信局系独立性质。嗣因厦门中国银行办理侨汇事务,为营业关系,附设于该行之内,代理收转寄发海外各信局侨信。自厦门发生事变,内地交通梗阻,为应付环境起见,敝号迁移泉州营业……尚有一部分为应事实需要,仍留在鼓浪屿派发侨信。

● 1938年9月,中国银行厦门分行发布侨汇解款简章,明确其代解地点分为泉、鼓两路,计第一路属泉州者:晋江、南安、永春、安溪、惠安、同安等县所属各乡镇。第二路属鼓浪屿者:鼓浪屿、过水、漳州等处所属各乡镇(厦门禾山镇银信由收信人自来鼓浪屿本行领取)。

● 1938年11月15日,福建邮政管理局根据厦门第一等邮局调查,呈文邮政总局《关于厦门失陷后批信局变动情形致总局(1)第407/12427号呈》,经调查,在鼓浪屿营业者六十七家,在厦门营业者一家,移往他处(泉州、安溪)者十七家,住址不明无从调查者十二家,事变前已停业者八家。

● 1940年2月19日,邮政总局致福建邮政管理局第438号代电:关于邮局迭次扣留晋江中国银行经办侨汇信件一案,前奉交通部发下财政部1939年11月8日渝钱字第5750号咨请饬福建管理局切实纠正,以维侨汇等因……查中国银行奉令办理侨汇,系推行国家抗战金融政策,邮局自应特别通融予以一切便利,嗣后对于合昌批信局代中国银行收发之批文,无论其封面写合昌转中国银行或中国银行转合昌或仅写中国银行,如国外邮政不发生问题,应一概予以放行,不得扣留。

● 1940年8月28日,中国银行闽驻港处致函总处,建议出台制止竞争安定汇价的措施,提出应请财政部严令接做批信局侨汇之各中国银行必须按中行汇价,不得私自低压交易及另给回佣或酬劳费等,如此当能制止竞争安定汇价。

● 1941年,中国银行厦门分行代解民信汇款办法明确代解范围:

第一路:厦门、禾山(厦门、禾山通知收款人到鼓浪屿中行领款)、过水、同安、云霄、诏安、东山等处,及所属乡镇。第二路泉州:晋江、南安、永春、安溪、惠安、莆田、仙游、德化、大田等,及所属各乡镇。第三路漳州、龙溪、石码、石美、角尾、海澄、浮宫、白水营、漳浦、佛坛、南靖等处,及所属各乡镇。第四路龙岩、适中、永定、下洋及所属各乡镇。第五路梅属:梅县、松口、大埔、兴宁、老隆、揭阳等处,及所属各乡镇。

● 1941年12月8日,鼓浪屿沦陷,当天中国银行鼓浪屿办事处停止对外营业。

● 1943年1月30日,华南沦陷区与1942年2月15日沦陷的新加坡之间的侨汇,经新加坡日本军政当局批准恢复。日本占领当局准许华侨汇款回国内,每人每次限汇100元。

● 1942、1943年日本当局派官员到新加坡、菲律宾收汇,收效甚微,进入

厦门侨批业大事记

厦门的侨汇数量不多。厦门沦陷后,新成立的民信局极少。少数台籍浪人助纣为虐,为日军搜罗外汇支持战争。如,由台湾人蔡培楚在中山路333号经营的通孚行,主营进出口贸易,后来也兼营侨批业务。

● 1945年,抗战胜利。厦门沦陷前后内迁的民信局纷纷迁回厦门,停业的也相继复业。

● 1945年10月19日,厦门、金门邮局及其管辖机构由上海邮区归还福建邮政管理局管辖。

● 1945年11月,新加坡军政总部通知各银行,"华侨汇款每月不得超过100元坡币";1946年3月18日,再度颁布"华侨家用汇款每月限汇45元坡币"。在这之前的9月,越南独立,加强了外汇管制,对经营民信局者,概不发执照。

● 1945年11月12日,航运恢复,菲律宾第一批侨批总包邮件181袋到达厦门。

● 1945年12月22日,由新加坡到厦门的英国军舰带来侨信十余袋,大多数未贴邮票,厦门邮政局体谅侨情,将信件全部投送。

● 1946年初,侨汇业务恢复,当年全省派送侨汇41亿余元。

● 1946年2月,厦门邮政局恢复代解侨汇业务,负责分发闽南及台湾各地侨汇业务,嗣因国民政府货币急剧贬值,侨汇大多流入黑市,邮政侨汇业务日减,于1949年4月停办。

● 1946年4月25日,邮政储金局厦门办事处开业。

● 1946年,厦门、香港恢复利用海运客轮运送邮件。

● 1946年7月17日,厦门被定为"国际航空邮件互换局"。

● 1946年8月,邮政总局颁布新规定,限制民信局携带侨信,后改为总包制,厦门开拆后须逐封加贴从口岸到内地来回普通邮资。

● 1946年,厦门有民信局92家,其中经营马来亚批信的有23家,马尼拉批信的37家,仰光的6家,安南的2家,荷属的16家,香港的7家。

● 1947年7月1日,撤销晋江局的国际互换局。

● 1948年3月7日,厦门银信业工会成立,14日举行职员就职仪式。

● 1948年3月14日,省政府严禁民信局滥发支票。

● 1948年10月,新加坡外汇统制部宣布:凡经营民信局汇款,必须申请批准证。

● 1948年,交通部规定,闽粤两省国外局不得在国内设立分局,未领国内

| 厦 | 门 | 侨 | 批 |

执照的国外局不得在国内设立分局,亦不得委托国内开业局代理,侨汇款将须按回批邮资逐件纳费。

● 1948年冬,厦门侨批业已普遍实行外汇解付,起了侨汇保值作用。

● 1948年统计,厦门有民信局117家。

● 1949年,因时局关系,厦门民信局减至97家。

● 1949年11月13日,中华人民共和国成立后第一批侨批抵厦,菲律宾侨汇先告沟通。

● 1949年11月10日,厦门市中国银行发布兼经理章骥签署的"侨字第一号"通告:"中国人民解放军华东军区厦门市军事管制委员会令:为便利侨汇之沟通及了解经营上项业务之侨批业实际情况起见,凡经营侨汇之批局(不论过去已否领取邮局执照),一律限于五日内向本行办理申报"。

● 1949年12月5日,泰国、缅甸等地侨批到达。

● 1949年12月10日,市中国银行决定,为鼓励民信局代解侨汇,信局解付侨汇将付予贴补费:凡民信局解付侨汇可予贴补手续费千分之十,并规定如由指定银行转解者,该项贴补费由中国银行核给转解之指定银行,各民信局可迳向经转之指定银行领取。

● 1949年12月14日,开始采取"侨汇通知书"办法,派送原币侨汇。

● 1950年1月15日,福建省人民政府公布《福建省侨汇暂行处理办法》及《福建省管理侨汇业暂行办法》。厦门中行随后召开第三次侨批业(民信局)座谈会,解释两个暂行办法。

● 1950年1月16日,厦门开始办理侨批业登记。

● 1950年1月,福建邮政管理局与中国银行福州分行签订代理解付全省侨汇业务的合约,福州、厦门两地邮局被指定为侨汇分发局。

● 1950年2月6日起,厦门中国银行奉命与港、星两分行进行通汇。

● 1950年2月12日,合昌信局复业。

● 1950年2月14日,原有信局前来申请登记97家,经调研和审核合格者计86家,并签发临时营业执照。

● 1950年2月24日,为加强管理侨批业起见,中国银行厦门支行拟订《厦门市侨批业处理侨汇须知》,发各信局遵守执行。

● 1950年2月26日,86家民信局获颁厦门市人民银行所签发的办理侨汇临时营业许可证。

● 1950年3月,厦门市侨批业86家,指定代理外国银行5家。经厦门市

厦门侨批业大事记

人民银行核准经营侨汇业务,实际营业只有81家。1950年冬,重新核准营业81家,除中途业务不振等原因,申请停业者外,实际营业只有71家。

● 1950年3月厦门邮政局设置侨汇组,与中国银行厦门支行订立委解侨汇合约,还先后与侨通、林和泰、源兴、光大、通裕、大中、荣源、荣记等信局订立合约解付侨汇。手续费按头、二盘局7.5％,三盘局6.5％,大额侨汇按3％计费,合昌信局一律以5％计算。

● 1950年7月17日,厦门市侨务局和侨联筹委会在鼓浪屿召开侨眷座谈会,就沟通侨汇办法交换意见。

● 1950年8月17日,厦门市侨批公会筹委会成立,出席会员四十六人,主席黄焕祖。

● 1950年8月20日,出台民信局管理政策:为适应海外管制环境争取外汇,对有执照的采取宽大团结,对无执照的也不采取单纯的取缔;对若干附带兼理派送工作的商号,以其负责人视同特种信差,不算信局;对经营黑市或挪用汇款而积压侨信累戒不改,并有确据者,不发执照。

● 1950年9月起,厦门中行对侨批业经解人民币侨汇,恢复贴给手续费千分之七点五,对解付内地委托者,亦给予免费优待。

● 1950年9月22日,中国人民银行福建省分行函示,各地未登记的民信局,准其补充登记。

● 1950年10月1日起,取消旧的批信双程国内邮资规定,协助侨批业解决经营问题。

● 1950年12月底,厦门市安溪属慎德信局等7家民信局决定由1951年元旦起在安溪县一律以本币解交客户,并在原信加盖小戳标明日期及牌价,借昭信守。

● 1951年1月16日,厦门市外贸局批准本市侨批业崇成、南美、源兴等25家兼营进出口业务,后因弊多利少,于同年5月起,限制侨批业兼营普通进口业务。

● 1951年5月2日,厦门市人民政府公布《侨汇管理暂行办法》。

● 1951年5月11日,厦门市侨批管理委员会成立,由章骥(主任委员)、叶启明、张继阳(副主任委员)、吴克敬、李文陵、洪流、丁邺等七人组成。

● 1951年5月,菲律宾政府宣布禁止经营民信局。

● 1951年8月底,市侨批业成立华侨服务委员会,选出吴源俊、吴登书等十五人为委员,组织"侨眷访问队",向侨眷宣传政府的护侨政策,建立服务监督反馈制度。

● 1951年9月,厦门源兴、正大、崇成、远裕、南通和记、全裕、侨通、侨源等民信局组成厦门市侨汇业安溪第一派送联营处(简称"安联")。

● 1952年1月,厦门崇成、德盛、正大、南通和记等民信局组成厦门市侨汇业晋属第一派送联营处(简称"晋联")。

● 1953年3月1日、4日,厦门市解放前存款清理委员会分别召开本市侨批业(包括已停业钱庄)资方及职工大会,帮助与督导侨批业清理未解付侨汇。会后,侨批业劳资双方共7人组成侨批业清理小组,负责督导清理工作。各信局于18日起分别进行办理登记工作。

● 1953年6月,未解付侨汇清理登记工作结束,仍在经营的民信局自6月24日开始给付。各民信局及已停业的私营行庄,清偿未解侨汇452笔,计人民币6.26万多元。

● 1954年,厦门中国银行指定侨通、荣记等民信局办理承转侨汇业转委邮局派送侨汇业务,以减少亏损。

● 1955年1月,侨批业等行业的部分职工共有119人,在社会主义改造中被吸收,统一调配至百货、医药、食品、畜产、木材等专业公司工作。

● 1955年2月,厦门中国银行将断汇户大有信局经理安排到益群信局。

● 1955年10月,"安联"撤销,由"晋联"接转委解侨汇。

● 1956年初,厦门市侨批业申请公私合营,"要求接受社会主义改造"。

● 1956年底,中国银行具备自行解送侨汇条件,将委托邮电局代付侨汇业务收归自行解送。此后,厦门邮电局不再办理代解侨汇业务,侨汇分发局也随之撤销。

● 1957年1月,厦门侨汇业三盘机构改造为集体所有制企业,成立"厦门侨汇联合派送处"简称"厦联",原"晋联"与泉州、南安的三盘机构组成"泉联",总部设在泉州,在厦门设办事处。

● 1957年以前厦门侨汇业的头、二盘信局仍保持原有牌号,分散经营,独立核算、自负盈亏。1958年以后合署办公。

● 1951年8月底,市侨批业成立华侨服务委员会,选出吴源俊、吴登书等十五人为委员,组织"侨眷访问队",向侨眷宣传政府的护侨政策,建立服务监督反馈制度。

● 1958年,"泉联"驻厦办事处并入"厦门侨汇联合派送处",1958年12月3日,后者改为全民所有制,由厦门市人民银行领导;1963年又改为集体所有制

厦门侨批业大事记

企业。

● 1958年提倡合址办公,把数十家民信局集中到六处办公,分为德盛段、源兴段、水仙段、十联段、七联段和五联段。

● 1970年,"厦门侨汇联合派送处"更名为"厦门侨汇服务处",1974年更名为"厦门海外私人汇款服务处"。

● 1975年1月起,厦门地区侨汇业务一律由厦门中国银行接办。对原有人员,符合银行职工条件的吸收为中国银行职工,符合退休条件的,按国家有关规定办理。

● 1975年2月,福建省人民银行函示撤销本省各地收汇局,其业务和人员并入当地海外私人汇款服务处(站)。

● 1976年4月,厦门市侨汇业清理小组成立。

● 1977年11月,厦门侨汇业清理工作基本结束。

后 记

2015年,在厦门市侨联支持下,受思明区侨联的委托,我们组织编撰《厦门侨批》团队,历时三年,终于赶在"一带一路"国际合作高峰论坛之后脱稿。我们的用意在于为"一带一路"中的"21世纪海上丝绸之路"进一步丰富历史背景,挖掘历史人文内涵,贡献我们微薄的心力。

从厦门港出发的华侨,在古代海上丝绸之路上的东南亚各国谋生发展,不仅为侨居国的社会经济发展做出了重大贡献,也通过远隔重洋的侨批,为祖籍地亲人的生活输入侨汇,从消费终端促进家乡经济的兴盛。华侨借助侨批这一载体,将劳动收入以货币的形态,于海上丝路进行跨国转移,并实现了情感、信息的跨国交流与沟通。侨批,准确地说,应该称之为"海丝侨批"。

研究"海丝侨批",可以唤起中国与东南亚国家人民的"海丝记忆",增进国际经济、文化交流的历史累积。相信随着"一带一路"倡议的实施和推进,作为海丝文化品牌的侨批,将以丰富的历史内涵,从人文的角度服务于"21世纪海上丝绸之路"的建设,产生出无穷的文化魅力。

因此,本书紧扣"华侨"和"侨批"两个元素,考证侨批的历史价值;探寻侨批及侨批业在厦门各个历史时期的演变历程及其对社会经济的作用;探讨了侨批业社会管理的形态,与政府、邮政、银行业的相互关系等。尤其对目前相关资料、研究成果较少的抗战期间和解放后侨批业的经营情况,进行了较为详尽的解读,材料丰富,是当下侨批研究的有益补充。

本书由侨批研究者依各自研究方向,各自撰文,独立成篇。作者多为研究侨批的专家、学者,如长期研究侨批业与金融关系的专家:中国银行福建分行原行长陈石,中国人民大学家书文化研究中心客座研究员、《闽南侨批大全》主编

后 记

黄清海,漳州市政协文史员林南中,厦门市档案局编研处处长吴仰荣,厦门外图集团总经理申显扬等。

在侨批材料的利用上,本书重在挖掘旧报刊的侨批专题、日文侨批资料等,并跟踪侨批研究新动态,吸纳了近年来厦门侨批研究的新材料,如厦门大学相关的硕士学位论文。厦门大学出版社出版了民国厦门文化名人苏警予的《二庵手札》,内有不少作者从菲律宾寄往厦门的侨批,信中透露了抗战胜利后菲岛与鹭岛政治、经济、社会生活的情况,是研究侨批的宝贵材料。因此,我们摘录了部分内容,以飨读者。

在本书付梓之前,厦门日报、海西晨报策划了侨批的系列报道,为侨批的广泛搜集、深入研究起到了促进作用。为此,我们也收录了新闻媒体助力厦门侨批文化研究的部分报道。

感谢如下单位和个人在本书编撰过程中提供的帮助:中国银行福建省分行、福建省档案局(馆)、中国银行厦门分行、厦门市档案局(馆)、华侨博物院、厦门市邮政局、厦门大学图书馆、厦门市图书馆、厦门日报社、厦门晚报社、海西晨报社等。

感谢为本书提供侨批实物和图片的收藏家:叶建伟、陈亚元、洪明章、白桦。

感谢厦门大学学报编审洪峻峰,泉州师范学院闽台书法文化研究副所长、原台湾辅仁大学教授麦青龠及其硕士研究生胡旭、连梦含,协助我们辨别不易识别的侨批文字。

当然,在侨批研究方面,厦门相较于其他侨乡,还有很大的精进空间。本书只是反映厦门侨批研究的一部分成果,可能存在不足和谬误,希望本书发行之后,能得到专家和读者的不吝指正。我们抛砖引玉,期待能推动厦门侨批研究更上一层楼。

编　者
2017 年 12 月